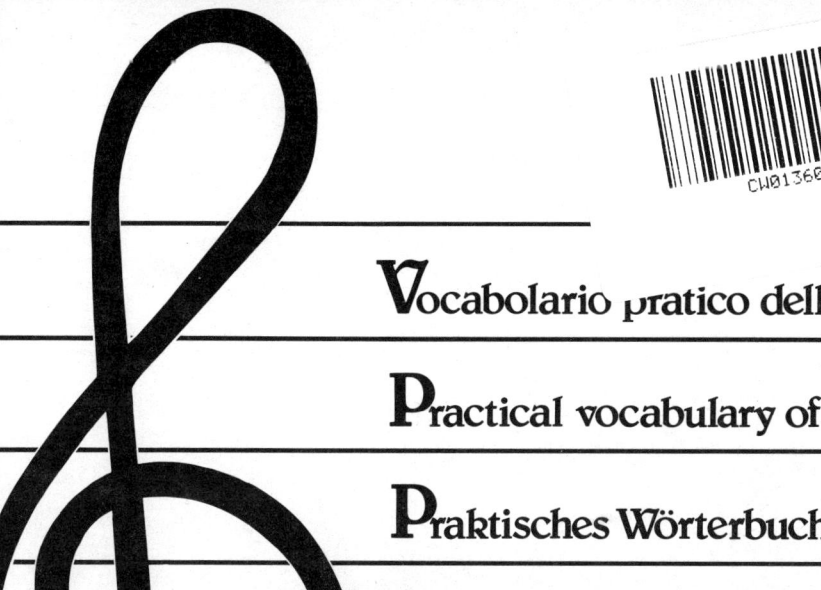

Vocabolario pratico della musica
Practical vocabulary of music
Praktisches Wörterbuch der musik
Vocabulaire pratique de la musique
Vocabulario practico de la musica

5

italiano
english
deutsch
français
español

Compiled and Edited by Roberto Braccini

Belwin Mills Publishing Corp.
MELVILLE, N.Y. 11747-4288
PRINTED IN U.S.A.

SB 1039

© Copyright 1984 by Belwin-Mills Publishing Corp.
25 Deshon Drive, Melville, N.Y. 11747
International Copyright Secured   Made in U.S.A.   All Rights Reserved

TO ALBRECHT GÜRSCHING

ROBERTO BRACCINI was born of Italian and French parentage. The study of piano was the main thrust of his musical education, and he was graduated from the Conservatory "Luigi Cherubini" in Florence. His involvement in various musical activities followed, including composing and conducting, before he became more and more attracted to teaching. He is now a member of the faculty of a conservatory in Switzerland. Mr. Braccini also teaches courses in musical terminology and is an interpreter for the E.M.U. (European Union of Music Schools).

Roberto Braccini's intense interest in the terminology of all things musical led him to extensive research and has resulted in this comprehensive treatment of the subject, the most complete of its kind ever published.

He currently resides with his wife in Dietwiller, France.

PREFAZIONE

Lo scopo di questo libro è di aiutare qualsiasi persona interessata alla musica a trovare la traduzione di una determinata parola nelle lingue seguenti: italiano, inglese, tedesco, francese e spagnolo. Traducendo dall'italiano, mi sono permesso di tanto in tanto alcune licenze, per ragioni di chiarezza e brevità. Questo glossario vuole essere una guida pratica e non va inteso nel senso enciclopedico. Nel compilare il capitolo "il linguaggio delle partiture" ho sfogliato innumerevoli composizioni. Alcune parole sono antiquate, oppure scritte con errori. Sono rimaste volutamente tali.

A volte è difficile capire perchè un compositore abbia preferito usare un termine piuttosto che un altro. Nella maggior parte dei casi, l'ha fatto coscientemente, in modo da ottenere un determinato effetto musicale. Bisogna in ogni modo tener presente che non tutti conoscevano l'italiano alla perfezione. Questa è la ragione di numerosi errori ed incertezze.

Il capitolo intitolato "il linguaggio di ogni giorno" contiene moltissime parole the hanno poco o niente a che fare con la musica. L'idea di aggiungerlo mi è venuta insegnando nei corsi internazionali dell' Unione Europea delle Scuole di Musica. Mi sono accorto della difficoltà di comunicazione fra gente di paesi differenti, malgrado l'interesse comune per la musica. Mi auguro quindi che questo capitolo abbia un valore pratico.

Mi è impossibile ringraziare quanti mi hanno sostenuto ed incoraggiato in questo lavoro. Non posso tralasciare però, di esprimere particolarmente la mia gratitudine a quelle collaboratrici che mi hanno aiutato nella traduzione delle differenti lingue: Hélène Germann, francese e spagnolo; Susan Kiefer, inglese; Irène Vaterlaus, tedesco; inoltre Pia Durandi; Suzanne Gobat e Kathrin Ischer.

Roberto Braccini

FOREWORD

The purpose of this book is to help everyone interested in music to find the translation of a particular word in any of the five languages: Italian, English, German, French and Spanish. Certain liberties were taken in translating from the Italian in the interest of brevity and clarity. This Glossary should serve as a practical guide and is not intended to be used as a dictionary.

In compiling the section entitled "The Language of the Scores" I examined innumerable compositions. Some of the words are antiquated and even incorrectly spelled in some cases; however, they have been left unchanged. Sometimes it is difficult to understand why a composer used a specific Italian word. Mostly he did it consciously in order to obtain a musical effect, but the reader must not forget that not all of them spoke fluent Italian. Hence the differences in the way certain composers employed or spelled musical terms.

Please note that the chapter entitled "The Every Day Language" contains many words which have little or nothing to do with music. The idea to add this chapter occurred to me during my travels to many of the music camps of the European Union of Music Schools. I was impressed by how people of different nationalities, while having a common interest in music, find difficulty in communicating. I hope this chapter, although not strictly musical, will have a practical value.

It is impossible to thank everyone who encouraged and assisted me in this work. However, I particularly want to express my gratitude to those collaborators who helped me to translate into the various languages: Hélène Germann, French and Spanish; Susan Kiefer, English; Irène Vaterlaus, German; as well as Pia Durandi, Suzanne Gobat and Kathrin Ischer.

Roberto Braccini

VORWORT

Der Zweck dieses Buches ist, jedem Musikliebhaber zu helfen, die Uebersetzung eines bestimmten Wortes in einer der fünf folgenden Sprachen zu finden: Italienisch, Englisch, Deutsch, Französisch und Spanisch. Ich habe mir nun, um der Kürze und der Klarheit willen, gewisse Freiheiten in der Uebersetzung aus dem Italienischen erlaubt. Dieses Nachschlagewerk soll als praktischer Führer und nicht als Lexikon gelten.

Während der Zusammenstellung des Kapitels "Die Sprache der Partituren" untersuchte ich unzählige Kompositionen. Einige Ausdrücke sind veraltet und manchmal sogar unrichtig geschrieben; trotzdem habe ich sie unverändert gelassen. Oft ist es schwierig zu verstehen, warum ein Komponist ein bestimmtes italienisches Wort eher verwendete als ein anderes. Meistens tat er es bewusst, um eine bestimmte musikalische Wirkung zu erzielen. Doch darf man nicht vergessen, dass nicht alle Komponisten fliessend italienisch sprachen, daher die Unterschiede im Gebrauch und in der Schreibweise der Ausdrücke.

Beachten Sie, dass viele Wörter im Kapitel "Die tägliche Sprache" wenig oder nichts mit Musik zu tun haben. Die Idee, dieses Kapitel anzufügen kam mir, als ich an mehreren Ferienkursen der Europäischen Musikschul-Union unterrichtete. Ich war beeindruckt von der Tatsache, dass Menschen verschiedener Nationalitäten, obwohl vereinigt durch das gemeinsame Interesse an der Musik, soviel Schwierigkeiten in der Verständigung hatten. So hoffe ich, dass dieses Kapitel, wenn auch nicht unbedingt einen musikalischen, so doch einen praktischen Wert haben wird.

Es ist unmöglich, all jenen zu danken, die mich zu diesem Werk ermutigt und mir dabei geholfen haben. Doch möchte ich vor allem den Mitarbeiterinnen, die mir bei der Uebersetzung in die verschiedenen Sprachen behilflich waren, meinen Dank aussprechen: Hélène Germann, Französisch und Spanisch; Susan Kiefer, Englisch; Irène Vaterlaus, Deutsch; ebenso Pia Durandi, Suzanne Gobat und Kathrin Ischer.

Roberto Braccini

PRÉFACE

Le but de ce livre est d'aider toute personne intéressée à la musique, à trouver la traduction d'un mot déterminé dans les langues suivantes: italien, anglais, allemand, français et espagnol. En traduisant de l'italien, je me suis permis, de temps à autre, quelques libertés, pour des raisons de clarté et de brièveté. Ce vocabulaire se veut, pratique et ne doit être considéré comme une encyclopédie.

En rédigeant le chapitre "le langage des partitions", j'ai parcouru d'innombrables compositions. Certains mots sont soit anciens soit écrits avec des erreurs; je les ai laissés volontairement comme je les ai trouvés.

Parfois il est difficile de comprendre la raison pour laquelle un compositeur a préféré se servir d'un terme plutôt que d'un autre. Dans la plupart des cas, il l'a fait consciemment, de façon à obtenir un effet musical déterminé; il faut toutefois se rendre à l'évidence que tous les compositeurs ne connaissaient pas l'italien à la perfection, d'où la raison de nombreuses erreurs et incertitudes.

Le chapitre intitulé "Le langage de chaque jour" contient beaucoup de mots qui ont peu ou rien à voir avec la musique. L'idée de l'ajouter m'est venue en enseignant dans les cours internationaux de l'Union Européenne des Écoles de Musique". Je me suis en effet aperçu de la difficultep qu'éprouvent les personnes de pays différents de pouvoir communiquer entre elles, et ceci malgré leur intérêt commun pour la musique. J'espère que ce chapitre, même s'il n'est pas essentiellement musical, aura une valeur pratique.

Il m'est impossible de remercier tous ceux qui m'ont soutenu et encouragé dans ce travail. Je désire cependant exprimer ma profonde reconnaissance aux collaboratrices qui m'ont aidé à la traduction des différentes langues: Hélène Germann, français et espagnol; Susan Kiefer, anglais; Irène Vaterlaus, allemand; ainsi que Pia Durandi, Suzanne Gobat et Kathrin Ischer.

Roberto Braccini

PRÓLOGO

El propósito de este libro es ayudar a cualquier persona interesada en la música a encontrar la traducción de una determinada palabra en los siguientes idiomas: italiano, inglés, alemán, francés y español.

Traduciendo del italiano, me he permitido algunas licencias, de tanto en tanto, por razones de claridad y brevedad. Este glosario pretende ser una guía práctica y no debe ser considerado en sentido enciclopédico.

Al compilar el capítulo "el lenguaje de las partituras", he hojeado innumerables composiciones. Algunas palabras son anticuadas o estan escritas erróneamente. Han quedado, voluntariamente, tales como eran. A veces es difícil comprender por qué un compositor haya preferido usar un término en lugar de otro. En la mayoría de los casos lo ha hecho conscientemente, con el fin de obtener un determinado efecto musical. Sin embargo, es necesario tener en cuenta que no todos conocían el italiano a la perfección. Esta es la causa de numerosos errores y dudas.

El capítulo titulado "el lenguaje de cada día" contiene muchas palabras, cuya relación con la música es escasa o nula. La idea de agregarlo surgió durante mi actividad didáctica en los cursos internacionales de la Unión Europea de Escuelas de Música. Advertí la dificultad de comunicación entre gente de países diferentes, a pesar del interés común por la música. Espero, por lo tanto, que este capítulo, aunque no esencialmente musical, tenga valor práctico.

Me es imposible agradecer a cuantos me han sostenido y alentado en esta tarea. Pero no puedo dejar de expresar mi gratitud a aquellas colaboradoras que me han ayudado en la traducción de los diferentes idiomas: Hélène Germann, francés y español: Susan Kiefer, inglés; Irène Vaterlaus, alemán; también Pia Durandi; Suzanne Gobat y Kathrin Ischer.

Roberto Braccini

ISTRUZIONI PER L'USO DI QUESTO LIBRO

Nella terminologia musicale, la lingua italiana è la più usata. Perciò, in questo libro, essa appare sempre al primo posto. Ogni rigo ha il suo numero, identico per le cinque lingue.

Una parola italiana sottolineata indica su quale sillaba cade l'accento.

Vi ricordiamo che lo scopo della presente pubblicazione è di aiutare a tradurre dei termini musicali da una lingua all'altra e non di definirli. Non deve essere considerato un dizionario. Nel capitolo 12, tutte le parole delle cinque lingue sono state poste in ordine alfabetico. Accanto ad ognuna di esse, si trova l'iniziale della lingua alla cui appartiene (p.es. E per l'inglese) ed il suo numero. Questo capitolo vi offre la possibilità di:

1. Tradurre una parola straniera in italiano.
2. Tradurre una parola italiana in una lingua straniera.
3. Tradurre una parola straniera in un'altra lingua straniera.

Nei tre casi, il modo di procedere sarà lo stesso.

Esempio:

In una partitura, incontrate la parola "immer" e desiderate sapere quello che significa in italiano. Nell'indice alfabetico, accanto a "immer" ci sarà la lettera D (tedesco) ed un numero. Basterà cercare questo numero in uno dei capitoli precedenti. Avendolo trovato, vedrete alla sua destra "sempre" ed il termine corrispondente in inglese. tedesco, francese e spagnolo.

Abbreviazioni:

I   Italiano
E   Inglese
D   Tedesco
F   Francese
S   Spagnolo
L   Latino
m maschile
f femminile
n neutro
pl plurale

NOTES ON USING THIS BOOK

Most musical terms are written in Italian, therefore this language always appears first. At the beginning of every line is a number, which is valid for the five languages. Please note that a dash underneath an Italian word indicates that the accent is on that syllable.

Keep in mind that the function of this book is to help in translating musical terms from one language to another, not defining them for you. Therefore, it does not perform the function of a dictionary.

In chapter 12 (The Index) all the words of the five languages are alphabetically arranged. Next to each word is the initial letter of the language in question (i.e. E for English) and its number. This chapter gives you the possibility to:

1. translate a foreign word into English,
2. translate an English word into a foreign language,
3. translate a foreign word into another foreign language.

In the three cases, the way of proceeding will be the same.

Example:

You see the word "sempre" in a score and you want to express it in your language. Find the word "sempre" in the alphabetical index. You will see an I (Italian) next to it, as well as an entry number. Reading this number across the page you will now find "sempre" and the corresponding word in English, German, French and Spanish.

Abbreviations:

I Italian
E English
D German
F French
S Spanish
L Latin
m masculine
f feminine
n neuter
pl plural

ANWEISUNGEN ZUR RICHTIGEN HANDHABUNG DIESES BUCHES

Die meisten musikalischen Ausdrücke sind italienisch geschrieben, deshalb erscheint diese Sprache immer als erste. Anfangs jeder Zeile steht eine Nummer, die für alle fünf Sprachen gilt. Ein Strich unter einem italienischen Wort zeigt an, dass die Betonung auf der betreffenden Silbe liegt.

Vergessen Sie nicht, dass die Aufgabe dieses Werkes darin besteht, musikalische Ausdrücke von einer Sprache in eine andere zu übersetzen, und nicht, sie zu definieren. Es soll daher nicht die Aufgabe eines Lexikons erfüllen.

Im Kapitel 12 (Alphabetisches Verzeichnis) sind alle Wörter der fünf Sprachen alphabetisch geordnet. Neben jedem Wort steht der Anfangsbuchstabe der betreffenden Sprache (z.B. E für Englisch) und die dazugehörige Zahl. Mit Hilfe dieses Kapitels können Sie:

1. ein fremdsprachiges Wort ins Deutsche übersetzen,
2. ein deutsches Wort in eine Fremdsprache übersetzen,
3. ein fremdsprachiges Wort in eine andere Fremdsprache übersetzen.

In allen drei Fällen ist der Vorgang der selbe.

Beispiel:

Sie sehen in einer Partitur das Wort "sempre" und wollen es in Ihrer eigenen Sprache ausdrücken. Suchen Sie "sempre" im alphabetischen Verzeichnis. Sie werden daneben ein I (Italienisch) und eine Zahl bemerken. Blättern Sie nun zu dieser Zahl zurück, und Sie werden neben ihr "sempre" und das entsprechende Wort auf Englisch, Deutsch Französisch und Spanisch finden.

Abkürzungen:

I Italienisch
E Englisch
D Deutsch
F Französisch
S Spanisch
L Latein
m Maskulinum
f Femininum
n Neutrum
pl Plural

INSTRUCTIONS POUR L'USAGE DE CE LIVRE

Dans la terminologie musicale, la langue italienne est la plus utilisée. Ainsi, dans ce livre, elle apparait toujours en premier lieu. Chaque ligne a son propre numéro qui est le même pour les cinq langues.

Un mot italien souligné signifie qu'il faut accentuer la voyelle en question.

Nous vous rappelons que le but de ce livre est d'aider à traduire des termes musicaux d'une langue à l'autre et non pas de les définir. Il ne doit pas être considéré comme un dictionnaire.

Dans le chapitre 12, tous les mots des cinq langues ont été classés par ordre alphabétique. A côté de chaque mot se trouve l'initiale de la langue en question (par ex. E pour l'anglais) et son propre numéro. Ce chapitre vous donne la possibilité de:

1. traduire un mot étranger en français
2. traduire un mot français dans une langue étrangère
3. traduire un mot étranger dans une autre langue étrangère

Dans les trois cas, on procédera de la même façon.

Exemple:

Dans une partition, il y a le terme "sempre" et vous désirez savoir ce qu'il signifie en français. Cherchez-le dans l'index alphabétique. A côté de "sempre" vous trouverez la lettre I (italien) ainsi qu'un numéro. Cherchez celui-ci dans un des chapitres précédents. Vous verrez alors "sempre" et le terme correspondant en anglais, allemand, français et espagnol.

Abbréviations:

I Italien
E Anglais
D Allemand
F Français
S Espagnol
L Latin
m masculin
f féminin
n neutre
pl pluriel

INSTRUCCIONES PARA EL USO DE ESTE LIBRO

En la terminología musical, el idioma italiano es el más usado, razón por la cual, en este libro, aparece siempre en primer lugar. Cada renglón tiene un número, idéntico para los cinco idiomas.

Una palabra italiana subrayada indica la sílaba que debe acentuarse.

Se recuerda que el objeto de la presente publicación, es ayudar a traducir los términos musicales de un idioma a otro y no de definirlos. No debe ser considerado como un diccionario.

En el capitulo 12, todas las palabras de los cinco idiomas han sido colocadas en orden alfabético. Al lado de cada una de ellas se encuentra la inicial del idioma al cual pertenece (por ej. E para el inglés) y su respectivo número. Este capítulo ofrece la posibilidad de:

1. Traducir una palabra extranjera en español.
2. Traducir una palabra española en un idioma extranjero.
3. Traducir una palabra extranjera en otro idioma extranjero.

En los tres casos el procedimiento será el mismo.

Ejemplo:

En una partitura se lee la palabra "immer" y se desea conocer su equivalente en español. En el indice alfabético, al lado de "immer" estará escrita la letra D (aleman) y un número. Bastará buscar este número en uno de los capítulos precedentes. Una vez encontrado, se verá a su derecha "sempre" y el término correspondiente en inglés, alemán, francés y español.

Abreviaturas:

I Italiano
E Inglés
D Aleman
F Francés
S Español
L Latín
m masculino
f feminino
n neutro
pl plural

VOCABOLARIO PRATICO DELLA MUSICA IN CINQUE LINGUE

1) STRUMENTI A CORDA..............................1
   — parti componenti ed accessori
   — modi di suonare

2) STRUMENTI A FIATO..............................2
   — parti componenti ed accessori
   — modi di suonare

3) STRUMENTI A PERCUSSIONE......................3
   — parti componenti ed accessori
   — modi di suonare

4) ALTRI STRUMENTI................................4
   — parti componenti ed accessori
   — modi di suonare

5) CANTANTI E CANTO...............................5

6) MUSICA ELETTRONICA............................6

7) IL LINGUAGGIO DELLE PARTITURE...............7
   a) velocità
      — più presto (sinonimi)
      — più lento (sinonimi)
   b) dinamica e peso
      — più forte (sinonimi)
      — più piano (sinonimi)
   c) carattere ed espressione
   d) diversi

8) ARMONIA E NOTAZIONE........................25

9) COMPOSIZIONI MUSICALI.......................28

10) IL LINGUAGGIO DI OGNI GIORNO...............30
    a) verbi
    b) locuzioni grammaticali
    c) piccolo vocabolario

11) IL CORPO UMANO...............................51

12) APPENDICE

    I   NOMI DELLE NOTE.........................52
    II   VALORI DELLE NOTE.......................52
    III VALORI DELLE PAUSE......................53
    IV   INTERVALLI..............................53
    V   NUMERI CARDINALI........................54
    VI   NUMERI ORDINALI.........................54
    VII I MESTIERI..............................55
    VIII 100 COMPOSIZIONI CELEBRI................56

13) ELENCO ALFABETICO............................60

PRACTICAL VOCABULARY OF MUSIC IN FIVE LANGUAGES

1) STRING INSTRUMENTS 1
   — component parts and accessories
   — ways of playing

2) WIND INSTRUMENTS 2
   — component parts and accessories
   — ways of playing

3) PERCUSSION INSTRUMENTS 3
   — component parts and accessories
   — ways of playing

4) OTHER INSTRUMENTS 4
   — component parts and accessories
   — ways of playing

5) SINGERS AND SINGING 5

6) ELECTRONIC MUSIC 6

7) THE LANGUAGE OF THE SCORES 7
   a) velocity
      — faster (synonymous)
      — slower (synonymous)
   b) dynamics and weight
      — louder (synonymous)
      — softer (synonymous)
   c) character and expression
   d) miscellany

8) HARMONY AND NOTATION 25

9) MUSICAL COMPOSITIONS 28

10) THE LANGUAGE OF EVERY DAY 30
    a) verbs
    b) grammatical terms
    c) little vocabulary

11) THE HUMAN BODY 51

12) APPENDIX

    I   THE NOTES 52
    II   NOTE VALUES 52
    III   REST VALUES 53
    IV   INTERVALS 53
    V   CARDINAL NUMBERS 54
    VI   ORDINAL NUMBERS 54
    VII   PROFESSIONS 55
    VIII 100 FAMOUS COMPOSITIONS 56

13) ALPHABETICAL INDEX 60

PRAKTISCHES WÖRTERBUCH DER MUSIK IN FÜNF SPRACHEN

1) SAITENINSTRUMENTE 1
   — Bestandteile und Zubehör
   — Spielarten

2) BLASINSTRUMENTE 2
   — Bestandteile und Zubehör
   — Spielarten

3) SCHLAGINSTRUMENTE 3
   — Bestandteile und Zubehör
   — Spielarten

4) ANDERE INSTRUMENTE 4
   — Bestandteile und Zubehör
   — Spielarten

5) SÄNGER UND GESANG 5

6) ELEKTRONISCHE MUSIK 6

7) DIE SPRACHE DER PARTITUREN 7
   a) Geschwindigkeit
      — schneller (Synonyme)
      — langsamer (Synonyme)
   b) Dynamik und Gewicht
      — lauter (Synonyme)
      — leiser (Synonyme)
   c) Charakter und Ausdruck
   d) Verschiedenes

8) HARMONIE UND NOTATION 25

9) MUSIKALISCHE KOMPOSITIONEN 28

10) DIE TÄGLICHE SPRACHE 30
    a) Verben
    b) Grammatikalische Begriffe
    c) Kleines Wörterbuch

11) DER MENSCHLICHE KÖRPER 51

12) ANHANG

    I   DIE NOTEN 52
    II   NOTENWERTE 52
    III PAUSENWERTE 53
    IV   INTERVALLE 53
    V   GRUNDZAHLEN 54
    VI   ORDNUNGSZAHLEN 54
    VII BERUFE 55
    VIII 100 BERÜHMTE KOMPOSITIONEN 56

13) ALPHABETISCHES VERZEICHNIS 60

VOCABULAIRE PRATIQUE DE LA MUSIQUE EN CINQ LANGUES

1) INSTRUMENTS À CORDES 1
   — parties composantes et accessoires
   — façons de jouer

2) INSTRUMENTS À VENT.............................2
   — parties composantes et accessoires
   — façons de jouer

3) INSTRUMENTS À PERCUSSION......................3
   — parties composantes et accessoires
   — façons de jouer

4) AUTRES INSTRUMENTS............................4
   — parties composantes et accessoires
   — façons de jouer

5) CHANTEURS ET CHANT............................5

6) MUSIQUE ÉLECTRONIQUE..........................6

7) LE LANGAGE DES PARTITIONS 7
   a) vélocité
      — plus vite (synonymes)
      — plus lent (synonymes)
   b) dynamique et poids
      — plus fort (synonymes)
      — plus doucement (synonymes)
   c) caractère et expression
   d) divers

8) HARMONIE ET NOTATION 25

9) COMPOSITIONS MUSICALES 28

10) LE LANGAGE DE TOUS LES JOURS................30
    a) verbes
    b) locutions grammaticales
    c) petit vocabulaire

11) LE CORPS HUMAIN.............................51

12) APPENDICE

    I   NOMS DES NOTES..........................52
    II   VALEURS DES NOTES.......................52
    III VALEURS DES SILENCES 53
    IV   INTERVALLES 53
    V   NOMBRES CARDINAUX 54
    VI   NOMBRES ORDINAUX 54
    VII LES MÉTIERS 55
    VIII 100 COMPOSITIONS CÉLÈBRES...............56

13) LISTE ALPHABÉTIQUE..........................60

VOCABULARIO PRACTICO DE LA MUSICA EN CINCO IDIOMAS

1) INSTRUMENTOS DE CUERDAS 1
   — partes componentes y accesorios
   — modos de tocar

2) INSTRUMENTOS DE VIENTO 2
   — partes componentes y accesorios
   — modos de tocar

3) INSTRUMENTOS DE PERCUSIÓN 3
   — partes componentes y accesorios
   — modos de tocar

4) OTROS INSTRUMENTOS 4
   — partes componentes y accesorios
   — modos de tocar

5) CANTANTES Y CANTO 5

6) MUSICA ELECTRÓNICA 6

7) EL LENGUAJE DE LAS PARTITURAS 7
   a) velocidad
      — más rápido (sinónimos)
      — más lento (sinónimos)
   b) dinámica y peso
      más fuerte (sinónimos)
      más suave (sinónimos)
   c) caracter y expresión
   d) varios

8) ARMONÍA Y NOTACIÓN 25

9) COMPOSICIONES MUSICALES 28

10) EL LENGUAJE DE CADA DÍA 30
    a) verbos
    b) locuciones grammaticales
    c) pequeño vocabulario

11) EL CUERPO HUMANO 51

12) APENDICE

    I   NOMBRES DE LAS NOTAS 52
    II   VALORES DE LAS NOTAS 52
    III   VALORES DE LOS SILENCIOS 53
    IV   INTERVALOS 53
    V   NUMERALES CARDINALES 54
    VI   NUMERALES ORDINALES 54
    VII   LOS OFÍCIOS 55
    VIII 100 COMPOSICIONES CÉLEBRES 56

13) ELENCO ALFABETICO 60

	1) STRUMENTI A CORDA	STRING INSTRUMENTS	SAITEN— INSTRUMENTE	INSTRUMENTS A CORDES	INSTRUMENTOS DE CUERDAS
1	arciliuto *m*	archlute	Erzlaute *f*	archiluth *m*	archilaúd *m*
2	arpa *f*	harp	Harfe *f*	harpe *f*	arpa *f*
3	balalaica *f*	balalaika	Balalaika *f*	balalaïka *f*	balalaica *f*
4	banjo *m*	banjo	Banjo *n*	banjo *m*	banjo *m*
5	cetra *f*	cittern	Cister *f*	cistre *m*	cedra *f* / cistro *m* / cítola *f*
6	cetra da tavolo *f*	zither	Zither *f*	cithare *f*	citara *f*
7	chitarra *f*	guitar	Gitarre *f*	guitare *f*	guitarra *f*
8	colascione *m*	colascione	Colascione *m*	colachon *m*	colachón *m*
9	contrabbasso *m*	double bass	Kontrabass *m*	contrebasse *f*	contrabajo *m*
10	crotta *f*	crowth / crowd	Chrotta *f*	chrotta *f* / crouth *m*	rota *f*
11	ghironda *f*	hurdy-gurdy	Drehleier *f* / Leier *f*	vielle à roue *f* / chifonie *f*	viela de rueda *f* / cifonia *f*
12	lira *f*	lyre	Lyra *f*	lyre *f*	lira *f*
13	liuto *m*	lute	Laute *f*	luth *m*	laúd *m*
14	mandolino *m*	mandolin	Mandoline *f*	mandoline *f*	mandolina *f*
15	salterio *m*	psaltery	Psalterium *n*	psaltérion *m*	salterio *m*
16	tiorba *f*	theorbo	Theorbe *f*	théorbe *m*	tiorba *f*
17	viella *f*	vielle / fiddle	Fiedel *f*	vièle *f* / vielle *f* / violon rustique *m*	fídula *f* / violín rústico *m*
18	viola *f*	viola	Bratsche *f*	alto *m*	viola *f*
19	violino *m*	violin	Geige *f*	violon *m*	violín *m*
20	violoncello *m*	violoncello	Violoncello *n*	violoncelle *m*	violoncelo *m*
	PARTI COMPONENTI ED ACCESSORI	COMPONENT PARTS AND ACCESSORIES	BESTANDTEILE UND ZUBEHÖR	PARTIES COMPOSANTES ET ACCESSOIRES	PARTES COMPONENTES Y ACCESORIOS
21	anima *f*	sound post	Stimmstock *m*	âme *f*	alma *f*
22	archetto *m* / arco *m*	bow	Bogen *m*	archet *m*	arco *m*
23	astuccio *m*	case	Kasten *m*	étui *m*	estuche *m*
24	bischero *m* pirolo *m* / voluta *f*	tuning peg / - pin	Wirbel *m*	cheville *f*	clavija *f*
25	cantino *m*	treble	Sangsaite *f* / Sing- *f*	chanterelle *f*	prima *f* / tiple *m*
26	capotasto *m*	capotasto	Kapodaster *m* / Saitenfessel *f*	capodastre *m* / barre *f*	cejuela *f*
27	cassa armonica *f* / - di risonanza *f*	resonant body	Resonanzkörper *m* / Resonanzboden *m*	caisse de résonance *f*	caja de resonancia *f*
28	catena *f*	bass - bar	Bassbalken *m*	barre *f*	cadena *f* / barra armónica *f*
29	cavigliera *f*	peg box	Wirbelkasten *m*	chevillier *m*	clavijero *m*
30	colofonia *f*	rosin / resin	Kolophonium *n*	colophane *f*	resina *f* / colofonia *f*
31	corda *f*	string	Saite *f*	corde *f*	cuerda *f*
32	cordiera *f*	tailpiece	Saitenhalter *m*	cordier *m*	cordal *m*
33	crini *m pl*	hair of the bow *pl*	Bogenhaare *n pl*	crins *m pl*	crines *f pl* / cuerdas del arco *f pl*
34	effe *f*	sound-hole	F - Loch *n*	ouïe *f*	efe *f* / vido *m*
35	fascia *f*	side / rib	Zarge *f*	éclisse *f*	aro *m*
36	filetto *m*	purfling	Einlage *f* / Ader *f*	filet *m*	filete *m*
37	fondo *m*	back	Boden *m*	fond *m*	fondo *m*
38	manico *m*	neck	Hals *m*	manche *m*	mango *m* / cuello *m*
39	mentoniera *f*	chin - rest	Kinnhalter *m*	mentonnière *f*	mentonera *f* / barbada *f*
40	ponticello *m*	bridge	Steg *m*	chevalet *m*	puente *m*
41	punta *f*	tip / peak / point	Spitze *f*	pointe *f*	punta *f*
42	puntale *m*	tail - pin / spike	Stachel *m*	pied *m*	puntal *m*
43	riccio *m* / chiocciola *f*	scroll	Schnecke *f*	volute *f* / coquille *f*	caracol *m* / voluta *f*
44	sella *f*	saddle	Sattel *m*	sillet *m*	ceja *f* / cejila *f*
45	tallone *m*	frog	Frosch *m*	talon *m* / hausse *f*	talón *m*
46	tastiera *f*	fingerboard / fretboard	Griffbrett *n*	touche *f*	batidor *m*
47	tavola armonica *f*	table / belly	Decke *f*	table d'harmonie *f*	tapa *f* / tabla de armonía *f*
	MODI DI SUONARE	WAYS OF PLAYING	SPIELARTEN	FAÇONS DE JOUER	MODOS DE TOCAR
48	alla punta d'arco / -di arco / -dell'arco *f*	at the point / tip of the bow	an der Bogenspitze *f*	avec la pointe de l'archet *f*	con la punta *f*
49	al tallone *m*	at the frog	am Frosch *m*	à la hausse *f* / au talon *m*	al talón *m*
50	arcata *f*	bowing	Bogenführung *f*	coup d'archet *m*	golpe de arco *m*
51	arcata in giù *f*	downbow	Abstrich *m*	tiré *m*	arcada hacia abajo *f*
52	arcata in su *f*	upbow	Aufstrich *m* / Anstrich *m*	poussé *m*	arcada hacia arriba *f*

MODI DI SUONARE	WAYS OF PLAYING	SPIELARTEN	FAÇONS DE JOUER	MODOS DE TOCAR
53 archeggiamento	whipped	gepeitscht	fouetté	fustigado
54 balzato	bounded	gesprungen	bondi	brincado
55 balzellato	hopped	gehüpft	sautillé	saltado
56 bisbigliando	whispering	flüsternd	chuchotant	murmurando
57 col legno *m*	with the wood	mit der Bogenstange *f*	avec le bois *m*	con la madera *f*
58 doppia corda *f*	double stop	Doppelgriff *m*	double corde *f*	doble cuerda *f*
59 flautato	harmonics	Flageolett *n*	flageolet *m*	armónicos *m pl*
60 gettato	thrown	geworfen	jeté	echado
61 ondeggiando	wavering	wogend	ondoyant	ondulando
62 piccato / picchiettato	spotted	gestochen	piqué	punteato
63 pizzicato	plucked / pinched	gezupft / gezwickt	pincé	punteado
64 rimbalzando	bouncing	rückfedernd	en rebondissant	rebotando
65 saltellato	skipped	gehopst	sautillé	saltado
66 saltato	jumped	gesprungen	sauté	saltado
67 spiccato	picked	losgetrennt	détaché / net	desatado
68 strappato	torn	gerissen	arraché	arrancado
69 strisciando	touching slightly	streifend	en frôlant	estregando
70 sulla tastiera *f*	on the fingerboard	am Griffbrett *n*	sur la touche *f*	sobre el batidor *m* / sul tasto *m*
71 sul ponticello *m*	close to the bridge	am Steg *m*	près du chevalet *m*	sobre el puente *m*
72 vibrato	vibrated	vibriert	vibré	vibrado
2) STRUMENTI A FIATO	WIND INSTRUMENTS	BLAS-INSTRUMENTE	INSTRUMENTS A VENT	INSTRUMENTOS DE VIENTO
73 armonica *f*	mouth organ	Mundharmonika *f*	harmonica *f*	armónica *f*
74 bombardone *f*	bombardon	Bombardon *n*	bombardon *m*	bombardón *m*
75 clarinetto *m*	clarinet	Klarinette *f*	clarinette *f*	clarinete *m*
76 contrafagotto *m*	double bassoon / contrabassoon	Kontrafagott *n*	contrebasson *m*	contrafagot *m*
77 cornetta *f*	cornet	Kornett *n*	cornet *m*	corneta *f*
78 cornetta a pistoni *f*	cornet	Piston *m*	cornet à piston *m*	cornetín *m*
79 cornetto *m*	cornett	Zink *m*	cornet à bouquin *m*	corneta *f*
80 corno *m*	french horn / horn	Horn *n* / Waldhorn *n*	cor *m*	corno *m* / trompa *f* / cuerno *m*
81 corno da caccia *m*	hunting horn / bugle	Jagdhorn *n* / Signalhorn *n*	cor de chasse *m* / bugle *m*	trompa de caza *f* / bugle *m*
82 corno delle Alpi *m*	Alpine horn	Alphorn *n*	cor des Alpes *m*	cuerno alpino *m*
83 corno inglese *m*	cor anglais / english horn	Englischhorn *n*	cor anglais *m*	corno inglés *m*
84 cromorno *m*	cromorne / crumhorn	Krummhorn *n*	cromorne *m*	orlo *m* / cromorno *m*
85 fagotto *m*	bassoon	Fagott *n*	basson *m*	fagote *m* / bajón *m*
86 fischietto *m*	whistle / fife / pipe	Pfeife *f*	sifflet *m*	silbato *m*
87 flauto *m*	flute	Flöte *f*	flûte *f*	flauta *f*
88 flauto di Pan *m* / siringa *f*	Pan flute / panpipe / pandeau pipe	Panflöte *f*	flûte de Pan *f* / syrinx *m*	flauta de Pan *f* / siringa *f*
89 flauto dolce *m* / -a becco *m* / -diritto *m*	recorder	Blockflöte *f*	flûte douce *f* / -à bec *f* / -droite *f*	flauta dulce *f* / -de pico *f* / -recta *f*
90 flauto traverso *m*	cross- / transverse flute	Querflöte *f*	flûte traversière *f*	flauta travesera *f*
91 flicorno *m*	flugelhorn / saxhorn	Bügelhorn *n* / Flügelhorn *n*	flicorne *m* / bugle à pistons *m*	flicorno *m* / fiscorno *m*
92 oboe *m*	oboe	Oboe *f*	hautbois *m*	óboe *m*
93 ocarina *f*	ocarina	Okarina *f*	ocarina *m*	ocarina *f*
94 ottavino *m* / flauto piccolo *m*	piccolo	Piccolo *n* / Pikkoloflöte *f*	petite flûte *f* / piccolo *f*	flautín *m*
95 piffero *m*	fife	Querpfeife *f*	fifre *m*	pífano *m*
96 piva *f* / cornamusa *f*	bagpipe	Dudelsack *m* / Sackpfeife *f*	cornemuse *f* / biniou *m*	cornamusa *f* / gaita *f*
97 sarrusofono *m*	sarrusophone	Sarrusophon *n*	sarrusophone *m*	sarrusofón *m* / sarrusófono *m*
98 sassofono *m*	saxophone	Saxophon *n*	saxophone *m*	saxofón *m* / saxófono *m*
99 tromba *f*	trumpet	Trompete *f*	trompette *f*	trompeta *f*
100 trombone *m*	trombone	Posaune *f*	trombone *m*	trombón *m*
101 tuba *f*	tuba	Tuba *f*	tuba *m*	tuba *f*
102 zampogna *f* / cennamella *f*	shawn	Schalmei *f*	chalumeau *m* / pipeau *m*	caramillo *m* / chirimia *f* / dulzaina *f*

PARTI COMPONENTI ED ACCESSORI	COMPONENT PARTS AND ACCESSORIES	BESTANDTEILE UND ZUBEHÖR	PARTIES COMPOSANTES ET ACCESSOIRES	PARTES COMPONENTES Y ACCESORIOS
103 ancia *f*	reed tongue	Rohrblatt *n* / Zunge *f*	anche *f* / epiglotte *f*	lengüeta *f* / cana *f*
104 apertura *f*	aperture / cut-up	Mundspalt *m* / Aufschnitt *m*	ouverture *f* / lumière *f* / biseau *m*	luz *f*
105 barilotto *m*	socket / barrel	Birne *f* / Wulst *m*	baril *m* / barillet *m*	barrilete *m*
106 becco *m*	beak / mouthpiece	Schnabel *m*	bec *m*	pico *m* / escotadura *f*
107 bocchino *m*	mouthpiece	Mundstück *n*	embouchure *f*	boquilla *f* / embocadura *f*
108 campana *f*	bell / joint	Schallbecher *m* / Stürze *f*	pavillon *m* / bonnet *m*	campana *f*
109 chiave *f*	key	Klappe *f*	clef *f*	llave *f*
110 cilindro rotativo *m*	rotary valve	Drehventil *n* / Zylinderventil *n*	cylindre à rotation *m*	válvula giratoria *f*
111 foro *m*	finger-hole / tone hole	Griffloch *n* / Fingerloch *n*	trou *m*	agujero *m* / orificio *m*
112 imboccatura *f*	embouchure / lip	Mundloch *n* / Ansatz *m*	embouchure *f*	embocadura *f* / boquilla *f*
113 linguetta *f*	tongue	Zunge *f*	anche *f*	lengüeta *f*
114 padiglione *m*	bell	Aufsatz *m* / Schallbecher *m* / Schallstück *n*	pavillon *m*	pabellón *m*
115 pistone *m*	piston / pumpvalve	Ventil *n* / Pumpventil *n*	piston *m* / cylindre *m*	pistón *m* / valvula de pistón *f*
116 tubetto *m*	tube / staple	Hülse *f* / Stift *m*	corps *m*	cuerpo *m*
117 tiro *m*	case	Scheide *f*	coulisse *f*	vara *f*
MODI DI SUONARE	WAYS OF PLAYING	SPIELARTEN	FAÇONS DE JOUER	MODOS DE TOCAR
118 campane in alto / padiglioni in alto	bell in the air / raise the bell	Stürze hoch / Schalltrichter hoch	pavillon en l'air	pabellón al aire
119 chiuso / tappato	stopped	gestopft / gedeckt	bouché / étouffé	tapado
120 colpo di lingua	attack with the tongue	Zungenstoss *m*	coup de langue	golpe de lengua
121 frullato	flutter - tonguing	Flatterzunge *f*	articulation double *f*	triple articulación *f*
122 posizione normale	bell down	natürlich	position naturelle	normalmente
3) STRUMENTI A PERCUSSIONE	PERCUSSION INSTRUMENTS	SCHLAG— INSTRUMENTE	INSTRUMENTS A PERCUSSION	INSTRUMENTOS DE PERCUSION
123 bongo *m*	bongo drum	Bongo-Trommel *f*	bongo *m*	bongó *m*
124 campana *f*	bell	Glocke *f*	cloche *f*	campana *f*
125 campane tubolari *f pl*	tubular bells *pl*	Röhrenglocken *f pl*	cloches tubulaires *f pl*	campanas tubulares *f pl*
126 campanelli *m pl*	chime-bells *pl*	Glockenspiel *n*	jeu de timbres *m*	juego de timbres *m*
127 carillon *m*	carillon	Glockenspiel *n* / Turmglockenspiel *n*	carillon *m*	carillón *m*
128 cassa rullante *f* / tamburino *m*	tenor drum	Rühr - *f* / Roll - *f* / Wirbel - *f* / Tenortrommel *f*	caisse roulante *f*	redoblante *m*
129 castagnette *f pl* / nacchere *f pl*	castanets *pl*	Kastagnetten *f pl*	castagnettes *f pl*	castañuelas *f pl*
130 cimbalini *m pl*	finger-cymbals *pl*	Fingercymbeln *f pl*	cymbales digitales *f pl*	cimbalillos digitales *m pl*
131 claves *f pl*	concussion sticks *pl*	Klangstäbe *m pl* / Schlaghölzer *n pl*	baguettes de percussion *f pl*	claves *f pl*
132 frusta *f*	whip / slapstick	Peitsche *f*	fouet *m*	zurriaga *f* / látigo *m* / tralla *f*
133 gong *m*	gong	Gong *m*	gong *m*	gong *m* / batintín *m*
134 gran cassa *f*	bass drum	grosse Trommel *f*	grosse caisse *f*	bombo *m*
135 maraca *f*	maraca	Kürbisrassel *f*	maraca *f*	maracá *m*
136 piatti *m pl*	cymbals *pl*	Becken *n pl*	cymbales *f pl*	platillos *m pl* / címbalos *m pl*
137 raganella *f*	rattle	Ratsche *f* / Knarre *f*	crécelle *f*	carraca *f* / matraca *f*
138 sonaglio *m*	jingle bell	Schelle *f*	grelots *m pl*	cascabel *m*
139 tamburello *m*	frame drum	Rahmentrommel *f*	tambour de cadre *m*	tambor de marco *m*
140 tamburo *m*	drum	Trommel *f*	tambour *m*	tambor *m*
141 tamburo militare *m*	snare - / side drum	kleine Trommel *f*	caisse claire *f*	caja militar *f*
142 timpani *m pl*	kettledrums *pl* / timpani *pl*	Pauke *f*	timbale *f*	timbal *m* / atabal *m*
143 triangolo *m*	triangle	Triangel *n*	triangle *m*	triángulo *m*
144 xilofono *m*	xylophone	Xylophon *n*	xylophone *m*	xilofón *m* / xilórgano *m*

PARTI COMPONENTI ED ACCESSORI	COMPONENT PARTS AND ACCESSORIES	BESTANDTEILE UND ZUBEHÖR	PARTIES COMPOSANTES ET ACCESSOIRES	PARTES COMPONENTES Y ACCESORIOS
145 bacchetta *f*	stick	Schlegel *m*	baguette *f*	baqueta *f*
146 bacchetta da tamburo *f*	drumstick	Trommelschlegel *m*	baguette de tambour *f*	baqueta *f* / palillo de tambor *m*
147 bacchetta di feltro *f*	felt stick	Filzschlegel *m*	baguette de feutre *f*	baqueta de fieltro
148 bacchetta di legno *f*	wooden stick	Holzschlegel *m*	baguette de bois *f*	palillo *m* / baqueta de madera *f*
149 bacchetta di spugna *f*	sponge-head-stick	Schwammschlegel *m*	baguette d'éponge *f*	baqueta de esponja *f*
150 bacchetta imbottita *f*	padded stick	wattierter Schlegel *m*	baguette rembourrée *f*	baqueta rellena *f*
151 bacchetta per piatti *f*	cymbal stick	Beckenschlegel *m*	baguette de cymbales *f*	baqueta de los platillos *f*
152 bacchetta per timpani *f*	timpani stick	Paukenschlegel *m*	baguette de timbales *f*	baqueta de timbal *f*
153 battaglio *m* / battente *m*	clapper	Klöppel *m*	battant *m*	badajo *m* / mazo *m* / batiente *m*
154 battitoia *f*	vellum / batter head / skin	Schlagfell *n*	peau supérieure *f* / peau de batterie *f*	badana *f* / parche de batido *m*
155 bordoniera *f*	snare	Schnarrsaite *f* / Trommelsaite *f*	timbre *m*	bordón *m*
156 caldaia *f*	shell	Kessel *m*	fût *m*	recipiente *m* / caldero *m*
157 fascia *f*	shell / body	Zarge *f*	fût *m*	caja *f*
158 membrana *f*	drum head / vellum	Trommelfell *n*	peau *f*	cara *f* / membrana *f*
159 orlo *f*	rim / edge	Rand *m*	bord *m*	borde *m*
160 pelle *f*	skin	Fell *n*	peau *f*	piel *f* / parque *m*
161 spazzole *f pl*	wire brushes *pl* / steel brushes *pl*	Besen *m pl*	balais *m pl*	escobillas *f pl*
162 tiracorda *f*	strainer	Saitenschraube *f*	pontet *m*	tirante *m* / ajuste *m*
MODI DI SUONARE	WAYS OF PLAYING	SPIELARTEN	FAÇONS DE JOUER	MODOS DE TOCAR
163 colpo *m*	beat	Schlag *m*	battement *m* / coup *m*	golpe *m* / batido *m*
164 colpo del battaglio *m*	bell stroke	Glockenschlag *m*	coup de battant *m*	tanido *m* / campanada *f*
165 colpo di tamburo *m*	drumbeat	Trommelschlag *m*	coup de baguette *m*	toque *m* / redoble *m*
166 coperto / velato	muffled	bedeckt	couvert / sourd	cubierto
167 rullo *m*	drum roll	Trommelwirbel *m*	roulement *m*	redoble *m*
168 sul bordo *m*	at the edge / on the rim	am Rand *m*	sur le bord *m*	sobre el borde *m*
4) ALTRI STRUMENTI	OTHER INSTRUMENTS	ANDERE INSTRUMENTE	AUTRES INSTRUMENTS	OTROS INSTRUMENTOS
169 armonio *m*	harmonium / reed organ	Harmonium *n*	harmonium *m*	armonio *m*
170 bandoneon *m*	bandonion	Bandoneon *n*	bandonéon *m*	bandoneón *m*
171 celesta *f*	celesta	Celesta *f*	célesta *m*	celesta *f*
172 clavicembalo *m*	harpsichord	Cembalo *n*	clavecin *m*	clavicémbalo *m*
173 clavicordo *m*	clavichord	Klavichord *n*	clavicorde *m*	clavicordio *m*
174 fisarmonica *f*	accordion	Handharmonika *f*	accordéon *m*	accordeón *m*
175 organetto *m*	barrel organ	Drehorgel *f*	orgue de Barbarie *m*	organillo *m*
176 organo *m*	organ	Orgel *f*	orgue *m*	órgano *m*
177 pianoforte *m*	piano	Klavier *n*	piano *m*	pianoforte *m*
178 pianoforte a coda *m*	grand piano	Flügel *m*	piano à queue *m*	piano de cola *m*
179 pianoforte verticale *m*	upright piano	Klavier *n*	piano droit *m*	piano vertical *m*
180 scacciapensieri *m*	jew's harp / trump	Maultrommel *f*	guimbarde *f* / trompe *f*	birimbao *m*
181 sega *f*	musical saw	singende Säge *f*	scie musicale *f*	serrucho *m*
182 spinetta *f*	spinet	Spinett *n*	épinette *f*	espineta *f*
183 virginale *m*	virginal	Virginal *n*	virginal *m*	virginal *m*
PARTI COMPONENTI ED ACCESSORI	COMPONENT PARTS AND ACCESSORIES	BESTANDTEILE UND ZUBEHÖR	PARTIES COMPOSANTES ET ACCESSOIRES	PARTES COMPONENTES Y ACCESORIOS
184 accoppiamento *m*	coupler	Koppel *f*	accouplement *m* / tirasse *f*	acoplamiento *m* / enganche *m*
185 anima *f*	languid	Kern *m*	biseau *m*	alma *f* / bisel *m*
186 bilancia *f*	tongue	Zunge *f*	languette *f*	púa *f*

	PARTI COMPONENTI ED ACCESSORI	COMPONENT PARTS AND ACCESSORIES	BESTANDTEILE UND ZUBEHÖR	PARTIES COMPOSANTES ET ACCESSOIRES	PARTES COMPONENTES Y ACCESORIOS
187	bottoni dei registri *m pl*	draw-stop	Registerzüge *m pl* / Züge *m pl*	boutons de registres *m pl*	botones de los registros *m pl*
188	canna *f*	pipe	Pfeife *f*	tuyau *m*	tubo *m* / caño *m*
189	canna ad ancia *f*	reed pipe	Zungenpfeife *f*	tuyau à anche *m*	tubo de lengüeta *m*
190	canna labiale *f*	labial - / flue pipe	Labialpfeife *f*	tuyau à bouche *m*	tubo labial *m*
191	cassa espressiva *f*	swell-box	Schwellkasten *m*	boîte expressive *f*	caja expresiva *f*
192	coperchio *m*	lid / roller / fall	Deckel *m* / Welle *f* / Klappe *f*	couvercle *m* / rouleau *m*	tapa *f* / varilla *f*
193	corde incrociate *f pl*	cross-strung / overstrung scale	kreuzsaitig	cordes croisées *f pl*	cuerdas cruzadas *f pl*
194	feltro *m*	felt	Filz *m*	feutre *m*	fieltro *m*
195	fori *m*	hole	Bohrung *f*	perce *f*	perforación *f*
196	mantice *m*	bellows *pl*	Balg *m*	soufflet *m*	fuelle *m*
197	manuale *m*	manual	Manual *n*	manuel *m*	manual *m*
198	martello *m* / martelletto *m*	hammer	Hammer *m*	marteau *m*	martillo *m*
199	meccanica *f*	action	Mechanik *f*	mécanique *f*	mecanismo *m* / acción *f*
200	pedale *m*	pedal	Pedal *n* / Pedalwerk *n*	pédale *f*	pedal *m*
201	plettro *m*	plectrum / quill / jack	Plektrum *n* / Kiel *m*	plectre *m* / bec *m*	plectro *m* / púa *f*
202	registro *m*	stop / register	Register *n*	registre *m* / jeux d'orgue *m pl*	registro *m*
203	salterello *m*	jack	Docke *f* / Springer *m*	sautereau *m*	macillo *m*
204	scappamento *m*	escapement lever / hopper	Auslöser *m*	échappement *m*	escape *m*
205	segreta *f*	wind chest	Windkasten *m*	laye *f*	cámara de aire *f*
206	smorzo *m*	damper	Dämpfer *m*	étouffoir *m* / sourdine *f*	apagador *m* / sordina *f*
207	somiere *m*	well / sound-board	Windlade *f*	sommier *m*	secreto *m*
208	tangente *f*	tangent	Tangente *f*	tangente *f*	tangente *f*
209	tastiera *f*	keyboard	Klaviatur *f*	clavier *m*	teclado *m*
210	tasto *m*	key	Taste *f*	touche *f*	tecla *f*
211	tavola armonica *f*	sounding board	Klangboden *m*	table d'harmonie *f*	tabla de armonía *f*
212	telaio *m*	frame	Rahmen *m*	cadre *m*	caja *f* / bastidor *m*
213	trasmissione *f*	action	Traktur *f*	traction *f*	tracción *f*
214	tirante *m*	tracker	Abstrakte *f* / Zug *m*	vergette *f* / tirant *m*	varilla *f* / tirante *m*
215	valvola *f*	pallet / valve	Ventil *n*	soupape *f*	válvula *f* / sopapa *f*
	MODI DI SUONARE	WAYS OF PLAYING	SPIELARTEN	FAÇONS DE JOUER	MODOS DE TOCAR
216	con sordina	with damper	mit Dämpfer	avec sourdine / en sourdine	con sordina
217	due corde	two strings	zwei Saiten	deux cordes	dos cuerdas
218	martellato	hammered	gehämmert	martelé	martillado
219	perlato	pearly	wie Perlen	jeu perlé	perlado
220	registrazione *f*	registration	Registrierung *f*	registration *f*	registración *f*
221	tre corde	three strings	drei Saiten	trois cordes	tres cuerdas
222	una corda	one string	eine Saite	une corde	una cuerda
223	vibrato *m*	vibrato	Bebung *f*	vibré *m*	vibrato *m*
224	volteggiando	crossing hands	Hände kreuzend	mains croisées	cruzando las manos
5)	CANTANTI E CANTO	SINGERS AND SINGING	SÄNGER UND GESANG	CHANTEURS ET CHANT	CANTANTES Y CANTO
225	baritono *m*	baritone	Bariton *m*	baryton *m*	barítono *m*
226	basso *m*	bass	Bass *m*	basse *f*	bajo *m*
227	basso buffo *m*	buffo bass	Bass-Buffo *m*	basse bouffe *f*	bajo bufo *m*
228	contralto *m*	alto	Alt *m* / Altistin *f*	alto *m*	contralto *m*
229	mezzosoprano *m*	mezzo soprano	Mezzosopran *m*	mezzo-soprano *m*	mezzo-soprano *m*
230	soprano *m*	soprano	Sopran *m* / Sopranistin *f*	soprano *m*	soprano *m* / tiple *m*
231	soprano drammatico *m*	dramatic - / high dramatic soprano	dramatischer - / hochdramatischer Sopran *m*	soprano dramatique	soprano dramático *m*
232	soprano leggero *m*	coloratura soprano	Koloratursopran *m*	soprano léger *m*	tiple ligero *m*

	5) CANTANTI E CANTO	SINGERS AND SINGING	SÄNGER UND GESANG	CHANTEURS ET CHANT	CANTANTES Y CANTO
233	soprano lirico *m*	lyric soprano	lyrischer Sopran *m*	soprano lyrique *m*	soprano lírico *m*
234	soprano lirico spinto *m*	young dramatic soprano	jugendlich-dramatischer Sopran *m*	soprano dramatique d'agilité *m*	soprano dramático ágil *m*
235	tenore *m*	tenor	Tenor *m*	ténor *m*	tenor *m*
236	tenore drammatico *m* / - eroico *m* / - di forza *m*	heroic tenor	Heldentenor *m*	ténor dramatique *m*	tenor dramático *m*
237	bel canto	beautiful singing	schöner Gesang	beau chant	bel canto
238	calare	to sing flat	zu tief singen	chanter trop bas	bajar / calar
239	canoro	for singing	gesanglich	pour le chant	canoro
240	cantare giusto	to sing in tune	rein singen	chanter juste	cantar justo / - afinadamente
241	coloratura *f*	coloratura	Koloratur *f*	colorature *f*	adorno *m*
242	corde vocali *f pl*	vocal cords *pl*	Stimmbänder *n pl*	cordes vocales *f pl*	cuerdas vocales *f pl*
243	crescere	to sing sharp	zu hoch singen	chanter trop haut	subir
244	falsetto *m*	falsetto	Falsett *n*	fausset *m*	falsete *m*
245	fioritura *f* / gorgia *f*	fioritures *pl*	Blumen *f pl*	fioritures *f pl*	floreos *m pl*
246	gorgheggio *m*	warble	Gurgeltriller *m*	roulade *f*	gorjeo *m*
247	inflessione *f*	inflection	Tonfall *m* / Stimmfall *m*	inflexion *f*	inflexión *f*
248	libretto *m*	libretto	Operntextbuch *n*	livret d'opéra *m*	libreto *m*
249	lirica *f*	lyric	Lyrik *f*	lyrique *f*	lírica *f*
250	messa di (in) voce	placing of the voice	Ansatz der Stimme	pose de la voix	poner la voz
251	mutazione *f*	mutation	Stimmbruch *m*	mue *f*	muda *f*
252	portamento	carrying the voice	tragend	porter la voix	llevar la voz
253	registro *m*	register	Stimmlage *f*	registre *m*	registro *m*
254	respiro *m*	breathing pause	Luftpause *f*	respiration *f*	pausa de respiración *f*
255	singhiozzando	sobbing	schluchzend	en sanglotant	sollozando
256	soubrette *f*	soubrette	Soubrette *f*	soubrette *f*	tiple cómico *m*
257	stonare	to sing off pitch	detonieren	détonner	desentonar
258	tremolando	trembling	bebend	en tremblottant	temblequeando
259	tremolo *m*	tremolo	Tremolo *n*	trémolo *m*	trémolo *m*
260	velato	veiled / husky	verschleiert	voilé	velado
261	vocale	vocal	vokal	vocal	vocal
262	vocalizzo *m*	vocalise	Vokalise *f*	vocalise *f*	vocalización *f*
263	voce di petto *f*	chest voice	Bruststimme *f*	voix de gorge *f*	voz de pecho *f*
264	voce di testa *f*	head voice	Kopfstimme *f*	voix de tête *f*	voz de cabeza *f*

	6) MUSICA ELETTRONICA	ELECTRONIC MUSIC	ELEKTRONISCHE MUSIK	MUSIQUE ELECTRONIQUE	MUSICA ELECTRONICA
265	altoparlante *m*	loudspeaker	Lautsprecher *m*	hautparleur *m*	altavoz *m*
266	ampiezza *f*	amplitude	Amplitude *f*	amplitude *f*	amplitud *f*
267	amplificatore *m*	amplifier	Verstärker *m*	amplificateur *m*	amplificador *m*
268	banda di frequenza *f*	frequency band	Frequenzband *n*	bande de fréquences *f*	banda de frecuencias *f*
269	battimento *m*	beat	Schwebung *f*	battement *m*	batido *f*
270	canale *m*	channel	Kanal *m*	chaîne *f*	canal *m*
271	compressore *m*	compressor	Kompressor *m*	compresseur *m*	compresor *m*
272	diaframma *m*	cartridge	Schalldose *f*	diaphragme *m*	diafragma *m*
273	decibel *m*	decibel	Dezibel *n*	décibel *m*	decibelio *m*
274	dente di sega *m*	saw tooth	Sägezahn *m*	dent de scie *f*	diente de sierra *m*
275	distorsione *f*	distortion	Verzerrung *f*	distorsion *f*	distorsión *f*
276	eco *m*	echo	Nachhall *m*	écho *m*	eco *m*
277	egualizzatore *m*	equalizer	Entzerrer *m*	égalisateur *m*	atennador *m*
278	filtro *m*	filter	Filter *m*	filtre *m*	filtrador *m*
279	filtro passabanda *m*	bandpass filter	Bandpassfilter *m*	filtre passe-bande *m*	filtro pasabande *m*
280	frequenza *f*	frequency	Frequenz *f*	fréquence *f*	frecuencia *f*
281	generatore *m*	generator	Generator *m*	générateur *m*	generador *m*
282	impulso *m*	impulse	Impuls *m*	impulsion *f*	impulso *m*
283	larghezza di banda *f*	band width	Bandbreite *f*	largeur de bande *f*	anchura de cinta *f*
284	limitatore *m*	delimiter	Begrenzer *m*	limiteur *m*	limitador *m*
285	lineare	linear	linear	linéaire	lineal
286	livello *m*	level	Pegel *m*	niveau *m*	nivel *m*
287	mescolatore di suono *m*	sound mixer	Tonmischpult *n*	mélangeur de son *m*	mezclador de sonido *m*
288	microfono *m*	microphone	Mikrophon *n*	microphone *m*	micrófono *m*
289	micr. a condensatore *m*	condenser micr.	Kondensatormikr. *n*	micr. à condensateur *m*	micr. de condensador *m*

	6) MUSICA ELETTRONICA	ELECTRONIC MUSIC	ELEKTRONISCHE MUSIK	MUSIQUE ELECTRONIQUE	MUSICA ELECTRONICA
290	micr. a contatto *m*	contact micr.	Kontaktmikr. *n*	micr. à contact *m*	micr. de contacto *m*
291	micr. elettrodinamico *m*	electrodynamic micr.	elektrodynamisches Mikr. *n*	micr. électrodynamique *m*	micr. electrodinámico *m*
292	micr. elettromagnetico *m*	electromagnetic micr.	elektromagnetisches Mikr. *n*	micr. électromagnétique *m*	micr. electromagnético *m*
293	mistura *f*	tone mixture	Tongemisch *n*	mixage *m*	mixtura de tonos *f*
294	nastro magnetico *m*	magnetic tape	Tonband *n*	bande magnétique *f*	cinta magnética *f*
295	onda *f*	wave	Welle *f*	onde *f*	onda *f*
296	oscillatore *m*	oscillator	Oszillator *m* / Schwingungserreger *m*	oscillateur *m*	oscilador *m*
297	oscillazione *f*	oscillation	Schwingung *f*	oscillation *f*	oscilación *f*
298	potenziometro *m*	potentiometer	Potentiometer *n*	potentiomètre *m*	potenciómetro *m*
299	quadro di distribuzione *m*	switch board	Schalttafel *f*	tableau de distribution *m*	cuadro de distribución *m*
300	reazione *f*	feed back	Rückkoppelung *f*	réaction *f*	reacción *f*
301	registrazione *f*	recording	Aufnahme *f*	enregistrement *m*	registro *m*
302	rettangolo *m*	rectangle	Rechteck *n*	rectangle *m*	rectángulo
303	riproduzione *f*	reproduction	Wiedergabe *f*	reproduction *f*	reproducción *f*
304	risonanza *f*	resonance	Resonanz *f* / Nachklang *m*	résonance *f*	resonancia *f*
305	rivelatore *m*	pick-up	Tonabnehmer *m*	pick-up *m*	pick-up *m*
306	rumore *m*	noise	Rauschen *n* / Lärm *m*	bruit *m*	ruido *m*
307	telecomando *m*	remote control	Fernbedienung *f*	télécommande *f*	telecomando *m*
308	testina magnetica *f*	magnetic head	Magnetkopf *m* / Tonkopf *m*	tête magnétique *f*	cabeza magnética *f*
309	trasformatore *m*	transformer	Wandler *m*	transformateur *m*	transductor *m*
310	triangolo *m*	triangle	Dreieck *n*	triangle *m*	triángulo *m*
	7) IL LINGUAGGIO DELLE PARTITURE	THE LANGUAGE OF THE SCORES	DIE SPRACHE DER PARTITUREN	LE LANGAGE DES PARTITIONS	EL LENGUAJE DE LAS PARTITURAS
	a) VELOCITA	VELOCITY	GESCHWINDIGKEIT	VITESSE	VELOCIDAD

I   Le parole con * possono significare al tempo stesso più presto e più forte oppure più lento e più piano.

E   The words marked by * can indicate as well faster and louder as well as slower and softer.

D   Die mit * bezeichneten Wörter können gleichzeitig schneller und lauter, oder langsamer und leiser bedeuten.

F   Les mots marqués avec * peuvent signifier en même temps plus vite et plus fort ou plus lent et plus doucement.

S   Las palabras marcadas con * pueden significar al mismo tiempo más rápido y más fuerte o bien más lento y más soave.

311	a beneplacito	as you like	nach Belieben	à votre gré	a placer
312	a piacere	at one's pleasure	nach Belieben	libre	a placer
313	a tempo	in time	im Takt / im Zeitmass	en mesure / au mouvement	al tiempo
314	adagietto	quicker and shorter than adagio	kürzer und schneller als Adagio	plus court et plus rapide que adagio	mas rápido y mas corto que adagio
315	adagino	like adagietto	wie Adagietto	comme adagietto	como adagietto
316	adagio	slow	langsam	lent	despacio
317	adagissimo	very slow	sehr langsam	très lent	muy despacio
318	ad libitum (L)	at one's pleasure	nach Belieben	libre	a voluntad
319	affrettato	hasty	eilig	pressé	apresurado
320	allegretto	not as fast as allegro	weniger bewegt als Allegro	moins rapide que allegro	menos rápido que allegro
321	allegro	lively / cheerful	lebhaft / munter	allègre / vif	alegre
322	allegrissimo	very fast / - lively	sehr lebhaft	très rapide / - vif	muy alegre
323	andante	going	gehend	en allant	andando
324	andantino	slower or quicker than andante	langsamer oder schneller als Andante	plus lent ou plus rapide que andante	más o menos animado que andante
325	animato	animated	belebt	animé	animado
326	celeramente	swiftly	rasch	rapidement	pronto
327	celere	swift	rasch	rapide	célere
328	con celerità	with celerity	mit Schnelligkeit	avec rapidité	con celeridad
329	con - / in fretta	with haste	mit Eile	avec hâte	con prisa

a) VELOCITA — VELOCITY — GESCHWINDIGKEIT — VITESSE — VELOCIDAD

	VELOCITA	VELOCITY	GESCHWIN-DIGKEIT	VITESSE	VELOCIDAD
330	con lentezza	with slowness	mit Langsamkeit	avec lenteur	con lentitud
331	con moto	with motion	mit Bewegung	avec mouvement	con movimiento
332	con precipitazione	with precipitation	mit Hast	précipitamment	con precipitación
333	con prestezza	with fastness	mit Schnelligkeit	avec rapidité	con presteza
334	con qualche licenza	with some licence	mit einiger Freiheit	avec quelques licences	con algunas licencias
335	con rapidità	with rapidity	mit Schnelligkeit	avec rapidité	con rapidez
336	con rigore	with rigour	mit Strenge	avec rigueur	con rigor
337	con speditezza	with promptitude	mit Hurtigkeit	avec promptitude	con prontitud
338	con velocità	with velocity	mit Geschwindigkeit	avec vélocité	con velocidad
339	corrente	running	laufend	courant	corriente
340	esitando	hesitating	zögernd	en hésitant	vacilando
341	frettoloso	in a hurry / hasty	eilig	pressé	apresurado
342	incalzante	pressing	drängend	talonnant	acosante
343	larghetto	short and quicker than largo	kürzer und schneller als Largo	plus court et plus rapide que largo	más corto y más rápido que largo
344	largo	wide / broad	breit	large	amplio / ancho
345	lentamente	slowly	langsam	lentement	despacio
346	lentissimo	very slow	sehr langsam	très lent	muy despacio / lento
347	lento	slow	langsam	lent	lentamente
348	libero	free	frei	libre	libre
349	l'istesso tempo	the same speed	die gleiche Geschwindigkeit	le même mouvement	el mismo tiempo
350	moderatamente	moderately	gemässigt	modérément	moderadamente
351	moderato	moderate	gemässigt	moderé	moderado
352	mosso	moved	bewegt	mû	movido
353	precipitato	precipitated	überstürzt	précipité	precipitado
354	precipitoso	precipitate	überstürzt	précipité	precipitoso
355	prestamente	fast	schnell	rapidement	prontamente
356	prestissimo	extremely fast	sehr schnell	très vite	muy vivo
357	presto	fast / quick	schnell	vite	presto
358	prontamente	quickly	rasch	promptement	prontamente
359	pronto	prompt	rasch	prompt	pronto
360	rapidamente	rapidly	schnell	rapidement	rápidamente
361	rapido	rapid	schnell	rapide	rápido
362	rimettendo	replacing	zurücksetzend	en remettant	reponiendo
363	riprendendo	retaking	wieder aufnehmend	en reprenant	recobrando
364	rubato	stolen	geraubt	volé / derobé	robado
365	senza fretta	without hurry	ohne Eile	sans se presser	sin prisa
366	senza trascicare	without dragging	ohne zu schleppen	sans traîner	sin arrastrar
367	senza strascinare	without dragging	ohne zu schleppen	sans traîner	sin arrastrar
368	sollecito	prompt	schleunig	empressé	pronto
369	sostenuto	sustained	gestützt	soutenu	sostenido
370	spedito	quick	rasch	prompt	expedido
371	svelto	swift	geschwind	svelte	listo
372	tardo	slow	langsam	lent	lento
373	tempo giusto	right speed	angemessenes Zeitmass	temps juste	movimiento justo
374	tempo primo	first speed	im ersten Zeitmass	temps primaire	movimiento anterior
375	tornando al tempo	returning to the first speed	zum Zeitmass zurückkehrend	en revenant au mouvement	volviendo al movimiento
376	tostamente	swiftly	hurtig	vite	próntamente
377	tosto	swift	hurtig	vite	pronto
378	trainando	dragging	schleppend	en traînant	arrastrando
379	veloce	quick	rasch	rapide	veloz
380	velocemente	quickly	rasch	rapidement	velozmente
381	vivace	vivacious	lebhaft	vif	vivaz
382	vivacissimo	most vivacious	sehr lebhaft	très vif	muy vivaz
383	vivamente	lively	lebendig	vivement	vivamente

	PIU PRESTO	FASTER	SCHNELLER	PLUS VITE	MAS RAPIDO
384	accelerando	accelerating	beschleunigend	en accélérant	acelerando
385	accelerato	accelerated	beschleunigt	accéléré	acelerado
386	affrettando	hastening	eilend	en pressant	apresurando

PIU PRESTO	FASTER	SCHNELLER	PLUS VITE	MAS RAPIDO
387 animando *	animating	belebend	en animant	animando
388 animato	animated	belebt / lebhaft	animé	animado
389 avanti	forward	vorwärts	en avant	adelante
390 avvivando *	enlivening	belebend	en ranimant	avivando
391 camminando	walking	gehend	en marchant	caminando
392 frettando	hastening	eilend	en pressant	apresurando
393 incalzando *	pressing	aufholend	en talonnant	acosando
394 movendo / muovendo	moving	bewegend	mouvant	moviendo
395 più tosto	swifter	schneller	plus vite	más pronto
396 più veloce	quicker	schneller	plus vite	más veloz
397 precipitando	precipitating	überstürzend	en précipitant	precipitando
398 pressando	pushing	drängend	en pressant	apresurando
399 pressante	pressing	drängend	pressant	apresurante
400 ravvivando *	reviving	belebend	en ravivant	avivando
401 ravvivato	revived	belebt	ravivé	avivado
402 rianimando *	reanimating	wieder belebend	en ranimant	reanimando
403 riscaldando *	warming up	erwärmend	en réchauffant	calentando
404 ristringendo	narrowing	enger werdend	en resserrant	apretando
405 serrando	pressing	drängend	en serrant	estrechando
406 serrato	serried	gedrängt	serré	estrechado
407 sollecitando	urging	eilend	en pressant	apresurando
408 spedendo	promptly	in rascher Weise	promptement	con prontitud
409 spingendo	pushing	stossend	en poussant	empujando
410 stretto	narrow	eng / gedrängt	serré	apretado
411 stringendo	tightening	zusammendrängend	en serrant	apretando
412 urgente	urgent	dringend	urgent	urgente
PIU LENTO	SLOWER	LANGSAMER	PLUS LENT	MAS LENTO
413 allargando	broadening	breiter werdend	en élargissant	ampliando
414 allentando	loosening	nachlassend	en relâchant	aflojando
415 calmando *	calming	beruhigend	en calmant	calmando
416 estinguendo *	extinguishing	verlöschend	en éteignant	extinguiendo
417 frenando	retarding	bremsend	en freinant	frenando
418 indugiando	delaying	verzögernd	en s'attardant	diferiendo
419 largando	widening	breiter werdend	en élargissant	ampliando
420 lentando	slowing down	nachlassend	en ralentissant	moderar la marcha
421 mancando *	lacking	entschwindend	en défaillant	faltando
422 morendo *	dying	sterbend	en mourant	muriendo
423 prolungando	prolonging	verlängernd	en prolongeant	prolongando
424 raffrenando	retarding	bremsend	en freinant	frenando
425 rallentando	slowing down	langsamer werden	en ralentissant	moderando la marcha
426 rallentato	slowed down	verlangsamt	ralenti	moderada la marcha
427 rattenendo	retaining	zurückhaltend	en retenant	reteniendo
428 rilasciando	releasing	loslassend	en relâchant	aflojando
429 rilassando	releasing	nachlassend	en relâchant	relajando
430 ritardando	retarding	verzögernd	en retardant	retardando
431 ritardato	retarded	verzögert	retardé	retardado
432 ritenendo	holding back	zurückhaltend	en retenant	reteniendo
433 ritenuto	held back	zurückgehalten	retenu	retenido
434 slargando	broadening	breiter werdend	en élargissant	ensanchando
435 slentando *	loosening	nachlassend	en relâchant	aflojando
436 spirando *	fading away	hinsterbend	en mourant	expirando
437 stentando	painstaking	mühsam	en peinant	penando
438 stiracchiando	tugging	zerrend	en tiraillant	estirando
439 stirando	stretching	dehnend	en s'étendant	estirando
440 strascinando	dragging	schleppend	en traînant	arrastrando
441 svanendo *	vanishing	entschwindend	s'estompant	desvaneciendo
442 tardando	retarding	verspätend	en retardant	retardando
443 tirando	drawing	ziehend	en tirant	tirando
444 trascicando	dragging	schleppend	en traînant	arrastrando
445 trascinando	dragging	schleppend	en traînant	arrastrando
446 tratto	dragged	geschleppt	traîné	arrastrado
b) DINAMICA E PESO	DYNAMICS AND WEIGHT	DYNAMIK UND GEWICHT	DYNAMIQUE ET POIDS	DINAMICA Y PESO
447 accentuato	accentuated	betont	accentué	acentuado
448 appoggiando	leaning	sich stützend	en appuyant	apoyando
449 appoggiato	leaned	gestützt	appuyé	apoyado
450 articolando	articulating	artikulierend	en articulant	articulando

b) DINAMICA E PESO	DYNAMICS AND WEIGHT	DYNAMIK UND GEWICHT	DYNAMIQUE ET POIDS	DINAMICA Y PESO
451 articolato	articulated	artikuliert	articulé	articulado
452 ben ritmato	well rhythmed	sehr rhythmisch	bien rythmé	bien ritmado
453 con tutta la forza	with all force	mit ganzer Kraft	de toutes ses forces	a viva fuerza
454 debole	weak	schwach	faible	débil
455 distante	distant	entfernt	lointain	lejano
456 estinto	extinguished	erlöscht	éteint	extinguido
457 floscio	flabby	schlaff	flasque	flojo
458 forte	strong / loud	kräftig / stark / laut	fort	fuerte
459 fortissimo	very loud	sehr laut	très fort	muy fuerte
460 forzando	forcing	erzwingend	en forçant	esforzando
461 forzato	forced	erzwungen	contraint	esforzado
462 glissando	sliding	gleitend	en glissant	resbalando
463 legato / ligado	bound / tied	gebunden	lié	ligado
464 lontano	far away	fern / weit	lointain	lejano
465 marcando	marking	markierend	en marquant	marcando
466 marcato	marked	markiert	marqué	marcado
467 mezza voce	half voice	mit halber Stimme	à mi-voix	media voz
468 mezzo forte	half loud	halb laut	mi-fort	semifuerte
469 mezzo piano	half soft	halb leise	mi-doux	semisuave
470 percosso	struck	geschlagen	percuté	percudido
471 pianissimo	very soft	sehr leise	très doucement	muy suave
472 piano	soft	leise	doucement	suave
473 più forte possibile	as loud as possible	so laut wie möglich	le plus fort possible	lo más fuerte posible
474 più piano possibile	as soft as possible	so leise wie möglich	le plus doucement possible	lo más suave posible
475 poggiato	sustained	gestützt	appuyé	apoyado
476 portando	carrying	tragend	en portant	llevando
477 portato	carried	getragen	porté	llevado
478 puntato	dotted / detached	punktiert / gestossen	pointé / détaché	puntado
479 risaltato	emphasized	hervorgehoben	mis en relief	resaltado
480 ritmico	rhythmical	rhythmisch	rythmique	rítmico
481 sferzando	whipping	geisselnd	en cinglant	zurriagando
482 sforzato	forced	gezwungen	forcé	forzado
483 slegato	untied	ungebunden	non lié	desliado
484 smorzato	subdued	gedämpft	amorti	amortiguado
485 sottovoce	"under the voice" / in a low voice	"unter der Stimme" / mit leiser Stimme	/ à voix basse / à mi-voix	a sovoz
486 spento	extinguished	ausgelöscht	éteint	apagado
487 staccato	detached	abgestossen	détaché / piqué	destacado
488 tremolato	trembled	gebebt	trembloté / trémolo	temblequeado
489 vibrato	vibrated	vibriert	vibré	vibrado
PIU FORTE	LOUDER	LAUTER	PLUS FORT	MAS FUERTE
490 accrescendo	augmenting	vergrössernd	en accroissant	acrecentando
491 alzando	raising	erhebend	en élevant	alzando
492 ampliando	amplifying	erweiternd	en agrandissant	ampliando
493 aumentando	increasing	vergrössernd	en augmentant	aumentando
494 calcando *	compressing	pressend	en comprimant	comprimiendo
495 crescendo	growing	wachsend	en augmentant	creciendo
496 rafforzando / rinforzando	reinforcing	verstärkend	en renforcant	reforzando
497 rinforzato	reinforced	verstärkt	renforcé	reforzado
498 risvegliando *	rewakening	wieder aufweckend	en réveillant	despertando
499 spiegando	displaying	entfaltend	en déployant	desplegando
500 svegliando *	wakening	aufweckend	en réveillant	despertando
PIU PIANO	SOFTER	LEISER	PLUS DOUCEMENT	MAS SUAVE
501 abbassando	lowering	herunterlassend	en abaissant	bajando
502 acchetandosi * / acquietandosi	appeasing	sich besänftigend	en s'apaisant	aquietándose
503 addolcendo	softening	sanft werdend	en adoucissant	endulzando
504 affievolendo	weakening	abschwächend	en affaiblissant	debilitando
505 allontanandosi	going away	sich entfernend	en s'éloignant	alejandose
506 assottigliando	diluting	verdünnend	en amenuisant	adelgazando
507 attenuando	assuaging	mildernd	en attenuant	atenuando
508 calando	condescending / letting down	herablassend	en faisant descendre	bajando

PIU PIANO	SOFTER	LEISER	PLUS DOUCEMENT	MAS SUAVE
509 calante	lowering	herablassend	en descendant	bajante
510 cedendo *	yielding	nachgebend	en cédant	cediendo
511 decrescendo	decreasing	abnehmend	en décroissant	decreciendo
512 diluendo	diluting	verdünnend	en diluant	diluendo
513 dilungando	going away	entfernend	en s'éloignant	alejando
514 diminuendo	diminishing	vermindernd	en diminuant	disminuendo
515 espirando *	expiring	ausatmend	en expirant	espirando
516 estinguendosi *	extinguishing	verlöschend	en éteignant	extinguiéndose
517 evaporandosi	evaporating	verdunstend	en s'évaporant	evaporándose
518 indebolendo	enfeebling	schwächer werdend	en affaiblissant	debilitando
519 perdendosi *	losing oneself	sich verlierend	en se perdant	perdiéndose
520 placando	appeasing	beruhigend	en calmant	aplacando
521 raddolcendo	sweetening	sanfter werdend	en adoucissant	endulzando
522 scemando	diminishing	abnehmend	en amoindrissant	menguando
523 sminuendo	diminishing	abnehmend	en diminuant	disminuyendo
524 smorzando	subduing	verlöschend	en atténuant	atenuando
525 spegnendo *	extinguishing	auslöschend	en éteignant	apagando
526 stinto	extinguished	verlöscht	éteint	extinto
527 temperando	tempering	mässigend	en modérant	temperando
528 togliendo	taking away	wegnehmend	en ôtant	quitando

c) CARATTERE ED ESPRESSIONE — CHARACTER AND EXPRESSION — CHARAKTER UND AUSDRUCK — CARACTERE ET EXPRESSION — CARACTER Y EXPRESION

529 a ballata	in a ballad style	wie eine Ballade	comme une ballade	como una balada
530 abbandonandosi	abandoning oneself	sich hingebend	en s'abandonnant	abandonándose
531 abbandonatamente	with abandonment	mit Hingabe	avec abandon	con abandono
532 abbandono (con)	with abandonment	mit Hingabe	avec abandon	con abandono
533 a capriccio	capricious	launenhaft	capricieusement	a capricho
534 accarezzando / accarezzevolmente	caressing	liebkosend	caressant	acariciando
535 accarezzevole	caressfully	liebkosend	caressant	cariñoso
536 acceso	fiery	angezündet / feurig	allumé / enflammé	encendido
537 accoramento (con)	with grief	mit Betrübnis	attristé	con aflicción
538 accorato	sorrowful	betrübt	chagriné	afligido
539 aceuratamente	carefully	sorgfältig	soigneusement	esmeradamente
540 accuratezza (con)	with care	mit Sorgfalt	avec exactitude	con esmero
541 accurato	careful	sorgfältig	soigneusement	esmerado
542 acerbo	sharp	herb	âpre	áspero
543 addolcendo	sweetening	mildernd	en adoucissant	endulzando
544 addolorato	grieved	schmerzlich	douloureux	dolorido
545 adiratamente	wrathful	zornig	coléreusement	con colera
546 adirato	angry	erzürnt	en colère	encolerizado
547 adorazione (con)	with adoration	mit Anbetung	avec adoration	con adoración
548 adornando	adorning	zierend	en ornant	adornando
549 adornato	adorned	geziert	orné	adornado
550 aereo	airy	luftig	aéré	airoso
551 affabile	affable	leutselig	affable	afable
552 affannato	breathless	atemlos	essouflé	anheloso
553 affanno (con)	with anxiety	mit Kummer	tourmenté	con angustia
554 affanosamente	anxious	kummervoll	anxieusement	afanosamente
555 affanoso	worried	bekümmert	essouflé	anheloso
556 affettato	affected	geziert	affecté	afectado
557 affetto (con)	with affection	mit Zuneigung	avec affection	con cariño
558 affettuosamente	affectionately	in herzlicher Weise	affectueusement	con cariño
559 affettuoso	lovingly	herzlich	affectueux	cariñoso
560 afflitto	afflicted	betrübt	affligé	afligido
561 agevole	easy	leicht	aisé	fácil
562 agevolezza (con)	with ease	mit Bequemlichkeit	avec aisance	con soltura
563 aggradevole	agreeable	angenehm	agréable	agradable
564 agiatamente	comfortable	gemütlich	aisément	con comodidad
565 agile	agile	behende	agile	ágil
566 agilità (con)	with agility	mit Behendigkeit	avec agilité	con agilidad
567 agilmente	agile	behende	agilement	agilmente
568 agitato	agitated	aufgeregt	agité	agitado
569 agitazione (con)	with agitation	mit Aufregung	avec agitation	con agitación
570 agreste	rustic	ländlich	agreste	agreste
571 alla maniera di	in the manner of	nach Art der / - des	à la manière de	a la manera de
572 alla militare	militarily	militärisch	militairement	a la militar
573 alla tedesca	in the German style	nach Deutscher Art	à l'allemande	a la alemana

c) CARATTERE ED ESPRESSIONE — CHARACTER AND EXPRESSION — CHARAKTER UND AUSDRUCK — CARACTERE ET EXPRESSION — CARACTER Y EXPRESION

574	alla turca	in the Turkish style	nach Türkischer Art	à la turque	a la turca
575	alla zingara	in the Gipsy style	nach Art der Zigeuner	à la tzigane	al estilo cíngaro
576	alla zoppa	limping	hinkend	boiteux	cojeando
577	allarmato	alarmed	beunruhigt	alarmé	alarmado
578	allegramente	briskly	munter	allègrement	con alegría
579	allegrezza (con)	blithely	mit Munterkeit	avec allégresse	con alegría
580	allegria (con)	with cheerfulness	mit Munterkeit	avec allégresse	con alegría
581	altiero	haughty	stolz	hautain	altivo
582	amabilità (con)	with amability	mit Liebenswürdigkeit	avec amabilité	con amabilidad
583	amabile	amiable	liebenswürdig	aimable	amable
584	amaramente	bitterly	in bitterer Weise	amèrement	amargamente
585	amareggiato	embittered	verbittert	amer	amargado
586	amarezza (con)	with bitterness	mit Bitterkeit	avec amertume	con amargura
587	amaro	bitter	bitter	amer	amargo
588	amore (con)	with love	mit Liebe	avec amour	con amor
589	amorevole	tenderly	liebevoll	doux / tendre	amoroso
590	amorevolmente / amorosamente	tenderly	in liebevoller Weise	tendrement	con mucho cariño
591	ampiezza (con)	with ampleness	mit Ausdehnung	avec ampleur	con amplitud
592	ampio	ample	ausgedehnt	vaste	amplio
593	anelante	gasping	keuchend	haletant	jadeante
594	angelico	angelic	engelhaft	angélique	angélico
595	angoscia (con)	with anguish	mit Herzensangst	avec angoisse	con angustia
596	angosciosamente	anguishly	voller Angst	anxieusement	angustiosamente
597	angoscioso	anguishly	beängstigend	angoissant	angustioso
598	anima (con)	with soul	mit Seele	avec âme	con alma
599	animo (con)	with heart	mit Mut	avec courage	con ánimo
600	animoso	brave	beherzt	hardi	atrevido
601	ansante	panting	keuchend	haletant	jadeante
602	ansia (con)	with restlessness	mit Bangen	avec inquiétude	con ansia
603	ansietà (con)	with anxiety	mit Angst	avec anxieté	con angustia
604	ansiosamente	anxiously	bangend	anxieusement	ansiosamente
605	ansioso	anxious	bange	anxieux	ansioso
606	apatico	apathetic	apatisch	apathique	apático
607	appassionatamente	passionately	leidenschaftlich	passionément	con pasión
608	appassionato	passionate	leidenschaftlich	passioné	apasionado
609	appenato	distressed	bekümmert	peiné	penoso
610	ardente	ardent	glühend	ardent	ardiente
611	ardentemente	ardently	brennend	ardemment	con ardor
612	arditamente	boldly	kühn	hardiment	osadamente
613	arditezza (con)	with boldness	mit Keckheit	avec hardiesse	con osadia
614	ardito	bold	keck	hardi	atrevido
615	ardore (con)	with ardour	mit Eifer	avec ardeur	con ardor
616	arioso	airy	luftig	aéré	airado
617	armoniosamente	harmoniously	wohlklingend	harmonieusement	armoniosamente
618	armonioso	harmonious	wohlklingend	harmonieux	armonioso
619	arrabbiato	angry	wütend	enragé	rabioso
620	arroganza (con)	with arrogance	mit Anmassung	avec arrogance	con arrogancia
621	asprezza (con)	with acerbity	mit Herbheit	avec âpreté	con aspereza
622	aspro	rough	herb / rauh	âpre	áspero
623	audace	audacious	kühn	audacieux	audaz
624	audacemente	audaciously	in kühner Weise	audacieusement	audazmente
625	audacia (con)	with audacity	mit Kühnheit	avec audace	con audacia
626	balbettando	stammering	stammelnd	en balbutiant	balbuceando
627	baldanza (con)	with boldness	mit Kühnheit	avec assurance	con atrevimiento
628	baldanzoso	bold	kühn	hardi	atrevido
629	barbaro	barbarous	barbarisch	barbare	bárbaro
630	barcollando	staggering	schwankend	en chancelant	bamboleando
631	barcollante	tottering	wankend	chancelant	tambaleante
632	beato	blissful	glückselig	bienheureux	beato
633	beffardo	mocking	spöttisch	railleur	burlón
634	bellicoso	bellicose	kampfgierig	belliqueux	belicoso
635	bisbigliato	whispered	geflüstert	chuchoté	cuchicheado
636	bizzarro	peculiar	sonderbar	bizarre	extraño
637	bravura (con)	with bravery	mit Bravour	avec bravoure	con bravura

c) CARATTERE ED ESPRESSIONE	CHARACTER AND EXPRESSION	CHARAKTER UND AUSDRUCK	CARACTERE ET EXPRESSION	CARACTER Y EXPRESION
638 brillante	shining	glänzend	brillant	brillante
639 brio (con)	with liveliness	mit Schmiss	avec verve	con brío
640 brioso	full of life	voll Leben	plein d'allant	brioso
641 brontolando	grumbling	brummend	grognon	refunfuñando
642 brusco	brusque	barsch	brusque	brusco
643 brutale	brutal	brutal	brutal	brutal
644 burlando	joking	scherzend	moqueur	burlando
645 burlescamente	playful	scherzhaft	de façon burlesque	burlescamente
646 burrascoso	stormy	stürmisch	orageux	borrascoso
647 caldamente	warmly	herzlich / warm	chaleureusement	calurosamente
648 caldo	warm	warm	chaud	caliente
649 calma (con)	with calm	mit Ruhe	avec calme	con calma
650 calmo	calm	ruhig	calme	calmo
651 calore (con)	with warmth	mit Wärme	avec chaleur	con calor
652 calorosamente	heartily	herzlich	chaleureusement	calurosamente
653 caloroso	heartily	herzlich	chaleureux	caluroso
654 campestre	country	ländlich	champêtre	campestre
655 candidamente	candidly	aufrichtig	candidement	candidamente
656 candido	candid	unschuldig	candide	cándido
657 candore (con)	with candour	mit Unschuld	avec candeur	con candor
658 cantabile	singable	singbar	chantant	cantable
659 cantando	singing	singend	en chantant	cantando
660 canzonando	making fun	auslachend	moqueusement	mofándose
661 capriccioso	capricious	launenhaft	capricieux	caprichoso
662 carattere (con)	with character	mit Charakter	avec caractère	con carácter
663 carezzevole	caressing	liebkosend	caressant	con caricia
664 caricato	charged	überladen	chargé	cargado
665 castigatezza (con)	with chastity	mit Reinheit	avec pureté	con pureza
666 castigato	chaste / pure	rein	pur	puro
667 casto	chaste	keusch	chaste	casto
668 cavalleresco	chivalrous	ritterlich	chevaleresque	caballeresco
669 celeste / celestiale	celestial	himmlisch	céleste	celeste / celestial
670 chiaramente	clearly	in klarer Weise	clairement	claramente
671 chiarezza (con)	with clearness	mit Klarheit	avec clarté	con claridad
672 chiaro	clear	klar / deutlich / hell	clair	claro
673 civettando	coquetting	kokettierend	en coquettant	coqueteando
674 civetteria (con)	with coquetry	mit Koketterie	avec coquetterie	con coquetería
675 collera (con)	with anger	mit Zorn	avec colère	con cólera
676 comico	comical	komisch	comique	cómico
677 commodo / comodo	commodious	bequem	aisé / à l'aise	cómodo
678 commosso	moved	gerührt	ému	conmovido
679 commovente	moving	rührend	émouvant	commovedor
680 comodamente	comfortably	in bequemer Weise	commodément	con desahogo
681 compiacevole	complacent	gefällig	complaisant	complaciente
682 concitato	excited	aufgeregt	véhément	excitado
683 concitazione (con)	with excitement	mit Aufregung	avec véhémence	con excitación
684 consolante	consoling	tröstend	consolant	consolador
685 contemplativo	contemplative	beschaulich	contemplatif	contemplativo
686 contristato	grieved	betrübt	affligé	afligido
687 convulso	convulsive	zuckend	convulsé	convulsivo
688 cullando	rocking	wiegend	en berçant	meciendo
689 cuore (con)	with heart	mit Herz	avec coeur	con corazón
690 cupo	gloomy	düster	sombre	sombrio
691 cura (con)	with care	mit Sorgfalt	avec soin	cuidado (con)
692 danzante	dancing	tanzend	dansant	danzando
693 debile / debole	weak	schwach	faible	débil
694 debolezza (con)	with weakness	mit Schwäche	avec faiblesse	con debilidad
695 debolmente	weakly	in schwacher Weise	faiblement	debilmente
696 decisione (con)	with decision	mit Entschlossenheit	avec décision	con decisión
697 deciso	decided	entschlossen	décidé	decidido
698 declamando	declaiming	deklamierend	en déclamant	declamando
699 declamato	declaimed	deklamiert	déclamé	declamado
700 degno	worthy	würdig	digne	digno
701 deliberatamente	deliberately	entschlossen	délibérément	deliberadamente
702 delicatamente	delicately	in zarter Weise	délicatement	delicadamente
703 delicatezza (con)	with delicacy	mit Zartheit	avec délicatesse	con delicadeza

c) CARATTERE ED ESPRESSIONE — CHARACTER AND EXPRESSION — CHARAKTER UND AUSDRUCK — CARACTERE ET EXPRESSION — CARACTER Y EXPRESION

#	Italiano	English	Deutsch	Français	Español
704	delirando	raving	irreredend	en délirant	delirante
705	delirante / deliroso	frenzied	irreredend	délirant	delirante
706	delirio (con)	with frenzy	im Delirium	avec délire	con delirio
707	delizia (con)	with delight	mit Wonne	avec délice	con delicia
708	deliziosamente	delightfully	in entzückender Weise	délicieusement	deliciosamente
709	demoniaco	demoniacal	teuflisch	démoniaque	demoníaco
710	descrittivo	descriptive	beschreibend	descriptif	descriptivo
711	desiderio (con)	with desire	mit Verlangen	avec désir	con deseo
712	desolato	desolate	trostlos	désolé	desolado
713	desto	awake	wach / munter	éveillé	despierto
714	destrezza (con)	with dexterity	mit Geschicklichkeit	avec adresse	con destreza
715	determinato	determined	entschlossen	déterminé	determinado
716	determinazione (con)	with determination	mit Entschlossenheit	avec détermination	con determinación
717	devoto / divoto	devout	andächtig	dévot	devoto
718	dignità (con)	with dignity	mit Würde	avec dignité	con dignidad
719	diligenza (con)	with diligence	mit Sorgfalt	avec diligence	con diligencia
720	discrezione (con)	with discretion	mit Diskretion	avec discrétion	con discreción
721	disinvolto	unconstrained	unbefangen	désinvolte	desenvuelto
722	disinvoltura (con)	with unconstraint	mit Unbefangenheit	avec desinvolture	con desenvoltura
723	disperatamente	desperately	verzweiflungsvoll	désespérément	desesperadamente
724	disperato	desperate	verzweifelt	désespéré	desperado
725	disperazione (con)	with despair	mit Verzweiflung	avec désespoir	con desesperación
726	disprezzo (con)	with scorn	mit Verachtung	avec mépris	con desprecio
727	distante	distant	entfernt	distant	distante
728	disteso	stretched	ausgedehnt	étendu	extendido
729	distinto	distinct	deutlich	distinct	distinto
730	divagando	wandering	faselnd	en divaguant	divagando
731	doglia (con)	with pain	mit Schmerz	avec douleur	con aflicción
732	doglioso	painful	schmerzhaft	douloureux	doloroso
733	dolce	sweet / soft	weich / sanft	doux	dulce
734	dolcemente	gently	in süsser Weise / in sanfter Weise	doucement	dulcemente
735	dolcezza (con)	with softness	mit Sanftheit	avec douceur	con dulzura
736	dolcissimo	very soft	sehr sanft	très doux	muy dulce
737	dolendo	suffering	leidend	en souffrant	sufriendo
738	dolente	in pain	schmerzhaft	douloureusement	doliente
739	dolore (con) / duolo (con)	with pain	mit Schmerz	avec douleur	con dolor / con duelo
740	doloroso	painful	schmerzvoll	douloureux	doloroso
741	drammatico	dramatic	dramatisch	dramatique	dramático
742	durezza (con)	with harshness	mit Härte	avec dureté	con dureza
743	duro	hard	hart	dur	duro
744	ebbrezza (con)	with inebriety	mit Rausch	avec ivresse	ebrio de júbilo
745	eccitato	excited	aufgeregt	excité	excitado
746	elegantemente	elegantly	in eleganter Weise	élégamment	elegantemente
747	eleganza (con)	with elegance	mit Eleganz	avec élégance	con elegancia
748	elegiaco	elegiac	elegisch / klagend	élégiaque	elegíaco
749	elevamento (con) / elevatezza (con)	with elevation	mit Erhabenheit	avec élévation	con elevación
750	emozione (con)	with emotion	mit Gemütserregung	avec émotion	con emoción
751	energia (con)	with energy	mit Energie	avec énergie	con energía
752	energico	energetic	energisch	énergique	enérgico
753	enfasi (con)	with emphasis	mit Emphase	avec emphase	con énfasis
754	enfatico	emphatic	nachdrücklich	emphatique	enfático
755	entusiasmo (con)	with enthusiasm	mit Begeisterung	avec enthousiasme	con entusiasmo
756	epico	epic	episch	épique	épico
757	eroico	heroic	heroisch	héroique	heroico
758	erotico	erotic	erotisch	érotique	erótico
759	esaltante	exalting	überspannend	exaltant	exaltando
760	esaltato	exalted	überspannt	exalté	exaltado
761	esaltazione (con)	with exaltation	mit Ueberspanntheit	avec exaltation	con exaltación
762	esattezza (con)	with exactitude	mit Genauigkeit	avec exactitude	con exactitud
763	esatto	exact	genau	exact	exacto
764	esile	slender	schmächtig	grêle	delgado
765	espansione (con)	with expansion	mit Ausdehnung	avec expansion	con expansión

15

	c) CARATTERE ED ESPRESSIONE	CHARACTER AND EXPRESSION	CHARAKTER UND AUSDRUCK	CARACTERE ET EXPRESSION	CARACTER Y EXPRESION
766	espressione (con)	with expression	mit Ausdruck	avec expression	con expresión
767	espressivo	expressive	ausdrucksvoll	expressif	expresivo
768	estasi (con)	with ecstasy	mit Verzückung	avec extase	con éxtasis
769	estro (con)	with brightness	mit Aufgewecktheit	avec entrain	con estro
770	estroso	whimsical	grillenhaft	fantasque	caprichoso
771	esultante	exultant	frohlockend	en exultant	exultante
772	esultanza (con) / esultazione (con)	with exultation	mit Frohlocken	avec joie	con exultación
773	etereo	ethereal	ätherisch	étheré	etéreo
774	facezia (con)	with jest	mit Spass	avec facétie	con chiste
775	fanatico	fanatic	fanatisch	fanatique	fanático
776	fantasia (con)	with fancy	mit Phantasie	avec fantaisie	con fantasía
777	fantasioso	fanciful	schwärmerisch	fantasque	estrambótico
778	fantastico	fantastic	phantastisch	fantastique	fantástico
779	farsesco	farcical	possenhaft	farceur	farsante
780	fascino (con)	with charm	mit Zauber	avec charme	con fascinación
781	fastoso	magnificent	prächtig	fastueux	fastuoso
782	fatica (con)	with toil	mit Mühe	avec peine	con pena
783	febbrile	feverish	fieberhaft	fébrile	febril
784	fermamente	firmly	entschlossen	fermement	firmemente
785	fermezza (con)	with firmness	mit Entschlossenheit	avec fermeté	con firmeza
786	fermo	firm / steady	entschlossen	ferme	firme
787	feroce	ferocious	wild	féroce	feroz
788	ferocia (con)	with ferocity	mit Wildheit	avec férocité	con ferocidad
789	fervido	fervid	inbrünstig	ardent	férvido
790	fervore (con)	with fervour	mit Inbrunst	avec ferveur	con fervor
791	festeggiante	rejoicing	feiernd	joyeusement	festejante
792	festivo	festive	festlich	air de fête	festivo
793	festoso	joyful	fröhlich	gai / joyeux	alegre
794	fiacco	weak / weary	schwach / träge	las / mou	flojo
795	fiducia (con)	with confidence	mit Vertrauen	avec confiance	con confianza
796	fieramente	fierce	stolz	fièrement	atrevido
797	fierezza (con)	with fierceness	mit Stolz	avec fierté	con atrevimiento
798	fiero	fierce	stolz	fier	atrevído
799	filando	spinning	spinnend	en filant	hilando
800	fioreggiando	adorning	verzierend	en fleurissant	floreando
801	fiorettando	adorning	verzierend	en ornant	adornando
802	flebile	plaintive / faint	kläglich	plaintif / triste	flébil
803	fluidezza (con)	with fluency	fliessend	avec fluidité	con fluidez
804	fluido	fluent	fliessend	fluide	flúido
805	focoso / fuocoso	fiery	feurig	fougeux	fogoso
806	foga (con)	with ardour	mit Hitze / - Eifer	avec fougue	arrebatado
807	folleggiando	frolicsome	scherzhaft	en folâtrant	juguetando
808	follemente	madly	närrisch	follement	locamente
809	forza (con)	with force	mit Kraft	avec force	con fuerza
810	fosco	gloomy	düster	obscur / sombre	fosco
811	fragoroso	roaring	lärmend	retentissant	fragoroso
812	francamente	frankly	offenherzig	franchement	francamente
813	franchezza (con)	with frankness	mit Offenheit	avec franchise	con franqueza
814	freddamente	coldly	kühl	froidement	friamente
815	freddezza (con)	with coldness	mit Kälte	avec froideur	con frialdad
816	fremebondo / fremente	quivering	bebend	frémissant	tembloroso
817	fremito (con)	with thrill	mit Beben	avec frémissements	con temblor
818	frenetico	frantic	rasend	frénétique	frenético
819	freschezza (con)	with freshness	mit Frische	avec fraîcheur	con frescor
820	fresco	fresh	frisch	frais	fresco
821	frivolo	frivolous	leichtfertig	frivole	frívolo
822	frusciando	rustling	raschelnd	en froufroutant	crujiente
823	fugace	fleeting	flüchtig	fugace	fugaz
824	fulgido	brillant	glänzend	resplendissant	fúlgido
825	fulminante	fulminating	blitzend / zündend	fulminant	fulminante
826	funebre	mournful	traurig / Trauer...	funèbre	fúnebre
827	funereo	funeral	leichenähnlich	funèbre	funéreo
828	fuoco (con)	with fire	mit Feuer	avec feu	con fuego
829	furbescamente	cunning	schlauerweise	avec fourberie	con astucia
830	furente	furious	rasend	furieux	furente

c) CARATTERE ED ESPRESSIONE — CHARACTER AND EXPRESSION — CHARAKTER UND AUSDRUCK — CARACTERE ET EXPRESSION — CARACTER Y EXPRESION

	Italiano	English	Deutsch	Français	Español
831	furia (con)	with fury	mit Wut	avec fureur	con furia
832	furibondo	furious	rasend	furibond	furibundo
833	furioso	furious	rasend	furieux	furioso
834	furore (con)	with fury	mit Raserei	avec fureur	con furor
835	gagliardo	vigorous	rüstig	vigoureux	gallardo
836	gaiamente	merry	heiter	gaîment	alegremente
837	gaiezza (con)	with gaiety	mit Heiterkeit	avec gaîté	con alegría
838	gaio	gay	lustig	gai	gayo
839	galante	gallant	galant	galant	galante
840	galanteria (con)	with gallantry	mit Galanterie	avec galanterie	con galantería
841	garbo (con)	with grace	mit Anmut	avec amabilité	con garbo
842	gaudio (con)	with happiness	mit Wonne	avec bonheur	gozosamente
843	gelido	icy	eisig	glacial	gélido
844	gemebondo	moaning	klagend	gémissant	guejoso
845	generoso	generous	grossmütig	généreux	generoso
846	gentilezza (con)	with kindness	mit Anmut	avec gentillesse	con gentileza
847	gentilmente	kindly	liebenswürdig	gentiment	gentilmente
848	ghiribizzoso	whimsy	launenhaft	capricieux	caprichoso
849	gigantesco	gigantic	riesig	gigantesque	gigantesco
850	giocondo	gay	fröhlich	gai	jocoso
851	gioia (con)	with joy	mit Freude	avec joie	con gozo
852	gioioso	joyful	fröhlich	joyeux	alegre
853	gioviale	jovial	heiter	jovial	jovial
854	giubilante	jubilating	jubelnd	jubilant	jubiloso
855	giubilo (con)	with jubilation	mit Jubel	avec allégresse	con jubilo
856	giulivo	joyous	fröhlich	joyeux	alegre
857	goffo	awkward	linkisch	gauche	torpe
858	gracile	delicate	schmächtig / zart	frêle	grácil
859	gradevole / gradito	agreeable	angenehm	agréable	agradable
860	grandezza (con)	with greatness	mit Grösse	avec grandeur	con grandeza
861	grandioso	grand	grossartig	grandiose	grandioso
862	grave	heavy	schwer	pesant	grave
863	gravità (con)	with gravity	mit Würde	avec gravité	con gravidad
864	grazia (con)	with grace	mit Anmut	avec grâce	con gracia
865	grazioso	graceful	anmutig	gracieux	gracioso
866	grossolano	coarse	grob	grossier	grosero
867	grottesco	grotesque	grotesk	grotesque	grotesco
868	guerresco / guerriero	warlike	kriegerisch	guerrier	bélico
869	gusto (con)	with taste	mit Geschmack	avec goût	con gusto
870	idilliaco	idyllic	idyllisch	idyllique	idílico
871	ilare	cheerful	heiter	joyeux	alegre
872	impaziente	impatient	ungeduldig	impatient	impaciente
873	impazienza (con)	with impatience	mit Ungeduld	avec impatience	con impaciencia
874	imperioso	imperious	gebieterisch	impérieux	imperioso
875	impeto (con)	with impetus	mit Ungestüm	avec impétuosité	con ímpetu
876	impetuoso	impetuous	ungestüm	impétueux	impetuoso
877	implacabile	implacable	unerbittlich	implacable	implacable
878	implorante	imploring	anflehend	implorant	implorante
879	imponente	impressive	eindrucksvoll	imposant	imponente
880	improvvisando	improvising	improvisierend	en improvisant	improvisando
881	incantevole	charming	zauberhaft	enchanteur	encantador
882	incisivo	incisive	einschneidend	incisif	incisivo
883	indifferenza (con)	with indifference	mit Gleichgültigkeit	avec indifférence	con indiferencia
884	indignato	indignated	entrüstet	indigné	indignado
885	indolenza (con)	with indolence	mit Trägheit	avec indolence	con indolencia
886	inebriante	inebriating	betörend	enivrant	embriagador
887	infantile	childish	kindlich	infantile	infantil
888	infernale	infernal	höllisch	infernal	infernal
889	infiammato	inflamed	entzündet	enflammé	inflamado
890	infocato	burning	glühend	enflammé	abrasado
891	infuriato	enraged	rasend	furieux	enfurecido
892	ingegnoso	ingenious	erfinderisch	ingénieux	ingenioso
893	ingenuo	ingenuous	naiv	ingénu	ingenuo
894	innocenza (con)	with innocence	mit Unschuld	avec innocence	con inocencia
895	inquietante	uncannily	unheimlich	inquiétant	inquietante
896	inquieto	restless	unruhig	inquiet	inquieto

	CARATTERE ED ESPRESSIONE	CHARACTER AND EXPRESSION	CHARAKTER UND AUSDRUCK	CARACTERE ET EXPRESSION	CARACTER Y EXPRESION
897	insensibilmente	insensible	gefühllos	insensiblement	insensiblemente
898	insinuante	insinuating	einschmeichelnd	insinuant	insinuante
899	insistenza (con)	with insistence	mit Beharrlichkeit	avec insistance	con insistencia
900	insolenza (con)	with insolence	mit Frechheit	avec insolence	con insolencia
901	intensivo	intensive	intensiv	intensif	intensivo
902	intenso	intense	intensiv	intense	intenso
903	intimo	inmost	innerst / innig	intime	íntimo
904	intrepido	intrepid	furchtlos	intrépide	intrépido
905	invettivando	invectiving	schmähend	invectivant	invectivando
906	ira (con)	with rage	mit Zorn	avec colère	con ira
907	iracondo	irascible	jähzornig	coléreux	iracundo
908	irato / iroso	angry	zornig	irrité	airado / iracundo
909	ironia (con)	with irony	mit Ironie	avec ironie	con ironía
910	ironico	ironical	ironisch	ironique	irónico
911	irrequieto	restless	unruhig	inquiet	inquieto
912	irresoluto	irresolute	unentschlossen	irrésolu	irresoluto
913	irritante	irritating	aufreizend	irritant	irritante
914	irritato	irritated	gereizt	irrité	irritado
915	lacrimando	weeping	weinend	larmoyant	llorando
916	lacrimoso / lagrimoso	tearful	tränenvoll	larmoyant	lagrimoso
917	lagnoso	plaintive	klagend	plaintif	lamentoso
918	lamentoso	lamentable	klagend	plaintif	lamentoso
919	languidamente	languishing	schmachtend	languissamment	lánguidamente
920	languido	languid	schmachtend	languissant	lánguido
921	largamente	widely	ausgedehnt	largement	anchamente
922	leggerezza (con)	with lightness	mit Leichtigkeit	avec légèreté	con ligereza
923	leggero / leggiero	light	leicht	léger	ligero
924	leggiadro	pretty	anmutsvoll	charmant	encantador
925	lesto	swift	rasch	leste	listo
926	letizia (con)	with happiness	mit Glückseligkeit	avec allégresse	con leticia
927	leziosamente	affected	affektiert	avec affectation	melindroso
928	liberamente / libero	freely	frei	libre	libremente
929	lieto	cheerful	heiter	joyeux	alegre
930	lieve	light	leicht	léger	leve
931	limpido	clear	klar	limpide	límpido
932	liscio	smooth	glatt	lisse / plat	liso
933	lucido	lucid	klar	lucide	lúcido
934	lugubre	gloomy	düster	lugubre	lúgubre
935	luminoso	bright	klar / hell	lumineux	luminoso
936	lusingando	alluring	schmeichelnd	flatteur	lisonjero
937	lustro (con)	with lustre	mit Glanz	avec lustre	con brillo
938	luttuosamente	mournful	wehklagend	douloureusement	tristemente
939	maestoso	majestic	majestätisch	majestueux	majestuoso
940	maestria (con)	with skill / mastery	mit Meisterschaft	avec maîtrise	con maestría
941	magico	magic	magisch	magique	mágico
942	malinconia (con)	with melancholy	mit Schwermut	avec mélancolie	con melancolía
943	malinconico / melanconico	melancholic	schwermütig	mélancolique	melancólico
944	malizioso	malicious	schalkhaft	malicieux	pícaro
945	mansueto	mild / gentle	sanft / lieblich	paisible / doux	manso
946	marziale	martial	kriegerisch	martial	marcial
947	maschio	male	männlich	viril	varonil
948	meditando	meditating	sinnend	en méditant	meditando
949	melodico	melodic	melodisch	mélodieux	melódico
950	melodioso	melodious	melodiös	mélodieux	melodioso
951	mestamente	sadly	betrübt	tristement	tristemente
952	mestizia (con)	with sadness	mit Traurigkeit	avec tristesse	con tristeza
953	mesto	sad	traurig / betrübt	affligé / triste	triste
954	militarmente	militarily	militärisch	militairement	militar
955	minacciosamente	threatening	drohend	menaçant	amenazante
956	minaccioso	menacing	drohend	menaçant	amenazante
957	misteriosamente	mysterious	geheimnisvoll	mystérieusement	misteriosamente
958	misterioso	mysterious	geheimnisvoll	mystérieux	misterioso
959	mistico	mystic	mystisch	mystique	místico
960	mobile	mobile	beweglich	mobile	móvil
961	moderazione (con)	with moderation	mit Mässigung	avec modération	con moderación
962	molle	soft / flabby	schlaff / weich	mou	blando
963	mollezza (con)	with weakness	mit Schlaffheit	avec mollesse	con flojedad

c) CARATTERE ED ESPRESSIONE — CHARACTER AND EXPRESSION — CHARAKTER UND AUSDRUCK — CARACTERE ET EXPRESSION — CARACTER Y EXPRESION

964	monotono	monotonous	eintönig	monotone	monótono
965	morbidezza (con)	with limpness	mit Weichheit	avec douceur	con maña
966	morbido	soft	weich	doux / velouté	suave
967	mordace	biting	bissig	mordant	mordaz
968	mormorando	murmuring	murmelnd	en murmurant	murmurando
969	motteggiando	joking	scherzend	en badinant	jugueteando
970	narrante	narrative	erzählend	en narrant	narrativo
971	naturalezza (con)	with naturalness	mit Natürlichkeit	naturellement	con naturaleza
972	nebbioso	foggy	neblig	brumeux	nebuloso
973	nebuloso	nebulous	neblig	nébuleux	nebuloso
974	negligentemente	negligently	nachlässig / sorglos	négligemment	negligentemente
975	nettamente	clearly	klar	clairement	claramente
976	netto	clean	klar	clair / net	limpio
977	nitido	neat / tidy	klar	clair	nítido
978	nobilmente	nobly	edel	noblement	noblemente
979	nobiltà (con)	with nobility	mit Adel	avec noblesse	con nobleza
980	nutrito	fed	voll / genährt	plein / nourri	nutrido
981	nuziale	nuptial	hochzeitlich	nuptial	nupcial
982	ondeggiante	rolling / wavering	wogend	en ondoyant	ondeante
983	opaco	blurred / dull	undeutlich	opaque	opaco
984	oppresso	oppressed	unterdrückt	opprimé	oprimido
985	orgoglioso	proud	stolz	orgueilleux	orgulloso
986	orrendo	horrifying	fürchterlich	horrible	horrendo
987	oscuro	dark	dunkel / trüb	obscur	oscuro
988	osservanza (con)	with observance	mit Hochachtung	avec respect	con respeto
989	ostinatezza (con) / ostinazione (con)	with obstinacy	mit Hartnäckigkeit	avec obstination	con obstinación
990	ostinato	obstinate	hartnäckig	obstiné	obstinado
991	pacatamente	peaceably	ruhig	paisiblement	apaciblemente
992	pacato	peaceable	ruhig	paisible	apacible
993	paradisiaco	paradisiac	paradiesisch	paradisiaque	paradisíaco
994	parlando	speaking	sprechend / redend	en parlant	hablando
995	passione (con)	with passion	mit Leidenschaft	avec passion	con pasión
996	pastorale	pastoral	hirtenartig	pastoral	pastoral
997	pastoso	mellow	voll / geschmeidig	moelleux	pastoso
998	patetico	pathetic	patetisch	pathétique	patético
999	patimento (con)	with pain	mit Schmerz	avec douleur	con pena
1000	paura (con)	with fear	mit Angst	anxieusement	con temor
1001	pauroso	fearful	ängstlich	peureux	temorosamente
1002	paventato	anxious	ängstlich	craintif	espantoso
1003	pazzamente	madly	wahnsinnig	follement	locamente
1004	pazzescamente	wantonly	wahnsinnig	follement	locamente
1005	penetrante	penetrating	durchdringend	pénétrant	penetrante
1006	penoso	painful	leidend	pénible	penoso
1007	pensando	thinking	denkend	en réfléchissant	pensando
1008	pensieroso	pensive	gedankenvoll	pensif	pensativo
1009	pensosamente	thoughtful	nachdenkend	gravement	pensativamente
1010	pensoso	pensive	nachdenklich	pensif	pensativo
1011	pesante	heavy	schwerfällig	pesant	pesado
1012	pesato	weighed	gewogen	pesé	pesado
1013	piacevole	pleasant	angenehm	agréable	agradable
1014	piacevolezza (con)	with pleasantness	mit Gefälligkeit	avec agrément	con agrado
1015	piangendo	crying	weinend	en pleurs	llorando
1016	piangevole	weeping	weinend / klagend	larmoyant	lloroso
1017	piccante	sharp / hot	scharf	piquant	picante
1018	pietoso	merciful	mitleidig	charitable	caritativo
1019	pio	pious	fromm / ergeben	pieux	pio
1020	pittoresco	picturesque	malerisch	pittoresque	pintoresco
1021	placido	placid	friedlich / sanft	paisible	plácido
1022	poetico	poetic	dichterisch	poétique	poético
1023	pompa (con)	with pomp	mit Feierlichkeit	avec pompe	con pompa
1024	pomposo	pompous	feierlich	pompeux	pomposo
1025	ponderoso	pondered	gewichtig	pondéré	ponderoso
1026	portamento (con)	with dignity	mit Würde	avec maintien	con porte
1027	posatamente	calm / sedate	gesetzt	posément	pausadamente
1028	posato	sedate	gesetzt	posé	pausado
1029	possente	powerful	mächtig	puissant	poderoso
1030	precisione (con)	with precision	mit Genauigkeit	avec précision	con precisión

	c) CARATTERE ED ESPRESSIONE	CHARACTER AND EXPRESSION	CHARAKTER UND AUSDRUCK	CARACTERE ET EXPRESSION	CARACTER Y EXPRESION
1031	preciso	precise	genau	précis	preciso
1032	pregando	praying	betend	en priant	rezando
1033	profondo	profound	tief	profond	profundo
1034	pronunciato / pronunziato	pronounced	vorgetragen / ausgesprochen	prononcé	pronunciado
1035	provocante	provocative	herausvordernd	provocant	provocador
1036	prudente	prudent	vorsichtig	prudent	prudente
1037	prudenza (con)	with prudence	mit Vorsicht	avec prudence	con prudencia
1038	purezza (con) / purità (con)	with purity	mit Reinheit	avec pureté	con pureza
1039	puritano	puritan	puritanisch	puritain	puritano
1040	puro	pure	rein	pur	puro
1041	quieto / tranquillo	quiet	ruhig	tranquille	quieto
1042	rabbia (con)	with rage	mit Wut	avec rage	con rabia
1043	rabbioso	enraged	wütend / erzürnt	enragé	rabioso
1044	raccapriccio (con)	with horror	mit Schaudern	avec horreur	con espanto
1045	raccoglimento (con)	with recollection	mit Andacht	avec recueillement	recogidamente
1046	raccontando	telling	erzählend	en racontant	contando
1047	raddolcendo	softening	besänftigend / sanfter werdend	débonnairement	endulzando
1048	radioso / raggiante	radiant	strahlend	radieux	radiante
1049	raffinatezza (con)	with refinement	mit Raffinesse	avec raffinement	con refinación
1050	rallegrato	pleased / delighted	erfreut	réjoui	regocijado
1051	rassegnato	resigned	resigniert	résigné	resignado
1052	rassegnazione (con)	with resignation	mit Ergebung	avec résignation	con resignación
1053	recitando	reciting	rezitierend	en récitant	recitando
1054	religioso	religious	religiös	religieux	religioso
1055	ribrezzo (con)	with disgust	mit Abscheu	avec dégoût	con disgusto
1056	ricercatezza (con)	with refinement	mit Geziertheit	avec recherche	con afectación
1057	ricercato	exquisite	ausgesucht	recherché	afectado
1058	ridente	smiling	heiter / lachend	riant	risueño
1059	ridicolosamente	ridiculous	lächerlich	ridicule	ridículo
1060	rigidezza (con)	with rigidity	mit Steifheit / mit Strenge	avec raideur	con rigidez
1061	rigido	rigid	steif / streng	raide / rigide	rígido
1062	rigoglioso	luxuriant	üppig	exubérant	lozano
1063	rigore (con)	with rigour	mit Strenge	avec rigueur	con rigor
1064	rigoroso	rigorous	streng	rigoureux	riguroso
1065	rimbombante	bombastic / roaring	dröhnend	retentissant	rimbombante
1066	rimpianto (con)	with regret	mit Bedauern	avec regret	con sentimiento
1067	rintronante	deafening / resounding	dröhnend	résonnant	resonante
1068	rioso	smiling / gay	fröhlich	gai / rieur	risueño
1069	risentimento (con)	with resentment	mit Groll	avec rancune	con resentimiento
1070	risentito	felt	empfunden	ressenti	sentido
1071	risolutezza (con) / risoluzione (con)	with resolution	mit Entschlossenheit	avec résolution	con resolución
1072	risoluto	resolute	entschlossen	résolu	resuelto
1073	risonante	resonant	schallend	résonnant	resonante
1074	robusto	strong	kräftig	vigoureux	robusto
1075	romantico	romantic	romantisch	romantique	romántico
1076	rotondo	round	rund / voll	rond	redondo
1077	rovente	fiery	glühend	ardent	ardiente
1078	rude	rude	rauh	rude	rudo
1079	rusticano / rustico	rustic	ländlich	rustique	rural / rústico
1080	ruvido	rough	grob	rugueux / rude	rudo / tosco
1081	salmeggiando	psalmodic	psalmodierend	en psalmodiant	salmeando
1082	sarcastico	sarcastic	sarkastisch	sarcastique	sarcástico
1083	scattante	darting	schnellend	bondissant	saltando
1084	scherno (con)	with mockery	im Scherz	avec moquerie	burlesco
1085	scherzando	jesting	scherzend	en badinant	jugueteando
1086	scherzoso	jesting	scherzend	en plaisantant	jugueteando
1087	schietto	simple / natural	einfach / schlicht	simple / naturel	simple
1088	sciolto	loose / unbound	ungebunden	délié	suelto
1089	sconsolato	disconsolate	trostlos	désolé	desconsolado
1090	scoppiante	bursting	berstend	éclatant	estallante
1091	scorrendo	flowing	fliessend	fluide	escurridizo
1092	scorrevole	flowing	fliessend	coulant	escurridizo

c) CARATTERE ED ESPRESSIONE	CHARACTER AND EXPRESSION	CHARAKTER UND AUSDRUCK	CARACTERE ET EXPRESSION	CARACTER Y EXPRESION
1093 sdegno (con)	with disdain	mit Verachtung	avec dédain	con desdén
1094 sdegnoso	disdainful	verächtlich	dédaigneux	desdeñoso
1095 secco	dry	trocken	sec	seco
1096 seducente	seductive	verführerisch	séduisant	seductor
1097 selvaggio	wild	wild	sauvage	salvaje
1098 semplice	simple	einfach	simple	sencillo
1099 semplicemente	simply	einfach	simplement	simplemente
1100 semplicità (con)	with simplicity	mit Einfachheit	avec simplicité	con simplicidad
1101 sensibilità (con)	with sensitivity	mit Empfindlichkeit	avec sensibilité	con sensibilidad
1102 sensibilmente	sensitively	empfindlich	sensiblement	sensiblemente
1103 sensuale	sensual	sinnlich	sensuel	sensual
1104 sentimentale	sentimental	empfindsam	sentimental	sentimental
1105 sentimento (con)	with feeling	mit Gefühl	avec sentiment	con sentimiento
1106 sentito	heart-felt	empfunden	senti	sentido
1107 serafico	seraphic	engelhaft	séraphique	seráfico
1108 serenità (con)	with serenity	mit Heiterkeit	avec sérénité	con serenidad
1109 sereno	serene	heiter	serein	sereno
1110 serietà (con)	with seriousness	mit Ernst	avec gravité	con seriedad
1111 serio	serious	ernst	serieux	serio
1112 severità (con)	with severity	mit Strenge	avec sévérité	con severidad
1113 severo	severe	streng	sévère	severo
1114 sfarzo (con)	with pomp	mit Prunk	avec faste	con pompa
1115 sfarzoso	sumptuos	prunkvoll	fastueux	pomposo
1116 sfavillante	sparkling	funkelnd	étincelant	chispeante
1117 sfogato	elevated / easily	erhaben / luftig	aérien / élevé	elevado
1118 sfoggiando	parading	prahlerisch	ostentatoire	ostentativo
1119 sfolgorante	flashing	funkelnd	étincelant	fulgurante
1120 sfrenato	unbridled	zügellos	effréné	desenfrenado
1121 sfumato	shaded	abgetönt	estompé	matizado
1122 sgomento (con)	with dismay	bestürzt	avec désarroi	con espanto
1123 silenzioso	silent	still	silencieux	silencioso
1124 sinistro	sinister	unheimlich	sinistre	siniestro
1125 slancio (con)	with verve	mit Schwung	avec élan	con arrebado
1126 smania (con)	with restlessness	mit Rastlosigkeit	avec frénésie	con desasosiego
1127 smanioso	restless	rastlos	agité / emporté	desasosiegado
1128 soave	suave	lieblich	suave	suave
1129 sobrietà (con)	with sobriety	mit Mässigkeit	avec sobriété	con sobriedad
1130 sognante	dreaming	träumend	rêveur	soñador
1131 solenne	solemn	feierlich	solennel	solemne
1132 solennità (con)	with solemnity	mit Feierlichkeit	avec solennité	con solemnidad
1133 sommesso	submissive	unterwürfig	soumis	sumiso
1134 sonoro	sonorous	klangvoll	sonore	sonoro
1135 sontuoso	sumptuos	prächtig	somptueux	suntuoso
1136 sorvolando	flying over	überfliegend	en survolant	volando por encima
1137 sospirando	sighing	seufzend	en soupirant	suspirando
1138 spazioso	spacious	geräumig	spacieux	espacioso
1139 spianato	levelled	geebnet	aplani	aplanado
1140 spiegato	spread out	ausgebreitet	déployé	desplegado
1141 spigliatezza (con)	with ease	mit Unbefangenheit	avec aisance	con soltura
1142 spigliato	easy	unbefangen	désinvolte	desembarazado
1143 spirito (con)	with wit	mit Geist	avec esprit	con espíritu
1144 spiritoso / spirituoso	witty	geistreich	spirituel	espirituoso
1145 spontaneo	spontaneous	natürlich / spontan	spontané	espontáneo
1146 squarciato	torn	zerrissen	déchiré	desgarrado
1147 squillante	shrill	schallend	retentissant	retumbante
1148 stabile	steady	beständig	stable	estable
1149 stentato	hard	mühevoll	pénible	penoso
1150 steso	wide	ausgedehnt	étendu	extendido
1151 stizzito	cross	gereizt	irrité	irritado
1152 stizzoso	irritated	gereizt	coléreux	enfadoso
1153 stravagante	extravagant	extravagant	extravagant	extravagante
1154 straziante	heart-breaking	herzzerreissend	déchirant	desgarrador
1155 strepito (con)	with din	mit Lärm	avec fracas	con estrépito
1156 strepitoso	uproarious	tosend	retentissant	estrepitoso
1157 stridente	sharp	schrill	strident	estridente
1158 stridulo	shrill	quietschend / grell	perçant	estridente
1159 stupore (con)	with amazement	mit Staunen	avec stupeur	con estupor
1160 sublime	sublime	erhaben	sublime	sublime

	c) CARATTERE ED ESPRESSIONE	CHARACTER AND EXPRESSION	CHARAKTER UND AUSDRUCK	CARACTERE ET EXPRESSION	CARACTER Y EXPRESION
1161	sufficienza (con)	with conceit	mit Hochmut	avec suffisance	con suficiencia
1162	superbo	haughty	stolz	superbe	soberbio
1163	supplicando	imploring	flehend	en suppliant	suplicando
1164	supplichevole	imploring	flehend	suppliant	suplicante
1165	sussurrando	whispering	murmelnd	en susurrant	susurrante
1166	sveglio	quick	aufgeweckt	éveillé	despertado
1167	sviscerato	passioned	innig / leidenschaftlich	profond / passioné	apasionado
1168	tempestosamente	stormy	stürmisch	orageusement	tempestuosamente
1169	tempestoso	stormy	stürmisch	tempétueux	tempestuoso
1170	tenace	tenacious	hartnäckig / zäh	tenace	tenaz
1171	tenebroso	dark	finster	ténébreux	tenebroso
1172	teneramente	tenderly	zärtlich	tendrement	tiernamente
1173	tenerezza (con)	with tenderness	mit Zärtlichkeit	avec tendresse	con ternura
1174	tenero	tender	zart	tendre	tierno
1175	tepidezza (con)	with tepidity	mit Leidenschaftslosigkeit	avec tiédeur	con tibieza
1176	tepido / tiepido	lukewarm	lau	tiède	tibio
1177	terribile	terrible / dreadful	schrecklich	terrible	terrible
1178	teso	tense	straff / gespannt	tendu	tenso
1179	tetro	gloomy	düster	sombre / lugubre	tétrico
1180	tiepidamente	lukewarmly	lau	tièdement	tibiamente
1181	timidamente	timidly	schüchtern	timidement	tímidamente
1182	timidezza (con)	with timidity	mit Schüchternheit	avec timidité	con timidez
1183	timore (con)	with fear	mit Furcht	avec crainte	con temor
1184	timorosamente	timorously	furchtsam	craintivement	temorosamente
1185	tintinnando	tinkling	klingelnd	en tintinnabulant	tintineando
1186	tonando / tuonando	thundering	donnernd / dröhnend	en tonnant	tronando
1187	tonante	thundering	dröhnend	tonnant	tronante
1188	tormentato	tormented	gequält	tourmenté	atormentado
1189	tormentoso	tormenting	qualvoll	torturant	torturador
1190	torvo	grim / surly	grimmig	torve / farouche	torvo
1191	tragico	tragical	tragisch	tragique	trágico
1192	tranquillità (con)	with quietness	mit Ruhe	avec tranquillité	con tranquilidad
1193	tranquillamente	quiet	ruhig	tranquillement	tranquilamente
1194	trasfigurato	transfigured	verklärt	transfiguré	trasfigurado
1195	trasognato	dreamy	träumerisch	rêveur	soñador
1196	trasporto (con)	with animation	mit Schwung	avec transport	con arrebado
1197	tremando	trembling	zitternd	tremblant	temblando
1198	tremendo	tremendous	schrecklich	horrible	tremendo
1199	trionfante	triumphant	triumphierend	triomphal	triunfador
1200	triste	sad	traurig	triste	triste
1201	tristezza (con)	with sadness	mit Traurigkeit	avec tristessè	con tristeza
1202	tumultuoso	tumultuous	stürmisch	tumultueux	tumultuoso
1203	turbato	upset	unruhig / verstört	troublé	enturbiado
1204	umile	humble	demütig	humble	humilde
1205	umore (con)	with humor	mit Humor	avec humour	con humor
1206	umoristico	humorous	humoristisch	humoristique	humorístico
1207	uniforme	uniform	gleichmässig	uniforme	uniforme
1208	urlando	shouting	schreiend	en hurlant	aullante
1209	vacillando	tottering	schwankend	en vacillant	vacilando
1210	vacillante	staggering	schwankend	chancelant	vacilante
1211	vagamente	vague	unbestimmt	vaguement	vagamente
1212	vaghezza (con)	with charm	mit Lieblichkeit	avec grâce	con gracia
1213	valore (con)	with valour	mit Tapferkeit	avec bravoure	con valor
1214	valoroso	valorous	tapfer	vaillant	valeroso
1215	vaneggiando	dreaming	träumend	en rêvant	soñando
1216	vaporoso	vaporous	dunstig	vaporeux	vaporoso
1217	veemente	vehement	ungestüm	véhément	vehemente
1218	veemenza (con)	with vehemence	mit Heftigkeit	avec véhémence	con vehemencia
1219	velato	veiled	verschleiert	voilé	velado
1220	vellutato	velvety	samtartig	velouté	aterciopelado
1221	venerazione (con)	with veneration	mit Verehrung	avec vénération	con veneración
1222	venusto	beautiful / graceful	anmutig	gracieux	venusto
1223	vezzeggiando	caressing	liebkosend	en caressant	acariciando
1224	vezzoso	lovely	lieblich	tendrement	cariñoso
1225	vibrante	vibrant	vibrierend	vibrant	vibrante

	c) CARATTERE ED ESPRESSIONE	CHARACTER AND EXPRESSION	CHARAKTER UND AUSDRUCK	CARACTERE ET EXPRESSION	CARACTER Y EXPRESION
1226	vigore (con)	with vigour	mit Kraft	avec vigueur	con vigor
1227	vigoroso	vigorous	kräftig	vigoureux	vigoroso
1228	villanesco	rustic	bäuerisch	rustique	villanesco
1229	violento	violent	gewaltsam	violent	violento
1230	violenza (con)	with violence	mit Heftigkeit	avec violence	con violencia
1231	virtuosità (con)	with virtuosity	mit Virtuosität	avec virtuosité	con virtuosismo
1232	virtuoso	virtuous	virtuos	avec virtuosité	virtuoso
1233	vispo	sprightly	lebhaft / munter	vif	avispado
1234	vittorioso	victorious	siegreich	victorieux	victorioso
1235	vivacità (con) / vivezza (con)	with liveliness	mit Lebhaftigkeit	avec vivacité	con vivacidad / con viveza
1236	vivente	alive	lebendig	vivant	vivo
1237	vivido	vivid	kräftig	vigoureux	vívido
1238	vivo	alive / lively	lebendig	vif	vivo
1239	volando	flying	fliegend	volant	volando
1240	volante	flying	fliegend	volant	volante
1241	volteggiando	fluttering	flatternd	en voltigeant	revoloteando
1242	volubile	fickle	flatterhaft	volage	voluble
1243	volubilità (con)	with fickleness	mit Flatterhaftigkeit	avec volubilité	con volubilidad
1244	voluttuoso	voluptuous	wollüstig	voluptueux	voluptuoso
1245	zelante	zealous	eifrig	zélé	celoso
1246	zelo (con)	with zeal	mit Eifer	avec zèle	con celo
	d) DIVERSI	MISCELLANY	VERSCHIEDENES	DIVERS	VARIOS
1247	a bassa voce	to speak in a low voice	mit leiser Stimme	à voix basse	en voz baja
1248	a battuta	in time	im Takt	en mesure	a compás
1249	abbastanza	enough	genug / genügend	assez	bastante
1250	ab initio (L)	from the beginning	von Anfang an	du début	desde el principio
1251	a cappella	unaccompanied vocal music	ohne Instrumente / im Kapellstil	sans instruments / style de chapelle	música vocal / a capilla
1252	accuratamente	carefully	sorgfältig	soigneusement	cuidadosamente
1253	acuto	shrill	scharf / hoch	aigu	agudo
1254	a due	in two	in zwei / zu zweit	à deux	a dos
1255	a fior di labbro	whispering	fast unvernehmlich	du bout des lèvres	con la boca chica
1256	al fine	to the end	bis zum Ende	à la fin	hasta el fin
1257	all'improvvista	improvised	unvorbereitet	improvisé	improviso
1258	all'ottava	at the octave	in der Oktave	à l'octave	a la octava
1259	alla breve	with the breve	in halben Noten	à la blanche	a la breve
1260	alla coda	to the final part	zum Anhang	à la partie finale	a la cola
1261	alla corda	on the string	an der Saite	à la corde	a la cuerda
1262	alquanto	some / rather	etwas / ziemlich	quelque peu	algo
1263	al segno	to the sign	bis zum Zeichen	au signe	al signo
1264	alternando	alternating	abwechselnd	en alternant	alternando
1265	alternato	alternate	abgewechselt	alterné	alternado
1266	altro	other	andere	autre	otro
1267	anche	too / also	auch	aussi	también
1268	ancora	still / more	noch / wieder	encore	aun / todavia
1269	aperto	open	offen	ouvert	abierto
1270	appena	scarcely	kaum	à peine	apenas
1271	assai	enough / rather / very	sehr / ziemlich	assez / très / beaucoup	mucho / bastante / muy
1272	assieme	together	zusammen	ensemble	juntos
1273	assoluto	absolute	absolut	absolu	absoluto
1274	attacca	attack / begin	greife an / beginne	attaque / commence	ataca
1275	bastante	sufficient / enough	genügend	suffisant	bastante
1276	ben / bene	well	gut	bien	bien
1277	bicordo	bichord	Doppelgriff	à doubles cordes	a dobles cuerdas
1278	breve	short	kurz	bref	breve
1279	cangiando	changing	wechselnd	en changeant	cambiando
1280	che	that / who / which / what	welche / welcher / welches	que	que
1281	coda *f*	final part / tail	Koda *f* / Anhang *m*	partie finale *f*	cola *f*
1282	colpo *m*	stroke	Schlag *m*	coup *m*	golpe *m*
1283	come	as / how	wie	comme	como
1284	come prima	as before	wie vorher	comme avant	como antes
1285	come sopra	as above	wie oben	comme plus haut	como arriba

d) DIVERSI — MISCELLANY — VERSCHIEDENES — DIVERS — VARIOS

1286	come stà	as it is	wie es dasteht	tel quel	como está
1287	cominciando	beginning	anfangend	en commençant	comenzando
1288	con / col / colla / coi / colle	with / with the	mit / mit dem / - der / - den	avec / avec le / - la / - les	con / con el / - la / - los / - las
1289	conciso	concise	bündig	concis	conciso
1290	contano	count	zählen Sie	comptez	cuenten
1291	continua	go on	setzen Sie fort	continuez	continue
1292	continuo	continuous	ununterbrochen	continu	sin interrupción
1293	contro	against	gegen	contre	contra
1294	corto	short	kurz	court	corto
1295	dal principio	from the beginning	von vorne	du début	desde el principio
1296	dal segno	from the sign	vom Zeichen	du signe	desde el signo
1297	dal segno al fine	from the sign to the end	vom Zeichen bis zum Schluss	du signe à la fin	desde el signo hasta el fin
1298	dappertutto	everywhere	überall	partout	por todas partes
1299	di colpo	suddenly	plötzlich	tout à coup	de golpe
1300	di molto	much / very	viel / sehr	beaucoup / très	muy / mucho
1301	di nuovo	once more / again	nochmals	à nouveau	otra vez / de nuevo
1302	di più	more	mehr	plus	más
1303	diverso	different	verschieden	différent	diverso
1304	diviso	divided	geteilt	divisé	dividido
1305	dopo	after / afterwards	dann / anschliessend / nach	après / ensuite	después
1306	doppio	double	doppelt	double	doble
1307	eccetto	except	ausgenommen	excepté	excepto
1308	eguale	equal	gleich	égal	igual
1309	equabilmente	equitably	in gleichförmiger Weise	équitablement	equitativamente
1310	estremamente	extremely	äusserst	extrêmement	extremadamente
1311	facoltativo	facultative	wahlfrei	facultatif	facultativo
1312	fine f	end	Schluss m	fin f	fin m
1313	finito	finished	beendet	terminé	acabado
1314	fino al	up to	bis zu	jusqu'au	hasta el
1315	flautando	like a flute	auf Flötenart	à la manière d'une flûte	como una flauta
1316	giù	below	unten	en bas	bajo / abajo
1317	giustamente	suitably	angemessen	justement	justamente
1318	gradatamente / gradualmente	gradually	stufenweise	graduellement	de grado en grado / gradualmente
1319	gran / grande	great / much / big	gross / viel	grand / beaucoup	grande
1320	il più	the most	das meiste	le plus	lo más
1321	imitando	imitating	nachahmend	en imitant	imitando
1322	immutato	unchanged	unverändert	inchangé	inhalterado
1323	improvviso	suddenly	plötzlich	soudain	improviso
1324	in fuori	outside	ausserhalb	en dehors	fuera
1325	in giù	below	unten	en bas	abajo
1326	in luogo di	in the place of	an Stelle von	au lieu de	en lugar de
1327	in mancanza di	for the lack of	in Ermangelung	à défaut de	por falta de
1328	insieme	together	zusammen	ensemble	juntos
1329	in su	above	aufwärts / oben	en haut	arriba
1330	istesso	the same	dasselbe	même (le)	mismo (el)
1331	levate i sordini	remove the mutes	Dämpfer abheben	enlever la sourdine	levanten la sordina
1332	loco (L)	in his place	an seinem Platz	à sa place	en su lugar
1333	lungo	long	lang	long	largo
1334	luogo m	place	Stelle f	endroit m	puesto m / lugar m
1335	ma	but	aber	mais	pero
1336	ma non tanto / ma non troppo	but not too much	aber nicht zu sehr	mais pas trop	pero no mucho / pero no demasiado
1337	massimo	greatest	grösste	maximum	máximo
1338	medesimo	same / the same	derselbe / dasselbe	la même chose	mismo
1339	meno	less / minus	weniger	moins	menos
1340	metà f	half	Hälfte f	moitié f	mitad f
1341	mezza	half	halb	demie	media
1342	mezza forza	half volume	halbe Lautstärke	demi volume	media fuerza
1343	mezzo	half	halb	demi	medio
1344	minimo	minimum	kleinste	minimum	mínimo
1345	misto	mixed	gemischt	mélangé	mezclado
1346	misurato	measured	gemessen	mesuré	mesurado
1347	moltissimo	very much	sehr viel	énormément	enormemente

d) DIVERSI — MISCELLANY — VERSCHIEDENES — DIVERS — VARIOS

#	Italiano	English	Deutsch	Français	Español
1348	molto	much / very	viel	très / beaucoup	mucho
1349	moto *m*	motion	Bewegung *f*	mouvement *m*	movimiento *m*
1350	multiplo	multiple	vielfach	multiple	múltiple
1351	muta	change	verändere	change	muda
1352	nascosto	hidden	verborgen / versteckt	caché	escondido
1353	non	not	nicht	ne. . . .pas	no
1354	non molto	not much / -very	nicht viel / -sehr	pas beaucoup	no mucho
1355	non tanto	not very	nicht sehr	pas trop	no tanto
1356	non troppo	not too much	nicht zuviel	pas trop	no demasiado
1357	ogni	every / each	jede / jeder / jedes	chaque	cada / todo
1358	ogni volta	every time	jedesmal	chaque fois	cada vez
1359	omesso	omitted	ausgelassen	omis	omitido
1360	ordinario	ordinary	gewöhnlich	ordinaire	ordinario
1361	ossia	or else	oder	ou bien	o sea
1362	ovvero	or	oder / oder auch	ou bien	o bien
1363	per finire	in order to finish	zum Schluss	pour finir	para acabar
1364	per tutta la durata	for the whole length	für die ganze Dauer	pendant toute la durée	por toda la duración
1365	più	more	mehr	plus	más
1366	piuttosto	rather	eher	plutôt	más bien
1367	poco	little / few	wenig	peu	poco
1368	poco a poco	little by little	allmählich	peu à peu	poco a poco
1369	poco a poco meno	little by little less	allmählich weniger	peu à peu moins	poco a poco menos
1370	poco a poco più	little by little more	allmählich mehr	peu à peu plus	poco a poco más
1371	poco meno	a little less	etwas weniger	un peu moins	poco menos
1372	poco più	a little more	etwas mehr	un peu plus	poco más
1373	poi	then	dann	après	después
1374	poi segue	then follows	sodann folgt	puis poursuit	después sigue
1375	possibile	possible	möglich	possible	posible
1376	possibilmente	if possible	möglichst	possible	posiblemente
1377	precedente	preceding	vorhergehend / früher	précédent	precedente
1378	prima	before	früher	avant	antes
1379	prima che	before	bevor	avant que	antes que
1380	prima di	before	bevor	avant de	antes de
1381	quanto	as much as	so viel wie /-als	autant que	tanto como
1382	quasi	almost / nearly	fast / beinahe	presque	casi
1383	repente	sudden	plötzlich	soudain	de repente
1384	retto	right / correct	richtig / gerade	juste / droit	recto
1385	ritornando	returning	zurückkommend	en revenant	regresando
1386	se	if	wenn / falls	si	si
1387	segno *m*	sign / mark	Zeichen *n*	signe *m*	signo *m*
1388	segue	it follows	es folgt	suit / suivez	sigue
1389	sempre	always	immer	toujours	siempre
1390	senza	without	ohne	sans	sin
1391	separato	separated	getrennt	séparé	separado
1392	si leva	take away	man nehme weg	on enlève	se quita
1393	simile	similar	gleich	semblable	simil
1394	sin / sino	until	bis / zu	jusque	hasta
1395	sino al	till the	bis zum	jusqu'au	hasta el
1396	solito	usual	gewohnt	habituel	sólito
1397	solo / soli	alone	allein	seul	solo
1398	soltanto	only	nur	seulement	solamente
1399	sopra	on / upon	über	dessus	encima
1400	sordina *f*	mute	Dämpfer *m*	sourdine *f*	sordina *f*
1401	sotto	under	unter	dessous	bajo
1402	sovente	often	oft	souvent	a menudo
1403	stesso	same	gleich	même	mismo
1404	su / sul / sulla	on / on the	auf / auf der / auf die / auf das	sur / sur le / sur la	sobre / sobre el / sobre la
1405	tace	be silent	schweige	tais-toi	cállate
1406	tacet (L)	to be silent	schweigen	se taire	callarse
1407	taci	be quiet	schweige	tais-toi	cállate
1408	tale	such	solch	tel	tal
1409	tantino	a little bit	ein bisschen	un tantinet	un poquito
1410	tanto	so / so much / many	so viel / so sehr	tant / autant	tanto / mucho
1411	tenendo	keeping	haltend	en tenant	sosteniendo
1412	tenete	keep	halten Sie	tenez	sostenga
1413	tenuto	kept	gehalten	tenu	sostenido

	d) DIVERSI	MISCELLANY	VERSCHIEDENES	DIVERS	VARIOS
1414	togliere la sordina	to take off the mute	Dämpfer weg	enlever la sourdine	retirar la sordina
1415	triplo	triple	dreifach	triple	triple
1416	tutta	all	die ganze	toute	toda
1417	tutta la forza	all the force	die ganze Kraft	de toutes ses forces	toda la fuerza
1418	tutte / tutti	all / everybody	alle	toutes / tous	todas / todos
1419	tutto	all	all / alles	tout	todo
1420	udibile	audible	hörbar	audible	audible
1421	uguale	equal	gleich	égal	igual
1422	ultimo	last	letzt	dernier	último
1423	una volta	once	einmal	une fois	una vez
1424	unico	only / unique	einzig	unique	único
1425	unito	together	einheitlich / zusammen	uni	unido
1426	un pochettino	a little	ein wenig	un petit peu	un poquito
1427	un poco	a little	ein wenig	un peu	un poco
1428	un poco più	a little more	ein wenig mehr	un peu plus	un poco más
1429	vago	vague	unbestimmt	vague	vago
1430	variabile	variable	veränderlich	variable	variable
1431	variato	varied	verändert	varié	variado
1432	vicendevole	alternate	abwechselnd	alternativement	alternativamente
1433	vidi (L)	see	siehe	vois	ve
1434	viva voce	in a lively voice	mit lebendiger Stimme	de vive voix	a viva voz
1435	volta subito	turn immediately	sofort umblättern	tournez aussitôt	vuelve a prisa
1436	volti	turn	blättere um	tournez	vuelva
1437	vuoto	empty	leer	vide	vacío

	8) ARMONIA E NOTAZIONE	HARMONY AND NOTATION	HARMONIE UND NOTATION	HARMONIE ET NOTATION	ARMONIA Y NOTACION
1438	abbellimento *m*	embellishment	Verzierung *f*	ornement *m*	adorno *m*
1439	abbreviatura *f*	abbreviation	Verkürzung *f*	abréviation *f*	abreviatura *f*
1440	accento *m*	stress / accent	Betonung *f*	accent *m*	acento *m*
1441	acciaccatura *f*	crushed note	kurzer Vorschlag *m* / Quetschung *f*	appogiature brève *f*	apoyatura breve *f*
1442	accidente *m*	accidental	Versetzungszeichen *n* / Vorzeichen *n*	altération *f* / accident *m*	accidente *m*
1443	accollatura *f*	brace / bracket	Klammer *f*	accolade *f*	corchete *m*
1444	accordo *m*	chord	Akkord *m*	accord *m*	acorde *m*
1445	accordo perfetto **m**	common chord	Dreiklang *m*	accord parfait *m*	acorde perfecto *m*
1446	alterazione *f*	alteration	Alteration *f* / Versetzungszeichen *n* / Alterierung *f*	altération *f*	alteración *f*
1447	analisi *f*	analysis	Analyse *f*	analyse *f*	análisis *f*
1448	anticipazione *f*	anticipation	Antizipation *f*	anticipation *f*	anticipación *f*
1449	appoggiatura *f*	grace-note	Vorschlag *m*	appoggiature *f*	apoyatura *f*
1450	armatura di chiave *f*	key signature	Tonartvorzeichnung *f*	armure *f*	armadura *f*
1451	armonia *f*	harmony	Harmonie *f*	harmonie *f*	armonía *f*
1452	armonico	harmonic	harmonisch	harmonique	armónico
1453	arpeggio *m*	arpeggio	Arpeggio *n*	arpège *m*	arpegio *m*
1454	ascendente	ascending	ansteigend	ascendant	ascendente
1455	atonale	atonal	atonal	atonal	atonal
1456	aumentato	raised / augmented	übermässig / hochalteriert	augmenté	aumentado
1457	aumentazione *f*	augmentation	Vergrösserung *f*	augmentation *f*	aumentación *f*
1458	autentico	authentic	authentisch	authentique	auténtico
1459	barra *f*	bar-line	Taktstrich *m*	barre *f*	barra *f*
1460	basso cifrato *m* / basso numerato *m*	figured bass	bezifferter Bass *m*	basse chiffrée *f*	bajo cifrado *m* / bajo numerado *m*
1461	basso continuo *m*	thorough-bass	Generalbass *m*	basse continue *f*	bajo continuo *m*
1462	basso ostinato *m*	ground bass	Ostinato *m*	basse obstinée *f* / basse contrainte *f*	bajo obstinado *m*
1463	battuta *f*	beat / bar	Schlag *m* / Takt *m*	mesure *f*	compás *m*
1464	bemolle *m*	flat	B *n* / Erniedrigungszeichen *n*	bémol *m*	bemol *m*
1465	bequadro *m*	natural	Auflösungszeichen *n*	bécarre *m*	becuadro *m*
1466	binario	binary	zweiteilig	binaire	binario
1467	cadenza *f*	cadence	Kadenz *f*	cadence *f*	cadencia *f*
1468	cad. evitata *f* / cad. d'inganno *f*	interrupted cad. / deceptive cad.	Trugschluss *m*	cad. évitée *f* / cad. interrompue *f*	cad. evitada *f* / cad. interrumpida *f*
1469	cad. perfetta *f*	perfect cad. / authentic cad.	authentische Kad. *f*	cad. parfaite *f*	cad. perfecta *f*

8) ARMONIA E NOTAZIONE — HARMONY AND NOTATION — HARMONIE UND NOTATION — HARMONIE ET NOTATION — ARMONIA Y NOTACION

	ARMONIA E NOTAZIONE	HARMONY AND NOTATION	HARMONIE UND NOTATION	HARMONIE ET NOTATION	ARMONIA Y NOTACION
1470	cesura f	caesura	Zäsur f	césure f	cesura f
1471	circolo delle quinte m	circle of fifth	Quintenzirkel m	cycle des quintes m	cíclo de las quintas m
1472	chiave f	clef	Schlüssel m	cléf f	clave f
1473	codetta f	flag / tail	Fähnchen n	chochet de la note m	rabillo m
1474	comma m	comma	Komma n	comma m	coma m
1475	conclusione f	conclusion	Schlusssatz m	conclusion f	conclusión f
1476	congiunto	by step / conjunct	schrittweise / stufenweise	conjoint	conjunto
1477	consonanza f	consonance	Konsonanz f	consonance f	consonancia f
1478	contrappunto m	counterpoint	Kontrapunkt m	contrepoint m	contrapunto m
1479	contrasoggetto m	counter subject	Kontrasubjekt n	contresujet m	contrasujeto m
1480	contrattempo m	syncopation	Gegenzeit f	contre-temps m	contratiempo m
1481	controcanto m	counter voice	Gegenstimme f	contre-chant m	contracanto m
1482	corona f	pause / hold / fermata	Fermate f	point d'orgue m	calderón m
1483	cromatico	chromatic	chromatisch	chromatique	cromático
1484	dettato m	dictation	Diktat n	dictée f	dictado m
1485	diatonico	diatonic	diatonisch	diatonique	diatónico
1486	diesis m	sharp	Kreuz n	dièse m	sostenido m
1487	diminuito	diminished	vermindert	diminué	disminuido
1488	diminuzione f	diminuation	Verkleinerung f	diminution f	disminución f
1489	discendente	descending	absteigend	descendant	descendente
1490	dissonanza f	dissonance	Dissonanz f	dissonance f	disonancia f
1491	dodecafonia f	dodecaphony	Zwölftonmusik f	dodécaphonisme m	dodecafonismo m
1492	dominante f	dominant	Dominante f	dominante f	dominante f
1493	doppio bemolle m	double flat	Doppel-B n	double bémol m	doble bemol m
1494	doppio diesis m	double sharp	Doppelkreuz n	double dièse m	doble sostenido m
1495	dorico	dorian	dorisch	dorien	dórico
1496	duina f	duplet	Duole f	duolet m	dosillo m
1497	eccedente	augmented	übermässig	augmenté	aumentado
1498	enarmonico	enharmonic	enharmonisch	enharmonique	enarmónico
1499	eolio	aeolian	äolisch	éolien	eolio
1500	episodio m	episode	Zwischenspiel n	épisode m	episodio m
1501	esposizione f	exposition	Exposition f	exposition f	exposición f
1502	falsa relazione f	cross relation	Querstand m	fausse relation f	falsa relación f
1503	falso bordone m	faburden	Fauxbourdon m	faux-bourdon m	fabordón m
1504	figurato	figured	figuriert	figuré	figurado
1505	fondamentale	fundamental	wesentlich	fondamental	fundamental
1506	forma f	form	Gestalt f / Form f	forme f	forma f
1507	frigio	phrygian	phrygisch	phrygien	frigio
1508	fugato	fugued	fugiert	fugué	fugado
1509	funzione f	function	Funktion f	fonction f	función f
1510	gambo m	stem	Notenhals m	hampe f	plica f
1511	giusto	perfect	rein	juste	justo
1512	grado m	degree	Stufe f / Schritt m	degré m	grado m
1513	gruppetto m	turn	Doppelschlag m	doublé m	grupeto m
1514	imitazione f	imitation	Nachahmung f	imitation f	imitación f
1515	imperfetto	imperfect	unvollkommen	imparfait	imperfecto
1516	intavolatura f	tablature	Tabulatur f	tablature f	tablatura f
1517	intervallo m	interval	Intervall n / Abstand m	intervalle m	intervalo m
1518	ionico	ionian	ionisch	ionien	jónico
1519	legatura f	slur	Bindebogen m	liaison f	ligadura f
1520	legatura di valore f	tie	Haltebogen m	signe de tenue m	ligadura de valor f
1521	lidio	lydian	lydisch	lydien	lidio
1522	maggiore	major	Dur	majeur	mayor
1523	mediante f	mediant	Mediante f	médiante f	mediante f
1524	melodico	melodic	melodisch	mélodique	melódico
1525	metrico	metric	metrisch	métrique	métrico
1526	minore	minor	Moll	mineur	menor
1527	misolidio	mixolydian	mixolydisch	mixo-lydien	mixolidio
1528	misura f	metre / meter / time / mensuration	Takt m / Mensur f	mesure f / mensuration f	compás m / mensura f
1529	modale	modal	modal	modal	modal
1530	modo m	mode / modus	Tongeschlecht n / Modus m	mode m	modo m
1531	modo ecclesiastico m	church-mode	Kirchentonart f	mode ecclésiastique m	modo eclesiástico m

	8) ARMONIA E NOTAZIONE	HARMONY AND NOTATION	HARMONIE UND NOTATION	HARMONIE ET NOTATION	ARMONIA Y NOTACION
1532	modulazione *f*	modulation	Modulation *f*	modulation *f*	modulación *f*
1533	monodia *f*	monody	Monodie *f*	monodie *f*	monodia *f*
1534	mordente *m*	mordent / shake	Pralltriller *m* / Praller *m*	mordant *m* / battement *m*	mordente *m*
1535	motivo *m*	motive	Motiv *n*	motif *m*	motivo *m*
1536	moto contrario *m*	contrary motion	Gegenbewegung *f*	mouvement contraire *m*	movimiento contrario *m*
1537	moto retto *m*	similar-/ parallel motion	Parallelbewegung *f*	mouvement parallèle *m*	movimiento paralelo *m*
1538	neuma *m*	neum	Neumen *f pl*	neume *f*	neuma *m*
1539	nota *f*	note	Note *f*	note *f*	nota *f*
1540	nota cambiata *f*	changing note	Wechselnote *f*	cambiata *f* / note changée *f*	nota cambiada *f*
1541	nota di passaggio *f*	passing tone	Durchgangsnote *f* / Durchgangston *m*	note de passage *f*	nota de paso *f*
1542	notazione *f*	notation	Notenschrift *f*	notation *f*	notación *f*
1543	obbligato	obbligato	obligat	obligé	obligado
1544	omofonia *f*	homophony	Homophonie *f*	homophonie *f*	homofonía *f*
1545	orchestrazione *f*	orchestration	Orchestration *f*	orchestration *f*	orquestación *f*
1546	ornamento *m* / adornamento *m*	ornament	Verzierung *f*	ornement *m*	adorno *m*
1547	parallelo	parallel	parallel	parallèle	paralelo
1548	pausa *f*	rest	Pause *f*	pause *f*	pausa *f*
1549	pedale *m*	pedal point	Orgelpunkt *m*	pédale *f*	nota pedal *f*
1550	pentagramma *m*	staff / stave	Liniensystem *n*	portée *f*	pentagrama *m*
1551	pentatonico	pentatonic	pentatonisch	pentatonique	pentatónico
1552	periodo *m*	period	Periode *f*	période *f*	período *m*
1553	plagale	plagal	plagal	plagal	plagal
1554	polifonia *f*	polyphony	Polyphonie *f*	polyphonie *f*	polifonía *f*
1555	poliritmica *f*	polyrhythm	Polyrhythmik *f*	polyrythmie *f*	poliritmia *f*
1556	politonalità *f*	polytonality	Polytonalität *f*	polytonalité *f*	politonalidad *f*
1557	ponte *m*	bridge	Überleitung *f*	transition *f*	puente *m*
1558	posizione fondamentale *f*	root position	Grundstellung *f*	position fondamentale *f*	posición fundamental
1559	preparazione *f*	preparation	Vorbereitung *f*	préparation *f*	preparación *f*
1560	prima frase *f*	first phrase	Vordersatz *m*	proposition *f*	proposición *f*
1561	progressione *f*	progression	Fortschreitung *f*	progression *f*	progresión *f*
1562	punto *m*	dot	Punkt *m*	point *m*	puntillo *m*
1563	quartina *f*	quadruplet	Quartole *f*	quartolet *m*	cuatrillo *m*
1564	quintina *f*	quintuplet	Quintole *f*	quintolet *m*	quintilla *f*
1565	realizzazione *f*	realization	Aussetzung *f*	réalisation *f*	realización *f*
1566	relativo	relative	verwandt / bezüglich	relatif	relativo
1567	relazione *f*	relationship	Verwandschaft *f*	relation *f*	relación *f*
1568	retrogrado	retrograde	krebsgängig	rétrograde	retrógrado
1569	righetta *f*	ledger-line	Hilfslinie *f*	ligne supplémentaire *f*	línea adicional
1570	rigo *m*	line	Linie *f*	ligne *f*	línea *f*
1571	ripetizione *f* / ripresa *f*	repetition / repeat	Wiederholung *f*	répétition *f* / reprise *f*	repetición *f*
1572	ripresa *f* / riesposizione *f*	return / restatement / recapitulation	Reprise *f* / Wiederkehr *f*	reprise *f* / réexposition *f*	reaparición *f* / retorno *m*
1573	risoluzione *f*	resolution	Auflösung *f*	résolution *f*	resolución *f*
1574	risposta *f*	answer	Antwort *f*	réponse *f*	respuesta *f*
1575	ritardo *m*	suspension	Verzögerung *f* / Vorbehalt *m*	retard *m*	retardo *m*
1576	rivolto *m* / rovescio *m*	inversion	Umkehrung *f*	inversion *f*	inversión *f*
1577	salmodia *f*	psalmody	Psalmodie *f*	psalmodie *f*	salmodia *f*
1578	scala *f*	scale	Tonleiter *f*	gamme *f*	gama *f* / escala *f*
1579	segno di ripetizione *m*	repeat sign	Wiederholungszeichen *n*	signe de répétition *m*	signo de repetición *m*
1580	semitono *m*	semitone	Halbton *m*	demi-ton *m*	semitono *m*
1581	sensibile *f*	leading tone	Leitton *m*	sensible *f*	sensible *f*
1582	sequenza *f*	sequence	Sequenz *f*	sequence *f*	secuencia *f*
1583	serie *f*	series / row	Reihe *f* / Tonreihe *f*	série *f*	serie *f*
1584	sestina *f*	sextolet	Sextole *f*	sextolet *m*	sesillo *m*
1585	settima di dominante *f*	dominant seventh	Dominantseptime *f*	septième de dominante *f*	séptima de dominante *f*
1586	silenzio *m*	rest	Pause *f*	silence *m*	silencio *m*
1587	sincope *f*	syncope	Synkope *f*	syncope *f*	síncopa *f*

	8) ARMONIA E NOTAZIONE	HARMONY AND NOTATION	HARMONIE UND NOTATION	HARMONIE ET NOTATION	ARMONIA Y NOTACION
1588	soggetto *m*	subject	Subjekt *n*	sujet *m*	sujeto *m*
1589	solfeggio *m*	solfege / solfeggio	Solfeggio *n*	solfège *m*	solfeo *m*
1590	solmisazione *f*	solmization	Solmisation *f*	solmisation *f*	solmisación *f*
1591	sottodominante *f*	subdominant	Subdominante *f*	sousdominante *f*	subdominante *f*
1592	spazio *m*	space	Zwischenraum *m*	interligne *m*	interlínea *f*
1593	stanghetta *f*	cross-bar / beam	Notenbalken *m*	barre transversale *f*	barra de compás *f*
1594	stretta *f*	stretto	Engführung *f*	strette *f*	estrecho *m*
1595	strumentazione *f*	instrumentation	Instrumentierung *f*	instrumentation *f*	instrumentación *f*
1596	successione *f*	succession	Folge *f*	succession *f*	sucesión *f*
1597	suono *m*	sound	Klang *m* / Schall *m*	son *m*	sonido *m*
1598	suoni armonici *m pl*	harmonics *pl*	Obertöne *m pl*	sons harmoniques *m pl*	sonidos armónicos *m pl*
1599	sviluppo *m* / svolgimento *m*	development	Entwicklung *f* / Durchführung *f*	développement *m*	desarrollo *m*
1600	tema *m*	theme	Thema *n*	thème *m*	tema *m*
1601	tempo *m*	speed / pace / movement	Zeitmass *n* / Satz *m*	temps *m* / mouvement *m*	tiempo *m*
1602	ternario	ternary	dreiteilig	ternaire	ternario
1603	terzina *f*	triplet	Triole *f*	triolet *m*	tresillo *m*
1604	tetracordo *m*	tetrachord	Tetrachord *m*	tétracorde *m*	tetracordo *m*
1605	tonale	tonal	tonal	tonal	tonal
1606	tonalità *f*	tonality	Tonalität *f*	tonalité *f*	tonalidad *f*
1607	tonica *f*	tonic	Tonika *f*	tonique *f*	tónica *f*
1608	tono *m*	tone / key / whole tone	Ton *m* / Tonart *f* / Ganzton *m*	ton *m* / tonalité *f*	tono *m*
1609	transizione *f*	transition	Übergang *m*	transition *f*	transición *f*
1610	transporto *m*	transposition	Transposition *f*	transposition *f*	transposición *f*
1611	triade *f*	triad	Dreiklang *m*	triade *f*	tríada *f*
1612	trillo *m*	trill / shake	Triller *m*	trille *m*	trino *m*
1613	tritono *m*	tritone	Tritonus *m*	triton *m*	tritono *m*
1614	valore *m*	value	Wert *m*	valeur *f*	valor *m*

	9) COMPOSIZIONI MUSICALI	MUSICAL COMPOSITIONS	MUSIKALISCHE KOMPOSITIONEN	COMPOSITIONS MUSICALES	COMPOSICIONES MUSICALES
1615	allemanda *f*	German dance	Allemande *f*	allemande *f*	alemana *f*
1616	arabesca *f*	arabesque	Arabeske *f*	arabesque *f*	arabesco *m*
1617	aria *f*	air	Arie *f*	air *m*	aria *f*
1618	arietta *f*	little aria	kleine Arie *f*	ariette *f*	arieta *f*
1619	baccanale *f*	bacchanal	Bacchanal *n*	bacchanale *f*	bacanal *f*
1620	bagatella *f*	bagatelle	Bagatelle *f*	bagatelle *f*	bagatela *f*
1621	ballata *f*	ballad	Ballade *f*	ballade *f*	balada *f*
1622	balletto *m*	ballet	Ballett *n*	ballet *m*	ballet *m* / bailete *m*
1623	barcarola *f*	barcarole	Barkarole *f*	barcarolle *f*	barcarola *f*
1624	bolero *m*	bolero	Bolero *m*	boléro *m*	bolero *m*
1625	burlesca *f*	burlesque	Burleske *f*	burlesque *f*	burlesca *f*
1626	canone *m*	canon	Kanon *m*	canon *m*	canon *m*
1627	cantata *f*	cantata	Kantate *f*	cantate *f*	cantata *f*
1628	cantico *m*	canticle	Lobgesang *m*	cantique *m*	cántico *m*
1629	cantilena *f*	cantilene	Kantilene *f*	cantilène *f*	cantilena *f*
1630	canzone *f*	song	Lied *n*	chanson *f*	canción *f*
1631	canzone infantile *f*	children's song	Kinderlied *n*	chanson enfantine *f*	canción infantil *f*
1632	capriccio *m*	capriccio	Capriccio *n*	caprice *m*	capricho *m*
1633	cavatina *f*	cavatina	Kavatine *f*	cavatine *f*	cavatina *f*
1634	ciaccona *f*	chaconne	Chaconne *f*	chaconne *f*	chacona *f*
1635	concerto *m*	concerto	Konzert *n*	concerto *m*	concierto *m*
1636	consolazione *f*	consolation	Consolation *f*	consolation *f*	consolación *f*
1637	contraddanza *f*	country-dance	Kontertanz *m*	contredanse *f*	contradanza *f*
1638	corale *m*	choral	Choral *m*	choral *m*	coral *m*
1639	corrente *f*	courante	Courante *f*	courante *f*	courante *f*
1640	danza delle streghe *f*	dance of the witches	Hexentanz *m*	dance des sorcières *f*	danza de las brujas *f*
1641	danza dei morti *f* / danza macabra *f*	dance macabre	Totentanz *m*	danse macabre *f*	danza macabra *f*
1642	divertimento *m*	divertissement	Divertimento *n* / Unterhaltung *f*	divertissement *m*	divertimiento *m*
1643	duetto *m*	duet	Duett *n*	duo *m*	dueto *m*
1644	duo *m*	duet	Duo *n*	duo *m*	duo *m*
1645	egloga *f*	eclogue	Hirtengedicht *n*	églogue *f*	égloga *f*
1646	elegia *f*	elegy	Elegie *f*	élégie *f*	elegia *f*
1647	fantasia *f*	fantasia / fancy	Fantasie *f*	fantaisie *f*	fantasía *f*

	COMPOSIZIONI MUSICALI	MUSICAL COMPOSITIONS	MUSIKALISCHE KOMPOSITIONEN	COMPOSITIONS MUSICALES	COMPOSICIONES MUSICALES
1648	farsa *f*	farce	Farce *f* / Posse *f*	farce *f*	farza *f*
1649	foglio d'album *m*	album leaf	Albumblatt *n*	feuille d'album *f*	hoja de álbum *f*
1650	follia *f*	folia	Folia *f*	folia *f*	folía *f*
1651	fuga *f*	fugue	Fuge *f*	fugue *f*	fuga *f*
1652	furlana *f*	forlana	Forlana *f*	forlane *f*	furlana *f*
1653	gagliarda *f*	galliard	Gagliarde *f*	gaillarde *f*	gallarda *f*
1654	galoppo *m*	galop	Galopp *m*	galop *m*	galop *m*
1655	gavotta *f*	gavotte	Gavotte *f*	gavotte *f*	gavota *f*
1656	giga *f*	jig	Gigue *f*	gigue *f*	giga *f*
1657	habanera *f*	habanera	Habanera *f*	habanera *f*	habanera *f*
1658	inno *m*	hymn / anthem	Hymne *f* / Lobgesang *m*	hymne *m*	himno *m*
1659	intermezzo *m*	interlude	Zwischenspiel *n*	intermède *m*	intermedio *m*
1660	intrada *f*	entrance	Intrade *f*	entrée *f*	entrada
1661	invenzione *f*	invention	Invention *f*	invention *f*	invención *f*
1662	lamento *m*	lament	Klage *f*	lamentation *f*	lamento *m*
1663	leggenda *f*	legend	Legende *f*	légende *f*	leyenda *f*
1664	litania *f*	litany	Litanei *f*	litanie *f*	letania *f*
1665	madrigale *m*	madrigal	Madrigal *n*	madrigal *m*	madrigal *m*
1666	marcia *f*	march	Marsch *m*	marche *f*	marcha *f*
1667	marcia funebre *f*	funeral march	Trauermarsch *m*	marche funèbre *f*	marcha fúnebre *f*
1668	marcia nuziale *f*	wedding march	Hochzeitsmarsch *m*	marche nuptiale *f*	marcha nupcial *f*
1669	marcia trionfale *f*	Triumphal march	Triumphmarsch *m*	marche triomphale *f*	marcha triunfal *f*
1670	mattinata *f*	morning-music	Morgenständchen *n*	aubade *f*	alborada *f*
1671	mazurca *f*	mazurka	Mazurka *f*	mazurka *f*	mazurca *f*
1672	melodramma *m*	melodrama	Melodrama *n*	mélodrame *m*	melodrama *m*
1673	messa *f*	mass	Messe *f*	messe *f*	misa *f*
1674	messa dei defunti / Requiem	mass for the dead	Totenmesse *f*	messe funèbre *f*	misa de difuntos *f*
1675	minuetto *m*	minuet	Menuett *n*	menuet *m*	minué *m*
1676	momento musicale *m*	musical moment	musikalischer Augenblick *m*	moment musical *m*	momento musical *m*
1677	monodramma *m*	monodrama	Monodrama *n*	monodrame	monodrama
1678	moto perpetuo *m*	perpetual motion	dauernd bewegt	mouvement perpétuel *m*	movimiento perpetuo *m*
1679	mottetto *m*	motet	Motette *f*	motet *m*	motete *m*
1680	nenia *f*	nenia	Klagelied *n*	nénie *f*	nenia *f*
1681	ninna nanna *f*	cradle song	Wiegenlied *n*	berceuse *f*	canción de cuna *f*
1682	notturno *m*	nocturne	Notturno *n* / Nachtstück *n*	nocturne *m*	nocturno *m*
1683	ode *f*	ode	Ode *f*	ode *f*	oda *f*
1684	offertorio *m*	offertory	Offertorium *n*	offertoire *m*	ofertorio *m*
1685	opera *f*	opera	Oper *f*	opéra *m*	ópera *f*
1686	operetta *f*	operetta	Operette *f*	opérette *f*	opereta *f*
1687	oratorio *m*	oratorio	Oratorium *n*	oratorio *m*	oratorio *m*
1688	ouverture *f*	overture	Ouvertüre *f*	ouverture *f*	obertura *f*
1689	parafrasi *f*	paraphrase	Paraphrase *f* / Umspielung *f*	paraphrase *f*	paráfrasis *f*
1690	partita *f*	partita	Partita *f*	partita *f*	partita *f*
1691	passacaglia *f*	passacaglia	Passacaglia *f*	passacaille *f*	pasacalle *f*
1692	pastorale *f*	pastoral	Hirtenstück *n*	pastorale *f*	pastoral *f*
1693	pavana *f*	pavan	Pavane *f*	pavane *f*	pavana *f*
1694	poema sinfonico *m*	symphonic poem	symphonische Dichtung *f*	poème symphonique *m*	poema sinfónico *m*
1695	polacca *f*	polonaise	Polonaise *f*	polonaise *f*	polonesa *f*
1696	polca *f*	polka	Polka *f*	polka *f*	polca *f*
1697	preludio *m*	prelude	Präludium *n* / Vorspiel *n*	prélude *m*	preludio *m*
1698	prologo *m*	prologue	Prolog *m*	prologue *m*	prólogo *m*
1699	rapsodia *f*	rhapsody	Rhapsodie *f*	rapsodie *f*	rapsodia *f*
1700	recitativo *m*	recitative	Rezitativ *n*	récitatif *m*	recitado *m*
1701	romanza *f*	romance	Romanze *f*	romance *f*	romanza *f*
1702	romanza senza parole *f*	song without words	Lied ohne Worte *n*	romance sans paroles *f*	romanza sin palabras *f*
1703	rondò *m*	rondo	Rondo *n*	rondo *m* / rondeau *m*	rondó *m*
1704	salmo *m*	psalm	Psalm *m*	psaume *m*	salmo *m*
1705	sarabanda *f*	saraband	Sarabande *f*	sarabande *f*	zarabanda *f*
1706	scozzese *f*	scotch	Schottisch *m*	écossaise *f*	escosesa *f*

9) COMPOSIZIONI MUSICALI / MUSICAL COMPOSITIONS / MUSIKALISCHE KOMPOSITIONEN / COMPOSITIONS MUSICALES / COMPOSICIONES MUSICALES

1707	serenata *f*	serenade	Ständchen *n*	sérénade *f*	serenada *f*
1708	siciliana *f*	sicilian	sizilianischer Hirtentanz *m*	sicilienne *f*	siciliana *f*
1709	sinfonia *f*	symphony	Symphonie *f* / Sinfonie *f*	symphonie *f*	sinfonia *f*
1710	sonata *f*	sonata	Sonate *f*	sonate *f*	sonata *f*
1711	sonatina *f*	sonatina	Sonatine *f*	sonatine *f*	sonatina *f*
1712	studio *m*	study	Etüde *f*	étude *f*	estudio *m*
1713	suite *f*	suite	Suite *f*	suite *f*	suite *f*
1714	tarantella *f*	tarantella	Tarantella *f*	tarentelle *f*	tarantela *f*
1715	toccata *f*	toccata	Toccata *f*	toccate *f*	tocada *f*
1716	umoresca *f*	humoresque	Humoreske *f*	humoresque *f*	humoresca *f*
1717	valzer *m*	waltz	Walzer *m*	valse *f*	vals *m*
1718	variazione *f*	variation	Variation *f* / Veränderung *f*	variation *f*	variación *f*

10) IL LINGUAGGIO DI OGNI GIORNO / THE LANGUAGE OF EVERY DAY / DIE TAGLICHE SPRACHE / LE LANGAGE DE TOUS LES JOURS / EL LENGUAJE DE CADA DIA

a) VERBI / VERBS / VERBEN / VERBES / VERBOS

1719	abbandonare	to abandon	verlassen	abandonner	abandonar
1720	abbassare	to lower	senken / erniedrigen	baisser / abaisser	bajar / rebajar
1721	abbellire	to embellish	verschönern	embellir	embellecer
1722	abbreviare	to shorten	abkürzen	abréger	abreviar
1723	abituarsi	to get used	sich gewöhnen	s'habituer à	acostumbrarse
1724	accelerare	to accelerate	beschleunigen	accélérer	acelerar
1725	accendere	to light	anzünden	allumer	encender
1726	accentuare	to stress	betonen	accentuer	acentuar
1727	accompagnare	to accompany	begleiten	accompagner	acompañar
1728	accordare	to tune	einstimmen / stimmen	accorder	acordar
1729	adattare	to adapt	bearbeiten	adapter	adaptar
1730	addormentare	to put to sleep / to send to sleep	einschläfern	endormir	adormecer
1731	affrettare	to hasten	beeilen	hâter	apresurar
1732	aggiungere	to add	hinzufügen	ajouter	añadir
1733	aiutare	to help	helfen	aider	ayudar
1734	allargare	to widen	erweitern	élargir	ampliar
1735	alleggerire	to relieve	erleichtern	alléger	aligerar
1736	allontanarsi	to go away	sich entfernen	s'éloigner	alejarse
1737	allungare	to lengthen	verlängern	allonger	alargar
1738	alterare	to alter	verändern	altérer	alterar
1739	alternare	to alternate	abwechseln	alterner	alternar
1740	alzare	to raise	erhöhen	hausser	alzar
1741	amare	to love	lieben	aimer	amar
1742	ammalarsi	to fall ill	erkranken	tomber malade	enfermar
1743	ampliare	to enlarge	erweitern	agrandir	ampliar
1744	andare	to go	gehen	aller	ir
1745	animare	to animate	beleben	animer	animar
1746	annunciare	to announce	bekanntmachen	annoncer	anunciar
1747	appartenere	to belong	gehören	appartenir	pertenecer
1748	applaudire	to applaud	klatschen	applaudir	aplaudir
1749	appoggiare	to lean	lehnen	appuyer	apoyar
1750	aprire	to open	öffnen	ouvrir	abrir
1751	armonizzare	to harmonize	harmonisieren	harmoniser	armonizar
1752	arpeggiare	to play arpeggios	arpeggieren	arpéger	arpegiar
1753	arrabbiarsi	to get angry	zornig werden	s'emporter	enfadarse
1754	arrangiare	to arrange	einrichten / bearbeiten	arranger	arreglar
1755	arrivare	to arrive / to reach	ankommen / erreichen	arriver	llegar
1756	articolare	to articulate	deutlich aussprechen	articuler	articular
1757	ascoltare	to listen	zuhören / anhören	écouter	escuchar
1758	aspettare	to wait	warten	attendre	esperar
1759	augurare	to wish	wünschen	souhaiter	desear / felicitar
1760	aumentare	to augment	vergrössern	augmenter	aumentar
1761	avere	to have	haben	avoir	tener
1762	avere bisogno	to need	brauchen	avoir besoin	necesitar
1763	avvertire	to advise / to warn	benachrichtigen / warnen	avertir	avisar

a)	VERBI	VERBS	VERBEN	VERBES	VERBOS
1764	balbettare	to stammer	stottern	balbutier	balbucear
1765	ballare	to dance	tanzen	danser	bailar
1766	battere	to beat	schlagen	battre	pegar
1767	bere	to drink	trinken	boire	beber
1768	bisbigliare	to whisper	flüstern	chuchoter	cuchichear
1769	borbottare	to mumble	murmeln	grommeler	refunfuñar
1770	brontolare	to grumble	brummen	grogner	gruñir
1771	bussare	to knock	klopfen	frapper	golpear
1772	buttare	to throw	werfen	jeter	echar
1773	cadere	to fall down	fallen	tomber	caer
1774	calare	to let down	sinken / herablassen	faire descendre	descender
1775	calmare	to calm	beruhigen	calmer	calmar
1776	cambiare	to change	wechseln	changer	cambiar
1777	camminare	to walk	gehen	marcher	andar
1778	cancellare	to erase	auslöschen	effacer	borrar
1779	cantare	to sing	singen	chanter	cantar
1780	canticchiare	to hum	trällern	chantonner	canturrear
1781	capire	to understand	verstehen	comprendre	comprender
1782	cedere	to give in	nachgeben	céder	ceder
1783	cercare	to seek / to look for	suchen	chercher	buscar
1784	cessare	to cease	aufhören	cesser	cesar
1785	chiaccherare	to chat	plaudern	bavarder	charlar
1786	chiedere	to ask	verlangen	demander	preguntar
1787	chiudere	to shut / to close	schliessen	fermer	cerrar
1788	cifrare	to figure	beziffern	chiffrer	cifrar
1789	commuovere	to move	rühren	émouvoir	conmover
1790	comporre	to compose	komponieren	composer	componer
1791	comprare	to buy	kaufen	acheter	comprar
1792	concentrarsi	to concentrate	sich konzentrieren	se concentrer	concentrarse
1793	conoscere	to know	kennen	connaître	conocer
1794	consigliare	to advise	beraten / raten	conseiller	aconsejar
1795	consolare	to console	trösten	consoler	consolar
1796	contare	to count	zählen	compter	contar
1797	continuare	to continue	fortsetzen	continuer	continuar
1798	convincere	to convince	überzeugen	convaincre	convencer
1799	copiare	to copy	kopieren / abschreiben	copier	copiar
1800	coprire	to cover	bedecken	couvrir	cubrir
1801	correggere	to correct	verbessern / korrigieren	corriger	corregir
1802	correre	to run	laufen	courir	correr
1803	costare	to cost	kosten	coûter	costar
1804	costruire	to build	bauen	construire	construir
1805	creare	to create	erschaffen	créer	crear
1806	credere	to believe	glauben	croire	creer
1807	crescere	to grow	wachsen	croître / grandir	crecer
1808	criticare	to criticize	tadeln	critiquer	criticar
1809	cullare	to cradle	wiegen	bercer	mecer
1810	curare	to take care	pflegen	soigner / avoir soin de	cuidar
1811	custodire	to keep	aufbewahren	garder	guardar
1812	dare	to give	geben	donner	dar
1813	decidere	to decide	entscheiden	décider	decidir
1814	declamare	to declaim	deklamieren	déclamer	declamar
1815	dedicare	to dedicate	widmen	dédier	dedicar
1816	descrivere	to describe	beschreiben	décrire	describir
1817	desiderare	to wish	wünschen	désirer	desear
1818	determinare	to determine	bestimmen	déterminer	determinar
1819	dettagliare	to detale	detaillieren	détailler	detallar
1820	deviare	to deviate	abweichen	dévier	desviar
1821	dimenticare	to forget	vergessen	oublier	olvidar
1822	diminuire	to diminish	vermindern / abnehmen	diminuer	disminuir
1823	dimostrare	to prove	beweisen	démontrer	demostrar
1824	dire	to say / to tell	sagen	dire	decir
1825	dirigere	to conduct	dirigieren	diriger	dirigir
1826	discutere	to discuss	diskutieren	discuter	discutir
1827	disegnare	to draw	zeichnen	dessiner	dibujar
1828	distendersi	to relax	entspannen	se détendre	relajarse

a) VERBI — VERBS — VERBEN — VERBES — VERBOS

1829	diventare	to become	werden	devenir	volverse
1830	divertirsi	to enjoy oneself	sich belustigen	s'amuser	divertirse
1831	dividere	to divide	teilen	diviser	dividir
1832	domandare	to ask	fragen	demander	preguntar
1833	dormire	to sleep	schlafen	dormir	dormir
1834	dosare	to dose	dosieren	doser	dosificar
1835	dovere	to have to / to must	müssen	devoir	deber / tener que
1836	dubitare	to doubt	zweifeln	douter	dudar
1837	durare	to last	dauern	durer	durar
1838	eccitare	to excite	aufregen	exciter	excitar
1839	educare	to educate	erziehen	elever	educar
1840	elaborare	to elaborate	ausarbeiten	élaborer	elaborar
1841	elogiare	to praise	loben	louer	alabar
1842	entrare	to enter / to appear	eintreten / auftreten	entrer	entrar
1843	eseguire	to perform	ausführen	exécuter	ejecutar
1844	esercitare	to practice	üben	exercer	ejercitar
1845	esordire	to make one's début	debütieren	débuter	debutar
1846	espirare	to breath out	ausatmen	expirer	expirar
1847	esprimere	to express	ausdrücken	exprimer	exprimir
1848	essere	to be	sein	être	ser / estar
1849	essere d'accordo	to agree	einverstanden sein	être d'accord	estar conforme
1850	esultare	to exult	jubeln	exulter	exultar
1851	evitare	to avoid	vermeiden	éviter	evitar
1852	fare	to make	machen	faire	hacer
1853	felicitare	to congratulate	beglückwünschen / gratulieren	féliciter	felicitar
1854	fermare	to stop	abbrechen / anhalten	arrêter	parar
1855	festeggiare	to celebrate	feiern	fêter	celebrar
1856	finire	to finish	enden	finir	acabar
1857	fischiare	to whistle	pfeifen	siffler	silbar
1858	forzare	to force	forcieren	forcer	forzar
1859	fraseggiare	to phrase	phrasieren	phraser	frasear
1860	frenare	to hold back	bremsen	freiner	refrenar
1861	fumare	to smoke	rauchen	fumer	fumar
1862	gemere	to moan	stöhnen	gémir	gemir
1863	giocare	to play	spielen	jouer	jugar
1864	godere	to enjoy	geniessen	jouir	gozar
1865	graduare	to shade / to graduate	abstufen	nuancer	matizar
1866	grattare	to scratch	kratzen	gratter	rascar
1867	gridare	to shout	schreien	crier	gritar
1868	guadagnare	to earn	verdienen	gagner	ganar
1869	guardare	to look	schauen	regarder	mirar
1870	guarire	to recover	genesen	guérir	curar / sanar
1871	guidare	to guide	fahren / führen	conduire / guider	guiar / conducir
1872	imitare	to imitate	imitieren / nachmachen	imiter	imitar
1873	immaginare	to imagine	vorstellen / erdenken	imaginer	imaginar
1874	imparare	to learn	lernen	apprendre	aprender
1875	improvvisare	to improvise	improvisieren	improviser	improvisar
1876	incaricare	to charge	beauftragen	charger	encargar
1877	incominciare	to begin	anfangen	commencer	empezar
1878	incoraggiare	to encourage	ermutigen	encourager	alentar
1879	incrociare	to cross	kreuzen	croiser	cruzar
1880	indebolire	to weaken	schwächen	affaiblir	debilitar
1881	indicare	to indicate	zeigen	indiquer	indicar
1882	indovinare	to guess	raten	deviner	adivinar
1883	indugiare	to delay	zögern	s'attarder	atrasar
1884	informare	to inform	benachrichtigen	informer	informar
1885	innamorarsi	to fall in love	sich verlieben	s'éprendre	enamorarse
1886	insegnare	to teach	lehren	enseigner	instruir
1887	insistere	to insist	bestehen auf	insister	insistir
1888	interessare	to interest	interessieren	intéresser	interesar
1889	interpretare	to interpret / to perform	interpretieren	interpréter	interpretar
1890	interrogare	to question	fragen	interroger	interrogar
1891	interrompere	to interrupt	unterbrechen	interrompre	interrumpir

a) VERBI — VERBS — VERBEN — VERBES — VERBOS

1892	inspirare	to inhale	einatmen	inspirer	inspirar
1893	intonare	to strike up / to intone	anstimmen	entonner	entonar
1894	introdurre	to introduce	einführen / einleiten	introduire	introducir
1895	inventare	to invent	erfinden	inventer	inventar
1896	invertire	to invert	umkehren	invertir	invertir
1897	inviare	to send	senden	envoyer	enviar
1898	invitare	to invite	einladen	inviter	invitar
1899	irritare	to irritate	reizen	irriter	irritar
1900	lamentarsi	to complain	sich beklagen	se lamenter	lamentarse
1901	lasciare	to leave / to let	lassen	laisser	dejar
1902	lavare	to wash	waschen	laver	lavar
1903	lavorare	to work	arbeiten	travailler	trabajar
1904	legare	to bind / to tie	binden	lier	atar
1905	leggere	to read	lesen	lire	leer
1906	levare	to raise	aufheben	lever	levantar
1907	lodare	to praise	loben	louer	alabar
1908	lottare	to fight	kämpfen	lutter	luchar
1909	lusingare	to flatter	schmeicheln	flatter	lisonjear
1910	mancare	to lack	fehlen	manquer	faltar
1911	mangiare	to eat	essen	manger	comer
1912	mantenere	to keep	erhalten	maintenir	mantener
1913	marcare	to mark	markieren	marquer	marcar
1914	martellare	to hammer	hämmern	marteler	martillar
1915	meditare	to meditate	nachdenken	méditer	meditar
1916	mettere	to put	setzen / legen / stellen	mettre	meter
1917	migliorare	to improve	verbessern	améliorer	mejorar
1918	minacciare	to threaten	drohen	menacer	amenazar
1919	misurare	to measure	messen	mesurer	medir
1920	moderare	to moderate	mässigen	modérer	moderar
1921	modificare	to alter	abändern	modifier	modificar
1922	modulare	to modulate	modulieren	moduler	modular
1923	morire	to die	sterben	mourir	morir
1924	mostrare	to show	zeigen	montrer	mostrar
1925	muovere	to move	bewegen	remuer / mouvoir	mover
1926	mutare	to change	ändern	changer	mudar
1927	nuotare	to swim	schwimmen	nager	nadar
1928	occuparsi	to occupy	beschäftigen	occuper	ocupar
1929	offrire	to offer	anbieten	offrir	ofrecer
1930	orchestrare	to orchestrate	orchestrieren	orchestrer	orquestrar
1931	osservare	to observe	beobachten	observer	observar
1932	ottenere	to obtain	erhalten	obtenir	obtener
1933	pagare	to pay	bezahlen	payer	pagar
1934	parlare	to speak / to talk	sprechen	parler	hablar
1935	partire	to leave	abreisen	partir	salir
1936	passeggiare	to walk	spazierengehen	se promener	pasearse
1937	pensare	to think	denken	penser	pensar
1938	perdere	to lose	verlieren	perdre	perder
1939	perfezionarsi	to improve	sich vollenden	se perfectionner	perfeccionarse
1940	permettere	to permit	erlauben	permettre	permitir
1941	pesare	to weigh	wiegen	peser	pesar
1942	piacere	to like	gefallen	plaire	gustar
1943	piangere	to cry	weinen	pleurer	llorar
1944	pizzicare	to pluck / to pinch	zupfen / kneifen	pincer	pellizcar
1945	plagiare	to plagiarize	abschreiben	plagier	plagiar
1946	portare	to carry / to fetch	tragen / bringen	porter	llevar
1947	posare	to lay	niederlegen	poser	poner
1948	potere	to can / to be able to	können	pouvoir	poder
1949	precipitare	to precipitate	überstürzen	précipiter	precipitar
1950	pregare	to beg / to pray	bitten / beten	prier	rogar / pedir
1951	preludiare	to prelude	präludieren	préluder	preludiar
1952	prendere	to take	nehmen	prendre	tomar
1953	preparare	to prepare	vorbereiten	préparer	preparar
1954	presentare	to present	vorstellen	présenter	presentar
1955	prestare	to lend	leihen	prêter	prestar
1956	progredire	to progress	fortschreiten	progresser	progresar
1957	prolungare	to prolong	verlängern	prolonger	prolongar

a) VERBI

	VERBI	VERBS	VERBEN	VERBES	VERBOS
1958	pronunciare	to pronounce	aussprechen	prononcer	pronunciar
1959	proporre	to propose	vorschlagen	proposer	proponer
1960	provare	to try	probieren	essayer	probar
1961	provocare	to provoke	herausfordern	provoquer	provocar
1962	pulire	to clean	putzen	nettoyer	limpiar
1963	raccontare	to tell	erzählen	reconter	contar
1964	raccorciare	to shorten	verkürzen	raconter	acortar
1965	raddoppiare	to double	verdoppeln	raccourcir	redoblar
1966	raggruppare	to group	zusammenstellen	grouper	agrupar
1967	rallegrarsi	to rejoice / to be glad	sich freuen	se réjouir	alegrarse
1968	rallentare	to slow down	verlangsamen	ralentir	contener
1969	raschiare	to scrape	abkratzen	racler	raspar
1970	rassomigliare	to look like	ähnlich sehen	ressembler	semejar
1971	recitare	to recite	vortragen	réciter	recitar
1972	registrare	to record	aufnehmen	enregistrer	registrar
1973	regolare	to regulate	regeln	régler	reglar
1974	rendere	to give back	zurückgeben	rendre	devolver
1975	respirare	to breathe	atmen	respirer	respirar
1976	ricevere	to receive	bekommen / erhalten	recevoir	recibir
1977	richiamare	to recall	zurückrufen	rappeler	volver a llamar
1978	ricominciare	to recommence	wieder beginnen	recommencer	volver a empezar
1979	ricordarsi	to remember	sich erinnern	se souvenir	acordarse
1980	ridere	to laugh	lachen	rire	reir
1981	ridurre	to reduce	einschränken / vermindern	réduire	reducir
1982	riepilogare	to recapitulate	zusammenfassen	récapituler	recapitular
1983	riflettere	to think over	nachdenken	réfléchir	reflexionar
1984	rilassare	to relax	lockern / entspannen	relaxer	sosegar
1985	rimanere	to remain / to stay	bleiben	rester	quedar
1986	rimbalzare	to bounce	zurückprallen	rebondir	rebotar
1987	rimbombare	to resound	dröhnen	retentir	retumbar
1988	rimpiangere	to regret	bedauern	déplorer	deplorar
1989	rincrescere	to be sorry	leid tun	regretter	sentir
1990	rinforzare	to reinforce	verstärken	renforcer	reforzar
1991	ringraziare	to thank	danken	remercier	agradecer
1992	rinnovare	to renew	erneuern	renouveler	renovar
1993	rinviare	to adjourn / to put off	verschieben	renvoyer	diferir
1994	ripetere	to rehearse / to repeat	wiederholen	répéter	repetir
1995	riposarsi	to rest	ausruhen	se reposer	descansar
1996	riprendere	to retake	wieder anfangen / aufnehmen	reprendre	reanudar
1997	risaltare	to bring out / to stand out	hervorheben	ressortir	resaltar
1998	risolvere	to resolve	auflösen	resoudre	resolver
1999	rispondere	to answer	antworten	répondre	contestar
2000	risuonare	to replay	wieder spielen	rejouer	volver a tocar
2001	ritardare	to delay	verzögern	retarder	retardar
2002	ritenere	to hold back	zurückhalten	retenir	retener
2003	ritmare	to rhythmize	rhythmisieren	rhythmer	dar ritmo
2004	ritornare	to return	wiederkehren	revenir	regresar
2005	rompere	to break	zerbrechen	casser	romper
2006	rovesciare	to upset / to overturn	umkehren	renverser	invertir
2007	rubare	to steal	stehlen	voler	robar
2008	salire	to climb	steigen	monter	subir
2009	saltare	to jump	springen / überspringen	sauter	saltar
2010	salutare	to greet	grüssen	saluer	saludar
2011	sapere	to know	wissen	savoir	saber
2012	sbadigliare	to yawn	gähnen	bâiller	bostezar
2013	sbagliarsi	to be mistaken	sich irren	se tromper	equivocarse
2014	scambiare	to exchange	austauschen	échanger	cambiar
2015	scegliere	to choose	wählen	choisir	escoger
2016	scendere	to descend	hinabsteigen	descendre	bajar

	a) VERBI	VERBS	VERBEN	VERBES	VERBOS
2017	scherzare	to joke / to jest	scherzen	plaisanter	bromear
2018	schiarirsi la gola	to clear one's throat	sich räuspern	s'éclaircir la voix	carraspear
2019	scivolare	to slide	rutschen	glisser	resbalar
2020	scoraggiarsi	to get discouraged	den Mut verlieren	se décourager	descorazonarse
2021	scrivere	to write	schreiben	écrire	escribir
2022	scusarsi	to apologize	sich entschuldigen	s'excuser	disculparse
2023	sdrucciolare	to slide	ausrutschen	glisser	resbalar
2024	sedere	to sit	sitzen	s'asseoir	sentarse
2025	sedurre	to seduce	verführen	séduire	seducir
2026	seguire	to follow	folgen	suivre	seguir
2027	semplificare	to simplify	vereinfachen	simplifier	simplificar
2028	sentire	to feel / to hear	hören / fühlen	sentir	sentir
2029	separare	to separate	trennen	séparer	separar
2030	sfiorare	to skim	streifen	effleurer	desflorar
2031	sforzare	to strain	erzwingen	forcer	forzar
2032	singhiozzare	to sob	schluchzen	sangloter	sollozar
2033	smettere	to stop	aufhören	cesser	cesar
2034	smorzare	to subdue	dämpfen	atténuer	atenuar
2035	soffiare	to blow	blasen	souffler	soplar
2036	soffocare	to suffocate	ersticken	étouffer	sofocar
2037	soffrire	to suffer	leiden	souffrir	sufrir
2038	sognare	to dream	träumen	rêver	soñar
2039	sopprimere	to suppress	aufheben	supprimer	suprimir
2040	sorridere	to smile	lächeln	sourir	sonreir
2041	sorvolare	to fly over	überfliegen	survoler	volar por encima
2042	sospirare	to sigh	seufzen	soupirer	suspirar
2043	sostenere	to support	stützen	soutenir	sostener
2044	sostituire	to substitute	ersetzen	substituer	sustituir
2045	spedire	to send	versenden	expédier	expedir
2046	spegnere	to extinguish	auslöschen	éteindre	apagar
2047	sperare	to hope	hoffen	espérer	esperar
2048	spezzare	to break	brechen	casser	romper
2049	spianare	to level	ebnen	aplanir	allanar
2050	spiegare	to explain	erklären	expliquer	explicar / desplegar
2051	spingere	to push	stossen	pousser	empujar
2052	sposarsi	to marry	heiraten	se marier	casarse
2053	staccare	to undo	abstossen / lostrennen	détacher	desatar / soltar
2054	stimare	to estimate / to value	achten / schätzen	estimer	estimar
2055	stonare	to be out of tune	detonieren	détonner	desafinar
2056	strappare	to tear	reissen	arracher	arrancar
2057	strascicare	to drag	schleppen	traîner	arrastrar
2058	strimpellare	to strum	klimpern	tapoter	cencerrear
2059	stringere	to press	zusammendrücken	serrer	apretar
2060	strozzare	to strangle	erwürgen	étrangler	estrangular
2061	strumentare	to score	instrumentieren	instrumenter	instrumentar
2062	studiare	to study	studieren / lernen	étudier	estudiar
2063	sudare	to sweat	schwitzen	transpirer	sudar
2064	suddividere	to subdivide	unterteilen	subdiviser	subdividir
2065	suggerire	to prompt	vorsagen	souffler	apuntar
2066	suonare	to play	spielen	jouer	tocar
2067	supplicare	to implore	anflehen	supplier	suplicar
2068	svegliarsi	to wake up	aufwachen	se réveiller	despertarse
2069	svenire	to faint	ohnmächtig werden	s'évanouir	desmayarse
2070	tacere	to be silent	schweigen	se taire	callar
2071	tagliare	to cut	schneiden	couper	cortar
2072	tendere	to tighten	spannen	tendre	tender
2073	tenere	to keep / to hold	halten	tenir	tener
2074	terminare	to end	beendigen	terminer	terminar
2075	tirare	to pull	ziehen	tirer	tirar
2076	toccare	to touch	berühren	toucher	tocar
2077	togliere	to take away	wegnehmen	enlever	sacar
2078	tornare	to return	zurückkommen	revenir	regresar
2079	tossire	to cough	husten	tousser	toser
2080	tradurre	to translate	übersetzen	traduire	traducir
2081	trascinare	to drag	schleppen	traîner	arrastrar
2082	trattare	to treat	behandeln	traiter	tratar
2083	tremare	to tremble	zittern	trembler	temblar

a) VERBI — VERBS — VERBEN — VERBES — VERBOS

2084	trionfare	to triumph	triumphieren	triompher	triunfar
2085	trovare	to find	finden	trouver	hallar / encontrar
2086	udire	to hear	hören	entendre	oir
2087	unire	to connect	verbinden	unir	unir
2088	urlare	to yell	heulen	hurler	aullar
2089	urtare	to clash / to bump	zusammenstossen	heurter	chocar
2090	uscire	to go out	ausgehen	sortir	salir
2091	variare	to vary	ändern / wechseln	varier	variar
2092	vedere	to see	sehen	voir	ver
2093	vendere	to sell	verkaufen	vendre	vender
2094	venire	to come	kommen	venir	venir
2095	viaggiare	to travel	reisen	voyager	viajar
2096	vibrare	to vibrate / to sound	vibrieren / schwingen / erklingen	vibrer	vibrar
2097	vincere	to win	siegen / gewinnen	gagner	vencer
2098	visitare	to visit	besuchen	visiter	visitar
2099	vivere	to live	leben	vivre	vivir
2100	volare	to fly	fliegen	voler	volar
2101	volere	to want	wollen	vouloir	querer
2102	voltare	to turn	umblättern / wenden	tourner	volver

b) LOCUZIONI GRAMMATICALI — GRAMMATICAL TERMS — GRAMMATIKALISCHE BEGRIFFE — LOCUTIONS GRAMMATICALES — LOCUCIONES GRAMATICALES

2103	io	I	ich	je	yo
2104	tu	you	du	tu	tú
2105	egli	he / it *n*	er / es *n*	il	él
2106	ella	she / it *n*	sie / es *n*	elle	ella
2107	Lei	you	Sie	vous	Usted
2108	noi	we	wir	nous	nosostros
2109	voi	you	ihr	vous	vosostros
2110	essi	they	sie	ils	ellos
2111	esse	they	sie	elles	ellas
2112	loro	you	Sie	vous	Ustedes
2113	il / lo	the	der	le	el
2114	articolo — D *n*	article — D *n*	das	article — D *n*	artículo — D *n*
2115	la	the	die	la	la
2116	i / gli	the	die	les	los
2117	le	the	die	les	las
2118	un / uno / una	a	ein / eine	un / une	un / una
2119	dei / delle	—	—	des	—
2120	mio / mia / miei / mie	my	mein / meine	mon / ma / mes	mi / mis
2121	tuo / tua / tuoi / tue	your	dein / deine	ton / ta / tes	tu / tus
2122	suo / sua / suoi / sue	his / her / its / your	sein / ihr / seine / ihre	son / sa / ses	su / sus
2123	nostro / nostra / nostri / nostre	our	unser / unsere	notre / nos	nuestro / nuestra / nuestros / nuestras
2124	vostro / vostra / vostri / vostre	your	euer / eure	votre / vos	vuestro / vuestra / vuestros / vuestras
2125	loro	their / your	ihn / ihre	leur / votre	su / sus
2126	il mio	mine	mein	le mien	el mio
2127	il tuo	yours	dein	le tien	el tuyo
2128	il suo	his / hers / its / yours	sein / ihr / Ihr	le sien / le vôtre	el suyo
2129	il nostro	ours	unser	le nôtre	el nuestro
2130	il vostro	yours	euer	le vôtre	el vuestro
2131	il loro	theirs / yours	ihr / Ihr	le leur / le vôtre	el suyo

c) PICCOLO VOCABOLARIO — LITTLE VOCABULARY — KLEINES WÖRTERBUCH — PETIT VOCABULAIRE — PEQUEÑO VOCABULARIO

2132	abbonamento *m*	subscription	Abonnement *n*	abonnement *m*	abono *m*
2133	abbondante	abundant	reichlich	abondant	abundante
2134	abbozzo *m*	draft	Entwurf *m*	ébauche *m*	esbozo *m*
2135	abile	able	geschickt	habile	hábil
2136	abitudine *f*	habit	Gewohnheit *f*	habitude *f*	costumbre *m*
2137	accessori *m pl*	accessories / props *pl*	Requisiten *n pl*	accessoires *m pl*	accesorios *m pl*
2138	accentuazione *f*	accentuation	Betonung *f*	accentuation *f*	acentuación *f*
2139	accompagnamento *m*	accompaniment	Begleitung *f*	accompagnement *m*	acompañamiento *m*

c) PICCOLO VOCABOLARIO	LITTLE VOCABULARY	KLEINES WÖRTERBUCH	PETIT VOCABULAIRE	PEQUEÑO VOCABULARIO
2140 accordatura *f*	tuning	Stimmung *f*	accordage *m*	afinación *f*
2141 acustica *f*	acoustics	Akustik *f*	acoustique *f*	acústica *f*
2142 addio!	farewell!	Lebe wohl!	adieu!	¡adiós!
2143 adesso	now	jetzt	maintenant	ahora
2144 afono	voiceless	stimmlos	aphone	áfono
2145 agenzia di concerti *f*	concert agency	Konzertagentur *f*	agence de concerts *f*	agencia de conciertos *f*
2146 agogica *f*	agogity	Agogik *f*	agogique *f*	agógica *f*
2147 agosto	August	August	août	agosto
2148 a la maniera di	in the manner of	nach Art der / - des	à la manière de	a la manera de
2149 alba *f*	daybreak	Tagesanbruch *m*	aube *f*	alba *f*
2150 allievo *m* / allieva *f* / alunno *m* / alunna *f*	pupil	Schüler *m* / -in *f*	élève *m* & *f*	alumno *m* / alumna *f*
2151 allora	then	dann	alors	entonces
2152 almeno	at least	wenigstens	au moins	por lo menos
2153 altezza *f*	height / pitch	Höhe *f*	hauteur *f*	altura *f*
2154 alto	high	hoch	haut	alto
2155 amante *m* & *f*	lover	Liebhaber *m* / -in *f*	amateur *m* / amant *m*	amador *m*/ amante *m* & *f*
2156 a mente / a memoria	by heart	auswendig	par coeur	de memoria
2157 amicizia *f*	friendship	Freundschaft *f*	amitié *f*	amistad *f*
2158 amico *m* / amica *f*	friend / girlfriend	Freund *m* / -in *f*	ami *m* / -e *f*	amigo *m* / amiga *f*
2159 anacrusi *f*	anacruse	Auftakt *m* / Anakrusis *f*	anacruse *f*	anacrusis *f*
2160 ancora una volta	once more	noch einmal	encore une fois	otra vez
2161 angolo *m*	corner / angle	Winkel *m* / Ecke *f*	angle *m* / coin *m*	angulo *m* / esquina *f* / rincón *m*
2162 anno *m*	year	Jahr *n*	année *f*	año *m*
2163 annotazione *f*	annotation	Anmerkung *f* / Notiz *f*	annotation *f*	anotación *f*
2164 antico	antique	altertümlich	antique	antiguo
2165 antipatico	unpleasant	unsympathisch	antipathique	antipático
2166 antologia *f*	anthology	Sammelwerk *n*	anthologie *f*	antologia *f*
2167 applauso *m*	applause	Beifall *m*	applaudissement *m*	aplauso *m*
2168 approssimativo	approximate	annähernd	approximatif	aproximativo
2169 aprile	April	April	avril	abril
2170 aria *f*	air	Luft *f*	air *m*	aire *m*
2171 arrivederci	good bye	auf Wiedersehen	au revoir	hasta la vista
2172 arte *f*	art	Kunst *f*	art *m*	arte *m*
2173 artificiale	artificial	gekünstelt / künstlich	artificiel	artificial
2174 astuto	astute	listig	astucieux	astuto
2175 attenzione!	take care! / attention!	Achtung!	attention!	¡cuidado!
2176 attenzione *f*	attention	Aufmerksamkeit *f*	attention *f*	atención *f*
2177 atto *m*	act	Akt *m*	acte *m*	acto *m*
2178 autore *m*	author	Autor *m*	auteur *m*	autor *m*
2179 autunno *m*	autumn	Herbst *m*	automne *m*	atoño *m*
2180 azione *f*	action	Handlung *f*	action *f*	acción *f*
2181 azzurro	sky-blue	himmelblau	bleu ciel	azul
2182 bacchetta *f*	stick / baton	Taktstock *m*	baguette *f*	batuta *f*
2183 ballabile	danceable	tänzerisch / tanzmässig	dansant	bailable
2184 ballo *m* / danza *f*	dance	Tanz *m* / Ball *m*	danse *f* / bal *m*	danza *f* / baile *m*
2185 bambino *m* / bambina *f*	child	Kind *n*	enfant *m* 7 *f*	niño *m* / niña *f*
2186 banda *f* / fanfara *f*	brass-band	Blasmusik *f* / Fanfare *f*	fanfare *f*	banda *f* / charanga *f*
2187. barba *f*	beard	Bart *m*	barbe *f*	barba *f*
2188 bardo *m*	bard	Barde *m*	barde *m*	bardo *m*
2189 barocco *m*	baroque	Barock *m*	baroque *m*	barroco *m*
2190 basso	low	niedrig / tief	bas	bajo
2191 basta!	that's enough!	genug!	assez!	¡bastante!
2192 bellezza *f*	beauty	Schönheit *f*	beauté *f*	belleza *f*
2193 bello / - a	beautiful	schön	beau / belle	hermoso / - a
2194 bianco	white	weiss	blanc	blanco
2195 biglietto *m*	ticket	Eintrittskarte *f*	billet	billete *m*
2196 bis (L)	encore	noch einmal! / Zugabe *f*	encore!	¡otra vez!
2197 blu	blue	blau	bleu	azul
2198 brano *m*	piece	Stück *n*	morceau *m*	obra *f*

c) PICCOLO VOCABOLARIO — LITTLE VOCABULARY — KLEINES WÖRTERBUCH — PETIT VOCABULAIRE — PEQUEÑO VOCABULARIO

	Italiano	English	Deutsch	Français	Español
2199	bravissimo!	very well!	sehr gut!	très bien!	¡muy bien!
2200	buona notte	good night	gute Nacht	bonne nuit	buenas noches
2201	buona sera	good evening	guten Abend	bonsoir	buenas tardes
2202	buono / - a	good	gut	bon / bonne	bueno / buena
2203	brindisi *m*	toast	Trinklied *n* / Trinkspruch *m*	toast *m* / chanson à boire *f*	brindis *m* / canción báquica *f*
2204	brutto	ugly	hässlich	laid	feo
2205	buffo	comic	komisch	bouffe	bufo
2206	buongiorno	good morning	guten Tag	bonjour	buenos dias
2207	buon mercato	cheap	billig	bon marché	barato
2208	caccia *f*	hunt	Jagd *f*	chasse *f*	caza *f*
2209	cacofania *f*	cacophony	Kakophonie *f*	cacophonie *f*	cacofonia *f*
2210	cambiamento *m*	change	Abwechslung *f* / Änderung *f*	changement *m*	cambiamento *m*
2211	camera *f*	room	Zimmer *n*	chambre *f*	cuarto *m*
2212	campagna *f*	country	Land *n*	campagne *f*	campo *m*
2213	canto *m*	song	Gesang *m*	chant *m*	canto *m*
2214	capolavoro *m*	masterpiece	Meisterwerk *n*	chef-d'oeuvre *m*	obra maestra *f*
2215	cappella *f*	chapel	Kapelle *f*	chapelle *f*	capilla *f*
2216	caratteristico	characteristic	charakteristisch	caractéristique	característico
2217	carino / - a	nice / lovely	lieblich	mignon / - ne	gracioso / - a
2218	carnevale *m*	carnival	Karneval *m* / Fasching *m*	carnaval *m*	carnaval *m*
2219	caro	expensive	teuer	cher	costoso
2220	caro / - a	dear	lieb / - er / -e / -es	cher / chère	caro / cara
2221	carta da musica *f*	music-paper	Notenpapier *n*	papier à musique *m*	papel de música *m*
2222	cartellone *m*	poster / bill	Plakat *n* / Spielplan *m*	affiche *f*	cartelón *m*
2223	casa *f*	house	Haus *n*	maison *f*	casa *f*
2224	casa editrice *f*	editor	Verlag *m*	éditeur *m*	casa editorial *f*
2225	catalogo *m*	catalogue / catalog	Verzeichnis *n*	catalogue *m*	catálogo *m*
2226	cattivo / - a	bad	schlecht	mauvais	malo
2227	c'è / ci sono	there is / - are	es gibt	il y a	hay
2228	celebre	celebrated	berühmt	célèbre	célebre
2229	centro *m*	center	Zentrum *n*	centre *m*	centro *m*
2230	certo	certain	bestimmt / gewiss	certain	cierto
2231	chiesa *f*	church	Kirche *f*	église *f*	iglesia *f*
2232	chiuso	closed	geschlossen	fermé	cerrado
2233	ciclo *m*	cycle	Zyklus *m*	cycle *m*	ciclo *m*
2234	cieco	blind	blind	aveugle	ciego
2235	cielo *m*	sky	Himmel *m*	ciel *m*	cielo *m*
2236	classico	classic	klassisch	classique	clásico
2237	collaborazione *f*	collaboration	Mitwirkung *f*	collaboration *f*	colaboración *f*
2238	collezione *f*	collection	Sammlung *f*	collection *f*	colección *f*
2239	colore *m*	colour / color	Farbe *f*	couleur *f*	color *m*
2240	colorito *m* / timbro *m*	tone-colour / timbre	Klangfarbe *f* / Tonfarbe *f*	timbre *m*	timbre *m*
2241	colto	cultivated	gebildet	cultivé	instruido
2242	commedia *f*	comedy	Komödie *f*	comédie *f*	comedia *f*
2243	comparsa *m & f*	bit player / supernumerary	Statist *m* / -in *f*	figurant *m* / -e *f*	figurante *m & f*
2244	compleanno *m*	birthday	Geburtstag *m*	anniversaire *m*	cumpleaños *m*
2245	complesso *m*	ensemble	Ensemble *n*	ensemble *m*	conjunto *m*
2246	completamente	completely	in vollständiger Weise	complètement	completamente
2247	completo	complete	vollständig	complet	completo
2248	composizione *f*	composition	Komposition *f*	composition *f*	composición *f*
2249	comune	common	gemeinsam	commun	común
2250	concerto *m*	concert / recital	Konzert *n*	concert *m* / récital *m*	concierto *m* / recital *m*
2251	concorso *m*	competition / musical contest	Wettbewerb *m*	concours *m*	concurso *m*
2252	confusione *f*	confusion	Verwirrung *f*	confusion *f*	confusión *f*
2253	conservatorio *m*	conservatoire / conservatory	Konservatorium *n*	conservatoire *m*	conservatorio *m*
2254	consonante *f*	consonant	Konsonant *m*	consonne *f*	consonante *f*
2255	contatto *m*	contact	Kontakt *m*	contact *m*	contacto *m*
2256	contento	happy	zufrieden	content	contento
2257	contenuto *m*	contents *pl*	Inhalt *m*	contenu *m*	contenido *m*
2258	continuità *f*	continuity	Kontinuität *f*	continuité *f*	continuidad *f*

39

	c) PICCOLO VOCABOLARIO	LITTLE VOCABULARY	KLEINES WÖRTERBUCH	PETIT VOCABULAIRE	PEQUEÑO VOCABULARIO
2259	contrario *m*	contrary	Gegenteil *n*	contraire *m*	contrario *m*
2260	contrasto *m*	contrast	Kontrast *m*	contraste *m*	contrasto *m*
2261	contratto *m*	contract	Vertrag *m*	contrat *m*	contrato *m*
2262	corale *f*	chorale	Choral *m* / Gesangverein *m*	chorale *f*	coral *f*
2263	corda *f*	string / rope	Saite *f* / Seil *n*	corde *f*	cuerda *f*
2264	coreografia *f*	choreography	Choreographie *f*	chorégraphie *f*	coreografía *f*
2265	coro *m*	choir	Chor *m*	choeur *m*	coro *m*
2266	corpo di ballo *m*	corps de ballet	Ballettkorps *n*	corps de ballet *m*	cuerpo coreográfico *m*
2267	corretto	correct	korrekt	correct	correcto
2268	corte *f*	court	Hof *m*	cour *f*	corte *f*
2269	coscienzioso	conscientious	gewissenhaft	consciencieux	concienzudo
2270	cosa?	what?	was?	que? / quoi?	¿que?
2271	cosa *f*	thing	Ding *f*	chose *f*	cosa *f*
2272	così	like this	so	ainsi	así
2273	costante	constant	beharrlich	constant	constante
2274	costume *m*	costume	Kostüm *n*	costume *m*	vestido *m*
2275	critica *f*	criticism	Kritik *f*	critique *f*	crítica *f*
2276	crudele	cruel	grausam	cruel	cruel
2277	curioso	curious	neugierig	curieux	curioso
2278	debutto *m* / esordio *m*	first appearance / début	Debüt *n*	début *m*	debut *m*
2279	dedica *f*	dedication	Widmung *f*	dédicace *f*	dedicatoria *f*
2280	dentro	in / within / inside	drinnen	dedans	dentro
2281	destino *m*	destiny	Schicksal *n*	destin *m*	destino *m*
2282	destra	right	rechts	droite	derecha
2283	dialogo *m*	dialogue	Dialog *m*	dialogue *m*	diálogo *m*
2284	diapason *m*	tuning fork	Stimmgabel *f*	diapason *m*	diapasón *m*
2285	diavolo *m*	devil	Teufel *m*	diable *m*	diablo *m*
2286	dicembre	December	Dezember	décembre	diciembre
2287	dietro	behind	hinter	derrière	detras de
2288	difetto *m*	fault	Fehler *m*	défaut *m*	defecto *m*
2289	differenza *f*	difference	Unterschied *m*	différence *f*	diferencia *f*
2290	difficile	difficult	schwierig	difficile	difícil
2291	difficoltà *f*	difficulty	Schwierigkeit *f*	difficulté *f*	dificuldad *f*
2292	dilettante *m*	amateur / smatterer / ham	Dilettant *m* / Liebhaber *m*	amateur *m*	diletante *m* / aficionado *m*
2293	dinamica *f*	dynamics	Dynamik *f*	dynamique *f*	dinámica *f*
2294	Dio	God	Gott	Dieu	Dios
2295	diretto	direct	direkt	direct	directo
2296	direzione *f*	direction / way	Richtung *f*	direction *f*	dirección *f*
2297	direzione *f*	management	Direktion *f* / Leitung *f*	direction *f*	dirección *f*
2298	diritti d'autore *m pl*	copyright / royalties *pl*	Urheberrecht *n* / Tantiemen *f pl*	droits d'auteur *m pl*	derechos de autor *m pl*
2299	diritti d'esecuzione *m pl*	performing right	Aufführungsrecht *n*	droits d'exécution *m pl*	derechos de ejecución *m pl*
2300	diritto	direct / straight on	direkt / geradeaus	tout droit	derecho / recto
2301	disaccordo *m*	discord	Missklang *m*	désaccord *m*	disonancia *f*
2302	disco *m*	record	Schallplatte *f*	disque *m*	disco *m*
2303	discoteca *f*	discotheque	Diskothek *f*	discothèque *f*	discoteca *f*
2304	discreto	fairly good / discreet	ziemlich gut / diskret	passable / discret	pasable / discreto
2305	disgrazia *f*	misfortune	Unglück *n*	malheur *m*	desgracia *f*
2306	disordinato	untidy	unordentlich	désordonné	desordenado
2307	dispari	odd	ungerade	impair	impar
2308	distanza *f*	distance	Abstand *m*	distance *f*	distancia *f*
2309	distratto	absent-minded	zerstreut	distrait	distraído
2310	diteggiatura *f*	fingering	Fingersatz *m*	doigté *m*	dedeo *m*
2311	divertente	funny / amusing	unterhaltend	amusant	divertido
2312	domani	tomorrow	morgen	demain	mañana
2313	domenica	Sunday	Sonntag	dimanche	domingo
2314	donna *f*	woman	Frau *f* / Weib *n*	femme *f*	mujer *f*
2315	dove?	where?	wo? / wohin?	où?	¿donde / en - / a - / de -
2316	dramma *m*	drama	Drama *n*	drame *m*	drama *m*
2317	durante	during	während	durant / pendant	durante
2318	durata *f*	duration	Dauer *f*	durée *f*	duración *f*

c) PICCOLO VOCABOLARIO — LITTLE VOCABULARY — KLEINES WÖRTERBUCH — PETIT VOCABULAIRE — PEQUEÑO VOCABULARIO

	PICCOLO VOCABOLARIO	LITTLE VOCABULARY	KLEINES WÖRTERBUCH	PETIT VOCABULAIRE	PEQUEÑO VOCABULARIO
2319	e / ed	and	und	et	y
2320	eccellente	excellent	ausgezeichnet	excellent	excelente
2321	eccetera	and so on	und so weiter	et caetera	etcétera
2322	eccezione f	exception	Ausnahme f	exception f	excepción f
2323	ecco	here / there / this	hier / da	voici / voilà	he aquí / he allí
2324	eco m	echo	Echo n	echo m	eco m
2325	edizione f	edition / issue	Ausgabe f / Auflage f	edition f / tirage m	edición f
2326	effetto m	effect / result	Wirkung f / Eindruck m	effet m	efecto m
2327	efficace	efficacious	wirkungsvoll	efficace	eficaz
2328	eguaglianza f	equality	Gleichheit f	égalité f	igualdad f
2329	entrata f	entrance	Eingang m / Eintritt m	entrée f	entrada f
2330	epilogo m	epilogue	Epilog m / Nachspiel n	épilogue m	epílogo m
2331	epoca f	age / time	Zeitabschnitt m	époque f	época f
2332	esaurito	sold out	ausverkauft / vergriffen	épuisé	agotado
2333	esecuzione f	performance / execution	Ausführung f	exécution f	ejecución f
2334	esempio m	example	Beispiel n	exemple m	ejemplo m
2335	esercizio m	exercise / drill	Übung f	exercice m	ejercicio m
2336	esordiente m & f / principiante m & f	beginner	Anfänger m / -in f	débutant m / -e f	debutante m & f
2337	esposizione f	exhibition	Ausstellung f	exposition f	exposición f
2338	estate f	summer	Sommer m	été m	verano m
2339	estensione f	range / extension	Umfang m / Raum m	étendue f	extensión f
2340	estetica f	aesthetics	Aesthetik f	esthétique f	estética f
2341	estratto m	excerpt	Ausschnitt m / Auszug m	extrait m	extracto m
2342	età f	age	Alter n	âge m	edad f
2343	eterno	eternal	ewig	éternel	eterno
2344	eufonia f	euphony	Euphonie f	euphonie f	eufonía f
2345	facile	easy	leicht	facile	fácil
2346	facilità f	facility	Leichtigkeit f	facilité f	facilidad f
2347	falso	wrong	falsch	faux	falso
2348	fame f	hunger	Hunger m	faim f	hambre f
2349	famoso	famous	berühmt	célèbre	famoso
2350	farfalla f	butterfly	Schmetterling m	papillon m	mariposa f
2351	faticoso	tiring	mühsam	fatiguant	fatigoso
2352	favola f	fairy tale / fable	Märchen n / Fabel f	fable f	fábula f
2353	febbraio	February	Februar	février	febrero
2354	fedele	faithful	treu	fidèle	fiel
2355	felice	happy	glücklich	heureux	feliz
2356	festa f	holiday / feast / party	Fest n	fête f	fiesta f
2357	fiasco m	flop / failure	Misserfolg m	échec m / four m	fracaso m / mal éxito m
2358	fiato m	breath	Atem m	souffle m	hálito m
2359	filarmonica	philharmonic	philharmonisch	philarmonique	filarmónica
2360	filo m	thread / yarn / wire	Faden m / Garn n / Draht m	fil m	hilo f
2361	finale m	finale	Schlussstück n / Schlusssatz m	final m	final m
2362	finestra f	window	Fenster n	fenêtre f	ventana f
2363	finto	false / feigned	falsch	faux	fingido
2364	fioco	husky	heiser	enroué	ronco
2365	fiore m	flower	Blume f	fleur f	flor f
2366	foglio m	sheet	Papierblatt n / Bogen m	feuille f	hoja f
2367	folclore m	folklore	Folklore f	folklore m	folklore m
2368	fonetica f	phonetics	Phonetik f	phonétique f	fonética f
2369	fontana f	fountain	Brunnen m	fontaine f	fuente f
2370	formidabile	formidable	gewaltig	formidable	formidable
2371	forse	perhaps / maybe	vielleicht	peut-être	quizàs
2372	fortuna f	luck / fortune	Glück n	chance f	suerte f
2373	fra	between / among / in	zwischen / unter / in	entre / dans	en / dentro / entre
2374	frammento m	fragment	Fragment n / Bruchstück n	fragment m	fragmento m

	c) PICCOLO VOCABOLARIO	LITTLE VOCABULARY	KLEINES WÖRTERBUCH	PETIT VOCABULAIRE	PEQUEÑO VOCABULARIO
2375	frase *f*	phrase / sentence	Phrase *f* / Satz *m*	phrase *f*	frase *f*
2376	fraseggio *m*	phrasing	Phrasierung *f*	phrase *m*	fraseo *m*
2377	freddo	cold	kalt	froid	frío
2378	fulmine *m*	lightning / thunderbolt	Blitz *m*	foudre *f*	rayo *m*
2379	fuoco *m*	fire	Feuer *n*	feu *m*	fuego *m*
2380	fuoco d'artificio *m*	firework	Feuerwerk *n*	feu d'artifice *m*	fuegos artificiales *m pl*
2381	fuori	outside	draussen / hinaus	dehors	fuera
2382	furbo	cunning	schlau	malin	fino
2383	gala *f*	gala	Gala *f*	gala *f*	gala *f*
2384	galleria *f* / loggione *m*	balcony / gallery	Galerie *f*	galerie *f* / poulailler *m*	paraiso *m* / galeria *f*
2385	garanzia *f*	guarantee	Garantie *f*	garantie *f*	garantía *f*
2386	geloso	jealous	eifersüchtig	jaloux	celoso
2387	generalmente	generally	im allgemeinen	généralement	en general
2388	genere *m*	kind / species / genre	Art *f* / Gattung *f*	genre *m*	género *m* / especie *f*
2389	geniale	ingenious	genial	génial	genial
2390	genio *m*	genius	Genius *m* / Genie *n*	génie *m*	genio *m*
2391	gennaio	January	Januar	janvier	enero
2392	gente *f*	people	Leute *f pl*	gens *m pl*	gente *f*
2393	gentile	kind	nett	gentil	gentil
2394	già	already	schon	déjà	ya
2395	giallo	yellow	gelb	jaune	amarillo
2396	giammai	never	nimmermehr	jamais	jamás
2397	giornaliero	daily	täglich	journalier	diario
2398	giornata *f* / giorno *m*	day	Tag *m*	journée *f* / jour *m*	jornada *f* / día *m*
2399	giovane	young	jung	jeune	joven
2400	giovedì	Thursday	Donnerstag	jeudi	jueves
2401	giradischi *m*	record player / phonograph	Plattenspieler *m*	tourne-disques *m*	tocadiscos *m*
2402	girotondo *m*	round dance	Reigen *m*	ronde *f*	ronda *f*
2403	giugno	June	Juni	juin	junio
2404	giusto	right	richtig	juste	justo
2405	graduazione *f*	graduation	Abstufung *f*	graduation *f*	graduación *f*
2406	grammofono *m*	gramophone	Grammophon *n*	gramophone *m*	gramófono *m*
2407	grasso	fat	fett	gras	graso / gordo
2408	gratis / gratuito	free / gratuitous	unentgeltlich / gratis	gratuit	gratuito
2409	grato	grateful	dankbar	reconnaissant	agradecido
2410	grazie	thank you	danke	merci	gracias
2411	grazie altrettanto	thank you / the same to you	danke gleichfalls	merci de même	gracias igualmente
2412	gregoriano	gregorian	gregorianisch	grégorien	gregoriano
2413	grigio	grey	grau	gris	gris
2414	grosso	large / big	dick	gros	grueso
2415	guida *f*	guide	Führer *m*	guide *m*	guía *f*
2416	gutturale	guttural	kehlig	guttural	gutural
2417	idea *f*	idea	Idee *f*	idée *f*	idea *f*
2418	ideale	ideal	ideal / vollkommen	idéal	ideal
2419	idealismo *m*	idealism	Idealismus *m*	idéalisme *m*	idealismo *m*
2420	idiomatico	idiomatic	idiomatisch / spracheigentümlich	idiomatique	idiomático
2421	ieri	yesterday	gestern	hier	ayer
2422	illeggibile	illegible	unleserlich	illisible	ilegible
2423	illuminazione *f*	lighting	Beleuchtung *f*	éclairage *f*	iluminación *f*
2424	impedimento *m*	prevention	Verhinderung *f*	empêchement *m*	impedimento *m*
2425	impercettibile	imperceptible	unmerklich	imperceptible	imperceptible
2426	imperdonabile	unforgivable	unverzeihlich	impardonnable	imperdonable
2427	importante	important	wichtig	important	importante
2428	impossibile	impossible	unmöglich	impossible	imposible
2429	impreciso	inaccurate	ungenau	imprécis	impreciso
2430	impreparato	unprepared	unvorbereitet	non preparé	sin preparar
2431	impressionismo *m*	impressionism	Impressionismus *m*	impressionisme *m*	impresionismo *m*
2432	improvvisazione *f*	improvisation	Improvisation *f*	improvisation *f*	improvisación *f*
2433	in	in / at / to / by	in / auf / an / bei	dans / en / à	a / en / dentro de
2434	in bocca al lupo	good luck / break a leg	Hals- und Beinbruch / toi, toi, toi	trois fois *m*...	m...

	c) PICCOLO VOCABOLARIO	LITTLE VOCABULARY	KLEINES WÖRTERBUCH	PETIT VOCABULAIRE	PEQUEÑO VOCABULARIO
2435	inalterato	unchanged	unverändert	inchangé	inalterado
2436	inatteso	unexpected	unerwartet	inattendu	inesperado
2437	incapace	incapable	unfähig	incapable	incapaz
2438	incerto	uncertain	unsicher	incertain	incierto
2439	inchino m	bow / curtsey	Verneigung f	révérence f	reverencia f
2440	incompleto	incomplete	unvollständig	incomplet	incompleto
2441	incontro m	meeting	Begegnung f	rencontre f	encuentro m
2442	incredibile	incredible	unglaublich	incroyable	increíble
2443	indeciso	undecided	unentschieden / unbestimmt	indécis	indeciso
2444	indicazione f	indication	Bezeichnung f / Hinweis m	indication f	indicación f
2445	indifferente	indifferent	gleichgültig	indifférent	indiferente
2446	indirizzo m	address	Adresse f	adresse f	dirección f
2447	inesatto	inexact	ungenau	inexact	inexacto
2448	ineseguibile	inexecutable	unausführbar	inexécutable	inejecutable
2449	inesperto	inexperienced	unerfahren	inexpérimenté	inexperto
2450	infaticabile	indefatigable	unermüdlich	infatigable	infatigable
2451	infedele	unfaithful	untreu	infidèle	infiel
2452	infelice	unhappy	unglücklich	malheureux	infeliz
2453	inferiore	inferior	niedriger / schwächer	inférieur	inferior
2454	infinito	infinite	unendlich / zahllos	infini	infinito
2455	informazione f	information	Auskunft f	information f	información f
2456	ingiusto	unjust / unfair	ungerecht	injuste	injusto
2457	ingresso m	ticket / entry	Eintritt m / Billett n	entrée f	entrada f
2458	inizio m	beginning	Anfang m	commencement m	principio m
2459	inoltre	besides	ausserdem	en outre	además
2460	insensibile	insensible	unsensibel / gefühllos	insensible	insensible
2461	inserzione f	advertisement	Anzeige f / Inserat n	annonce f	anuncio m
2462	insoddisfatto	dissatisfied	unbefriedigt	insatisfait	descontento
2463	insolito	unusual	ungewöhnlich	insolite	insólito
2464	insomma	well / in short	also	en somme / enfin	en suma
2465	insopportabile	unbearable	unerträglich	insupportable	inaguantable
2466	insufficiente	insufficient	ungenügend	insuffisant	insuficiente
2467	intanto	meanwhile	mittlerweile / unterdessen	en attendant	en tanto
2468	integrale	integral / complete	vollständig	intégral	integral
2469	intellettuale	intellectual	intellektuel	intellectuel	intelectual
2470	intelligente	intelligent	intelligent	intelligent	inteligente
2471	intenzione f	intention	Absicht f	intention f	intención f
2472	interessante	interesting	interessant	intéressant	interesante
2473	intero	whole / entire / all	ganz	entier	entero
2474	interpretazione f	interpretation	Interpretation f / Gestaltung f / Deutung f	interprétation f	interpretación f
2475	interruzione f	interruption	Unterbrechung f	interruption f	interrupción f
2476	intervallo m / pausa f	interval / intermission	Pause f / Intervall n	entracte m / pause f	entreacto m / pausa f
2477	intesa f	agreement / entente	Einklang m / Übereinstimmung f	entente f	acuerdo m
2478	intonazione f	intonation / pitch	Intonation f / Stimmung f / Tongebung f	intonation f	entonación f
2479	intorno	around / about	rundum	autour	alrededor de
2480	introduzione f	introduction	Einleitung f	introduction f	introducción f
2481	intuizione f	intuition	Eingebung f	intuition f	intuición f
2482	inutile	useless / unnecessary	unnötig	inutile	inútil
2483	invariabile	invariable	unveränderlich	invariable	invariable
2484	invece	instead	anstatt	au lieu de	en lugar de
2485	inverno m	winter	Winter m	hiver m	invierno m
2486	invidia f	envy	Neid m	envie f	envidia f
2487	involontario	involuntary	unfreiwillig / unwillkürlich	involontaire	involuntario
2488	irrealizzabile	impracticable	undurchführbar	irréalisable	irrealizable
2489	irregolare	irregular	unregelmässig	irrégulier	irregular

c) PICCOLO VOCABOLARIO	LITTLE VOCABULARY	KLEINES WÖRTERBUCH	PETIT VOCABULAIRE	PEQUEÑO VOCABULARIO
2490 ispirazione *f*	inspiration	Inspiration *f* / Einfall *m*	inspiration *f*	inspiración *f*
2491 istinto *f*	instinct	Instinkt *m*	instinct *m*	instinto *m*
2492 là / lì	there	dort	là	allí / allá
2493 larghezza *f*	width / breadth	Breite *f*	largeur *f*	anchura *f*
2494 lavoro *m*	work	Arbeit *f*	travail *m*	trabajo *m*
2495 leggio *m*	music-stand / desk	Notenpult *n* / Notenhalter *m*	lutrin *m* / pupitre *m*	atril *m*
2496 legni *m pl*	woodwinds *pl*	Holzbläser *m pl*	bois *m pl*	maderas *f pl*
2497 legno *m*	wood	Holz *n*	bois *m*	madera *f*
2498 lettera *f*	letter	Buchstabe *m* / Brief *m*	lettre *f*	carta *f* / letra *f*
2499 letto *m*	bed	Bett *n*	lit *m*	cama *f*
2500 lezione *f*	lesson	Lektion *f* / Unterricht *m*	leçon *m*	lección *f*
2501 libro *m*	book	Buch *n*	livre *m*	libro *m*
2502 licenza *f*	licence	Lizenz *f* / Urlaub *m*	licence *f*	licencia *f*
2503 linea *f*	line	Linie *f*	ligne *f*	línea *f*
2504 liturgia *f*	liturgy	Liturgie *f*	liturgie *f*	liturgia *f*
2505 lontano	far off	entfernt	lointain	lejano
2506 luce *f*	light	Licht *n*	lumière *f*	luz *f*
2507 luglio	July	Juli	juillet	julio
2508 luna *f*	moon	Mond *m*	lune *f*	luna *f*
2509 lunedì	Monday	Montag	lundi	lunes
2510 lunghezza *f*	length	Länge *f*	longueur *f*	largura *f*
2511 lutto *m*	mourning	Trauer *f*	deuil *m*	luto *m*
2512 macchina *f*	machine	Maschine *f*	machine *f*	máquina *f*
2513 maestro *m* / maestra *f*	master	Lehrer *m* / -in *f* / Meister *m* / -in *f*	maître *m* / -sse *f*	maestro *m* / maestra *f*
2514 maggio	May	Mai	mai	mayo
2515 magnifico	magnificent	prächtig	magnifique	magnífico
2516 magro	thin	mager	maigre	magro
2517 mai	never	nie	jamais	jamás
2518 malato	sick / ill	krank	malade	enfermo
2519 male	bad / badly	schlecht	mal	mal
2520 maniera *f*	manner	Art *f* / Weise *f*	façon *f*	manera *f*
2521 manifestazione *f*	manifestation	Kundgebung *f*	manifestation *f*	manifestación *f*
2522 manoscritto *m*	manuscript	Handschrift *f*	manuscrit *m*	manuscrito *m*
2523 martedì	Tuesday	Dienstag	mardi	martes
2524 marrone	brown	braun	marron	marrón
2525 marzo	March	März	mars	marzo
2526 matita *f* / lapis *m*	pencil	Bleistift *m*	crayon *m*	lápiz *m*
2527 mattina *f*	morning	Morgen *m*	matin *m*	mañana *f*
2528 matto / pazzo	mad / crazy	verrückt	fou	loco
2529 meccanica *f*	mechanism / action	Mechanik *f*	mécanique *f*	mecanismo *m*
2530 medico *m*	doctor	Arzt *m*	docteur *m*	médico *m*
2531 medio evo *m*	Middle Age	Mittelalter *n*	Moyen Age *m*	edad media *f*
2532 meglio	better	besser	meilleur / mieux	mejor
2533 melodia *f*	melody / tune	Melodie *f*	mélodie *f*	melodía *f*
2534 melomane *m*	music-lover	Musikliebhaber *m*	mélomane *m*	melómano *m*
2535 memoria *f*	memory	Gedächtnis *n*	mémoire *f*	memoria *f*
2536 mentre	while / as	während	pendant que	mientras
2537 mercoledì	Wednesday	Mittwoch	mercredi	miércoles
2538 mese *m*	month	Monat *m*	mois *m*	mes *m*
2539 messa in scena *f*	staging	Inszenierung *f*	mise en scène *f*	puesta en escena *f*
2540 metodo *m*	method	Methode *f*	méthode *f*	método *m*
2541 metronomo *m*	metronome	Metronom *n*	métronome *m*	metrónomo *m*
2542 microsolco *m*	long-playing record	Langspielplatte *f*	microsillon *m*	microsurco *m*
2543 migliore	better	besser	meilleur	mejor
2544 miope	short-sighted	kurzsichtig	myope	miope
2545 mistero *m*	mystery	Geheimnis *n*	mystère *m*	misterio *m*
2546 mobilità *f*	mobility	Beweglichkeit *f*	mobilité *f*	movilidad *f*
2547 modello *m*	model / pattern	Muster *n* / Vorbild *n*	modèle *m*	modelo *m*
2548 moderno	modern	modern	moderne	moderno
2549 modesto	modest	bescheiden	modeste	modesto

	c) PICCOLO VOCABOLARIO	LITTLE VOCABULARY	KLEINES WÖRTERBUCH	PETIT VOCABULAIRE	PEQUEÑO VOCABULARIO
2550	momento *m*	moment	Augenblick *m*	moment *m*	momento *m*
2551	mondo *m*	world	Welt *f*	monde *m*	mundo *m*
2552	montagna *f*	mountain	Berg *m*	montagne *f*	montaña *f*
2553	morte *f*	death	Tod *m*	mort *f*	muerte *f*
2554	mostra *f*	show / exhibition	Ausstellung *f*	exposition *f*	muestra *f* / exposición *f*
2555	motivo conduttore *m*	leit-motiv	Leitmotiv *n*	motif conducteur *m*	motivo conductor *m*
2556	movimento *m*	movement	Bewegung *f* / Satz *m*	mouvement *m*	movimiento *m*
2557	musica *f*	music	Musik *f*	musique *f*	música *f*
2558	mus. a programma	programme mus.	Programm-Musik	mus. à programme	mús. de programa
2559	mus. assoluta	absolute mus.	absolute Musik	mus. pure	mús. absoluta
2560	mus. concreta	concrete mus.	konkrete Musik	mus. concrète	mús. concreta
2561	mus. contemporanea	contemporary mus.	zeitgenössische Musik	mus. contemporaine	mús. contemporánea
2562	mus. corale	choral mus.	Chormusik	mus. chorale	mús. coral
2563	mus. d'ambiente	mood mus.	Stimmungsmusik	mus. d'ambiance	mús. de ambiente
2564	mus. da ballo	dance mus.	Tanzmusik	mus. de danse	mús. bailable
2565	mus. da caccia	hunting mus.	Jagdmusik	mus. de chasse	mús. de caza
2566	mus. da camera	chamber mus.	Kammermusik	mus. de chambre	mús. de cámara
2567	mus. da chiesa	church mus.	Kirchenmusik	mus. d'église	mús. de iglesia
2568	mus. da consumo / mus. d'uso	functional mus.	Gebrauchsmusik	mus. d'usage	mús. de consumo
2569	mus. da salotto	salon mus.	Salonmusik	mus. de salon	mús. de salón
2570	mus. da tavola	table mus.	Tafelmusik	mus. de table	mús. de mesa
2571	mus. dell'avvenire	mus. of the future	Zukunftsmusik	mus. d'avenir	mús. del porvenir
2572	mus. descrittiva	descriptive mus.	Programm-Musik	mus. descriptive	mús. descriptiva
2573	mus. di fondo	background mus.	Hintergrundmusik	mus. de fond	mús. de fondo
2574	mus. di gatti	mock mus. / caterwauling mus.	Katzenmusik	charivari	cencerrada
2575	mús. della passione	passion mus.	Passionsmusik	mus. de la Passion	mús. de la Pasión
2576	mus. di scena / mus. scenica	incidental mus.	Bühnenmusik	mus. de scène	mús. de escena
2577	mus. drammatica	dramatic mus.	dramatische Musik	mus. dramatique	mús. dramática
2578	mus. elettronica	electronic mus.	elektronische Musik	mus. éléctronique	mús. electrónica
2579	mus. funebre	funeral mus.	Trauermusik	mus. funèbre	mús. fúnebre
2580	mus. instrumentale	instrumental mus.	Instrumentalmusik	mus. instrumentale	mús. instrumental
2581	mus. leggera	light - / popular mus.	leichte Musik / Unterhaltungsmusik	mus. légère	mús. ligera
2582	mus. lirica	operatic mus.	Opernmusik	mus. lyrique	mús. lírica
2583	mus. liturgica	church mus.	liturgische Musik	mus. liturgique	mús. litúrgica
2584	mus. militare	military mus.	Militärmusik	mus. militaire	mús. militar
2585	mus. orchestrale	orchestral mus.	Orchestermusik	mus. d'orchestre	mús. orquestal
2586	mus. per balletto	ballet mus.	Ballettmusik	mus. de ballet	mús. de ballet
2587	mus. per banda	wind mus.	Blasmusik / Harmoniemusik	mus. pour harmonie	mús. para banda
2588	mus. per film	film music	Filmmusik	mus. de film	mús. de película
2589	mus. popolare	folk-mus. / popular-mus.	Volksmusik / volkstümliche Musik	mus. folklorique / mus. populaire	mús. popular
2590	mus. profana	secular mus.	weltliche Musik	mus. profane	mús. profana
2591	mus. pura	absolute mus.	absolute Musik	mus. pure	mús. pura
2592	mus. religiosa / mus. sacra	religious mus. / sacred mus.	geistliche Musik	mus. religieuse / mus. sacrée	mús. religiosa / mus. sagrada
2593	mus. seriale	serial mus.	serielle Musik	mus. sérielle	mús. serial
2594	mus. sinfonica	symphonic mus.	Orchestermusik	mus. symphonique	mús. sinfónica
2595	mus. sperimentale	experimental mus.	Experimentalmusik	mus. expérimentale	mús. experimental
2596	musicale	musical	musikalisch	musical	musical
2597	musicalità *f*	musicality	Musikalität *f*	musicalité *f*	musicalidad *f*
2598	musicologia *f*	musicology	Musikwissenschaft *f* / Musikologie *f*	musicologie *f*	musicología *f*
2599	muto	dumb / mute	stumm	muet	mudo
2600	narratore *m*	narrator	Sprecher *m*	récitant *m*	narrador *m*
2601	nasale	nasal	nasal	nasal	nasal
2602	naturale	natural	natürlich	naturel	natural

	c) PICCOLO VOCABOLARIO	LITTLE VOCABULARY	KLEINES WÖRTERBUCH	PETIT VOCABULAIRE	PEQUEÑO VOCABULARIO
2603	necessario	necessary	notwendig	nécessaire	necesario
2604	nero	black	schwarz	noir	negro
2605	nervoso	nervous	nervös	nerveux	nervioso
2606	nel/nello/nella	in the	in dem/in der	dans le/dans la	en el/en la
2607	nessuno	nobody	niemand / kein	personne / aucun	ninguno
2608	niente	nothing	nichts	rien	nada
2609	no	no	nein	non	no
2610	noioso	boring	langweilig	ennuyeux	aburrido
2611	normale	normal	normal	normal	normale
2612	nostalgia f	homesickness	Heimweh n	nostalgie f	nostalgia f
2613	nota falsa f	wrong note / mistune	falsche Note f / Misston m	fausse note f	nota falsa f
2614	notte f	night	Nacht f	nuit f	noche f
2615	novembre	November	November	novembre	noviembre
2616	novità f	novelty	Neuheit f	nouveauté f	novedad f
2617	nozione f	notion	Begriff m / Kenntnis f	notion f	noción f
2618	numero m	number	Nummer f / Zahl f	numero m	número m
2619	nuovo	new	neu	neuf	nuevo
2620	occhiali m pl	spectacles pl / glasses pl	Brille f	lunettes f pl	anteojos m pl / gafas f pl
2621	occupato	engaged / occupied	besetzt	occupé	ocupado
2622	odore m	smell	Duft m / Geruch m	odeur f	olor m
2623	oggi	today	heute	aujourd'hui	hoy
2624	opera f	work	Werk n	oeuvre f	obra f
2625	onorario m	fee / salary	Gage f	cachet m	honorarios m pl
2626	oppure	or / otherwise	oder	ou bien	o bien
2627	ora f	hour / time	Stunde f / Zeit f	heure f	hora f
2628	orchestra f	orchestra	Orchester n	orchestre m	orquesta f
2629	orchestra da camera f	chamber orchestra	Kammerorchester n	orchestre de chambre m	orquesta de cámara f
2630	orchestra d'archi f	string orchestra	Streichorchester n	orchestre à cordes m	orquesta de cuerdas f
2631	orchestra sinfonica f	symphonic - / symphony orchestra	Symphonieorchester n	orchestre symphonique m	orquesta sinfónica f
2632	ordine m	order	Ordnung f / Reihenfolge f	ordre m	orden m
2633	orecchio assoluto m	absolute pitch	absolutes Gehör n	oreille absolue f	oído absoluto m
2634	ospite m	guest	Gast m	invité m	invitado m
2635	originale	original	original	original	original
2636	ottetto m	octet	Oktett n	octuor m	octeto m
2637	ottobre	October	Oktober	octobre	octubre
2638	ottoni m pl	brass	Blechinstrumente n pl	cuivres m pl	metales m pl
2639	pagina f	page	Seite f / Blatt n	page f	página f
2640	palco m	box	Loge f	loge f	palco m
2641	palcoscenico m	stage	Bühne f	scène f	escena f
2642	pantomima f	pantomime	Pantomime f	pantomime f	pantomima f
2643	pari	equal / even	gleich / gerade	pair	par
2644	partenza f	departure	Abreise f	départ m	salida f
2645	parodia f	parody	Parodie f	parodie f	parodia f
2646	parola f	word	Wort n	parole f	palabra f
2647	parte f / ruolo m	part / role	Teil m / Rolle f	partie f / rôle m	parte f / papel m
2648	partitura f	score	Partitur f	partition f	partitura f
2649	partitura tascabile f	pocket-score	Taschenpartitur f	partition de poche f	partitura de bolsillo f
2650	passaggio m / passo m	passage	Passage f / Stelle f	passage m	paso m / pasaje m
2651	passo m	step	Schritt m	pas m	paso m
2652	paura f	fear / dread	Angst f	peur f	miedo m
2653	peccato	pity	schade	dommage	lástima
2654	pedagogia f	pedagogy	Pädagogik f	pédagogie f	pedagogía f
2655	peggio	worse	schlechter / schlimmer	pire	peor
2656	penna f	pen / feather	Feder f	plume f	pluma f
2657	per	for	für	pour	por / para
2658	percettibile	perceptible	wahrnehmbar	perceptible	perceptible

	c) PICCOLO VOCABOLARIO	LITTLE VOCABULARY	KLEINES WÖRTERBUCH	PETIT VOCABULAIRE	PEQUEÑO VOCABULARIO
2659	perchè?	why?	warum?	pourquoi?	¿por qué?
2660	perchè	because	weil / darum	parce que	porque
2661	perduto	lost	verloren	perdu	perdido
2662	perfetto	perfect	perfekt	parfait	perfecto
2663	perfino	even	sogar	même	hasta / también
2664	pericoloso	dangerous	gefährlich	dangereux	peligroso
2665	per il momento	for the time being	vorläufig	pour l'instant	por el momento
2666	perpetuo	perpetual	fortwährend	perpétuel	perpetuo
2667	permesso m	permission	Erlaubnis f	permission f	permiso m
2668	per piacere	please	bitte	s'il vous plaît	por favor
2669	perso	lost	verloren	perdu	perdido
2670	pezzo m	piece	Stück n	morceau m	pedazo m / pieza f
2671	piccolo	little / small	klein	petit	pequeño
2672	pieno	full	voll	plein	lleno
2673	pietà f	pity / mercy	Mitleid n / Barmherzigkeit f	pitié f	piedad f
2674	pioggia f	rain	Regen m	pluie f	lluvia f
2675	plagio m	plagiarism	Plagiat n	plagiat m	plagio m
2676	platea f	stalls pl / parquet	Parkett n	fauteuils d'orchestre m pl / parterre m	patio de butacas m
2677	podio m	rostrum / stand	Podium n	podium m	tablado m
2678	pomeriggio m	afternoon	Nachmittag m	après-midi m	tarde f
2679	popolare	popular / folk	volkstümlich / populär	populaire	popular
2680	porta f	door	Türe f	porte f	puerta f
2681	posizione f	position	Lage f / Stellung f	position f	posición f
2682	posto m	place	Stelle f / Ort m	place f / endroit m	puesto m / sitio m
2683	postumo	posthumous	hinterlassen / nachgelassen	posthume	póstumo
2684	povero	poor	arm	pauvre	pobre
2685	pratico	practical	praktisch	pratique	práctico
2686	prefazione f	preface	Vorwort n / Einleitung f	préface f	prefacio m
2687	preghiera f	prayer	Gebet n	prière f	oración f
2688	prego	don't mention it / you are welcome	bitte	je vous en prie	de nada
2689	presbite	far-sighted	weitsichtig	presbyte	présbite
2690	presso	nearby / near	nahe / in der Nähe	près	cerca
2691	prima f	first-night	Erstaufführung f / Uraufführung f	première f	estreño m
2692	primavera f	spring	Frühling m	printemps m	primavera f
2693	prima vista	at sight	vom Blatt	à vue	a primera vista
2694	prima volta	first time	erstes Mal	première fois	primera vez
2695	primitivo	primitive	urtümlich	primitif	primitivo
2696	principale	principal / main	hauptsächlich	principal	principal
2697	principio m	beginning / principle	Anfang m / Prinzip n	début m / principe m	principio m
2698	probabile	probable	wahrscheinlich	probable	probable
2699	profano	profane	profan / weltlich	profane	profano
2700	professore m / -ssa f	teacher	Lehrer m / -in f / Professor m / -in f	professeur m & f / instituteur m / institutrice f	profesor m / -a f
2701	programma m	programme	Programm n	programme m	programa m
2702	progresso m	progress	Fortschritt m	progrés m	progreso m
2703	prolungazione f	prolungation	Verlängerung f	prolongation f	prolongación f
2704	proporzione f	proportion	Verhältnis n	proportion f	proporción f
2705	prossima volta f	next time	nächstes Mal	prochaine fois f	próxima vez f
2706	prova f	rehearsal / proof	Probe f / Beweis m	répétition f / preuve f	ensayo m / prueba j
2707	prova generale f	final rehearsal / dress rehearsal	Generalprobe f	répétition génerale f	ensayo general m
2708	provvisorio	provisional / temporary	provisorisch	provisoire	provisional
2709	prudenza f	prudence	Vorsicht f	prudence f	prudencia f
2710	pubblico m	audience / public	Publikum n / öffentlich	public m	público m
2711	pulito	clean	sauber / rein	propre	limpio
2712	punta f	point	Kopf m / Spitze f	pointe f	punta f
2713	puntina f	needle	Nadel f (Grammophon)	aiguille f (phono)	aguja f / púa f

	c) PICCOLO VOCABOLARIO	LITTLE VOCABULARY	KLEINES WÖRTERBUCH	PETIT VOCABULAIRE	PEQUEÑO VOCABULARIO
2714	punto *m*	point	Punkt *m*	point *m*	punto *m*
2715	purtroppo	unfortunately	leider	malheureusement	desdichadamente
2716	qua / qui	here	hier	ici	acá
2717	quaderno *m*	exercise-book	Heft *n*	cahier *m*	cuaderno *m*
2718	quadro *m*	picture / painting	Bild *n* / Gemälde *n*	tableau *m*	cuadro *m*
2719	qualche	some	einige	quelques	algunos
2720	qualcosa	something	etwas	quelque chose	algo
2721	qualcuno	someone / somebody	jemand	quelqu'un	alguno / alguien
2722	quale	which / what	welche / -r / -s	quel / lequel	que / cual
2723	qualità *f*	quality	Qualität *f*	qualité *f*	calidad *f*
2724	qualsiasi	any / whatever	irgendein	n'importe lequel	cualquier
2725	quando	when	wenn	quand / lorsque	cuando
2726	quantità *f*	quantity	Quantität *f*	quantité *f*	cantidad
2727	quanto?	how much?	wieviel?	combien?	¿cuanto?
2728	quartetto *m*	quartet	Quartett *n*	quatuor *m*	cuarteto *m*
2729	quartetto d'archi *m*	string quartet	Streichquartett *n*	quatuor à cordes *m*	cuarteto de cuerda *m*
2730	quattro mani (a)	for four hands	vierhändig	quatre mains (à)	cuatro manos
2731	quello / quella	that	jener / jene / jenes	celui-là / celle-là / cela	aquel / eso
2732	questa volta	this time	diesmal	cette fois	esta vez
2733	questo / questa	this	dieser / diese / dieses	celui-ci / celle-ci / ceci	este / ese
2734	quintetto *m*	quintet	Quintett *n*	quintette *m*	quinteto *m*
2735	quotidiano	daily	täglich	quotidien	diario
2736	raccolta *f*	collection	Sammlung *f*	recueil *m*	colección *f*
2737	ragazza *f*	girl	Mädchen *n*	jeune fille *f*	muchacha *f* / chica *f*
2738	radiodiffusione *f*	broadcasting	Rundfunk *m*	radiodiffusion *f*	radiodifusión *f*
2739	ragazzo *m*	boy	Junge *m* / Knabe *m*	garçon *m*	muchacho *m*
2740	ragione *f*	reason	Recht *n* / Vernunft *f*	raison *f*	razón *f*
2741	rappresentazione *f* / recita *f*	performance	Aufführung *f* / Vorstellung *f*	représentation *f*	representación *f* / función *f*
2742	rauco	hoarse	heiser	rauque	ronco
2743	realtà *f*	reality	Realität *f*	réalité *f*	realidad *f*
2744	regia *f*	stage direction	Regie *f*	régie *f*	dirección escenica
2745	registratore *m*	tape-recorder	Tonbandgerät *n*	magnétophone *m*	magnetofón *m*
2746	registrazione *f*	recording	Aufnahme *f*	enregistrement *m*	grabación *f*
2747	registro *m*	register	Stimmlage *f*	registre *m*	registro *m*
2748	regola *f*	rule	Regel *f*	règle *f*	regla *f*
2749	regolare	regular	regelmässig	régulier	regular
2750	repertorio *m*	repertory	Repertoire *n* / Spielplan *m*	répertoire *m*	repertorio *m*
2751	replica *f*	repeat performance	Wiederholung *f*	reprise *f* / réplique *f*	repetición *f*
2752	retro	back / backwards	rückwärts	en arrière	atràs
2753	retroscena *m*	back-stage	Hinterbühne *f*	coulisses *f pl*	bastidores *m pl*
2754	revisione *f*	revision	Revision *f*	révision *f*	revisión *f*
2755	ribalta *f*	footlights *pl*	Rampenlicht *n*	rampe *f*	proscenio *m*
2756	ricco	rich	reich	riche	rico
2757	richiamo *m*	recall	Zurückrufung *f*	rappel *m*	llamamiento *m*
2758	ricordo *m*	memory	Erinnerung *f*	souvenir *m*	recuerdo *m*
2759	ridicolo	ridiculous	lächerlich	ridicule	ridículo
2760	riduzione *f*	reduction	Reduktion *f* / Vereinfachung *f*	réduction *f*	reducción *f*
2761	riflettore *m*	spot-light / reflector	Scheinwerfer *m*	projecteur *m*	reflector *m*
2762	rima *f*	rhyme	Reim *m*	vers *m* / rime *f*	rima *f*
2763	Rinascimento *m*	Renaissance	Rennaissance *f*	Renaissance *f*	Renacimiento *m*
2764	rinviato	postponed	verschoben	renvoyé	diferido
2765	riposo *m*	rest	Ruhe *f*	repos *m*	descanso *m*
2766	riscaldamento *m*	heating	Heizung *f*	chauffage *m*	calefacción *f*
2767	risultato *m*	result	Ergebnis *n*	résultat *m*	resultado *m*
2768	ritmo *m*	rhythm	Rhythmus *m*	rythme *m*	ritmo *m*
2769	ritornello *m*	refrain	Refrain *m* / Wiederkehr *f*	refrain *m*	estribillo *m* / copla *f*
2770	rituale	ritual	rituell	rituel	ritual
2771	rivista *f*	magazine / show	Revue *f* / Zeitschrift *f*	revue *f*	revista *f*

c) PICCOLO VOCABOLARIO / LITTLE VOCABULARY / KLEINES WÖRTERBUCH / PETIT VOCABULAIRE / PEQUEÑO VOCABULARIO

#	Italiano	English	Deutsch	Français	Español
2772	roco	hoarse	rauh	rauque	ronco
2773	romanzo m	novel	Roman m	roman m	novela f
2774	rosso	red	rot	rouge	rojo
2775	rotto	broken	gebrochen / zerbrochen	cassé	roto
2776	rumoroso	noisy	lärmig / geräuschvoll	bruyant	rumoroso
2777	sabato	Saturday	Samstag	samedi	sábado
2778	saggio m / audizione m	essay / school concert / audition	Vorspiel n	essai m / audition f	audición f
2779	sala da concerto f	concert-hall	Konzertsaal m	salle de concert f	salón de conciertos m
2780	salto m	jump / leap / skip	Sprung m	saut m	salto m
2781	salute / cin cin	cheers	prosit	santé	salud
2782	sano	healthy	gesund	sain	sano
2783	santo	saint	heilig	saint	santo
2784	sbaglio m / errore m	mistake / error	Fehler m / Irrtum m	faute f / erreur f	falta f / equivocación f
2785	scambio m	exchange	Tausch m	échange m	cambio m
2786	scatola f	box	Schachtel f	boîte f	caja f
2787	scatola musicale f	music-box	Spieldose f	boîte à musique f	caja de música f
2788	scelta f	choice / selection	Wahl f / Auswahl f	choix m	selección f / elección f
2789	scena f	scene / stage	Bühne f / Szene f	scène f	escena f
2790	scenario m	scenery	Bühnenbild n	scenario m	escenario m
2791	scherzo m	joke	Scherz m	plaisanterie f	broma f / chiste f
2792	schizzo m	sketch	Entwurf m / Skizze f	esquisse f	esbozo m
2793	scordato	out of tune	verstimmt	désaccordé	desafinado
2794	scorretto	incorrect	unkorrekt	incorrect	incorrecto
2795	scrittura f	engagement	Engagement n	engagement m	contrato m
2796	scrupoloso	scrupulous	peinlich genau	scrupuleux	escrupuloso
2797	scucito	undone / uncoherent	aufgetrennt	décousu	incoherente
2798	scuola f	school	Schule f	école f	escuela f
2799	scuro	dark	dunkel	foncé	obscuro
2800	seguito m	continuation	Fortsetzung f	suite f	continuación f
2801	senso m	sense	Sinn m	sens m	sentido m
2802	sepolcro m	sepulchre	Grabstätte f	tombeau m	sepolcro m
2803	sera f	evening	Abend m	soir m	tarde f
2804	serata f	evening	Abend m	soirée f	tarde f
2805	sestetto m	sextet	Sextett n	sextuor m	sexteto m
2806	sete f	thirst	Durst m	soif f	sed f
2807	settembre	September	September	septembre	septiembre
2808	settimana f	week	Woche f	semaine f	semana f
2809	settimino m	septet	Septett n	septuor m	septeto m
2810	sfortuna f	bad luck	Unglück n	malchance f	desdicha f
2811	sforzo m	effort / strain	Anstrengung f	effort m	esfuerzo m
2812	sguardo m	look	Blick m	regard m	mirada f
2813	si	yes	ja	oui	sí
2814	sicuro	sure	sicher	sûr	seguro
2815	signora f	lady / madame	Frau f / Dame f	madame f	señora f
2816	signore m	mister	Herr m	monsieur m	señor m
2817	signorina f	miss	Fräulein n	mademoiselle f	señorita f
2818	silenzio m	silence	Schweigen n	silence m	silencio m
2819	sillaba f	syllable	Silbe f	syllabe f	sílaba f
2820	simbolo m	symbol	Symbol n	symbole m	símbolo m
2821	simpatico	nice	sympathisch	sympathique	simpático
2822	simultaneo	simultaneous	gleichzeitig	simultané	simultáneo
2823	sincero	sincere	aufrichtig	sincère	sincero
2824	sindacato m	trade union / labor union	Verband m	syndicat m	sindicato m
2825	sinistra	left	links	gauche	izquierda
2826	sipario m / telone m	curtain	Vorhang m / Bühnenvorhang m	rideau m	telón m
2827	sirena f	siren	Sirene f	sirène f	sirena f
2828	soddisfatto	satisfied	befriedigt	satisfait	satisfecho
2829	sofferente	suffering	leidend	souffrant	doliente
2830	soffio m	breath / puff	Blasen n / Luftstoss m	souffle m	soplo m

49

	c) PICCOLO VOCABOLARIO	LITTLE VOCABULARY	KLEINES WÖRTERBUCH	PETIT VOCABULAIRE	PEQUEÑO VOCABULARIO
2831	sole *m*	sun	Sonne *f*	soleil *m*	sol *m*
2832	solista *m & f*	soloist	Solist *m*/ -in *f*	soliste *m & f*	solista *m & f*
2833	sommo	highest	höchst	suprême	supremo
2834	sonorità *f*	sonority	Klangfülle *f*	sonorité *f*	sonoridad *f*
2835	sopratutto	above all	überhaupt / vor allem	surtout	sobre todo
2836	sordo	deaf	taub	sourd	sordo
2837	sorpresa *f*	surprise	Überraschung *f*	surprise *f*	sorpresa *f*
2838	sospiro *m*	sigh	Seufzer *m*	soupir *m*	suspiro *m*
2839	spartito *m*	score	Partitur *f*	partition *f*	partitura *f*
2840	speciale	special	spezial	spécial	especial
2841	speranza *f*	hope	Hoffnung *f*	espoir *m*	esperanza *f*
2842	spesso	often	oft	souvent	a menudo
2843	spettacolo *m*	performance	Vorstellung *f* / Schauspiel *n*	spectacle *m*	espectáculo *m*
2844	spiacevole	unpleasant	unangenehm	déplaisant	desagradable
2845	splendido	splendid	glänzend	splendide	espléndido
2846	sporco	dirty	schmutzig	sale	sucio
2847	squillo *m*	ring	Schall *m*	sonnerie *f*	sonido *m*
2848	stagione *f*	season	Jahreszeit *f* / Saison *f*	saison *f*	temporada *f* / estación *f*
2849	stagione teatrale *f*	season	Spielzeit *f*	saison théâtrale *f*	temporada teatral *f*
2850	stampa *f*	press	Presse *f*	presse *f*	prensa *f*
2851	stanco	tired	müde	fatigué	cansado
2852	stecca *f*	false note	Misston *m*	fausse note *f* / canard *m*	gallipavo *m*
2853	stella *f*	star	Stern *m*	étoile *f*	estrella *f*
2854	stile *m*	style	Stil *m*	style *m*	estilo *m*
2855	storia della musica *f*	history of music	Musikgeschichte *f*	histoire de la musique *f*	historia de la música *f*
2856	storto	crooked	krumm	tordu	torcido
2857	strada *f* / via *f*	street / road	Strasse *f* / Weg *m*	rue *f* / voie *f*	calle *f* / camino *m*
2858	strano	strange	seltsam	étrange	extraño
2859	straordinario	extraordinary	aussergewöhnlich	extraordinaire	extraordinario
2860	strumentale	instrumental	instrumental	instrumental	instrumental
2861	strumento a tastiera *m*	keyboard instrument	Tasteninstrument *n*	instrument à clavier *m*	instrumento de teclado *m*
2862	strumento *m*	instrument	Instrument *n*	instrument *m*	instrumento *m*
2863	stupido	stupid	dumm	stupide	estúpido
2864	successo *m*	success / tube / hit	Erfolg *m* / Schlager *m*	succès *m* / tube *m*	suceso *m* / éxito *m*
2865	sufficiente	sufficient	genügend	suffisant	suficiente
2866	superfluo	superfluous	überflüssig	superflu	superfluo
2867	superiore	superior	über / höher	supérieur	superior
2868	superstizioso	superstitious	abergläubisch	supersticieux	supersticioso
2869	supplemento *m*	supplement	Ergänzung *f*	supplément *m*	suplemento *m*
2870	taglio *m*	cutting	Schnitt *m*	coupure *f*	corte *m*
2871	talento *m*	talent	Begabung *f*	talent *m*	talento *m*
2872	tardi	late	spät	tard	tarde
2873	tavola *f*	table	Tisch *m*	table *f*	mesa *f*
2874	teatrale	theatrical	theatralisch	théâtral	teatral
2875	teatro *m*	theatre	Theater *n*	théâtre *m*	teatro *m*
2876	tecnica *f*	technique	Technik *f*	technique *f*	técnica *f*
2877	temperamento *m*	temperament	Temperament *n*	tempérament *m*	temperamento *m*
2878	tempo *m*	time / weather	Zeit *f* / Wetter *n*	temps *m*	tiempo *m*
2879	tensione *f*	tension	Spannung *f*	tension *f*	tensión *f*
2880	teoria *f*	theory	Theorie *f*	théorie *f*	teoría *f*
2881	tergo *m*	backside	Rückseite *f*	dos *m*	dorso *m*
2882	terra *f*	earth	Erde *f*	terre *f*	tierra *f*
2883	tessitura *f*	extension	Lage *f* / Ausdehnung *f*	étendue *f*	tesitura *f*
2884	testo *m*	text	Text *m*	texte *m*	texto *m*
2885	tetralogia *f*	tetralogy	Tetralogie *f*	tétralogie *f*	tetralogía *f*
2886	tip-tap *m*	tap - / step dance	Steptanz *m*	claquettes *f pl*	clacquettes *f pl*
2887	tocco *m*	touch	Anschlag *m*	toucher *m*	tacto *m*
2888	tondo	round	rund	rond	redondo

c) PICCOLO VOCABOLARIO — LITTLE VOCABULARY — KLEINES WÖRTERBUCH — PETIT VOCABULAIRE — PEQUEÑO VOCABULARIO

2889	torto	wrong	unrecht	tort	no tener razón
2890	tra	between	zwischen	entre	entre
2891	traduzione f	translation	Übersetzung f	traduction f	traducción f
2892	tragedia f	tragedy	Tragödie f	tragédie f	tragedia f
2893	trama f	action / plot	Handlung f	action f	acción f
2894	tramonto m	sunset	Sonnenuntergang m	coucher de soleil m	la puesta del sol f
2895	trasmissione f	broadcast / telecast	Sendung f	émission f	emisión f
2896	trasposizione f	transposition	Transponierung f	transposition f	transposición f
2897	travestimento m	disguise	Verkleidung f	déguisement m	disfraz m
2898	trionfo m	triumph	Triumph m	triomphe m	triunfo m
2899	tuono m	thunder	Donner m	tonnerre m	trueno m
2900	udito m	hearing	Gehör n (Sinn)	ouïe f	oído m
2901	ultima volta	last time	letztes Mal	dernière fois	última vez
2902	umano	human	menschlich	humain	humano
2903	umido	damp / humid	feucht	humide	húmedo
2904	un' altra volta	another time	ein anderes Mal	une autre fois	otra vez
2905	unione f	union	Eintracht f	union f	unión f
2906	unitamente	at the same time	zusammen	en même temps	al mismo tiempo
2907	uomo m	man	Mann m	homme m	hombre m
2908	uscita f	exit	Ausgang m	sortie f	salida f
2909	usignolo m	nightingale	Nachtigall f	rossignol m	ruiseñor m
2910	utile	useful	nützlich	utile	útil
2911	variante	varying	abwechselnd	variable	variable
2912	varietà f	variety	Vielfältigkeit f	varieté f	variedad f
2913	vecchio	old	alt	vieux	viejo
2914	velocità f	velocity / speed	Geschwindigkeit f	vélocité f / vitesse f	velocidad f
2915	vento m	wind	Wind m	vent m	viento m
2916	veramente	really	wirklich	vraiment	verdaderamente
2917	verde	green	grün	vert	verde
2918	verità f	truth	Wahrheit f	verité f	verdad f
2919	vero	true	wahr	vrai	verdadero
2920	versione f	version	Version f / Fassung f	version f	versión f
2921	versione originale f	original version	Urtext m	version originale f	versión primitiva f
2922	verso	towards	gegen / nach	vers	hacia
2923	verso m	verse / line	Vers m	vers m	verso m
2924	vespro m	vespers	Abendandacht f	vêpres f pl	vísperas f pl
2925	via!	away ! / get out !	weg! / fort!	dehors!	¡fuera!
2926	vibrazione f	vibration	Schwingung f	vibration f	vibración f
2927	vicino m	neighbour	Nachbar m	voisin m	vecino m
2928	vicino	near / close	nahe	près	cerca
2929	vietato	forbidden	verboten / untersagt	défendu / interdit	prohibido
2930	vista f	sight	Sicht f	vue f	vista f
2931	vita f	life	Leben n	vie f	vida f
2932	vite f	screw	Schraube f	vis f	tornillo m
2933	viva!	hurrah!	hoch! / es lebe hoch!	vive!	¡viva!
2934	vocale f	vocal / vowel	Vokal m / Selbstlaut m	vocal f / voyelle f	vocal f
2935	voglia f	wish / desire	Lust f	envie f	gana f
2936	volentieri	willingly / with pleasure	gerne	volontiers	con mucho gusto
2937	volontà f	will	Wille m	volonté f	voluntad f
2938	volume m	volume	Lautstärke f / Band m	volume m	volumen m
2939	zingaro m / zingara f	gipsy	Zigeuner m / -in f	bohémien m / -ne f / tzigane m & f	gitano / -a m & f
2940	zoppo	lame	hinkend	boiteux	cojo

	IL CORPO UMANO	THE HUMAN BODY	DER MENSCHLICHE KÖRPER	LE CORPS HUMAIN	EL CUERPO HUMANO
2941	addome *m*	abdomen	Abdomen *n*	abdomen *m*	abdomen *m*
2942	anca *f*	haunch / hip	Hüfte *f*	hanche *f*	cadera *f*
2943	articolazione *f*	joint	Gelenk *n*	articulation *f*	articulación *f*
2944	avambraccio *m*	forearm	Unterarm *m*	avant-bras *m*	antebrazo *m*
2945	bocca *f*	mouth	Mund *m*	bouche *f*	boca *f*
2946	braccio *m*	arm	Arm *m*	bras *m*	brazo *m*
2947	capelli *m pl*	hair	Haare *n pl*	cheveux *m pl*	cabellos *m pl*
2948	collo *m*	neck	Hals *m*	cou *m*	cuello *m*
2949	cuore *m*	heart	Herz *n*	coeur *m*	corazón *m*
2950	denti *m pl*	teeth *pl*	Zähne *m pl*	dents *f pl*	dientes *m pl*
2951	diaframma *m*	diaphragm	Diaphragma *n*	diaphragme *m*	diafragma *m*
2952	dito *m*	finger	Finger *m*	doigt *m*	dedo *m*
2953	dorso della mano *m*	handback	Handrücken *m*	dos de la main *m*	dorso de la mano *m*
2954	faccia *f*	face	Gesicht *n*	visage *m* / figure *f*	cara *f* / rostro *m*
2955	falange *f*	phalanx	Fingerknochen *m*	phalange *f*	falange *f*
2956	faringe *f*	pharynx	Rachenhöhle *f*	pharynx *m*	faringe *f*
2957	fronte *f*	forehead	Stirn *f*	front *m*	frente *f*
2958	gamba *f*	leg	Bein *n*	jambe *f*	pierna *f*
2959	ginocchio *m*	knee	Knie *n*	genou *m*	rodilla *f*
2960	gola *f*	throat	Kehle *f* / Rachen *m*	gorge *f*	garganta *f*
2961	gomito *m*	elbow	Ellbogen *m*	coude *m*	codo *m*
2962	guancia *f*	cheek	Wange *f*	joue *f*	mejilla *f*
2963	indice *m*	forefinger	Zeigefinger *m*	index *m*	índice *m*
2964	labbro *m*	lip	Lippe *f*	lèvre *f*	labio *m*
2965	laringe *f*	larynx	Kehlkopf *m*	larynx *m*	laringe *f*
2966	lingua *f*	tongue	Zunge *f*	langue *f*	lengua *f*
2967	mano *f*	hand	Hand *f*	main *f*	mano *f*
2968	mascella *f*	jaw	Kiefer *m*	mâchoire *f*	quijada *f*
2969	mento *m*	chin	Kinn *n*	menton *m*	barbilla *f*
2970	muscolo *m*	muscle	Muskel *m*	muscle *m*	músculo *m*
2971	naso *m*	nose	Nase *f*	nez *m*	nariz *f*
2972	nervo *m*	nerve	Nerv *m*	nerf *m*	nervio *m*
2973	nuca *f*	nape of the neck	Genick *n* / Nacken *m*	nuque *f*	nuca *f*
2974	occhio *m*	eye	Auge *n*	oeil *m*	ojo *m*
2975	orecchio *m*	ear	Ohr *n*	oreille *f*	oreja *f*
2976	osso *m*	bone	Knochen *m*	os *m*	hueso *m*
2977	palato *m*	palate	Gaumen *m*	palais *m*	paladar *m*
2978	palmo della mano *m*	palm of the hand	Handfläche *f*	paume de la main *f*	palma de la mano *f*
2979	pancia *f*	tummy	Bauch *m*	ventre *m*	vientre *m*
2980	petto *m*	breast	Brust *f*	poitrine *f*	pecho *m*
2981	piede *m*	foot	Fuss *m*	pied *m*	pie *m*
2982	pollice *m*	thumb	Daumen *m*	pouce *m*	pulgar *m*
2983	polmoni *m pl*	lungs *pl*	Lungen *f pl*	poumons *m pl*	pulmones *m pl*
2984	polpastrello *m*	finger end	Fingerkuppe *f*	bout du doigt *m*	yema del dedo *f*
2985	polso *m*	puls	Puls *m*	pouls *m*	pulso *m*
2986	polso *m*	wrist	Handgelenk *n*	poignet *m*	muñeca *f*
2987	sangue *m*	blood	Blut *n*	sang *m*	sangre *f*
2988	schiena *f*	back	Rücken *m*	dos *m*	espalda *f*
2989	sedere *m*	back-side	Gesäss *n*	derrière *m*	trasera *f*
2990	spalla *f*	shoulder	Schulter *f* / Achsel *f*	épaule *f*	hombro *m*
2991	stomaco *m*	stomach	Magen *m*	estomac *m*	estómago *m*
2992	tallone *m*	heel	Ferse *f*	talon *m*	talón *m*
2993	testa *f*	head	Kopf *m*	tête *f*	cabeza *f*
2994	torace *m*	thorax	Brustkorb *m*	thorax *m*	tórax *m*
2995	trachea *f*	windpipe	Luftröhre *f*	trachée *f*	tráquea *f*
2996	unghia *f*	nail	Nagel *m*	ongle *f*	uña *f*
2997	vena *f*	vein	Ader *f*	veine *f*	vena *f*

NOTE	NOTES	NOTEN	NOTES	NOTAS
Do	C	C	Do/Ut	Do
Do diesis	C sharp	Cis	Do dièse	Do sostenido
Do bemolle	C flat	Ces	Do bémol	Do bemol
Do doppio diesis	C double sharp	Cisis	Do double dièse	Do doble sostenido
Do doppio bemolle	C double flat	Ceses	Do double bémol	Do doble bemol
Re	D	D	Ré	Re
Re diesis	D sharp	Dis	Ré dièse	Re sostenido
Re bemolle	D flat	Des	Ré bémol	Re bemol
Re doppio diesis	D double sharp	Disis	Ré double dièse	Re doble sostenido
Re doppio bemolle	D double flat	Deses	Ré double bémol	Re doble bemol
Mi	E	E	Mi	Mi
Mi diesis	E sharp	Eis	Mi dièse	Mi sostenido
Mi bemolle	E flat	Es	Mi bémol	Mi bemol
Mi doppio diesis	E double sharp	Eisis	Mi double dièse	Mi doble sostenido
Mi doppio bemolle	E double flat	Eses	Mi double bémol	Mi doble bemol
Fa	F	F	Fa	Fa
Fa diesis	F sharp	Fis	Fa dièse	Fa sostenido
Fa bemolle	E flat	Fes	Fa bémol	Fa bemol
Fa doppio diesis	F double sharp	Fisis	Fa double dièse	Fa doble sostenido
Fa doppio bemolle	F double flat	Feses	Fa double bémol	Fa doble bemol
Sol	G	G	Sol	Sol
Sol diesis	G sharp	Gis	Sol dièse	Sol sostenido
Sol bemolle	G flat	Ges	Sol bémol	Sol bemol
Sol doppio diesis	G double sharp	Gisis	Sol double dièse	Sol doble sostenido
Sol doppio bemolle	G double flat	Geses	Sol double bémol	Sol doble bemol
La	A	A	La	La
La diesis	A sharp	Ais	La dièse	La sostenido
La bemolle	A flat	As	La bémol	La bemol
La doppio diesis	A double sharp	Aisis	La double dièse	La doble sostenido
La doppio bemolle	A double flat	Ases	La double bémol	La doble bemol
Si	B	H	Si	Si
Si diesis	B sharp	His	Si dièse	Si sostenido
Si bemolle	B flat	B	Si bémol	Si bemol
Si doppio diesis	B double sharp	Hisis	Si double dièse	Si doble sostenido
Si doppio bemolle	B double flat	Heses	Si double bémol	Si doble bemol
VALORI DELLE NOTE	NOTES VALUES	NOTENWERTE	VALEURS DES NOTES	VALORES DE LAS NOTAS
intero semibreve	semibreve whole note	Ganze	ronde	redonda
metá minima	minim half note	Halbe	blanche	blanca
quarto semiminima	crotchet quarter note	Viertel	noire	negra
ottavo croma	quaver eighth note	Achtel	croche	corchea
sedicesimo semicroma	semiquaver sixteenth note	Sechzehntel	double croche	semicorchea
trentaduesimo biscroma	demisemiquaver thirty-second note	Zweiund- dreissigstel	triple croche	fusa
sessantaquattresimo semibiscroma	hemidemisemiquaver sixty-fourth note	Vierund- sechzigstel	quadruplecroche	semifusa

PAUSE	RESTS	PAUSEN	SILENCES	SILENCIOS
pausa di semibreve	semibreve rest whole note rest	ganze Pause	pause	silencio de redonda
pause di minima	minim rest half note rest	halbe Pause	demi-pause	silencio de blanca
pausa di semiminima	crotchet rest quarter note rest	viertel Pause	soupir	silencio de negra
pausa di croma	quaver rest eighth note rest	achtel Pause	demi-soupir	silencio de corchea
pause di semicroma	semiquaver rest sixteenth note rest	sechzehntel Pause	quart de soupir	silencio de semicorchea
pause di biscroma	demisemiquaver rest thirty-second note rest	zweiund- dreissigstel Pause	huitième de soupir	silencio de fusa
pausa di semibiscroma	hemidemisemiquaver rest sixty-fourth note rest	vierundsechzigstel Pause	seizième de soupir	silencio de semifusa

INTERVALLI	INTERVALS	INTERVALLE	INTERVALLES	INTERVALOS
unisono	unison	Prime	unisson	unisono
seconda	second	Sekunde	seconde	segunda
terza	third	Terze	tierce	tercera
quarta	fourth	Quarte	quarte	cuarta
quinta	fifth	Quinte	quinte	quinta
sesta	sixth	Sexte	sixte	sexta
settima	seventh	Septime	septième	séptima
ottava	octave	Oktave	octave	octava
nona	ninth	None	none	novena
decima	tenth	Dezime	dixième	décima

NUMERI CARDINALI	CARDINAL NUMBERS	GRUNDZAHLEN	NOMBRES CARDINAUX	NUMERALES CARDINALES
0 zero	nought, zero	null	zéro	cero
1 uno	one	eins	un	uno
2 due	two	zwei	deux	dos
3 tre	three	drei	trois	tres
4 quattro	four	vier	quatre	cuatro
5 cinque	five	fünf	cinq	cinco
6 sei	six	sechs	six	seis
7 sette	seven	sieben	sept	siete
8 otto	eight	acht	huit	ocho
9 nove	nine	neun	neuf	nueve
10 dieci	ten	zehn	dix	diez
11 undici	eleven	elf	onze	once
12 dodici	twelve	zwölf	douze	doce
13 tredici	thirteen	dreizehn	treize	trece
14 quattordici	fourteen	vierzehn	quatorze	catorce
15 quindici	fifteen	fünfzehn	quinze	quince
16 sedici	sixteen	sechzehn	seize	diez y seis
17 diciasette	seventeen	siebzehn	dix-sept	diez y siete
18 diciotto	eighteen	achtzehn	dix-huit	diez y ocho
19 diciannove	nineteen	neunzehn	dix-neuf	diez y nueve
20 venti	twenty	zwanzig	vingt	veinte
21 ventuno	twenty-one	einundzwanzig	vingt-et-un	veinte y uno
22 ventidue	twenty-two	zweiundzwanzig	vingt-deux	veinte y dos
30 trenta	thirty	dreissig	trente	treinta
40 quaranta	forty	vierzig	quarante	cuarenta
50 cinquanta	fifty	fünfzig	cinquante	cincuenta
60 sessanta	sixty	sechzig	soixante	sesenta
70 settanta	seventy	siebzig	soixante-dix	setenta
80 ottanta	eighty	achtzig	quatre-vingts	ochenta
90 novanta	ninety	neunzig	quatre-vingt-dix	noventa
100 cento	one hundred	hundert	cent	ciento
200 duecento	two hundred	zweihundert	deux cent	doscientos
300 trecento	three hundred	dreihundert	trois cent	trescientos
400 quattrocento	four hundred	vierhundert	quatre cent	cuatrocientos
500 cinquecento	five hundred	fünfhundert	cinq cent	quinientos
600 seicento	six hundred	sechshundert	six cent	seiscientos
700 settecento	seven hundred	siebenhundert	sept cent	setecientos
800 ottocento	eight hundred	achthundert	huit cent	ochocientos
900 novecento	nine hundred	neunhundert	neuf cent	novecientos
1000 mille	one thousand	tausend	mille	mil
10000 diecimila	ten thousand	zehntausend	dix mille	diezmil
100000 centomila	one hundred thousand	hunderttausend	cent mille	cienmil
1000000 un milione	one million	eine Million	un million	un millón

NUMERI ORDINALI	ORDINAL NUMBERS	ORDNUNGS-ZAHLEN	NOMBRES ORDINAUX	NUMERALES ORDINALES
1. primo	first	erste	premier	primero
2. secondo	second	zweite	deuxième	segundo
3. terzo	third	dritte	troisième	tercero
4. quarto	fourth	vierte	quatrième	cuarto
5. quinto	fifth	fünfte	cinquième	quinto
6. sesto	sixth	sechste	sixième	sexto
7. settimo	seventh	siebte	septième	séptimo
8. ottavo	eighth	achte	huitième	octavo
9. nono	ninth	neunte	neuvième	noveno
10. decimo	tenth	zehnte	dixième	décimo
11. undicesimo	eleventh	elfte	onzième	undécimo
12. dodicesimo	twelfth	zwölfte	douzième	duodécimo
13. tredicesimo	thirteenth	dreizehnte	treizième	decimotercero
14. quattordicesimo	fourteenth	vierzehnte	quatorzième	decimocuarto
15. quindicesimo	fifteenth	fünfzehnte	quinzième	decimoquinto
16. sedicesimo	sixteenth	sechzehnte	seizième	decimosexto
17. diciasettesimo	seventeenth	siebzehnte	dix-septième	decimoséptimo
18. diciottesimo	eighteenth	achtzehnte	dix-huitième	decimooctavo
19. diciannovesimo	nineteenth	neunzehnte	dix-neuvième	decimonono
20. ventesimo	twentieth	zwanzigste	vingtième	vigésimo
21. ventunesimo	twenty-first	einundzwanzigste	vingt-et-unième	vigésimoprimero

NUMERI ORDINALI	ORDINAL NUMBERS	ORDNUNGSZAHLEN	NOMBRES ORDINAUX	NUMERALES ORDINALES
22. ventiduesimo	twenty-second	zweiundzwanzigste	vingt-deuxième	vigésimosegundo
30. trentesimo	thirtieth	dreissigste	trentième	trigésimo
40. quarantesimo	fortieth	vierzigste	quarantième	cuadragésimo
50. cinquantesimo	fiftieth	fünfzigste	cinquantième	cincuentavo
60. sessantesimo	sixtieth	sechzigste	soixantième	sexagésimo
70. settantesimo	seventieth	siebzigste	soixante-dixième	septuagésimo
80. ottantesimo	eightieth	achtzigste	quatre-vingtième	octogésimo
90. novantesimo	ninetieth	neunzigste	quatre-vingt-dixième	nonagésimo
100. centesimo	hundredth	hundertste	centième	centiésimo
1000. millesimo	thousandth	tausendste	millième	milésimo

I MESTIERI	THE PROFESSIONS	DIE BERUFE	LES MÉTIERS	LOS OFICIOS
accompagnatore	accompanist	Begleiter	accompagnateur	acompañante
accordatore	tuner	Stimmer	accordeur	afinador
arpista	harpist	Harfenist	harpiste	arpista
arrangiatore	arranger	Bearbeiter	arrangeur	adaptador
artista	artist	Künstler	artiste	artista
attore	actor	Schauspieler	acteur / comédien	actor
ballerino	dancer	Tänzer	danseur	bailarin
batterista	drummer	Schlagzeuger	batteur	baterista
cantante	singer / vocalist	Sänger	chanteur	cantante
chitarrista	guitarist	Gitarrist	guitariste	guitarrista
clarinettista	clarinettist / clarinetist	Klarinettist	clarinettiste	clarinetista
clavicembalista	harpsichordist	Cembalist	claveciniste	clavecinista
compositore	composer	Komponist	compositeur	compositor
concertista	concert artist	Konzertgeber	concertiste	concertista
contrabbassista	double bass player / bass player	Kontrabassist	contrebassiste	contrajista
copista	copyist	Kopist	copiste	copista
coreografo	choreographer	Choreograph	chorégraphe	coreógrafo
coreologo	chorelogist	Choreologe	choréologue	coreólogo
corista	chorus singer / chorister	Chorsänger	choriste	corista
cornista	horn player	Hornist	corniste	cornista
direttore d'orchestra	conductor	Dirigent / Kappellmeister	chef d'orchestre	director de orquestra
fagottista	bassoonist	Fagottist	basson	bajonista / fagotista
flautista	flutist / flautist	Flötist	flûtiste	flautista
incisore	engraver	Stecher	graveur	grabador
insegnante	teacher	Lehrer	professeur / instituteur	profesor / enseñante
liutaio	violin maker	Geigenbauer	luthier	violero
maestro di ballo	ballet master	Ballettmeister	maître de ballet	maestro de baile
musicista	musician	Musiker	musicien	músico
musicologo	musicologist	Musikwissenschaftler	musicologue	musicólogo
oboista	oboist	Oboist	hautboiste	oboísta
organista	organist	Organist	organiste	organista
pianista	pianist	Pianist	pianiste	pianista
professore d'orchestra	orchestralist	Orchestermusiker	musicien d'orchestre	músico de orquestra
primo violino di spalla	concertmaster / leader / principal	Konzertmeister	premier violon solo	concertino
regista	director	Regisseur / Spielleiter	régisseur	director de escena
ripetitore / maestro sostituto	coach	Korrepetitor	répétiteur	repetidor
sassofonista	saxophonist	Saxophonist	saxophoniste	saxofonista
solista	soloist	Solist	soliste	solista
suggeritore	prompter	Souffleur	souffleur	apuntador
tecnico del suono	sound engineer	Tonmeister	ingénieur du son	ingeniero de sonido
timpanista	timpanist	Pauker	timbalier	timbalero
tromba	trumpeter	Trompeter	trompette	trompeta
trombone	trombonist	Posaunist	trombone	trombonista
violinista	violinist	Geiger	violiniste	violinista
violista	violist	Bratschist	altiste	violista
violoncellista / cellista	cellist	Cellist	violoncelliste	violoncelista

ITALIANO
I mestieri sono al maschile. Formazione del femminile:
E invariabile, qualche volta desinenza...tress;
D quasi sempre si aggiunge ...in;
F invariabile oppure desinenza ...euse, ...trice, qualche volta ...enne, ...esse;
S invariabile oppure desinenza ...a, qualche volta ..iz;

ENGLISH
The professions are in the masculine. Formation of the feminine:
I invariable or termination ...a, sometimes ..trice;
D almost always add ...in;
F invariable or termination...euse, ...trice, sometimes ... enne; ... esse
S invariable or termination ...a, sometimes ...iz;

DEUTSCH
Die Berufe sind in der männlichen Form. Bildung des Femininums:
I unverändert oder Endung ...a, manchmal ...trice;
E unverändert, manchmal Endung...tress;
F unverändert oder Endung ...euse, ...trice, manchmal ...enne, ...esse;
S unverändert oder Endung ...a, manchmal ...iz;

FRANÇAIS
Les métiers sont au masculin. Formation du féminin:
I invariable ou terminaison ..a, parfois ...trice;
E invariable, parfois terminaison ...tress;
D on ajoute presque toujours ...in;
S invariable ou terminaison ...a, parfois ...iz;

ESPAÑOL
Los oficios estan al masculino. Formación del femenil:
I invariable o terminación ...a, a veces ...trice;
E invariable, a veces terminación ...tress;
D casi siempre se añade ...in;
F invariable o terminación ...euse, ...trice, a veces ...enne, ...esse;

100 COMPOSIZIONI CELEBRI	100 FAMOUS COMPOSITIONS	100 BERÜHMTE KOMPOSITIONEN	100 COMPOSITIONS CÉLÈBRES	100 COMPOSICIONES CELEBRES
BACH				
Il clavicembalo ben temperato	Welltempered Clavier	Das wohltemperierte Klavier	Le clavecin bien tempéré	El clave bien temperado
L'arte della fuga	The Art of Fugue	Die Kunst der Fuge	L'art de la fugue	El arte de la fuga
L'oratorio di Natale	Christmas Oratorio	Das Weihnachtsoratorium	L'oratorio de Noël	El oratorio de Navidad
L'offerta musicale	Musical Offering	Das musikalische Opfer	L'offrande musicale	La ofrenda musical
BARTOK				
Il mandarino meraviglioso	The Miraculous Mandarin	Der wunderbare Mandarin	Le mandarin merveilleux	El mandarín maravilloso
BEETHOVEN				
La consacrazione della casa	The Consecration of the House	Die Weihe des Hauses	La consécration de la maison	La consagración de la casa
Le creature di Prometeo	The Creatures of Prometheus	Die Geschöpfe des Prometheus	Les créatures de Prométhée	Las criaturas de Prometeo
Sonata al chiaro di luna	Moonlight Sonata	Mondscheinsonate	Sonate au clair de lune	Sonata del claro de luna
BELLINI				
La sonnambula	The Sleepwalker	Die Nachtwandlerin	La somnambule	La sonámbula
BERLIOZ				
La dannazione di Faust	Faust's Damnation	Faust's Verdammung	La dannation de Faust	La condenación de Fausto
BIZET				
I pescatori di perle	The Pearl Fishers	Die Perlenfischer	Les pêcheurs de perles	El pescador de perlas

100 COMPOSIZIONI CELEBRI	100 FAMOUS COMPOSITIONS	100 BERÜHMTE KOMPOSITIONEN	100 COMPOSITIONS CÉLÈBRES	100 COMPOSICIONES CELEBRES
BOIELDIEU				
La dama bianca	The White Lady	Die weisse Dame	La dame blanche	La dama blanca
BORODIN				
Nelle steppe dell'Asia centrale	In the Steppes of Central Asia	Steppenskizze	Dans les steppes de l'Asie centrale	En las estepas del Asia central
BOULEZ				
Il martello senza padrone	The Hammer without Master	Der Hammer ohne Meister	le marteau sans maître	El martillo sin dueño
CIMAROSA				
Il matrimonio segreto	The Clandestine Marriage	Die heimliche Ehe	Le mariage secret	El matrimonio secreto
DEBUSSY				
Il mare	The Sea	Das Meer	La mer	El mar
L'angolo dei bambini	Children's Corner	Die Ecke der Kinder	Le coin des enfants	El rincón de los niños
La scatola dei balocchi	The Toys' Box	Die Spielzeugkiste	La boîte à joujoux	La caja de los juguetes
Preludio al pomeriggio di un fauno	Prelude to the Afternoon of a Faun	Nachmittag eines Fauns	Prélude à l'après-midi d'un faune	Preludio a la siesta de un fauno
DE FALLA				
Il cappello a tre punte	The Three-cornered Hat	Der Dreispitz	Le tricorne	El sombrero de tres picos
La danza del fuoco	The Fire Dance	Feuertanz	La danse du feu	La danza del fuego
L'amore stregone	Love the Wizard	Liebeszauber	L'amour sorcier	El amor brujo
La vita breve	Life is Short	Ein kurzes Leben	La vie brève	La vida breve
Notti nei giardini di Spagna	Nights in the Gardens of Spain	Nächte in spanischen Gärten	Nuits dans les jardins d'Espagne	Noches en los jardines de España
DONIZZETTI				
La figlia del reggimento	The Daughter of the Regiment	Die Regimentstochter	La fille du régiment	La hija del regimiento
L'elisir d'amore	The Love Potion	Der Liebestrank	L'élixir d'amour	Elixir de amor
DUKAS				
L'apprendista stregone	The Sorcerer's Apprentice	Der Zauberlehrling	L'apprenti sorcier	El aprendiz de brujo
DVORAK				
Sinfonia dal nuovo mondo	New World Symphony	Symphonie aus der Neuen Welt	Symphonie du nouveau monde	Sinfonia dal Nuevo Mundo
HÄNDEL				
Il fabbro armonioso	The Harmonious Blacksmith	Grobschmied-Variationen	Le forgeron harmonieux	El herrero armónico
HAYDN				
La Creazione	The Creation	Die Schöpfung	La Création	La Creación
KHATCHATURIAN				
La danza delle spade	Sabre Dance	Säbeltanz	La dance du sabre	La danza del sable
LEHAR				
Il paese del sorriso	The Land of Smiles	Das Land des Lächelns	Le pays du sourire	El país de la sonrisa
La vedova allegra	The Merry Widow	Die lustige Witwe	La veuve joyeuse	La viuda alegre
LISZT				
Anni di pellegrinaggio	Years of Pilgrimage	Wanderjahre	Années de pèlerinage	Años de peregrinaje
MAHLER				
Il canto della terra	The Song of the Earth	Das Lied von der Erde	Le chant de la terre	La canción de la tierra
MENDELSSOHN				
Il sogno di una notte di mezza estate	Midsummer Night's Dream	Der Sommernachtstraum	Le Songe d'une nuit d'été	El sueño de una noche de verano
La filatrice	Spinning Song	Das Spinnerlied	La fileuse	La hilandera
Mare tranquillo e viaggio felice	Calm Sea and Prosperous Voyage	Meeresstille und glückliche Fahrt	Mer tranquille et voyage heureux	Mar tranquilo y viaje feliz
MONTEVERDI				
L'incoronazione di Poppea	The Coronation of Poppea	Die Krönung der Poppea	Le couronnement de Poppée	La incoronación de Poppea

100 COMPOSIZIONI CELEBRI	100 FAMOUS COMPOSITIONS	100 BERÜHMTE KOMPOSITIONEN	100 COMPOSITIONS CÉLÈBRES	100 COMPOSICIONES CELEBRES
MOZART				
Così fan tutte	All Women do it	So machen es alle	Comme elles sont toutes	Así hacen todas
Il flauto magico	The Magic Flute	Die Zauberflöte	La flûte enchantée	La flauta mágica
Il ratto dal serraglio	The Elopement from the Harem	Die Entführung aus dem Serail	L'enlèvement au sérail	El rapto del serrallo
La finta giardiniera	The Pretended Garden-Girl	Die Gärtnerin aus Liebe	La prétendue jardinière	La jardinera fingida
La marcia turca	The Turkish March	Türkischer Marsch	La marche turque	La marcha turca
Le nozze di Figaro	The Marriage of Figaro	Figaros Hochzeit	Les noces de Figaro	Las bodas de Fígaro
MUSSORGSKY				
Quadri di una esposizione	Pictures at an Exhibition	Bilder einer Ausstellung	Tableaux d'une exposition	Cuadros de una exposición
Una notte sul monte calvo	Night on the Bare Mountain	Eine Nacht auf dem kahlen Berge	Une nuit sur le mont-chauve	Una noche en el monte celado
NICOLAI				
Le allegre comari di Windsor	The Merry Wives of Windsor	Die lustigen Weiber von Windsor	Les joyeuses commères de Windsor	Las alegras comadres de Windsor
OFFENBACH				
Orfeo all'inferno	Orpheus in the Underworld	Orpheus in der Unterwelt	Orphée aux enfers	Orfeo en el infierno
PERGOLESI				
La serva padrona	The Maid as Mistress	Die Magd als Herrin	La servante maitresse	La sirvienta dueña
PROKOFIEV				
L'amore delle tre melarance	The Love for Three Oranges	Die Liebe zu den drei Orangen	L'amour des trois oranges	El amor de las tres naranjas
Pierino ed il lupo	Peter and the Wolf	Peter und der Wolf	Pierre et le loup	Pedro y el lobo
PUCCINI				
Il tabarro	The Cloak	Der Mantel	Le manteau	La capa
RAVEL				
L'ora spagnola	The Spanish Hour	Die spanische Stunde	L'heure éspagnole	La hora española
RESPIGHI				
Le fontane di Roma	The Fountains of Rome	Römische Brunnen	Les fontaines de Rome	Las fuentes de Roma
RIMSKY-KORSAKOFF				
Il gallo d'oro	The Golden Cockerel	Der goldene Hahn	Le coq d'or	El gallo de oro
Il volo del calabrone	Flight of the Bumble Bee	Der Hummelflug	Le vol du bourdon	El vuelo del moscardón
La grande Pasqua russa	The Russian Easter	Russische Ostern	La grande Pâques russe	La gran Pascua rusa
ROSSINI				
Cenerentola	Cinderella	Aschenbrödel	Cendrillon	Cenicienta
Il barbiere di Seviglia	The Barber of Seville	Der Barbier von Sevilla	Le barbier de Séville	El barbero de Sevilla
La gazza ladra	The Thievish Magpie	Die diebische Elster	La pie voleuse	La urraca ladrona
SCHÖNBERG				
La mano felice	The Lucky Hand	Die glückliche Hand	La main heureuse	La mano feliz
SCHUBERT				
Il viaggio d'inverno	The Winter Journey	Die Winterreise	Le voyage d'hiver	El viaje de invierno
La bella mugnaia	The Fair Maid of the Mill	Die schöne Müllerin	La belle meunière	La bella molinera
La morte e la fanciulla	Death and the Maiden	Der Tod und das Mädchen	La mort et la jeune fille	La muerte y la doncella
La trota	The Trout	Die Forelle	La truite	La trucha
L'incompiuta	The Unfinished	Die Unvollendete	La symphonie inachevée	La inacabada

100 COMPOSIZIONI CELEBRI	100 FAMOUS COMPOSITIONS	100 BERÜHMTE KOMPOSITIONEN	100 COMPOSITIONS CÉLÈBRES	100 COMPOSICIONES CELEBRES
SCHUMANN				
Amor di poeta	Poet's Love	Dichterliebe	Amour de poète	Amor de poeta
Amore e vita di donna	Woman's Love and Live	Frauenliebe und Leben	Amour et vie de femme	Amor y vida de mujer
Scene infantili	Scenes from Childhood	Kinderszenen	Scènes d'enfants	Escenas infantiles
SINDING				
Mormorio di primavera	Rustle of Spring	Frühlingsrauschen	Le gazouillement du printemps	Murmullo de primavera
SMETANA				
La mia patria	My Country	Mein Vaterland	Ma patrie	Mi patria
La sposa venduta	The Bardered Bride	Die verkaufte Braut	La fiancée vendue	La esposa vendida
J. STRAUSS				
Il bel Danubio blu	The Beautiful Blue Danube	An der schönen blauen Donau	Le beau Danube bleu	El Danubio azul
Il pipistrello	The Flittermouse / The Bat	Die Fledermaus	La chauve-souris	El murciélago
R. STRAUSS				
Il cavaliere della rosa	The Rose Cavalier	Der Rosenkavalier	Le chevalier à la rose	El caballero de la rosa
La donna senz'ombra	The Woman without a Shadow	Die Frau ohne Schatten	La femme sans ombre	La mujer sin sombra
Morte e trasfigurazione	Death and Transfiguration	Tod und Verklärung	Mort et transfiguration	Muerte y transfiguración
Una vita d'eroe	A Hero's Life	Ein Heldenleben	Une vie de héros	Vida de héroe
STRAVINSKY				
Il bacio della fata	The Fairy's Kiss	Kuss der Fee	Le baiser de la fée	El beso de la hada
La carriera di un libertino	The Rake's Progress	Der Wüstling	La carrière d'un libertin	La carrera de un libertino
La sagra della primavera	Rite of Spring	Die Frühlingsweihe	Le sacre du printemps	La consagración de la primavera
La storia del soldato	The Soldier's Tale	Die Geschichte des Soldaten	L'histoire du soldat	La historia del soldado
L'uccello di fuoco	The Firebird	Der Feuervogel	L'oiseau de feu	El pájaro de fuego
L'usignolo	The Nightingale	Die Nachtigall	Le rossignol	El ruiseñor
TSCHAIKOWSKY				
Il lago dei cigni	Swan Lake	Schwanensee	Le lac des cygnes	El lago de los cisnes
La bella addormentata nel bosco	The Sleeping Beauty	Dornröschen	La belle au bois dormant	La bella dormiente del bosque
Lo schiaccianoci	The Nutcracker	Der Nussknacker	Casse-noisette	El cascanueces
Romeo e Giulietta	Romeo and Juliet	Romeo und Julia	Roméo et Juliette	Romeo y Julieta
VERDI				
Il trovatore	The Troubadour	Der Troubadour	Le trouvère	El trovador
I vespri siciliani	The Sicilian Vespers	Die Sizilianische Vesper	Les vêpres siciliennes	Las visperas sicilianas
La forza del destino	The Force of Destiny	Die Macht des Schicksals	La force du destin	La fuerza del destino
Un ballo in maschera	A Masked Ball	Ein Maskenball	Le bal masqué	Un baile de máscaras
WAGNER				
Il vascello fantasma	The Flying Dutchman	Der fliegende Holländer	Le vaisseau fantôme	El buque fantasma
L'oro del Reno	The Rhinegold	Das Rheingold	L'or du Rhin	El oro del Rhin
Il crepuscolo degli Dei	The Dusk of the Gods	Die Götterdämmerung	Le crépuscule des Dieux	El crepúsculo de los Dioses
WEBER				
Il franco cacciatore	The Freeshooter	Der Freischütz	Le franc tireur	El cazador furtivo
L'invito al valzer	Invitation to the Dance	Aufforderung zum Tanz	L'invitation à la valse	La invitación al vals
WEILL				
L'opera da tre soldi	Beggar's Opera	Die Dreigroschenoper	L'opéra de quat'sous	La opera de los tres peñiques

ALPHABETICAL INDEX

A

A	E	2118
A / EN / DENTRO DE	S	2433
A BALLATA	I	529
A BASSA VOCE	I	1247
A BATTUTA	I	1248
A BENEPLACITO	I	311
A CAPPELLA	I	1251
A CAPRICCIO	I	533
A CAPRICHO	S	533
A COMPAS	S	1248
A DEFAUT DE	F	1327
A DEUX	F	1254
A DOBLES CUERDAS	S	1277
A DOS	S	1254
A DOUBLES CORDES	F	1277
A DUE	I	1254
A FIOR DI LABBRO	I	1255
A LA ALEMANA	S	573
A LA BLANCHE	F	1259
A LA BREVE	S	1259
A LA COLA	S	1260
A LA CORDE	F	1261
A LA CUERDA	S	1261
A LA FIN	F	1256
A LA HAUSSE f / AU TALON m	F	49
A LA MANERA DE	S	571
A LA MANERA DE	S	2148
A LA MANIERA DI	I	2148
A LA MANIERE DE	F	571
A LA MANIERE DE	F	2148
A LA MANIERE D'UNE FLUTE	F	1315
A LA MILITAR	S	572
A LA OCTAVA	S	1258
A LA PARTIE FINALE	F	1260
A LA TURCA	S	574
A LA TURQUE	F	574
A LA TZIGANE	F	575
A LITTLE	E	1426
A LITTLE	E	1427
A LITTLE BIT	E	1409
A LITTLE LESS	E	1371
A LITTLE MORE	E	1372
A LITTLE MORE	E	1428
A L'ALLEMANDE	F	573
A L'OCTAVE	F	1258
A MENTE / A MEMORIA	I	2156
A MENUDO	S	1402
A MENUDO	S	2841
A MI-VOIX	F	467
A NOUVEAU	F	1301
A PEINE	F	1270
A PIACERE	I	312
A PLACER	S	311
A PLACER	S	312
A PRIMERA VISTA	S	2693
A SA PLACE	F	1332
A SOVOZ	S	485
A TEMPO	I	313
A VIVA FUERZA	S	453
A VIVA VOZ	S	1434
A VOIX BASSE	F	1247
A VOIX BASSE / A MI-VOIX	F	485
A VOLUNTAD	S	318
A VOTRE GRE	F	311
A VUE	F	2693
AB INITIO (L)	I	1250
ABAENDERN	D	1921
ABAJO	S	1325
ABANDONANDOSE	S	530
ABANDONAR	S	1719
ABANDONING ONESELF	E	530
ABANDONNER	F	1719
ABBANDONANDOSI	I	530
ABBANDONARE	I	1719
ABBANDONATAMENTE	I	531
ABBANDONO (CON)	I	532
ABBASSANDO	I	501
ABBASSARE	I	1720
ABBASTANZA	I	1249
ABBELLIMENTO m	I	1438
ABBELLIRE	I	1721
ABBONAMENTO m	I	2132
ABBONDANTE	I	2133
ABBOZZO m	I	2134
ABBRECHEN / ANHALTEN	D	1854
ABBREVIARE	I	1722
ABBREVIATION	E	1439
ABBREVIATURA f	I	1439
ABDOMEN	E	2941
ABDOMEN m	F	2941
ABDOMEN m	S	2941
ABDOMEN n	D	2941
ABEND m	D	2803
ABEND m	D	2804
ABENDANDACHT f	D	2924
ABER	D	1335
ABER NICHT ZU SEHR	D	1336
ABERGLAEUBISCH	D	2868
ABGESTOSSEN	D	487
ABGETOENT	D	1121
ABGEWECHSELT	D	1265
ABIERTO	S	1269
ABILE	I	2135
ABITUARSI	I	1723
ABITUDINE f	I	2136
ABKRATZEN	D	1969
ABKUERZEN	D	1722
ABLE	E	2135
ABNEHMEND	D	511
ABNEHMEND	D	522
ABNEHMEND	D	523
ABONDANT	F	2133
ABONNEMENT m	F	2132
ABONNEMENT n	D	2132
ABONO m	S	2132
ABOVE	E	1329
ABOVE ALL	E	2835
ABRASADO	S	890
ABREGER	F	1722
ABREISE f	D	2644
ABREISEN	D	1935
ABREVIAR	S	1722
ABREVIATION f	F	1439
ABREVIATURA f	S	1439
ABRIL	S	2169
ABRIR	S	1750
ABSCHREIBEN	D	1945
ABSCHWAECHEND	D	504
ABSENT-MINDED	E	2309
ABSICHT f	D	2471
ABSOLU	F	1273

ABSOLUT	D	1273	ACCOMPANIMENT	E	2139
ABSOLUTE	E	1273	ACCOPPIAMENTO *m*	I	184
ABSOLUTE MUSIK	D	2559	ACCORAMENTO (CON)	I	537
ABSOLUTE MUSIK	D	2591	ACCORATO	I	538
ABSOLUTE MUS.	E	2559	ACCORD *m*	F	1444
ABSOLUTE MUS.	E	2591	ACCORD PARFAIT *m*	F	1445
ABSOLUTE PITCH	E	2633	ACCORDAGE *m*	F	2140
ABSOLUTES GEHOER *n*	D	2633	ACCORDARE	I	1728
ABSOLUTO	S	1273	ACCORDATURA *f*	I	2140
ABSTAND *m*	D	2308	ACCORDEON *m*	F	174
ABSTEIGEND	D	1489	ACCORDEON *m*	S	174
ABSTOSSEN / LOSTRENNEN	D	2053	ACCORDER	F	1728
ABSTRAKTE *f* / ZUG *m*	D	214	ACCORDION	E	174
ABSTRICH *m*	D	51	ACCORDO *m*	I	1444
ABSTUFEN	D	1865	ACCORDO PERFETTO *m*	I	1445
ABSTUFUNG *f*	D	2405	ACCOUPLEMENT *m* / TIRASSE *f*	F	184
ABUNDANT	E	2133	ACCRESCENDO	I	490
ABUNDANTE	S	2133	ACCURATAMENTE	I	539
ABURRIDO	S	2610	ACCURATAMENTE	I	1252
ABWECHSELN	D	1739	ACCURATEZZA (CON)	I	540
ABWECHSELND	D	1264	ACCURATO	I	541
ABWECHSELND	D	1432	ACELERADO	S	385
ABWECHSELND	D	2911	ACELERANDO	S	384
ABWECHSLUNG *f*	D	2210	ACELERAR	S	1724
ABWEICHEN	D	1820	ACENTO *m*	S	1440
ACA	S	2716	ACENTUACION *f*	S	2138
ACABADO	S	1313	ACENTUADO	S	447
ACABAR	S	1856	ACENTUAR	S	1726
ACARICIANDO	S	534	ACERBO	I	542
ACARICIANDO	S	1223	ACHETER	F	1791
ACCAREZZANDO /			ACHTEN / SCHAETZEN	D	2054
ACCAREZZEVOLMENTE	I	534	ACHTUNG	D	2175
ACCAREZZEVOLE	I	535	ACOMPANAMIENTO *m*	S	2139
ACCELERANDO	I	384	ACOMPANAR	S	1727
ACCELERARE	I	1724	ACONSEJAR	S	1794
ACCELERATED	E	385	ACOPLAMIENTO *m* / ENGANCHE *m*	S	184
ACCELERATING	E	384	ACORDAR	S	1728
ACCELERATO	I	385	ACORDARSE	S	1979
ACCELERE	F	385	ACORDE *m*	S	1444
ACCELERER	F	1724	ACORDE PERFECTO *m*	S	1445
ACCENDERE	I	1725	ACORTAR	S	1964
ACCENT *m*	F	1440	ACOSANDO	S	393
ACCENTO *m*	I	1440	ACOSANTE	S	342
ACCENTUARE	I	1726	ACOSTUMBRARSE	S	1723
ACCENTUATED	E	447	ACOUSTICS	E	2141
ACCENTUATION	E	2138	ACOUSTIQUE *f*	F	2141
ACCENTUATION *f*	F	2138	ACRECENTANDO	S	490
ACCENTUATO	I	447	ACT	E	2177
ACCENTUAZIONE *f*	I	2138	ACTE *m*	F	2177
ACCENTUE	F	447	ACTION	E	199
ACCENTUER	F	1726	ACTION	E	213
ACCESO	I	536	ACTION	E	2180
ACCESORIOS *m pl*	S	2137	ACTION *f*	F	2180
ACCESSOIRES *m pl*	F	2137	ACTION *f*	F	2893
ACCESSORI *m pl*	I	2137	ACTION PLOT	E	2893
ACCESSORIES/PROPS *pl*	E	2137	ACTO *m*	S	2177
ACCHETANDOSI /			ACUERDO *m*	S	2477
ACQUIETANDOSI	I	502	ACUSTICA *f*	I	2141
ACCIACCATURA *f*	I	1441	ACUSTICA *f*	S	2141
ACCIDENTAL	E	1442	ACUTO	I	1253
ACCIDENTE *m*	I	1442	AD LIBITUM (L)	I	318
ACCIDENTE *m*	S	1442	ADAGIETTO	I	314
ACCION *f*	S	2180	ADAGINO	I	315
ACCION *f*	S	2893	ADAGIO	I	316
ACCOLADE *f*	F	1443	ADAGISSIMO	I	317
ACCOLLATURA *f*	I	1443	ADAPTAR	S	1729
ACCOMPAGNAMENTO *m*	I	2139	ADAPTER	F	1729
ACCOMPAGNARE	I	1727	ADATTARE	I	1729
ACCOMPAGNEMENT *m*	F	2139	ADDIO'	I	2142
ACCOMPAGNER	F	1727	ADDOLCENDO	I	503

ADDOLCENDO	I	543	AFFETTUOSO	I	559
ADDOLORATO	I	544	AFFICHE *f*	F	2222
ADDOME *m*	I	2941	AFFIEVOLENDO	I	504
ADDORMENTARE	I	1730	AFFLICTED	E	560
ADDRESS	E	2446	AFFLIGE	F	560
ADELANTE	S	389	AFFLIGE	F	686
ADELGAZANDO	S	506	AFFLIGE / TRISTE	F	953
ADEMAS	S	2459	AFFLITTO	I	560
ADER *f*	D	2997	AFFRETTANDO	I	386
ADESSO	I	2143	AFFRETTARE	I	1731
ADIEU!	F	2142	AFFRETTATO	I	319
ADIOS!	S	2142	AFINACION *f*	S	2140
ADIRATAMENTE	I	545	AFLIGIDO	S	538
ADIRATO	I	546	AFLIGIDO	S	560
ADIVINAR	S	1882	AFLIGIDO	S	686
ADORAZIONE (CON)	I	547	AFLOJANDO	S	414
ADORMECER	S	1730	AFLOJANDO	S	428
ADORNADO	S	549	AFLOJANDO	S	435
ADORNANDO	I	548	AFONO	I	2144
ADORNANDO	S	548	AFONO	S	2144
ADORNANDO	S	801	AFTER / AFTERWARDS	E	1305
ADORNATO	I	549	AFTERNOON	E	2678
ADORNED	E	549	AGAINST	E	1293
ADORNING	E	548	AGE	E	2342
ADORNING	E	800	AGE *m*	F	2342
ADORNING	E	801	AGE TIME	E	2331
ADORNO *m*	S	241	AGENCE DE CONCERTS *f*	F	2145
ADORNO *m*	S	1438	AGENCIA DE CONCIERTOS *f*	S	2145
ADORNO *m*	S	1546	AGENZIA DI CONCERTI *f*	I	2145
ADRESSE *f*	D	2446	AGEVOLE	I	561
ADRESSE *f*	F	2446	AGEVOLEZZA (CON)	I	562
ADVERTISEMENT	E	2461	AGGIUNGERE	I	1732
ADVISE / WARN	E	1763	AGGRADEVOLE	I	563
AEHNLICH SEHEN	D	1970	AGIATAMENTE	I	564
AENDERN	D	1926	AGIL	S	565
AENDERN / WECHSELN	D	2091	AGILE	I	565
AENGSTLICH	D	1001	AGILE	E	565
AENGSTLICH	D	1002	AGILE	F	565
AEOLIAN	E	1499	AGILE	E	567
AEOLISCH	D	1499	AGILEMENT	F	567
AERE	F	550	AGILITA (CON)	I	566
AERE	F	616	AGILMENTE	I	567
AEREO	I	550	AGILMENTE	S	567
AERIEN / ELEVE	F	1117	AGITADO	S	568
AESTHETICS	E	2340	AGITATED	E	568
AESTHETIK *f*	D	2340	AGITATO	I	568
AETHERISCH	D	773	AGITAZIONE (CON)	I	569
AEUSSERST	D	1310	AGITE	F	568
AFABLE	S	551	AGITE / EMPORTE	F	1127
AFANOSAMENTE	S	554	AGOGICA *f*	I	2146
AFECTADO	S	556	AGOGICA *f*	S	2146
AFECTADO	S	1057	AGOGIK *f*	D	2146
AFFABILE	I	551	AGOGIQUE *f*	F	2146
AFFABLE	E	551	AGOGITY	E	2146
AFFABLE	F	551	AGOSTO	I	2147
			AGOSTO	S	2147
AFFAIBLIR	F	1880	AGOTADO	S	2332
AFFANNATO	I	552	AGRADABLE	S	563
AFFANNO (CON)	I	553	AGRADABLE	S	859
AFANOSAMENTE	I	554	AGRADABLE	S	1013
AFFANOSO	I	555	AGRADECER	S	1991
AFFECTE	F	556	AGRADECIDO	S	2409
AFFECTED	E	556	AGRANDIR	F	1743
AFFECTED	E	927	AGREABLE	E	563
AFFECTIONATELY	E	558	AGREABLE	F	563
AFFECTUEUSEMENT	F	558	AGREABLE	F	859
AFFECTUEUX	F	559	AGREABLE	F	1013
AFFEKTIERT	D	927	AGREEABLE	E	859
AFFETTATO	I	556	AGREEMENT / ENTENTE	E	2477
AFFETTO (CON)	I	557	AGRESTE	F	570
AFFETTUOSAMENTE	I	558	AGRESTE	S	570

AGRESTE	I	570	ALL	E	1416
AGRUPAR	S	1966	ALL	E	1419
AGUDO	S	1253	ALL / ALLES	D	1419
AGUJA f / PUA f	S	2713	ALL / EVERYBODY	E	1418
AGUJERO m / ORIFICIO m	S	111	ALL THE FORCE	E	1417
AHORA	S	2143	ALLA BREVE	I	1259
AIDER	F	1733	ALLA CODA	I	1260
AIGU	F	1253	ALLA CORDA	I	1261
AIGUILLE f (PHONO)	F	2713	ALLA MANIERA DI	I	571
AIMABLE	F	583	ALLA MILITARE	I	572
AIMER	F	1741	ALLA PUNTA D'ARCO /		
AINSI	F	2272	- DI ARCO / - DELL'ARCO f	I	48
AIR	E	1617	ALLA TEDESCA	I	573
AIR	E	2170	ALLA TURCA	I	574
AIR m	F	1617	ALLA ZINGARA	I	575
AIR m	F	2170	ALLA ZOPPA	I	576
AIR DE FETE	F	792	ALLANAR	S	2049
AIRADO	S	616	ALLARGANDO	I	413
AIRADO / IRACUNDO	S	908	ALLARGARE	I	1734
AIRE m	S	2170	ALLARMATO	I	577
AIROSO	S	550	ALLE	D	1418
AIRY	E	550	ALLEGER	F	1735
AIRY	E	616	ALLEGGERIRE	I	1735
AISE	F	561	ALLEGRAMENTE	I	578
AISE / A L'AISE	F	677	ALLEGRE VIF	F	321
AISEMENT	F	564	ALLEGREMENT	F	578
AIUTARE	I	1733	ALLEGRETTO	I	320
AJOUTER	F	1732	ALLEGREZZA (CON)	I	579
AKKORD m	D	1444	ALLEGRIA (CON)	I	580
AKT m	D	2177	ALLEGRISSIMO	I	322
AKUSTIK f	D	2141	ALLEGRO	I	321
AL ESTILO CINGARO	S	575	ALLEIN	D	1397
AL FINE	I	1256	ALLEMANDA f	I	1615
AL MISMO TIEMPO	S	2906	ALLEMANDE f	D	1615
AL SEGNO	I	1263	ALLEMANDE f	F	1615
AL SIGNO	S	1263	ALLENTANDO	I	414
AL TALLONE m	I	49	ALLER	F	1744
AL TALON m	S	49	ALLI / ALLA	S	2492
AL TIEMPO	S	313	ALLIEVO m / - A f / ALUNNO m / - A f	I	2150
ALABAR	S	1841	ALLMAEHLICH	D	1368
ALABAR	S	1907	ALLMAEHLICH MEHR	D	1370
ALARGAR	S	1737	ALLMAEHLICH WENIGER	D	1369
ALARMADO	S	577	ALLONGER	F	1737
ALARME	F	577	ALLONTANANDOSI	I	505
ALARMED	E	577	ALLONTANARSI	I	1736
ALBA f	I	2149	ALLORA	I	2151
ALBA f	S	2149	ALLUME / ENFLAMME	F	536
ALBORADA f	S	1670	ALLUMER	F	1725
ALBUM LEAF	E	1649	ALLUNGARE	I	1737
ALBUMBLATT n	D	1649	ALLURING	E	936
ALEGRARSE	S	1967	ALL'IMPROVVISTA	I	1257
ALEGRE	S	321	ALL'OTTAVA	I	1258
ALEGRE	S	793	ALMA f	S	21
ALEGRE	S	852	ALMA f / BISEL m	S	185
ALEGRE	S	856	ALMENO	I	2152
ALEGRE	S	871	ALMOST / NEARLY	E	1382
ALEGRE	S	929	ALONE	E	1397
ALEGREMENTE	S	836	ALORS	F	2151
ALEJANDO	S	513	ALPHORN n	D	82
ALEJANDOSE	S	505	ALPINE HORN	E	82
ALEJARSE	S	1736	ALQUANTO	I	1262
ALEMANA f	S	1615	ALREADY	E	2394
ALENTAR	S	1878	ALREDEDOR DE	S	2479
ALGO	S	1262	ALSO	D	2464
ALGO	S	2720	ALT	D	2913
ALGUNO / ALGUIEN	S	2721	ALT m / ALTISTIN f	D	228
ALGUNOS	S	2719	ALTAVOZ m	S	265
ALIGERAR	S	1735	ALTER n	D	2342
ALIVE	E	1236	ALTERACION f	S	1446
ALIVE / LIVELY	E	1238	ALTERAR	S	1738

ALTERARE	I	1738	AMIABLE	E		583
ALTERATION	E	1446	AMICIZIA f	I		2157
ALTERATION f	F	1446	AMICO m / - A f	I		2158
ALTERATION f / ACCIDENT m	F	1442	AMIGO m / - A f	S		2158
ALTERATION f /			AMISTAD f	S		2157
VERSETZUNGSZEICHEN n /			AMITIE f	F		2157
ALTERIERUNG f	D	1446	AMI m pl / - E f pl	F		2158
ALTERAZIONE f	I	1446	AMMALARSI	I		1742
ALTERER	F	1738	AMORE (CON)	I		588
ALTERNADO	S	1265	AMOREVOLE	I		589
ALTERNANDO	I	1264	AMOREVOLMENTE /			
ALTERNANDO	S	1264	AMOROSAMENTE	I		590
ALTERNAR	S	1739	AMOROSO	S		589
ALTERNARE	I	1739	AMORTI	F		484
ALTERNATE	E	1265	AMORTIGUADO	S		484
ALTERNATE	E	1432	AMPIEZZA (CON)	I		591
ATERNATING	E	1264	AMPIEZZA f	I		266
ALTERNATIVAMENTE	S	1432	AMPIO	I		592
ALTERNATIVEMENT	F	1432	AMPLE	E		592
ALTERNATO	I	1265	AMPLIANDO	I		492
ALTERNE	F	1265	AMPLIANDO	S		413
ALTERNER	F	1739	AMPLIANDO	S		419
ALTERTUEMLICH	D	2164	AMPLIANDO	S		492
ALTEZZA f	I	2153	AMPLIAR	S		1734
ALTIERO	I	581	AMPLIAR	S		1743
ALTIVO	S	581	AMPLIARE	I		1743
ALTO	E	228	AMPLIFICADOR m	S		267
ALTO	I	2154	AMPLIFICATEUR m	F		267
ALTO	S	2154	AMPLIFICATORE m	I		267
ALTO m	F	18	AMPLIFIER	E		267
ALTO m	F	228	AMPLIFYING	E		492
ALTOPARLANTE m	I	265	AMPLIO	S		592
ALTRO	I	1266	AMPLIO ANCHO	S		344
ALTURA f	S	2153	AMPLITUD f	S		266
ALUMNO m / - A f	S	2150	AMPLITUDE	E		266
ALWAYS	E	1389	AMPLITUDE f	D		266
ALZANDO	I	491	AMPLITUDE f	F		266
ALZANDO	S	491	AMUSANT	F		2311
ALZAR	S	1740	AN DER BOGENSPITZE f	D		48
ALZARE	I	1740	AN DER SAITE	D		1261
AM FROSCH m	D	49	AN SEINEM PLATZ	D		1332
AM GRIFFBRETT n	D	70	AN STELLE VON	D		1326
AM RAND m	D	168	ANACRUSE	E		2159
AM STEG m	D	71	ANACRUSE f	F		2159
AMABILE	I	583	ANACRUSI f	I		2159
AMABILITA (CON)	I	582	ANACRUSIS f	S		2159
AMABLE	S	583	ANADIR	S		1732
AMADOR m / AMANTE $m + f$	S	2155	ANALISI f	I		1447
AMANTE $m + f$	I	2155	ANALISIS f	S		1447
AMAR	S	1741	ANALYSE f	D		1447
AMARAMENTE	I	584	ANALYSE f	F		1447
AMARE	I	1741	ANALYSIS	E		1447
AMAREGGIATO	I	585	ANBIETEN	D		1929
AMAREZZA (CON)	I	586	ANCA f	I		2942
AMARGADO	S	585	ANCHAMENTE	S		921
AMARGAMENTE	S	584	ANCHE	I		1267
AMARGO	S	587	ANCHE f	F		113
AMARILLO	S	2395	ANCHE f / EPIGLOTTE f	F		103
AMARO	I	587	ANCHURA f	S		2493
AMATEUR m	F	2292	ANCHURA DE CINTA f	S		283
AMATEUR m / AMANT m	F	2155	ANCIA f	I		103
AMATEUR / SMATTERER / HAM	E	2292	ANCORA	I		1268
AME f	F	21	ANCORA UNA VOLTA	I		2160
AMELIORER	F	1917	AND	E		2319
AMENAZANTE	S	955	AND SO ON	E		2321
AMENAZAR	S	1918	ANDAECHTIG	D		717
AMENEZANTE	S	956	ANDANDO	S		323
AMER	F	585	ANDANTE	I		323
AMER	F	587	ANDANTINO	I		324
AMEREMENT	F	584	ANDAR	S		1777

ANDARE	I	1744	ANNUNCIARE	I	1746
ANDERE	D	1266	ANO m	S	2162
ANELANTE	I	593	ANOTACION f	S	2163
ANFAENGER m / - IN f	D	2336	ANOTHER TIME	E	2904
ANFANG m	D	2458	ANSANTE	I	601
ANFANG m / PRINZIP n	D	2697	ANSATZ DER STIMME	D	250
ANFANGEN	D	1877	ANSCHLAG m	D	2887
ANFANGEND	D	1287	ANSIA (CON)	I	602
ANFLEHEN	D	2067	ANSIETA (CON)	I	603
ANFLEHEND	D	878	ANSIOSAMENTE	I	604
ANGELIC	E	594	ANSIOSAMENTE	S	604
ANGELICO	I	594	ANSIOSO	I	605
ANGELICO	S	594	ANSIOSO	S	605
ANGELIQUE	F	594	ANSTATT	D	2484
ANGEMESSEN	D	1317	ANSTEIGEND	D	1454
ANGEMESSENES ZEITMASS	D	373	ANSTIMMEN	D	1893
ANGENEHM	D	563	ANSTRENGUNG f	D	2811
ANGENEHM	D	859	ANSWER	E	1574
ANGENEHM	D	1013	ANTEBRAZO m	S	2944
ANGEZUENDET / FEURIG	D	536	ANTEOJOS m pl / GAFAS f pl	S	2620
ANGLE m / COIN m	F	2161	ANTES	S	1378
ANGOISSANT	F	597	ANTES DE	S	1380
ANGOLO m	I	2161	ANTES QUE	S	1379
ANGOSCIA (CON)	I	595	ANTHOLOGIE f	F	2166
ANGOSCIOSAMENTE	I	596	ANTHOLOGY	E	2166
ANGOSCIOSO	I	597	ANTICIPACION f	S	1448
ANGRY	E	546	ANTICIPATION	E	1448
ANGRY	E	619	ANTICIPATION f	F	1448
ANGRY	E	908	ANTICIPAZIONE f	I	1448
ANGST f	D	2652	ANTICO	I	2164
ANGUISHLY	E	596	ANTIGUO	S	2164
ANGUISHLY	E	597	ANTIPATHIQUE	F	2165
ANGULO m / ESQUINA f / RINCON m	S	2161	ANTIPATICO	I	2165
ANGUSTIOSAMENTE	S	596	ANTIPATICO	S	2165
ANGUSTIOSO	S	597	ANTIQUE	E	2164
ANHELOSO	S	552	ANTIQUE	F	2164
ANHELOSO	S	555	ANTIZIPATION f	D	1448
ANIMA (CON)	I	598	ANTOLOGIA f	I	2166
ANIMA f	I	21	ANTOLOGIA f	S	2166
ANIMA f	I	185	ANTWORT f	D	1574
ANIMADO	S	325	ANTWORTEN	D	1999
ANIMADO	S	388	ANUNCIAR	S	1746
ANIMANDO	I	387	ANUNCIO m	S	2461
ANIMANDO	S	387	ANXIEUSEMENT	F	554
ANIMAR	S	1745	ANXIEUSEMENT	F	596
ANIMARE	I	1745	ANXIEUSEMENT	F	604
ANIMATED	E	325	ANXIEUSEMENT	F	1000
ANIMATED	E	388	ANXIEUX	F	605
ANIMATING	E	387	ANXIOUS	E	554
ANIMATO	I	325	ANXIOUS	E	605
ANIMATO	I	388	ANXIOUS	E	1002
ANIME	F	325	ANXIOUSLY	E	604
ANIME	F	388	ANY / WHATEVER	E	2724
ANIMER	F	1745	ANZEIGE f / INSERAT n	D	2461
ANIMO (CON)	I	599	ANZUENDEN	D	1725
ANIMOSO	I	600	AOUT	F	2147
ANKOMMEN / ERREICHEN	D	1755	APACIBLE	S	992
ANMERKUNG f / NOTIZ f	D	2163	APACIBLEMENTE	S	991
ANMUTIG	D	865	APAGADO	S	486
ANMUTIG	D	1222	APAGADOR m / SORDINA f	S	206
ANMUTSVOLL	D	924	APAGANDO	S	525
ANNAEHERND	D	2168	APAGAR	S	2046
ANNEE f	F	2162	APASIONADO	S	608
ANNIVERSAIRE m	F	2244	APASIONADO	S	1167
ANNO m	I	2162	APATHETIC	E	606
ANNONCE f	F	2461	APATHIQUE	F	606
ANNONCER	F	1746	APATICO	I	606
ANNOTATION	E	2163	APATICO	S	606
ANNOTATION f	F	2163	APATISCH	D	606
ANNOTAZIONE f	I	2163	APENAS	S	1270

APERTO	I	1269	ARABESKE f	D	1616
APERTURA f	I	104	ARABESQUE	E	1616
APERTURE / CUT-UP	E	104	ARABESQUE f	F	1616
APHONE	F	2144	ARBEIT f	D	2494
APLACANDO	S	520	ARBEITEN	D	1903
APLANADO	S	1139	ARCADA HACIA ARRIBA f	S	52
APLANI	F	1139	ARCATA f	I	50
APLANIR	F	2049	ARCATA IN GIU f	I	51
APLAUDIR	S	1748	ARCATA IN SU f	I	52
APLAUSO m	S	2167	ARCHEGGIAMENTO	I	53
APOYADO	S	449	ARCHET m	F	22
APOYADO	S	475	ARCHETTO m / ARCO m	I	22
APOYANDO	S	448	ARCHILAUD m	S	1
APOYAR	S	1749	ARCHILUTH m	F	1
APOYATURA f	S	1449	ARCHLUTE	E	1
APOYATURA BREVE f	S	1441	ARCILIUTO m	I	1
APPARTENERE	I	1747	ARCO m	S	22
APPARTENIR	F	1747	ARCO HACIA ABAJO m	S	51
APPASSIONATAMENTE	I	607	ARDEMMENT	F	611
APPASSIONATO	I	608	ARDENT	E	610
APPEASING	E	502	ARDENT	F	610
APPEASING	E	520	ARDENT	F	789
APPENA	I	1270	ARDENT	F	1077
APPENATO	I	609	ARDENTE	I	610
APPLAUDIR	F	1748	ARDENTEMENTE	I	611
APPLAUDIRE	I	1748	ARDENTLY	E	611
APPLAUDISSEMENT m	F	2167	ARDIENTE	S	610
APPLAUSE	E	2167	ARDIENTE	S	1077
APPLAUSO m	I	2167	ARDITAMENTE	I	612
APPOGGIANDO	I	448	ARDITEZZA (CON)	I	613
APPOGGIARE	I	1749	ARDITO	I	614
APPOGGIATO	I	449	ARDORE (CON)	I	615
APPOGGIATURA f	I	1449	ARIA f	I	1617
APPOGGIATURE f	F	1449	ARIA f	S	1617
APPOGIATURE BREVE f	F	1441	ARIA f	I	2170
APPRENDRE	F	1874	ARIE f	D	1617
APPROSSIMATIVO	I	2168	ARIETA f	S	1618
APPROXIMATE	E	2168	ARIETTA f	I	1618
APPROXIMATIF	F	2168	ARIETTE f	F	1618
APPUYE	F	449	ARIOSO	I	616
APPUYE	F	475	ARM	D	2684
APPUYER	F	1749	ARM	E	2946
APRE	F	542	ARM m	D	2946
APRE	F	622	ARMADURA f	S	1450
APRENDER	S	1874	ARMATURA DI CHIAVE f	I	1450
APRES	F	1373	ARMONIA f	I	1451
APRES ENSUITE	F	1305	ARMONIA f	S	1451
APRESURADO	S	319	ARMONICA f	I	73
APRESURADO	S	341	ARMONICA f	S	73
APRESURANDO	S	386	ARMONICO	I	1452
APRESURANDO	S	392	ARMONICO	S	1452
APRESURANDO	S	398	ARMONICOS m pl	S	59
APRESURANDO	S	407	ARMONIO m	I	169
APRESURANTE	S	399	ARMONIO m	S	169
APRESURAR	S	1731	ARMONIOSAMENTE	I	617
APRES-MIDI m	F	2678	ARMONIOSAMENTE	S	617
APRETADO	S	410	ARMONIOSO	I	618
APRETANDO	S	404	ARMONIOSO	S	618
APRETANDO	S	411	ARMONIZAR	S	1751
APRETAR	S	2059	ARMONIZZARE	I	1751
APRIL	E	2169	ARMURE f	F	1450
APRIL	D	2169	ARO m	S	35
APRILE	I	2169	AROUND / ABOUT	E	2479
APRIRE	I	1750	ARPA f	I	2
APROXIMATIVO	S	2168	ARPA f	S	2
APUNTAR	S	2065	ARPEGE m	F	1453
AQUEL / ESO	S	2731	ARPEGER	F	1752
AQUIETANDOSE	S	502	ARPEGGIARE	I	1752
ARABESCA f	I	1616	ARPEGGIEREN	D	1752
ARABESCO m	S	1616	ARPEGGIO	E	1453

ARPEGGIO *m*	I	1453	
ARPEGGIO *n*	D	1453	
ARPEGIAR	S	1752	
ARPEGIO *m*	S	1453	
ARRABBIARSI	I	1753	
ARRABBIATO	I	619	
ARRACHE	F	68	
ARRACHER	F	2056	
ARRANCADO	S	68	
ARRANCAR	S	2056	
ARRANGER	F	1754	
ARRANGIARE	I	1754	
ARRASTRADO	S	446	
ARRASTRANDO	S	378	
ARRASTRANDO	S	440	
ARRASTRANDO	S	444	
ARRASTRANDO	S	445	
ARRASTRAR	S	2057	
ARRASTRAR	S	2081	
ARREBATADO	S	806	
ARREGLAR	S	1754	
ARRETER	F	1854	
ARRIBA	S	1329	
ARRIVARE	I	1755	
ARRIVEDERCI	I	2171	
ARRIVER	F	1755	
ARROGANZA (CON)	I	620	
ART	E	2172	
ART *f* / GATTUNG *f*	D	2388	
ART *f* / WEISE *f*	D	2520	
ART *m*	F	2172	
ARTE *f*	I	2172	
ARTE *m*	S	2172	
ARTICLE *D n*	E	2114	
ARTICLE *D n*	F	2114	
ARTICOLANDO	I	450	
ARTICOLARE	I	1756	
ARTICOLATO	I	451	
ARTICOLAZIONE *f*	I	2943	
ARTICOLO *D n*	I	2114	
ARTICULACION *f*	S	2943	
ARTICULADO	S	451	
ARTICULANDO	S	450	
ARTICULAR	S	1756	
ARTICULATED	E	451	
ARTICULATING	E	450	
ARTICULATION *f*	F	2943	
ARTICULATION DOUBLE *f*	F	121	
ARTICULE	F	451	
ARTICULER	F	1756	
ARTICULO *D n*	S	2114	
ARTIFICIAL	E	2173	
ARTIFICIAL	S	2173	
ARTIFICIALE	I	2173	
ARTIFICIEL	F	2173	
ARTIKULIEREND	D	450	
ARTIKULIERT	D	451	
ARZT *m*	D	2530	
AS HOW	E	1283	
AS ABOVE	E	1285	
AS BEFORE	E	1284	
AS IT IS	E	1286	
AS LOUD AS POSSIBLE	E	473	
AS MUCH AS	E	1381	
AS SOFT AS POSSIBLE	E	474	
AS YOU LIKE	E	311	
ASCENDANT	F	1454	
ASCENDENTE	I	1454	
ASCENDENTE	S	1454	
ASCENDING	E	1454	
ASCOLTARE	I	1757	
ASI	S	2272
ASPERO	S	542
ASPERO	S	622
ASPETTARE	I	1758
ASPREZZA (CON)	I	621
ASPRO	I	622
ASSAI	I	1271
ASSEZ	F	1249
ASSEZ / TRES / BEAUCOUP	F	1271
ASSEZ!	F	2190
ASSIEME	I	1272
ASSOLUTO	I	1273
ASSOTTIGLIANDO	I	506
ASSUAGING	E	507
ASTUCCIO *m*	I	23
ASTUCIEUX	F	2174
ASTUTE	E	2174
ASTUTO	I	2174
ASTUTO	S	2174
AT LEAST	E	2152
AT ONE'S PLEASURE	E	312
AT ONE'S PLEASURE	E	318
AT SIGHT	E	2693
AT THE EDGE / ON THE RIM	E	168
AT THE FROG	E	49
AT THE OCTAVE	E	1258
AT THE POINT / TIP OF THE BOW	E	48
AT THE SAME TIME	E	2906
AT THE STRING	E	1261
ATACA	S	1274
ATAR	S	1904
ATEM *m*	D	2358
ATEMLOS	D	552
ATENCION *f*	S	2176
ATENNADOR *m*	S	277
ATENUANDO	S	507
ATENUANDO	S	524
ATENUAR	S	2034
ATERCIOPELADO	S	1220
ATMEN	D	1975
ATONAL	E	1455
ATONAL	D	1455
ATONAL	F	1455
ATONAL	S	1455
ATONALE	I	1455
ATORMENTADO	S	1188
ATRAS	S	2752
ATRASAR	S	1883
ATREVIDO	S	600
ATREVIDO	S	614
ATREVIDO	S	628
ATREVIDO	S	796
ATREVIDO	S	798
ATRIL *m*	S	2495
ATTACCA	I	1274
ATTACK / BEGIN	E	1274
ATTACK WITH THE TONGUE	E	120
ATTAQUE / COMMENCE	F	1274
ATTENDRE	F	1758
ATTENTION	E	2176
ATTENTION *f*	F	2176
ATTENTION!	F	2175
ATTENUANDO	I	507
ATTENUER	F	2034
ATTENZIONE *f*	I	2176
ATTENZIONE!	I	2175
ATTO *m*	I	2177
ATTRISTE	F	537
AUCUN	F	2607
AU LIEU DE	F	1326
AU LIEU DE	F	2484

67

AU MOINS	F	2152	AUMENTADO	S	1456
AU REVOIR	F	2171	AUMENTADO	S	1497
AU SIGNE	F	1263	AUMENTANDO	I	493
AUBADE f	F	1670	AUMENTANDO	S	493
AUBE f	F	2149	AUMENTAR	S	1760
AUCH	D	1267	AUMENTARE	I	1760
AUDACE	I	623	AUMENTATO	I	1456
AUDACEMENTE	I	624	AUMENTAZIONE f	I	1457
AUDACIA (CON)	I	625	AUN / TODAVIA	S	1268
AUDACIEUSEMENT	F	624	AUSARBEITEN	D	1840
AUDACIEUX	F	623	AUSATMEN	D	1846
AUDACIOUS	E	623	AUSATMEND	D	515
AUDACIOUSLY	E	624	AUSDRUCKSVOLL	D	767
AUDAZ	S	623	AUSDRUECKEN	D	1847
AUDAZMENTE	S	624	AUSFUEHREN	D	1843
AUDIBLE	E	1420	AUSFUEHRUNG f	D	2333
AUDIBLE	F	1420	AUSGABE f / AUFLAGE f	D	2325
AUDIBLE	S	1420	AUSGANG m	D	2908
AUDICION f	S	2778	AUSGEBREITET	D	1140
AUF / AUF DER / - DIE / - DAS	D	1404	AUSGEDEHNT	D	592
AUF FLOETENART	D	1315	AUSGEDEHNT	D	728
AUF WIEDERSEHEN	D	2171	AUSGEDEHNT	D	921
AUFBEWAHREN	D	1811	AUSGEDEHNT	D	1150
AUFFUEHRUNG f /			AUSGEHEN	D	2090
VORSTELLUNG f	D	2741	AUSGELASSEN	D	1359
AUFFUEHRUNGSRECHT n	D	2299	AUSGELOESCHT	D	486
AUFGEREGT	D	568	AUSGENOMMEN	D	1307
AUFGEREGT	D	682	AUSGESUCHT	D	1057
AUFGEREGT	D	745	AUSGEZEICHNET	D	2320
AUFGETRENNT	D	2797	AUSKUNFT f	D	2455
AUFGEWECKT	D	1166	AUSLACHEND	D	660
AUFHEBEN	D	1906	AUSLOESCHEN	D	1778
AUFHEBEN	D	2039	AUSLOESCHEN	D	2046
AUFHOEREN	D	1784	AUSLOESCHEND	D	525
AUFHOEREN	D	2033	AUSLOESER m	D	204
AUFHOLEND	D	393	AUSNAHME f	D	2322
AUFLOESEN	D	1998	AUSRUHEN	D	1995
AUFLOESUNG f	D	1573	AUSRUTSCHEN	D	2023
AUFLOESUNGSZEICHEN n	D	1465	AUSSCHNITT m / AUSZUG m	D	2341
			AUSSERDEM	D	2459
AUFMERKSAMKEIT f	D	2176	AUSSERGEWOEHNLICH	D	2859
AUFNAHME f	D	301	AUSSERHALB	D	1324
AUFNAHME f	D	2746	AUSSETZUNG f	D	1565
AUFNEHMEN	D	1972	AUSSI	F	1267
AUFREGEN	D	1838	AUSSPRECHEN	D	1958
AUFREIZEND	D	913	AUSSTELLUNG f	D	2337
AUFRICHTIG	D	655	AUSSTELLUNG f	D	2554
AUFRICHTIG	D	2823	AUSTAUSCHEN	D	2014
AUFSATZ m / SCHALLBECHER m /			AUSVERKAUFT / VERGRIFFEN	D	2332
SCHALLSTUECK n	D	114	AUSWENDIG	D	2156
AUFSTRICH m / ANSTRICH m	D	52	AUTANT QUE	F	1381
AUFTAKT m / ANAKRUSIS f	D	2159	AUTENTICO	I	1458
AUFWACHEN	D	2068	AUTENTICO	S	1458
AUFWAERTS / OBEN	D	1329	AUTEUR m	F	2178
AUFWECKEND	D	500	AUTHENTIC	E	1458
AUGE n	D	2974	AUTHENTIQUE	F	1458
AUGENBLICK m	D	2550	AUTHENTISCH	D	1458
AUGMENTATION	E	1457	AUTHENTISCHE KAD. f	D	1469
AUGMENTATION f	F	1457	AUTHOR	E	2178
AUGMENTE	F	1456	AUTOMME m	F	2179
AUGMENTE	F	1497	AUTOR m	D	2178
AUGMENTED	E	1497	AUTOR m	S	2178
AUGMENTER	F	1760	AUTORE m	I	2178
AUGMENTING	E	490	AUTOUR	F	2479
AUGURARE	I	1759	AUTRE	F	1266
AUGUST	E	2147	AUTUMN	E	2179
AUGUST	D	2147	AUTUNNO m	I	2179
AUJOURD'HUI	F	2623	AVAMBRACCIO	I	2944
AULLANTE	S	1208	AVANT	F	1378
AULLAR	S	2088	AVANT DE	F	1380
AUMENTACION f	S	1457	AVANT QUE	F	1379

AVANT QUE	F	1379	AVEC ELEVATION	F	749
AVANTI	I	389	AVEC EMOTION	F	750
AVANT-BRAS *m*	F	2944	AVEC EMPHASE	F	753
AVEC ADORATION	F	547	AVEC ENERGIE	F	751
AVEC AFFECTION	F	557	AVEC ENTHOUSIASME	F	755
AVEC / AVEC LE / - LA / - LES	F	1288	AVEC ENTRAIN	F	769
AVEC ABANDON	F	531	AVEC ESPRIT	F	1143
AVEC ABANDON	F	532	AVEC EXACTITUDE	F	540
AVEC ADRESSE	F	714	AVEC EXACTITUDE	F	762
AVEC AFFECTATION	F	927	AVEC EXALTATION	F	761
AVEC AGILITE	F	566	AVEC EXPANSION	F	765
AVEC AGITATION	F	569	AVEC EXPRESSION	F	766
AVEC AGREMENT	F	1014	AVEC EXTASE	F	768
AVEC AISANCE	F	562	AVEC FACETIE	F	774
AVEC AISANCE	F	1141	AVEC FAIBLESSE	F	694
AVEC ALLEGRESSE	F	579	AVEC FANTAISIE	F	776
AVEC ALLEGRESSE	F	580	AVEC FASTE	F	1114
AVEC ALLEGRESSE	F	855	AVEC FERMETE	F	785
AVEC ALLEGRESSE	F	926	AVEC FEROCITE	F	788
AVEC AMABILITE	F	582	AVEC FERVEUR	F	790
AVEC AMABILITE	F	841	AVEC FEU	F	828
AVEC AME	F	598	AVEC FIERTE	F	797
AVEC AMERTUME	F	586	AVEC FLUIDITE	F	803
AVEC AMOUR	F	588	AVEC FORCE	F	809
AVEC AMPLEUR	F	591	AVEC FOUGUE	F	806
AVEC ANGOISSE	F	595	AVEC FOURBERIE	F	829
AVEC ANXIETE	F	603	AVEC FRACAS	F	1155
AVEC APRETE	F	621	AVEC FRAICHEUR	F	819
AVEC ARDEUR	F	615	AVEC FRANCHISE	F	813
AVEC ARROGANCE	F	620	AVEC FREMISSEMENTS	F	817
AVEC ASSURANCE	F	627	AVEC FRENESIE	F	1126
AVEC AUDACE	F	625	AVEC FROIDEUR	F	815
AVEC BONHEUR	F	842	AVEC FUREUR	F	831
AVEC BRAVOURE	F	637	AVEC FUREUR	F	834
AVEC BRAVOURE	F	1213	AVEC GAITE	F	837
AVEC CALME	F	649	AVEC GALANTERIE	F	840
AVEC CANDEUR	F	657	AVEC GENTILLESSE	F	846
AVEC CARACTERE	F	662	AVEC GOUT	F	869
AVEC CHALEUR	F	651	AVEC GRACE	F	864
AVEC CHARME	F	780	AVEC GRACE	F	1212
AVEC CLARTE	F	671	AVEC GRANDEUR	F	860
AVEC COEUR	F	689	AVEC GRAVITE	F	863
AVEC COLERE	F	675	AVEC GRAVITE	F	1110
AVEC COLERE	F	906	AVEC HARDIESSE	F	613
AVEC CONFIANCE	F	795	AVEC HATE	F	329
AVEC COQUETTERIE	F	674	AVEC HORREUR	F	1044
AVEC COURAGE	F	599	AVEC HUMOUR	F	1205
AVEC CRAINTE	F	1183	AVEC IMPATIENCE	F	873
AVEC DECISION	F	696	AVEC IMPETUOSITE	F	875
AVEC DEDAIN	F	1093	AVEC INDIFFERENCE	F	883
AVEC DEGOUT	F	1055	AVEC INDOLENCE	F	885
AVEC DELICATESSE	F	703	AVEC INNOCENCE	F	894
AVEC DELICE	F	707	AVEC INQUIETUDE	F	602
AVEC DELIRE	F	706	AVEC INSISTANCE	F	899
AVEC DESARROI	F	1122	AVEC INSOLENCE	F	900
AVEC DESESPOIR	F	725	AVEC IRONIE	F	909
AVEC DESINVOLTURE	F	722	AVEC IVRESSE	F	744
AVEC DESIR	F	711	AVEC JOIE	F	772
AVEC DETERMINATION	F	716	AVEC JOIE	F	851
AVEC DIGNITE	F	718	AVEC LA POINTE DE L'ARCHET *f*	F	48
AVEC DILIGENCE	F	719	AVEC LE BOIS *m*	F	57
AVEC DISCRETION	F	720	AVEC LEGERETE	F	922
AVEC DOUCEUR	F	735	AVEC LENTEUR	F	330
AVEC DOUCEUR	F	965	AVEC LUSTRE	F	937
AVEC DOULEUR	F	731	AVEC MAINTIEN	F	1026
AVEC DOULEUR	F	739	AVEC MAITRISE	F	940
AVEC DOULEUR	F	999	AVEC MELANCOLIE	F	942
AVEC DURETE	F	742	AVEC MEPRIS	F	726
AVEC ELAN	F	1125	AVEC MODERATION	F	961
AVEC ELEGANCE	F	747	· AVEC MOLLESSE	F	963

AVEC MOQUERIE	F	1084	AVVERTIRE	I	1763
AVEC MOUVEMENT	F	331	AVVIVANDO	I	390
AVEC NOBLESSE	F	979	AWAKE	E	713
AVEC OBSTINATION	F	989	AWAY / GET OUT	E	2925
AVEC PASSION	F	995	AWKWARD	E	857
AVEC PEINE	F	782	AYER	S	2421
AVEC POMPE	F	1023	AYUDAR	S	1733
AVEC PRECISION	F	1030	AZIONE f	I	2180
AVEC PROMPTITUDE	F	337	AZUL	S	2181
AVEC PRUDENCE	F	1037	AZUL	S	2197
AVEC PURETE	F	665	AZZURRO	I	2181
AVEC PURETE	F	1038			
AVEC QUELQUES LICENCES	F	334	**B**		
AVEC RAFFINEMENT	F	1049			
AVEC RAGE	F	1042	B n / ERNIEDRIGUNGSZEICHEN n	D	1464
AVEC RAIDEUR	F	1060	BACANAL f	S	1619
AVEC RANCUNE	F	1069	BACCANALE f	I	1619
AVEC RAPIDITE	F	328	BACCHANAL	E	1619
AVEC RAPIDITE	F	333	BACCHANAL n	D	1619
AVEC RAPIDITE	F	335	BACCHANALE f	F	1619
AVEC RECHERCHE	F	1056	BACCHETTA f	I	145
AVEC RECUEILLEMENT	F	1045	BACCHETTA f	I	2182
AVEC REGRET	F	1066	BACCHETTA DA TAMBURO f	I	146
AVEC RESIGNATION	F	1052	BACCHETTA DI FELTRO f	I	147
AVEC RESOLUTION	F	1071	BACCHETTA DI LEGNO f	I	148
AVEC RESPECT	F	988	BACCHETTA DI SPUGNA f	I	149
AVEC RIGUEUR	F	336	BACCHETTA IMBOTTITA f	I	150
AVEC RIGUEUR	F	1063	BACCHETTA PER PIATTI f	I	151
AVEC SENSIBILITE	F	1101	BACCHETTA PER TIMPANI f	I	152
AVEC SENTIMENT	F	1105	BACK	E	37
AVEC SERENITE	F	1108	BACK	E	2988
AVEC SEVERITE	F	1112	BACK / BACKWARDS	E	2752
AVEC SIMPLICITE	F	1100	BACKGROUND MUS.	E	2573
AVEC SOBRIETE	F	1129	BACKSIDE	E	2881
AVEC SOIN	F	691	BACK-SIDE	E	2989
AVEC SOLENNITE	F	1132	BACK-STAGE	E	2753
AVEC SOURDINE / EN SOURDINE	F	216	BAD	E	2226
AVEC STUPEUR	F	1159	BAD / BADLY	E	2519
AVEC SUFFISANCE	F	1161	BAD LUCK	E	2810
AVEC TENDRESSE	F	1173	BADAJO m / MAZO m / BATIENTE m	S	153
AVEC TIEDEUR	F	1175	BADANA f / PARCHE DE BATIDO m	S	154
AVEC TIMIDITE	F	1182	BAEUERISCH	D	1228
AVEC TRANQUILLITE	F	1192	BAGATELA f	S	1620
AVEC TRANSPORT	F	1196	BAGATELLA f	I	1620
AVEC TRISTESSE	F	952	BAGATELLE	E	1620
AVEC TRISTESSE	F	1201	BAGATELLE f	D	1620
AVEC VEHEMENCE	F	683	BAGATELLE f	F	1620
AVEC VEHEMENCE	F	1218	BAGPIPE	E	96
AVEC VELOCITE	F	338	BAGUETTE f	F	145
AVEC VENERATION	F	1221	BAGUETTE f	F	2182
AVEC VERVE	F	639	BAGUETTE DE BOIS f	F	148
AVEC VIGUEUR	F	1226	BAGUETTE DE CYMBALES f	F	151
AVEC VIOLENCE	F	1230	BAGUETTE DE FEUTRE f	F	147
AVEC VIRTUOSITE	F	1231	BAGUETTE DE TAMBOUR f	F	146
AVEC VIRTUOSITE	F	1232	BAGUETTE DE TIMBALES f	F	152
AVEC VIVACITE	F	1235	BAGUETTE D'EPONGE f	F	149
AVEC VOLUBILITE	F	1243	BAGUETTE REMBOURREE f	F	150
AVEC ZELE	F	1246	BAGUETTES DE PERCUSSION $f\,pl$	F	131
AVERE	I	1761	BAILABLE	S	2183
AVERE BISOGNO	I	1762	BAILAR	S	1765
AVERTIR	F	1763	BAILLER	F	2012
AVEUGLE	F	2234	BAISSER / ABAISSER	F	1720
AVISAR	S	1763	BAJANDO	S	501
AVISPADO	S	1233	BAJANDO	S	508
AVIVADO	S	401	BAJANTE	S	509
AVIVANDO	S	390	BAJAR	S	2016
AVIVANDO	S	400	BAJAR / CALAR	S	238
AVOIR	F	1761	BAJAR / REBAJAR	S	1720
AVOIR BESOIN	F	1762	BAJO	S	1401
AVRIL	F	2169	BAJO	S	2190

BAJO / ABAJO		S	1316	BARATO	S	2207
BAJO BUFO m			227	BARBA f	I	2187
BAJO m /		S	226	BARBA f	S	2187
BAJO CIFRADO m /				BARBARE	F	629
BAJO NUMERADO m		S	1460	BARBARISCH	D	629
BAJO CONTINUO m		S	1461	BARBARO	I	629
BAJO OBSTINADO m		S	1462	BARBARO	S	629
BALADA f		S	1621	BARBAROUS	E	629
BALALAICA f		I	3	BARBE f	F	2187
BALALAICA f		S	3	BARBILLA f	S	2969
BALALAIKA		E	3	BARCAROLA f	I	1623
BALALAIKA f		D	3	BARCAROLA f	S	1623
BALALAIKA f		F	3	BARCAROLE	E	1623
BALBETTANDO		I	626	BARCAROLLE f	F	1623
BALBETTARE		I	1764	BARCOLLANDO	I	630
BALBUCEANDO		S	626	BARCOLLANTE	I	631
BALBUCEAR		S	1764	BARD	E	2188
BALBUTIER		F	1764	BARDE m	D	2188
BALCONY / GALLERY		E	2384	BARDE m	F	2188
BALDANZA (CON)		I	627	BARDO m	I	2188
BALDANZOSO		I	628	BARDO m	S	2188
BALG m		D	196	BARIL m / BARILLET m	F	105
BALLABILE		I	2183	BARILOTTO m	I	105
BALLAD		E	1621	BARITON m	D	225
BALLADE f		D	1621	BARITONE	E	225
BALLADE f		F	1621	BARITONO m	I	225
BALLARE		I	1765	BARITONO m	S	225
BALLATA f		I	1621	BARKAROLE f	D	1623
BALLET		E	1622	BAROCCO m	I	2189
BALLET m		F	1622	BAROCK m	D	2189
BALLET m / BAILETE m		S	1622	BAROQUE	E	2189
BALLET MUS.		E	2586	BAROQUE m	F	2189
BALLETT n		D	1622	BARRA f	I	1459
BALLETTKORPS n		D	2266	BARRA f	S	1459
BALLETTMUSIK		D	2586	BARRA DE COMPAS f	S	1593
BALLETTO m		I	1622	BARRE f	F	28
BALLO m / DANZA f		I	2184	BARRE f	F	1459
BALZATO		I	54	BARRE TRANSVERSALE f	F	1593
BALZELLATO		I	55	BARREL ORGAN	E	175
BAMBINO m / - A f		I	2185	BARRILETE m	S	105
BAMBOLEANDO		S	630	BARROCO m	S	2189
BAND WIDTH		E	283	BARSCH	D	642
BANDA f / CHARANGA f		S	2186	BART m	D	2187
BANDA f / FANFARA f		I	2186	BARYTON m	F	225
BANDA DE FRECUENCIAS f		S	268	BAR-LINE	E	1459
BANDA DI FREQUENZA f		I	268	BAS	F	2190
BANDBREITE f		D	283	BASS	E	226
BANDE DE FREQUENCES f		F	268	BASS m	D	226
BANDE MAGNETIQUE f		F	294	BASS DRUM	E	134
BANDONEON m		I	170	BASS - BAR	E	28
BANDONEON m		F	170	BASSBALKEN m	D	28
BANDONEON m		S	170	BASSE f	F	226
BANDONEON n		D	170	BASSE BOUFFE f	F	227
BANDONION		E	170	BASSE CHIFFREE f	F	1460
BANDPASS FILTER		E	279	BASSE CONTINUE f	F	1461
BANDPASSFILTER m		D	279	BASSE OBSTINEE f /		
BANGE		D	605	- CONTRAINTE f	F	1462
BANGEND		D	604	BASSO	I	2190
BANJO		E	4	BASSO m	I	226
BANJO m		I	4	BASSO BUFFO m	I	227
BANJO m		F	4	BASSO CIFRATO m /		
BANJO m		S	4	BASSO NUMERATO m	I	1460
BANJO n		D	4	BASSO CONTINUO m	I	1461
BAQUETA f		S	145	BASSO OSTINATO m	I	1462
BAQUETA f / PALILLO DE TAMBOR m		S	146	BASSOON	E	85
BAQUETA DE ESPONJA f		S	149	BASSOON m	F	85
BAQUETA DE FIELTRO f		S	147	BASS-BUFFO m	D	227
BAQUETA DE LOS PLATILLOS f		S	151	BASTANTE	I	1275
BAQUETA DE TIMBAL f		S	152	BASTANTE	S	1249
BAQUETA RELLENA f		S	150	BASTANTE	S	1275

BASTANTE!	S	2191	GRATULIEREN	D	1853
BASTA!	I	2191	BEGRENZER m	D	284
BASTIDORES m pl	S	2753	BEGRIFF m / KENNTNIS f	D	2617
BATIDO m	S	269	BEHANDELN	D	2082
BATIDOR m	S	46	BEHARRLICH	D	2273
BATTAGLIO m / BATTENTE m	I	153	BEHENDE	D	565
BATTANT m	F	153	BEHENDE	D	567
BATTEMENT m	F	269	BEHERZT	D	600
BATTEMENT m / COUP m	F	163	BEHIND	E	2287
BATTERE	I	1766	BEIFALL m	D	2167
BATTIMENTO m	I	269	BEIN n	D	2958
BATTITOIA f	I	154	BEISPIEL n	D	2334
BATTRE	F	1766	BEKANNTMACHEN	D	1746
BATTUTA f	I	1463	BEKOMMEN / ERHALTEN	D	1976
BATUTA f	S	2182	BEKUEMMERT	D	555
BAUCH m	D	2979	BEKUEMMERT	D	609
BAUEN	D	1804	BEL CANTO	I	237
BAVARDER	F	1785	BEL CANTO	S	237
BE QUIET	E	1407	BELEBEN	D	1745
BE SILENT	E	1405	BELEBEND	D	387
BEAENGSTIGEND	D	597	BELEBEND	D	390
BEAK / MOUTHPIECE	E	106	BELEBEND	D	400
BEARBEITEN	D	1729	BELEBT	D	325
BEARD	E	2187	BELEBT	D	401
BEAT	E	163	BELEBT / LEBHAFT	D	388
BEAT	E	269	BELEUCHTUNG f	D	2423
BEAT / BAR	E	1463	BELICO	S	868
BEATO	I	632	BELICOSO	S	634
BEATO	S	632	BELL	E	114
BEAU / BELLE	F	2193	BELL	E	124
BEAU CHANT	F	237	BELL / JOINT	E	108
BEAUCOUP / TRES	F	1300	BELL DOWN	E	122
BEAUFTRAGEN	D	1876	BELL IN THE AIR / RAISE THE BELL	E	118
BEAUTE f	F	2192	BELL STROKE	E	164
BEAUTIFUL / GRACEFUL	E	1222	BELLEZA f	S	2192
BEAUTIFUL	E	2193	BELLEZZA f	I	2192
BEAUTIFUL SINGING	E	237	BELLICOSE	E	634
BEAUTY	E	2192	BELLICOSO	I	634
BEBEND	D	258	BELLIQUEUX	F	634
BEBEND	D	816	BELLOWS pl	E	196
BEBER	S	1767	BELLO / - A	I	2193
BEBUNG f	D	223	BELOW	E	1316
BEC m	F	106	BELOW	E	1325
BECARRE m	F	1465	BEMOL m	F	1464
BECAUSE	E	2660	BEMOL m	S	1464
BECCO m	I	106	BEMOLLE m	I	1464
BECKEN n pl	D	136	BEN / BENE	I	1276
BECKENSCHLEGEL m	D	151	BEN RITMATO	I	452
BECUADRO m	S	1465	BENACHRICHTIGEN	D	1884
BED	E	2499	BENACHRICHTIGEN / WARNEN	D	1763
BEDAUERN	D	1988	BEOBACHTEN	D	1931
BEDECKEN	D	1800	BEQUADRO m	I	1465
BEDECKT	D	166	BEQUEM	D	677
BEEILEN	D	1731	BERATEN / RATEN	D	1794
BEENDET	D	1313	BERCER	F	1809
BEENDIGEN	D	2074	BERCEUSE f	F	1681
BEFFARDO	I	633	BERE	I	1767
BEFORE	E	1378	BERG m	D	2552
BEFORE	E	1379	BERSTEND	D	1090
BEFORE	E	1380	BERUEHMT	D	2228
BEFRIEDIGT	D	2828	BERUEHMT	D	2349
BEGABUNG f	D	2871	BERUEHREN	D	2076
BEGEGNUNG f	D	2441	BERUHIGEN	D	1775
BEGINNER	E	2336	BERUHIGEND	D	415
BEGINNING	E	1287	BERUHIGEND	D	520
BEGINNING	E	2458	BESAENFTIGEND / SANFTER		
BEGINNING / PRINCIPLE	E	2697	WERDEND	D	1047
BEGLEITEN	D	1727	BESCHAEFTIGEN	D	1928
BEGLEITUNG f	D	2139	BESCHAULICH	D	685
BEGLUECKWUENSCHEN /			BESCHEIDEN	D	2549

BESCHLEUNIGEN	D	1724	BIS ZU		D	1394
BESCHLEUNIGEND	D	384	BIS ZUM		D	1395
BESCHLEUNIGT	D	385	BIS ZUM ENDE		D	1256
BESCHREIBEN	D	1816	BIS ZUM ZEICHEN		D	1263
BESCHREIBEND	D	710	BISBIGLIANDO		I	56
BESEN *m pl*	D	161	BISBIGLIARE		I	1768
BESETZT	D	2621	BISBIGLIATO		I	635
BESIDES	E	2459	BISCHERO *m* / PIROLO *m* /			
BESSER	D	2532	VOLUTA *f*		I	24
BESSER	D	2543	BISEAU *m*		F	185
BESTAENDIG	D	1148	BISSIG		D	967
BESTEHEN AUF	D	1887	BIT PLAYER / SUPERNUMERARY		E	2243
BESTIMMEN	D	1818	BITING		E	967
BESTIMMT / GEWISS	D	2230	BITTE		D	2668
BESTUERZT	D	1122	BITTE		D	2688
BESUCHEN	D	2098	BITTEN / BETEN		D	1950
BETEND	D	1032	BITTER		E	587
BETOEREND	D	886	BITTER		D	587
BETONEN	D	1726	BITTERLY		E	584
BETONT	D	447	BIZARRE		F	636
BETONUNG *f*	D	1440	BIZZARRO		I	636
BETONUNG *f*	D	2138	BLACK		E	2604
BETRUEBT	D	538	BLAETTERE UM		D	1436
BETRUEBT	D	560	BLANC		F	2194
BETRUEBT	D	686	BLANCO		S	2194
BETRUEBT	D	951	BLANDO		S	962
BETT *n*	D	2499	BLASEN		D	2035
BETTER	E	2532	BLASEN *n* / LUFTSTOSS *m*		D	2830
BETTER	E	2543	BLASMUSIK *f* / FANFARE *f*		D	2186
BETWEEN	E	2890	BLASMUSIK / HARMONIEMUSIK		D	2587
BETWEEN / AMONG / IN	E	2373	BLAU		D	2197
BEUNRUHIGT	D	577	BLECHINSTRUMENTE *n pl*		D	2638
BEVOR	D	1379	BLEIBEN		D	1985
BEVOR	D	1380	BLEISTIFT *m*		D	2526
BEWEGEN	D	1925	BLEU		F	2197
BEWEGEND	D	394	BLEU CIEL		F	2181
BEWEGLICH	D	960	BLICK *m*		D	2812
BEWEGLICHKEIT *f*	D	2546	BLIND		E	2234
BEWEGT	D	352	BLIND		D	2234
BEWEGUNG *f*	D	1349	BLISSFUL		E	632
BEWEGUNG *f* / SATZ *m*	D	2556	BLITHELY		E	579
BEWEISEN	D	1823	BLITZ *m*		D	2378
BEZAHLEN	D	1933	BLITZEND / ZUENDEND		D	825
BEZEICHNUNG *f* / HINWEIS *m*	D	2444	BLOCKFLOETE *f*		D	89
BEZIFFERN	D	1788	BLOOD		E	2987
BEZIFFERTER BASS *m*	D	1460	BLU		I	2197
BIANCO	I	2194	BLUE		E	2197
BICHORD	E	1277	BLUME *f*		D	2365
BICORDO	I	1277	BLUMEN *f pl*		D	245
BIEN	F	1276	BLURRED / DULL		E	983
BIEN	S	1276	BLUT *n*		D	2987
BIEN RITMADO	S	452	BOCA *f*		S	2945
BIEN RYTHME	F	452	BOCCA *f*		I	2945
BIENHEUREUX	F	632	BOCCHINO *m*		I	107
BIGLIETTO *m*	I	2195	BODEN *m*		D	37
BILANCIA *f*	I	186	BOGEN *m*		D	22
BILD *n* / GEMAELDE *n*	D	2718	BOGENFUEHRUNG *f*		D	50
BILLET *m*	F	2195	BOGENHAARE *n pl*		D	33
BILLETE *m*	S	2195	BOHEMIEN *m* / - NE *f* / TZIGANE *m* + *f*		F	2939
BILLIG	D	2207	BOHRUNG *f*		D	195
BINAIRE	F	1466	BOIRE		F	1767
BINARIO	I	1466	BOIS *m*		F	2497
BINARIO	S	1466	BOIS *m pl*		F	2496
BINARY	E	1466	BOITE *f*		F	2786
BINDEBOGEN *m*	D	1519	BOITE A MUSIQUE *f*		F	2787
BINDEN	D	1904	BOITE EXPRESSIVE DU RECIT *f*		F	191
BIRIMBAO *m*	S	180	BOITEUX		F	576
BIRNE *f* / WULST *m*	D	105	BOITEUX		F	2940
BIRTHDAY	E	2244	BOLD		E	614
BIS	I	2197	BOLD		E	628
BIS ZU	D	1314	BOLDLY		E	612

BOLERO	E	1624	BRECHEN	D	2048
BOLERO *m*	I	1624	BREF	F	1278
BOLERO *m*	D	1624	BREIT	D	344
BOLERO *m*	F	1624	BREITE *f*	D	2493
BOLERO *m*	S	1624	BREITER WERDEND	D	413
BOMBARDON	E	74	BREITER WERDEND	D	419
BOMBARDON *m*	F	74	BREITER WERDEND	D	434
BOMBARDON *m*	S	74	BREMSEN	D	1860
BOMBARDON *n*	D	74	BREMSEND	D	417
BOMBARDONE *f*	I	74	BREMSEND	D	424
BOMBASTIC / ROARING	E	1065	BRENNEND	D	611
BOMBO *m*	S	134	BREVE	I	1278
BON / BONNE	F	2202	BREVE	S	1278
BON MARCHE	F	2207	BRIDGE	E	40
BONDI	F	54	BRIDGE	E	1557
BONDISSANT	F	1083	BRIGHT	E	935
BONE	E	2976	BRILLANT	F	638
BONGO *m*	I	123	BRILLANT	E	824
BONGO *m*	F	123	BRILLANTE	I	638
BONGO *m*	S	123	BRILLANTE	S	638
BONGO DRUM	E	123	BRILLE *f*	D	2620
BONGO-TROMMEL *f*	D	123	BRINCADO	S	54
BONJOUR	F	2206	BRINDIS *m* / CANCION BAQUICA *f*	S	2203
BONNE NUIT	F	2200	BRINDISI *m*	I	2203
BONSOIR	F	2201	BRIO (CON)	I	639
BOOK	E	2501	BRIOSO	I	640
BOQUILLA *f* / EMBOCADURA *f*	S	107	BRIOSO	S	640
BORBOTTARE	I	1769	BRISKLY	E	578
BORD *m*	F	159	BROADCAST / TELECAST	E	2895
BORDE *m*	S	159	BROADCASTING	E	2738
BORDON *m*	S	155	BROADENING	E	413
BORDONIERA *f*	I	155	BROADENING	E	434
BORING	E	2610	BROKEN	E	2775
BORRAR	S	1778	BROMA *f* / CHISTE *f*	S	2791
BORRASCOSO	S	646	BROMEAR	S	2017
BOSTEZAR	S	2012	BRONTOLANDO	I	641
BOTONES DE LOS REGISTROS *m pl*	S	187	BRONTOLARE	I	1770
BOTTONI DEI REGISTRI *m pl*	I	187	BROSSES *f pl*	F	161
BOUCHE / ETOUFFE	F	119	BROWN	E	2524
BOUCHE *f*	F	2945	BRUIT *m*	F	306
BOUFFE	F	2205	BRUMEUX	F	972
BOUNCING	E	64	BRUMMEN	D	1770
BOUND / TIED	E	463	BRUMMEND	D	641
BOUNDED	E	54	BRUNNEN *m*	D	2369
BOUT DU DOIGT *m*	F	2984	BRUSCO	I	642
BOUTONS DE REGISTRES *m pl*	F	187	BRUSCO	S	642
BOW	E	22	BRUSQUE	E	642
BOW / CURTSEY	E	2439	BRUSQUE	F	642
BOWING	E	50	BRUST *f*	D	2980
BOX	E	2640	BRUSTKORB *m*	D	2994
BOX	E	2786	BRUSTSTIMME *f*	D	263
BOY	E	2739	BRUTAL	E	643
BRACCIO *m*	I	2946	BRUTAL	D	643
BRACE / BRACKET	E	1443	BRUTAL	F	643
BRANO *m*	I	2198	BRUTAL	S	643
BRAS *m*	F	2946	BRUTALE	I	643
BRASS	E	2638	BRUTTO	I	2204
BRASS-BAND	E	2186	BRUYANT	F	2776
BRATSCHE *f*	D	18	BUCH *n*	D	2501
BRAUCHEN	D	1762	BUCHSTABE *m* / BRIEF *m*	D	2498
BRAUN	D	2524	BUEGELHORN *n* / FLUEGELHORN *n*	D	91
BRAVE	E	600	BUEHNE *f*	D	2641
BRAVISSIMO	I	2199	BUEHNE *f* / SZENE *f*	D	2789
BRAVURA (CON)	I	637	BUEHNENBILD *n*	D	2790
BRAZO *m*	S	2946	BEUHNENMUSIK	D	2576
BREAST	E	2980	BUENAS NOCHES	S	2200
BREATH	E	2358	BUENAS TARDES	S	2201
BREATH / PUFF	E	2830	BUENDIG	D	1289
BREATHING PAUSE	E	254	BUENO / BUENA	S	2202
BREATHLESS	E	552	BUENOS DIAS	S	2206

BUFFO	I	2205
BUFFO BASS	E	227
BUFO	S	2205
BUON MERCATO	I	2207
BUONA NOTTE	I	2200
BUONA SERA	I	2201
BUONGIORNO	I	2206
BUONO / - A	I	2202
BURLANDO	I	644
BURLANDO	S	644
BURLESCA f	I	1625
BURLESCA f	S	1625
BURLESCAMENTE	I	645
BURLESCAMENTE	S	645
BURLESCO	S	1084
BURLESKE f	D	1625
BURLESQUE	E	1625
BURLESQUE f	F	1625
BURLON	S	633
BURNING	E	890
BURRASCOSO	I	646
BURSTING	E	1090
BUSCAR	S	1783
BUSSARE	I	1771
BUT	E	1335
BUT NOT TOO MUCH	E	1336
BUTTARE	I	1772
BUTTERFLY	E	2350
BY HEART	E	2156
BY STEP / CONJUNCT	E	1476

C

CABALLERESCO	S	668
CABELLOS m pl	S	2947
CABEZA f	S	2993
CABEZA MAGNETICA f	S	308
CACCIA f	I	2208
CACHE	F	1352
CACHET m	F	2625
CACOFONIA f	I	2209
CACOFONIA f	S	2209
CACOPHONIE f	F	2209
CACOPHONY	E	2209
CADA / TODO	S	1357
CADA VEZ	S	1358
CADENA f / BARRA ARMONICA f	S	28
CADENCE	E	1467
CADENCE f	F	1467
CADENCIA f	S	1467
CADENZA f	I	1467
CADERA f	S	2942
CADERE	I	1773
CADRE m	F	212
CAD. EVITADA / INTERRUMPIDA f	S	1468
CAD. EVITATA / D'INGANNO f	I	1468
CAD. EVITEE / INTERROMPUE f	F	1468
CAD. PARFAITE f	F	1469
CAD. PERFECTA f	S	1469
CAD. PERFETTA f	I	1469
CAER	S	1773
CAESURA	E	1470
CAHIER m	F	2717
CAISSE CLAIRE f	F	141
CAISSE DE RESONANCE f	F	27
CAISSE ROULANTE f	F	128
CAJA f	S	157
CAJA f	S	2786
CAJA f / BASTIDOR m	S	212
CAJA DE MUSICA f	S	2787
CAJA DE RESONANCIA f	S	27
CAJA EXPRESIVA f	S	191
CAJA MILITAR f	S	141
CALANDO	I	508
CALANTE	I	509
CALARE	I	238
CALARE	I	1774
CALCANDO	I	494
CALDAIA f	I	156
CALDAMENTE	I	647
CALDERON m	S	1482
CALDO	I	648
CALEFACCION f	S	2766
CALENTANDO	S	403
CALIDAD f	S	2723
CALIENTE	S	648
CALLAR	S	2070
CALLARSE	S	1406
CALLATE	S	1405
CALLATE	S	1407
CALLE f / CAMINO m	S	2857
CALM	E	650
CALM / SEDATE	E	1027
CALMA (CON)	I	649
CALMANDO	I	415
CALMANDO	S	415
CALMAR	S	1775
CALMARE	I	1775
CALME	F	650
CALMER	F	1775
CALMING	E	415
CALMO	I	650
CALMO	S	650
CALORE (CON)	I	651
CALOROSAMENTE	I	652
CALOROSO	I	653
CALUROSAMENTE	S	647
CALUROSAMENTE	S	652
CALUROSO	S	653
CAMA f	S	2499
CAMARA DE AIRE f	S	205
CAMBIAMENTO m	I	2240
CAMBIAMENTO m	I	2210
CAMBIANDO	S	1279
CAMBIAR	S	1776
CAMBIAR	S	2014
CAMBIARE	I	1776
CAMBIATA f / NOTE CHANGEE f	F	1540
CAMBIO m	S	2785
CAMERA f	I	2211
CAMINANDO	S	391
CAMMINANDO	I	391
CAMMINARE	I	1777
CAMPAGNA f	I	2212
CAMPAGNE f	F	2212
CAMPANA f	I	108
CAMPANA f	S	108
CAMPANA f	S	124
CAMPANA f	S	124
CAMPANAS TUBULARES f pl	S	125
CAMPANE / PADIGLIONI IN ALTO	I	118
CAMPANE TUBOLARI f pl	I	125
CAMPANELLI m pl	I	126
CAMPESTRE	I	654
CAMPESTRE	S	654
CAMPO m	S	2212
CANAL m	S	270
CANALE m	I	270
CANCELLARE	I	1778
CANCION f	S	1630
CANCION DE CUNA f	S	1681

CANCION INFANTIL f	S	1631	CAPRICIOUS	E	533
CANDID	E	656	CAPRICIOUS	E	661
CANDIDAMENTE	I	655	CARA f / MEMBRANA f	S	158
CANDIDAMENTE	S	655	CARA f / ROSTRO m	S	2954
CANDIDE	F	656	CARACOL m / VOLUTA f	S	43
CANDIDEMENT	F	655	CARACTERISTICO	S	2216
CANDIDLY	E	655	CARACTERISTIQUE	F	2216
CANDIDO	I	656	CARAMILLO m / CHIRIMIA f /		
CANDIDO	S	656	DULZAINA f	S	102
CANDORE (CON)	I	657	CARATTERE (CON)	I	662
CANGIANDO	I	1279	CARATTERISTICO	I	2216
CANNA f	I	188·	CAREFUL	E	541
CANNA AD ANCIA f	I	189	CAREFULLY	E	539
CANNA LABIALE f	I	190	CAREFULLY	E	1252
CANON	E	1626	CARESSANT	F	534
CANON m	F	1626	CARESSANT	F	535
CANON m	S	1626	CARESSANT	F	663
CANONE m	I	1626	CARESSFULLY	E	535
CANORO	I	239	CARESSING	E	534
CANORO	S	239	CARESSING	E	663
CANSADO	S	2851	CARESSING	E	1223
CANTABILE	I	658	CAREZZEVOLE	I	663
CANTABLE	S	658	CARGADO	S	664
CANTANDO	I	659	CARICATO	I	664
CANTANDO	S	659	CARILLON	E	127
CANTAR	S	1779	CARILLON m	I	127
CANTAR JUSTO / AFINADAMENTE	S	240	CARILLON m	F	127
CANTARE	I	1779	CARILLON m	S	127
CANTARE GIUSTO	I	240	CARINOSO	S	535
CANTATA	E	1627	CARINOSO	S	559
CANTATA f	I	1627	CARINOSO	S	1224
CANTATA f	S	1627	CARINO / - A	I	2217
CANTATE f	F	1627	CARITATIVO	S	1018
CANTICCHIARE	I	1780	CARNAVAL m	F	2218
CANTICLE	E	1628	CARNAVAL m	S	2218
CANTICO m	I	1628	CARNEVALE m	I	2218
CANTICO m	S	1628	CARNIVAL	E	2218
CANTIDAD	S	2726	CARO	I	2219
CANTILENA f	I	1629	CARO / - A	I	2220
CANTILENA f	S	1629	CARO / - A	S	2220
CANTILENE	E	1629	CARRACA f / MATRACA f	S	137
CANTILENE f	F	1629	CARRASPEAR	S	2018
CANTINO m	I	25	CARRIED	E	477
CANTIQUE m	F	1628	CARRYING	E	476
CANTO m	I	2213	CARRYING THE VOICE	E	252
CANTO m	S	2213	CARTA f / LETRA f	S	2498
CANTURREAR	S	1780	CARTA DA MUSICA f	I	2221
CANZONANDO	I	660	CARTELLONE m	I	2222
CANZONE f	I	1630	CARTELON m	S	2222
CANZONE INFANTILE m	I	1631	CARTRIDGE	E	272
CAPELLI m pl	I	2947	CASA f	I	2223
CAPILLA f	S	2215	CASA f	S	2223
CAPIRE	I	1781	CASA EDITORIAL f	S	2224
CAPODASTRE m / BARRE f	F	26	CASA EDITRICE f	I	2224
CAPOLAVORO m	I	2214	CASARSE	S	2052
CAPOTASTO	E	26	CASCABEL m	S	138
CAPOTASTO m	I	26	CASE	E	23
CAPPELLA f	I	2215	CASE	E	117
CAPRICCIO	E	1632	CASI	S	1382
CAPRICCIO m	I	1632	CASSA ARMONICA f /		
CAPRICCIO n	D	1632	DI RISONANZA f	I	27
CAPRICCIOSO	I	661	CASSA ESPRESSIVA f	I	191
CAPRICE m	F	1632	CASSA RULLANTE f / TAMBURINO m	I	128
CAPRICHO m	S	1632	CASSE	F	2775
CAPRICHOSO	S	661	CASSER	F	2005
CAPRICHOSO	S	770	CASSER	F	2048
CAPRICHOSO	S	848	CASTAGNETTE f pl / NACCHERE f pl	I	129
CAPRICIEUSEMENT	F	533	CASTAGNETTES f pl	F	129
CAPRICIEUX	F	661	CASTANETS pl	E	129
CAPRICIEUX	F	848	CASTANUELAS f pl	S	129

CASTIGATEZZA (CON)	I	665	CETRA *f*	I	5
CASTIGATO	I	666	CETRA DA TAVOLO *f*	I	6
CASTO	I	667	CETTE FOIS	F	2732
CASTO	S	667	CHACONA *f*	S	1634
CATALOGO *m*	I	2225	CHACONNE	E	1634
CATALOGO *m*	S	2225	CHACONNE *f*	D	1634
CATALOGUE / CATALOG	E	2225	CHACONNE *f*	F	1634
CATALOGUE *m*	F	2225	CHAGRINE	F	538
CATENA *f*	I	28	CHAINE *f*	F	270
CATTIVO / - A	I	2226	CHALEUREUSEMENT	F	647
CAVALLERESCO	I	668	CHALEUREUSEMENT	F	652
CAVATINA	E	1633	CHALEUREUX	F	653
CAVATINA *f*	I	1633	CHALUMEAU *m* / PIPEAU *m*	F	102
CAVATINA *f*	S	1633	CHAMBER MUS.	E	2566
CAVATINE *f*	F	1633	CHAMBER ORCHESTRA	E	2629
CAVIGLIERA *f*	I	29	CHAMBRE *f*	F	2211
CAZA *f*	S	2208	CHAMPETRE	F	654
C'E / CI SONO	I	2227	CHANCE *f*	F	2372
CEDENDO	I	510	CHANCELANT	F	631
CEDER	F	1782	CHANCELANT	F	1210
CEDER	S	1782	CHANGE	E	1351
CEDERE	I	1782	CHANGE	F	1351
CEDIENDO	S	510	CHANGEMENT *m*	F	2210
CEDRA *f* / CISTRO *m* / CITOLA *f*	S	5	CHANGER	F	1926
CEJA *f* / CEJILA *f*	S	44	CHANGER	F	1776
CEJUELA *f*	S	26	CHANGING	E	1279
CELEBRAR	S	1855	CHANGING NOTE	E	1540
CELEBRATED	E	2228	CHANNEL	E	270
CELEBRE	I	2228	CHANSON *f*	F	1630
CELEBRE	F	2228	CHANSON ENFANTINE *m*	F	1631
CELEBRE	S	2228	CHANT *m*	F	2213
CELEBRE	F	2349	CHANTANT	F	658
CELERAMENTE	I	326	CHANTER	F	1779
CELERE	I	327	CHANTER JUSTE	F	240
CELERE	S	327	CHANTER TROP BAS	F	238
CELESTA	E	171	CHANTER TROP HAUT	F	243
CELESTA *f*	I	171	CHANTERELLE *f*	F	25
CELESTA *f*	D	171	CHANTONNER	F	1780
CELESTA *f*	S	171	CHAPEL	E	2215
CELESTA *m*	F	171	CHAPELLE *f*	F	2215
CELESTE	F	669	CHAQUE	F	1357
CELESTE / CELESTIAL	S	669	CHAQUE FOIS	F	1358
CELESTE / CELESTIALE	I	669	CHARACTERISTIC	E	2216
CELESTIAL	E	669	CHARAKTERISTISCH	D	2216
CELOSO	S	1245	CHARGE	F	664
CELOSO	S	2386	CHARGED	E	664
CELUI-CI / CELLE-CI / CECI	F	2733	CHARGER	F	1876
CELUI-LA / CELLE-LA / CELA	F	2731	CHARITABLE	F	1018
CEMBALO *n*	D	172	CHARIVARI	F	2574
CENCERRADA	S	2574	CHARLAR	S	1785
CENCERREAR	S	2058	CHARMANT	F	924
CENTER	E	2229	CHARMING	E	881
CENTRE *m*	F	2229	CHASSE *f*	F	2208
CENTRO *m*	I	2229	CHASTE	E	667
CENTRO *m*	S	2229	CHASTE	F	667
CERCA	S	2690	CHASTE / PURE	E	666
CERCA	S	2928	CHAUD	F	648
CERCARE	I	1783	CHAUFFAGE *m*	F	2766
CERRADO	S	2232	CHE	I	1280
CERRAR	S	1787	CHEAP	E	2207
CERTAIN	E	2230	CHEEK	E	2962
CERTAIN	F	2230	CHEERFUL	E	871
CERTO	I	2230	CHEERFUL	E	929
CESAR	S	1784	CHEERS	E	2781
CESAR	S	2033	CHEF-D'OEUVRE *m*	F	2214
CESSARE	I	1784	CHER	F	2219
CESSER	F	1784	CHER / CHERE	F	2220
CESSER	F	2033	CHERCHER	F	1783
CESURA *f*	I	1470	CHEST VOICE	E	263
CESURA *f*	S	1470	CHEVALERESQUE	F	668
CESURE *f*	F	1470	CHEVALET *m*	F	40

77

CHEVEUX *m pl*	F	2947
CHEVILLE *f*	F	24
CHEVILLIER *m*	F	29
CHIACCHERARE	I	1785
CHIARAMENTE	I	670
CHIAREZZA (CON)	I	671
CHIARO	I	672
CHIAVE *f*	I	109
CHIAVE *f*	I	1472
CHIEDERE	I	1786
CHIESA *f*	I	2231
CHIFFRER	F	1788
CHILD	E	2185
CHILDISH	E	887
CHILDREN'S SONG	E	1631
CHIME-BELLS *pl*	E	126
CHIN	E	2969
CHIN - REST	E	39
CHISPEANTE	S	1116
CHITARRA *f*	I	7
CHIUDERE	I	1787
CHIUSO	I	2232
CHIUSO / TAPPATO	I	119
CHIVALRIC	E	668
CHOCAR	S	2089
CHOCHET DE LA NOTE *m*	F	1473
CHOEUR *m*	F	2265
CHOICE / SELECTION	E	2788
CHOIR	E	2265
CHOISIR	F	2015
CHOIX *m*	F	2788
CHOR *m*	D	2265
CHORAL	E	1638
CHORAL *m*	D	1638
CHORAL *m*	F	1638
CHORAL *m* / GESANGVEREIN *m*	D	2262
CHORAL MUS.	E	2562
CHORALE	E	2262
CHORALE *f*	F	2262
CHORD	E	1444
CHOREOGRAPHIE *f*	D	2264
CHOREOGRAPHIE *f*	F	2264
CHOREOGRAPHY	E	2264
CHORMUSIK	D	2562
CHOSE *f*	F	2271
CHROMATIC	E	1483
CHROMATIQUE	F	1483
CHROMATISCH	D	1483
CHROTTA *f*	D	10
CHROTTA *f* / CROUTH *m*	F	10
CHUCHOTANT	F	56
CHUCHOTE	F	635
CHUCHOTER	F	1768
CHURCH	E	2231
CHURCH MUS.	E	2567
CHURCH MUS.	E	2583
CHURCH-MODE	E	1531
CIACCONA *f*	I	1634
CICLO *m*	I	2233
CICLO *m*	S	2233
CICLO DE LAS QUINTAS *m*	S	1471
CIECO	I	2234
CIEGO	S	2234
CIEL *m*	F	2235
CIELO *m*	I	2235
CIELO *m*	S	2235
CIERTO	S	2230
CIFRAR	S	1788
CIFRARE	I	1788
CILINDRO ROTATIVO *m*	I	110
CIMBALILLOS DIGITALES *m pl*	S	130
CIMBALINI *m pl*	I	130
CINTA MAGNETICA *f*	S	294
CIRCLE OF FIFTH	E	1471
CIRCOLO DELLE QUINTE *m*	I	1471
CISTER *f*	D	5
CISTRE *m*	F	5
CITARA *f*	S	6
CITHARE *f*	F	6
CITTERN	E	5
CIVETTANDO	I	673
CIVETTERIA (CON)	I	674
CLACQUETTES *f pl*	S	2886
CLAIR	F	672
CLAIR	F	977
CLAIR / NET	F	976
CLAIREMENT	F	670
CLAIREMENT	F	975
CLAPPER	E	153
CLAQUETTES *f pl*	F	2886
CLARAMENTE	S	670
CLARAMENTE	S	975
CLARINET	E	75
CLARINETE *m*	S	75
CLARINETTE *f*	F	75
CLARINETTO *m*	I	75
CLARO	S	672
CLASICO	S	2236
CLASSIC	E	2236
CLASSICO	I	2236
CLASSIQUE	F	2236
CLAVE *f*	S	1472
CLAVECIN *m*	F	172
CLAVES *f pl*	I	131
CLAVES *f pl*	S	131
CLAVICEMBALO *m*	I	172
CLAVICEMBALO *m*	S	172
CLAVICHORD	E	173
CLAVICORDE *m*	F	173
CLAVICORDIO *m*	S	173
CLAVICORDO *m*	I	173
CLAVIER *m*	F	209
CLAVIJA *f*	S	24
CLAVIJERO *m*	S	29
CLEAN	E	976
CLEAN	E	2711
CLEAR	E	672
CLEAR	E	931
CLEARLY	E	670
CLEARLY	E	975
CLEF	E	1472
CLEF *f*	F	109
CLEF *f*	F	1472
CLOCHE *f*	F	124
CLOCHES TUBOLAIRES *f pl*	F	125
CLOSE TO THE BRIDGE	E	71
CLOSED	E	2232
COARSE	E	866
CODA *f*	I	1281
CODETTA *f*	I	1473
CODO *m*	S	2961
COEUR *m*	F	2949
COJEANDO	S	576
COJO	S	2940
COL LEGNO *m*	I	57
COLA *f*	S	1281
COLABORACION *f*	S	2237
COLACHON *m*	F	8
COLACHON *m*	S	8

COLASCIONE	E	8	COMMOSSO	I	678
COLASCIONE m	I	8	COMMOVEDOR	S	679
COLASCIONE m	D	8	COMMOVENTE	I	679
COLD	E	2377	COMMUN	F	2249
COLDLY	E	814	COMMUOVERE	I	1789
COLECCION f	S	2238	COMO	S	1283
COLECCION f	S	2736	COMO ADAGIETTO	S	315
COLEREUSEMENT	F	545	COMO ANTES	S	1284
COLEREUX	F	907	COMO ARRIBA	S	1285
COLEREUX	F	1152	COMO ESTA	S	1286
COLLABORATION	E	2237	COMO UNA BALADA	S	529
COLLABORATION f	F	2237	COMO UNA FLAUTA	S	1315
COLLABORAZIONE f	I	2237	COMODAMENTE	I	680
COLLECTION	E	2238	COMODO	S	677
COLLECTION	E	2736	COMPARSA m + f	I	2243
COLLECTION f	F	2238	COMPAS m	S	1463
COLLERA (CON)	I	675	COMPAS m / MENSURA f	S	1528
COLLEZIONE f	I	2238	COMPETITION / MUSICAL CONTEST	E	2251
COLLO m	I	2948	COMPIACEVOLE	I	681
COLOFONIA f	I	30	COMPLACENT	E	681
COLOPHANE f	F	30	COMPLACIENTE	S	681
COLOR m	S	2239	COMPLAISANT	F	681
COLORATURA	E	241	COMPLEANNO m	I	2244
COLORATURA	E	241	COMPLESSO m	I	2245
COLORATURA f	I	232	COMPLET	F	2247
COLORATURE f	F	241	COMPLETAMENTE	I	2246
COLORE m	I	2239	COMPLETAMENTE	S	2246
COLORITO m / TIMBRO m	I	2240	COMPLETE	E	2247
COLOUR / COLOR	E	2239	COMPLETELY	E	2246
COLPO m	I	163	COMPLETEMENT	F	2246
COLPO m	I	1282	COMPLETO	I	2247
COLPO DEL BATTAGLIO m	I	164	COMPLETO	S	2247
COLPO DI LINGUA m	I	120	COMPONER	S	1790
COLPO DI TAMBURO m	I	165	COMPORRE	I	1790
COLTO	I	2241	COMPOSER	F	1790
COMA m	S	1474	COMPOSICION f	S	2248
COMBIEN?	F	2727	COMPOSITION	E	2248
COME	I	1283	COMPOSITION f	F	2248
COME PRIMA	I	1284	COMPOSIZIONE f	I	2248
COME SOPRA	I	1285	COMPRAR	S	1791
COME STA	I	1286	COMPRARE	I	1791
COMEDIA f	S	2242	COMPRENDER	S	1781
COMEDIE f	F	2242	COMPRENDRE	F	1781
COMEDY	E	2242	COMPRESOR m	S	271
COMENZANDO	S	1287	COMPRESSEUR m	F	271
COMER	S	1911	COMPRESSING	E	494
COMFORTABLE	E	564	COMPRESSOR	E	271
COMFORTABLY	E	680	COMPRESSORE m	I	271
COMIC	E	2205	COMPRIMIENDO	S	494
COMICAL	E	676	COMPTER	F	1796
COMICO	I	676	COMPTEZ	F	1290
COMICO	S	676	COMUN	S	2249
COMINCIANDO	I	1287	COMUNE	I	2249
COMIQUE	F	676	CON / COL / COLLA / COI / COLLE	I	1288
COMMA	E	1474	CON / CON EL / - LA / - LOS / - LAS	S	1288
COMMA m	I	1474	CON ABANDONO	S	531
COMMA m	F	1474	CON ABANDONO	S	532
COMME	F	1283	CON ADORACION	S	547
COMME ADAGIETTO	F	315	CON AFECTACION	S	1056
COMME AVANT	F	1284	CON AFLICCION	S	537
COMME PLUS HAUT	F	1285	CON AFLICCION	S	731
COMME UNE BALLADE	F	529	CON AGILIDAD	S	566
COMMEDIA f	I	2242	CON AGITACION	S	569
COMMENCEMENT m	F	2458	CON AGRADO	S	1014
COMMENCER	F	1877	CON ALEGRIA	S	578
COMMODEMENT	F	680	CON ALEGRIA	S	579
COMMODIOUS	E	677	CON ALEGRIA	S	580
COMMODO / COMODO	I	677	CON ALEGRIA	S	837
COMMON	E	2249	CON ALGUNAS LICENCIAS	S	334
COMMON CHORD	E	1445	CON ALMA	S	598

CON AMABILIDAD	S	582	CON ESPIRITU	S	1143
CON AMARGURA	S	586	CON ESTREPITO	S	1155
CON AMOR	S	588	CON ESTRO	S	769
CON AMPLITUD	S	591	CON ESTUPOR	S	1159
CON ANGUSTIA	S	553	CON EXACTITUD	S	762
CON ANGUSTIA	S	603	CON EXALTACION	S	761
CON ANGUSTIA	S	595	CON EXCITACION	S	683
CON ANIMO	S	599	CON EXPANSION	S	765
CON ANSIA	S	602	CON EXPRESION	S	766
CON ARDOR	S	611	CON EXTASIS	S	768
CON ARDOR	S	615	CON EXULTACION	S	772
CON ARREBADO	S	1196	CON FANTASIA	S	776
CON ARREBADO	S	1125	CON FASCINACION	S	780
CON ARROGANCIA	S	620	CON FEROCIDAD	S	788
CON ASPEREZA	S	621	CON FERVOR	S	790
CON ASTUCIA	S	829	CON FIRMEZA	S	785
CON ATREVIMIENTO	S	627	CON FLOJEDAD	S	963
CON ATREVIMIENTO	S	797	CON FLUIDEZ	S	803
CON AUDACIA	S	625	CON FRANQUENZA	S	813
CON BRAVURA	S	637	CON FRESCOR	S	819
CON BRILLO	S	937	CON FRIALDAD	S	815
CON BRIO	S	639	CON FUEGO	S	828
CON CALMA	S	649	CON FUERZA	S	809
CON CALOR	S	651	CON FURIA	S	831
CON CANDOR	S	657	CON FUROR	S	834
CON CARACTER	S	662	CON GALANTERIA	S	840
CON CARICIA	S	663	CON GARBO	S	841
CON CARINO	S	557	CON GENTILEZA	S	846
CON CARINO	S	558	CON GOZO	S	851
CON CELERIDAD	S	328	CON GRACIA	S	864
CON CELERITA	I	328	CON GRACIA	S	1212
CON CELO	S	1246	CON GRANDEZA	S	860
CON CHISTE	S	774	CON GRAVIDAD	S	863
CON CLARIDAD	S	671	CON GUSTO	S	869
CON COLERA	S	545	CON HUMOR	S	1205
CON COLERA	S	675	CON IMPACIENCIA	S	873
CON COMODIDAD	S	564	CON IMPETU	S	875
CON CONFIANZA	S	795	CON - / IN FRETTA	I	329
CON COQUETERIA	S	674	CON INDIFERENCIA	S	883
CON CORAZON	S	689	CON INDOLENCIA	S	885
CON DEBILIDAD	S	694	CON INOCENCIA	S	894
CON DECISION	S	696	CON INSISTENCIA	S	899
CON DELICADEZA	S	703	CON INSOLENCIA	S	900
CON DELICIA	S	707	CON IRA	S	906
CON DELIRIO	S	706	CON IRONIA	S	909
CON DESAHOGO	S	680	CON JUBILO	S	855
CON DESASOSIEGO	S	1126	CON LA BOCA CHICA	S	1255
CON DESDEN	S	1093	CON LA MADERA f	S	57
CON DESENVOLTURA	S	722	CON LA PUNTA f	S	48
CON DESEO	S	711	CON LENTEZZA	I	330
CON DESESPERACION	S	725	CON LENTITUD	S	330
CON DESPRECIO	S	726	CON LETICIA	S	926
CON DESTREZA	S	714	CON LIGEREZA	S	922
CON DETERMINACION	S	716	CON MAESTRIA	S	940
CON DIGNIDAD	S	718	CON MANO	S	965
CON DILIGENCIA	S	719	CON MELANCOLIA	S	942
CON DISCRECION	S	720	CON MODERACION	S	961
CON DISGUSTO	S	1055	CON MOTO	I	331
CON DOLOR / CON DUELO	S	739	CON MOVIMIENTO	S	331
CON DULZURA	S	735	CON MUCHO CARINO	S	590
CON DUREZA	S	742	CON MUCHO GUSTO	S	2936
CON ELEGANCIA	S	747	CON NATURAL	S	971
CON ELEVACION	S	749	CON NOBLEZA	S	979
CON EMOCION	S	750	CON OBSTINACION	S	989
CON ENERGIA	S	751	CON OSADIA	S	613
CON ENFASIS	S	753	CON PASION	S	607
CON ENTUSIASMO	S	755	CON PASION	S	995
CON ESMERO	S	540	CON PENA	S	782
CON ESPANTO	S	1044	CON PENA	S	999
CON ESPANTO	S	1122	CON POMPA	S	1114

CON POMPA	S	1023	CONCERT-HALL	E	2779
CON PORTE	S	1026	CONCIENZUDO	S	2269
CON PRECIPITACION	S	332	CONCIERTO m	S	1635
CON PRECIPITAZIONE	I	332	CONCIERTO m / RECITAL m	S	2250
CON PRECISION	S	1030	CONCIS	F	1289
CON PRESTEZA	S	333	CONCISE	E	1289
CON PRESTEZZA	I	333	CONCISO	I	1289
CON PRISA	S	329	CONCISO	S	1289
CON PRONTITUD	S	337	CONCITATO	I	682
CON PRONTITUD	S	408	CONCITAZIONE (CON)	I	683
CON PRUDENCIA	S	1037	CONCLUSION	E	1475
CON PUREZA	S	665	CONCLUSION f	F	1475
CON PUREZA	S	1038	CONCLUSION f	S	1475
CON QUALCHE LICENZA	I	334	CONCLUSIONE f	I	1475
CON RABIA	S	1042	CONCORSO m	I	2251
CON RAPIDEZ	S	335	CONCOURS m	F	2251
CON RAPIDITA	I	335	CONCRETE MUS.	E	2560
CON REFINACION	S	1049	CONCURSO m	S	2251
CON RESENTIMIENTO	S	1069	CONCUSSION STICKS pl	E	131
CON RESIGNACION	S	1052	CONDENSER MICR.	E	289
CON RESOLUCION	S	1071	CONDESCENDING / LETTING DOWN	E	508
CON RESPETO	S	988	CONDUIRE / GUIDER	F	1871
CON RIGIDEZ	S	1060	CONFUSION	E	2252
CON RIGOR	S	336	CONFUSION f	F	2252
CON RIGOR	S	1063	CONFUSION f	S	2252
CON RIGORE	I	336	CONFUSIONE f	I	2252
CON SENSIBILIDAD	S	1101	CONGIUNTO	I	1476
CON SENTIMIENTO	S	1066	CONJOINT	F	1476
CON SENTIMIENTO	S	1105	CONJUNCTO	S	1476
CON SERENIDAD	S	1108	CONJUNTO m	S	2245
CON SERIEDAD	S	1110	CONMOVER	S	1789
CON SEVERIDAD	S	1112	CONMOVIDO	S	678
CON SIMPLICIDAD	S	1100	CONNAITRE	F	1793
CON SOBRIEDAD	S	1129	CONOCER	S	1793
CON SOLEMNIDAD	S	1132	CONOSCERE	I	1793
CON SOLTURA	S	562	CONSCIENCIEUX	F	2269
CON SOLTURA	S	1141	CONSCIENTIOUS	E	2269
CON SORDINA	I	216	CONSEILLER	F	1794
CON SORDINA	S	216	CONSERVATOIRE / CONSERVATORY	E	2253
CON SPEDITEZZA	I	337	CONSERVATORE m	F	2253
CON SUFICIENCIA	S	1161	CONSERVATORIO m	I	2253
CON TEMBLOR	S	817	CONSERVATORIO m	S	2253
CON TEMOR	S	1000	CONSIGLIARE	I	1794
CON TEMOR	S	1183	CONSOLACION f	S	1636
CON TERNURA	S	1173	CONSOLADOR	S	684
CON TIBIEZA	S	1175	CONSOLANT	F	684
CON TIMIDEZ	S	1182	CONSOLANTE	I	684
CON TRANQUILIDAD	S	1192	CONSOLAR	S	1795
CON TRISTEZA	S	952	CONSOLARE	I	1795
CON TRISTEZA	S	1201	CONSOLATION	E	1636
CON TUTTA LA FORZA	I	453	CONSOLATION f	D	1636
CON VALOR	S	1213	CONSOLATION f	F	1636
CON VEHEMENCIA	S	1218	CONSOLAZIONE f	I	1636
CON VELOCIDAD	S	338	CONSOLER	F	1795
CON VELOCITA	I	338	CONSOLING	E	684
CON VENERACION	S	1221	CONSONANCE	E	1477
CON VIGOR	S	1226	CONSONANCE f	F	1477
CON VIOLENCIA	S	1230	CONSONANCIA f	S	1477
CON VIRTUOSISMO	S	1231	CONSONANT	E	2254
CON VIVACIDAD / CON VIVEZA	S	1235	CONSONANTE f	I	2254
CON VOLUBILIDAD	S	1243	CONSONANTE f	S	2254
CONCENTRARSE	S	1792	CONSONANZA f	I	1477
CONCENTRARSI	I	1792	CONSONNE f	F	2254
CONCERT / RECITAL	E	2250	CONSTANT	E	2273
CONCERT m / RECITAL m	F	2250	CONSTANT	F	2273
CONCERT AGENCY	E	2145	CONSTANTE	S	2273
CONCERTO	E	1635	CONSTRUIR	S	1804
CONCERTO m	I	1635	CONSTRUIRE	F	1804
CONCERTO m	F	1635	CONTACT m	E	2255
CONCERTO m	I	2250	CONTACT m	F	2255

CONTACT MICR.	E	290	CONTREBASSON m	F	76
CONTACTO m	S	2255	CONTREDANSE f	F	1637
CONTANDO	S	1046	CONTREPOINT m	F	1478
CONTANO	I	1290	CONTRESUJET m	F	1479
CONTAR	S	1796	CONTRE-CHANT m	F	1481
CONTAR	S	1963	CONTRE-TEMPS m	F	1480
CONTARE	I	1796	CONTRISTATO	I	686
CONTATTO m	I	2255	CONTRO	I	1293
CONTEMPLATIF	F	685	CONTROCANTO m	I	1481
CONTEMPLATIVE	E	685	CONVAINCRE	F	1798
CONTEMPLATIVO	I	685	CONVENCER	S	1798
CONTEMPLATIVO	S	685	CONVINCERE	I	1798
CONTEMPORARY MUS.	E	2261	CONVULSE	F	687
CONTENER	S	1968	CONVULSIVE	E	687
CONTENIDO m	S	2257	CONVULSIVO	S	687
CONTENT	F	2256	CONVULSO	I	687
CONTENTO	I	2256	COPERCHIO m	I	192
CONTENTO	S	2256	COPERTO / VELATO	I	166
CONTENTS pl	E	2257	COPIAR	S	1799
CONTENU m	F	2257	COPIARE	I	1799
CONTENUTO m	I	2257	COPIER	F	1799
CONTESTAR	S	1999	COPRIRE	I	1800
CONTINU	F	1292	COPYRIGHT / ROYALTIES pl	E	2298
CONTINUA	I	1291	COQUETEANDO	S	673
CONTINUACION f	S	2800	COQUETTING	E	673
CONTINUAR	S	1797	COR m	F	80
CONTINUARE	I	1797	COR ANGLAIS / ENGLISH HORN	E	83
CONTINUATION	E	2800	COR ANGLAIS m	F	83
CONTINUE	S	1291	COR DE CHASSE m / BUGLE m	F	81
CONTINUER	F	1797	COR DES ALPES m	F	82
CONTINUEZ	F	1291	CORAL f	S	2262
CONTINUIDAD f	S	2258	CORAL m	S	1638
CONTINUITA f	I	2258	CORALE f	I	2262
CONTINUITE f	F	2258	CORALE m	I	1638
CONTINUITY	E	2258	CORAZON m	S	2949
CONTINUO	I	1292	CORCHETE m	S	1443
CONTINUOUS	E	1292	CORDA f	I	31
CONTRA	S	1293	CORDA f	I	2263
CONTRABAJO m	S	9	CORDAL m	S	32
CONTRABBASSO m	I	9	CORDE f	F	31
CONTRACANTO m	S	1481	CORDE f	F	2263
CONTRACT	E	2261	CORDE INCROCIATE f pl	I	193
CONTRADANZA f	S	1637	CORDE VOCALI f pl	I	242
CONTRADDANZA f	I	1637	CORDES CROISEES f pl	F	193
CONTRAFAGOT m	S	76	CORDES VOCALES f pl	F	242
CONTRAFAGOTTO m	I	76	CORDIER m	F	32
·CONTRAINT	F	461	CORDIERA f	I	32
CONTRAIRE m	F	2259	COREOGRAFIA f	I	2264
CONTRALTO m	I	228	COREOGRAFIA f	S	2264
CONTRALTO m	S	228	CORNAMUSA f / GAITA f	S	96
CONTRAPPUNTO m	I	1478	CORNEMUSE f / BINIOU m	F	96
CONTRAPUNTO m	S	1478	CORNER / ANGLE	E	2161
CONTRARIO m	I	2259	CORNET	E	77
CONTRARIO m	S	2259	CORNET	E	78
CONTRARY	E	2259	CORNET m	F	77
CONTRARY MOTION	E	1536	CORNET A BOUQUIN m	F	79
CONTRASOGGETTO m	I	1479	CORNET A PISTON m	F	78
CONTRAST	E	2260	CORNETA f	S	77
CONTRASTE m	F	2260	CORNETA f	S	79
CONTRASTO m	I	2260	CORNETIN m	S	78
CONTRASTO m	S	2260	CORNETT	E	79
CONTRASUJETO m	S	1479	CORNETTA f	I	77
CONTRAT m	F	2261	CORNETTA A PISTONI f	I	78
CONTRATIEMPO m	S	1480	CORNETTO m	I	79
CONTRATO m	S	2261	CORNO m	I	80
CONTRATO m	S	2795	CORNO m / TROMPA f / CUERNO m	S	80
CONTRATTEMPO m	I	1480	CORNO DA CACCIA m	I	81
CONTRATTO m	I	2261	CORNO DELLE ALPI m	I	82
CONTRE	F	1293	CORNO INGLES m	S	83
CONTREBASSE f	F	9	CORNO INGLESE m	I	83

CORO m	I	2265	COUTER	F	1803	
CORO m	S	2265	COUVERCLE m / ROULEAU m	F	192	
CORONA f	I	1482	COUVERT / SOURD	F	166	
CORPO DI BALLO m	I	2266	COUVRIR	F	1800	
CORPS m	F	116	CRADLE SONG	E	1681	
CORPS DE BALLET	E	2266	CRAINTIF	F	1002	
CORPS DE BALLET m	F	2266	CRAINTIVEMENT	F	1184	
CORRECT	E	2267	CRAYON m	F	2526	
CORRECT	F	2267	CREAR	S	1805	
CORRECTO	S	2267	CREARE	I	1805	
CORREGGERE	I	1801	CRECELLE f	F	137	
CORREGIR	S	1801	CRECER	S	1807	
CORRENTE	I	339	CRECIENDO	S	495	
CORRENTE f	I	1639	CREDERE	I	1806	
CORRER	S	1802	CREER	F	1806	
CORRERE	I	1802	CREER	S	1805	
CORRETTO	I	2267	CRESCENDO	I	495	
CORRIENDO	S	339	CRESCERE	I	243	
CORRIGER	F	1801	CRESCERE	I	1807	
CORTAR	S	2071	CRIER	F	1867	
CORTE f	I	2268	CRINES f pl / CUERDAS DEL			
CORTE f	S	2268	ARCO f pl	S	33	
CORTE m	S	2870	CRINI m pl	I	33	
CORTO	I	1294	CRINS m pl	F	33	
CORTO	S	1294	CRITICA f	I	2275	
COSA f	I	2271	CRITICA f	S	2275	
COSA f	S	2271	CRITICAR	S	1808	
COSA?	I	2270	CRITICARE	I	1808	
COSCIENZIOSO	I	2269	CRITICISM	E	2275	
COSI	I	2272	CRITIQUE f	F	2275	
COSTANTE	I	2273	CRITIQUER	F	1808	
COSTAR	S	1803	CROIRE	F	1806	
COSTARE	I	1803	CROISER	F	1879	
COSTOSO	S	2219	CROITRE / GRANDIR	F	1807	
COSTRUIRE	I	1804	CROMATICO	I	1483	
COSTUMBRE m	S	2136	CROMATICO	S	1483	
COSTUME	E	2274	CROMORNE / CRUMHORN	E	84	
COSTUME m	I	2274	CROMORNE m	F	84	
COSTUME m	F	2274	CROMORNO m	I	84	
COU m	F	2948	CROOKED	E	2856	
COUCHER DE SOLEIL m	F	2894	CROSS	E	1151	
COUDE m	F	2961	CROSS / TRANSVERSE FLUTE	E	90	
COULANT	F	1092	CROSS RELATION	E	1502	
COULEUR f	F	2239	CROSSING HANDS	E	224	
COULISSE f	F	117	CROSS-BAR / BEAM	E	1593	
COULISSES f pl	F	2753	CROSS-STRUNG /			
COUNT	E	1290	OVERSTRUNG SCALE	E	193	
COUNTER SUBJECT	E	1479	CROTTA f	I	10	
COUNTER VOICE	E	1481	CROWTH / CROWD	E	10	
COUNTERPOINT	E	1478	CRUDELE	I	2276	
COUNTRY	E	654	CRUEL	E	2276	
COUNTRY	E	2212	CRUEL	F	2276	
COUNTRY-DANCE	E	1637	CRUEL	S	2276	
COUP m	F	1282	CRUJIENTE	S	822	
COUP DE BAGUETTE m	F	165	CRUSHED NOTE	E	1441	
COUP DE BATTANT m	F	164	CRUZANDO LAS MANOS	S	224	
COUP DE LANGUE	F	120	CRUZAR	S	1879	
COUP D'ARCHET m	F	50	CRYING	E	1015	
COUPER	F	2071	CUADERNO m	S	2717	
COUPLER	E	184	CUADRO m	S	2718	
COUPURE f	F	2870	CUADRO DE DISTRIBUCION m	S	299	
COUR f	F	2268	CUALQUIER	S	2724	
COURANT	F	339	CUANDO	S	2725	
COURANTE	E	1639	CUANTO?	S	2727	
COURANTE f	D	1639	CUARTETO m	S	2728	
COURANTE f	F	1639	CUARTETO DE CUERDA m	S	2729	
COURANTE f	S	1639	CUARTO m	S	2211	
COURIR	F	1802	CUATRILLO m	S	1563	
COURT	F	1294	CUATRO MANOS	S	2730	
COURT	E	2268	CUBIERTO	S	166	

CUBRIR	S	1800	DANKE	D	2410
CUCHICHEADO	S	635	DANKE GLEICHFALLS	D	2411
CUCHICHEAR	S	1768	DANKEN	D	1991
CUELLO *m*	S	2948	DANN	D	1373
CUENTEN	S	1290	DANN	D	2151
CUERDA *f*	S	31	DANN / ANSCHLIESSEND / NACH	D	1306
CUERDA *f*	S	2263	DANS / EN / A	F	2433
CUERDAS CRUZADAS *f pl*	S	193	DANS LE / DANS LA	F	2606
CUERDAS VOCALES *f pl*	S	242	DANSANT	F	692
CUERNO ALPINO *m*	S	82	DANSANT	F	2183
CUERPO *m*	S	116	DANSE *f* / BAL *m*	F	2184
CUERPO COREOGRAFICO	S	2266	DANSE MACABRE *f*	F	1641
CUIDADO (CON)	S	691	DANSER	F	1765
CUIDADOSAMENTE	S	1252	DANZA *f* / BAILE *m*	S	2184
CUIDADO!	S	2175	DANZA DE LAS BRUJAS *f*	S	1640
CUIDAR	S	1810	DANZA DEI MORTI /		
CUIVRES *m pl*	F	2638	DANZA MACABRA *f*	I	1641
CULLANDO	I	688	DANZA DELLE STREGHE *f*	I	1640
CULLARE	I	1809	DANZA MACABRA *f*	S	1641
CULTIVATED	E	2241	DANZANDO	S	692
CULTIVE	F	2241	DANZANTE	I	692
CUMPLEANOS *m*	S	2244	DAPPERTUTTO	I	1298
CUNNING	E	829	DAR	S	1812
CUNNING	E	2382	DAR RITMO	S	2003
CUORE (CON)	I	689	DARE	I	1812
CUORE *m*	I	2949	DARK	E	987
CUPO	I	690	DARK	E	1171
CURA (CON)	I	691	DARK	E	2799
CURAR / SANAR	S	1870	DARTING	E	1083
CURARE	I	1810	DAS	D	2114
CURIEUX	F	2277	DAS MEISTE	D	1320
CURIOSO	I	2277	DASSELBE	D	1330
CURIOSO	S	2277	DAUER *f*	D	2318
CURIOUS	E	2277	DAUERN	D	1837
CURTAIN	E	2826	DAUERND BEWEGT	D	1678
CUSTODIRE	I	1811	DAUMEN *m*	D	2982
CUTTING	E	2870	DAY	E	2398
CYCLE	E	2233	DAYBREAK	E	2149
CYCLE *m*	F	2233	DE FACON BURLESQUE	F	645
CYCLE DES QUINTES *m*	F	1471	DE GOLPE	S	1299
CYLINDRE A ROTATION *m*	F	110	DE GRADO EN GRADO /		
CYMBAL STICK	E	151	GRADUALMENTE	S	1318
CYMBALES *f pl*	F	136	DE MEMORIA	S	2156
CYMBALES DIGITALES *f pl*	F	130	DE REPENTE	S	1383
CYMBALS *pl*	E	136	DE TOUTES SES FORCES	F	453
			DE TOUTES SES FORCES	F	1417
D			DE VIVE VOIX	F	1434
			DEAF	E	2836
DAEMPFER ABHEBEN	D	1331	DEAFENING / RESOUNDING	E	1067
DAEMPFEN	D	2034	DEAR	E	2220
DAEMPFER *m*	D	206	DEATH	E	2553
DAEMPFER *m*	D	1400	DEBER / TENER QUE	S	1835
DAEMPFER WEG	D	1414	DEBIL	S	454
DAILY	E	2397	DEBIL	S	693
DAILY	E	2735	DEBILE / DEBOLE	I	693
DAL PRINCIPIO	I	1295	DEBILITANDO	S	504
DAL SEGNO	I	1296	DEBILITANDO	S	518
DAL SEGNO AL FINE	I	1297	DEBILITAR	S	1880
DAMP / HUMID	E	2903	DEBILMENTE	S	695
DAMPER	E	206	DEBOLE	I	454
DANCE	E	2184	DEBOLEZZA (CON)	I	694
DANCE DES SORCIERES *f*	F	1640	DEBOLMENTE	I	695
DANCE MACABRE	E	1641	DEBONNAIREMENT	F	1047
DANCE MUS.	E	2564	DEBUET *n*	D	2278
DANCE OF THE WITCHES	E	1640	DEBUETIEREN	D	1845
DANCEABLE	E	2183	DEBUT *m*	F	2278
DANCING	E	692	DEBUT *m* / PRINCIPE *m*	F	2697
DANGEROUS	E	2664	DEBUTANTE *m + f*	S	2336
DANGEUREUX	F	2664	DEBUTANTE *m* / -E *f*	F	2336
DANKBAR	D	2409	DEBUTAR	S	1845

DEBUTER	F	1845	DELICADAMENTE	S	702
DEBUTO m	S	2278	DELICATAMENTE	I	702
DEBUTTO m / ESORDIO m	I	2278	DELICATE	E	858
DECEMBER	E	2286	DELICATELY	E	702
DECEMBRE	F	2286	DELICATEMENT	F	702
DECHIRANT	F	1154	DELICATEZZA (CON)	I	703
DECHIRE	F	1146	DELICIEUSEMENT	F	708
DECIBEL	E	273	DELICIOSAMENTE	S	708
DECIBEL m	I	273	DELIE	F	1088
DECIBEL m	F	273	DELIGHTFULLY	E	708
DECIBELIO m	S	273	DELIMITER	E	284
DECIDE	F	697	DELIRANDO	I	704
DECIDED	E	697	DELIRANT	F	705
DECIDER	F	1813	DELIRANTE	S	704
DECIDERE	I	1813	DELIRANTE	S	705
DECIDIDO	S	697	DELIRANTE / DELIROSO	I	705
DECIDIR	S	1813	DELIRIO (CON)	I	706
DECIR	S	1824	DELIZIA (CON)	I	707
DECISIONE (CON)	I	696	DELIZIOSAMENTE	I	708
DECISO	I	697	DEMAIN	F	2312
DECKE f	D	47	DEMANDER	F	1786
DECKEL m / WELLE f / KLAPPE f	D	192	DEMANDER	F	1832
DECLAIMED	E	699	DEMI	F	1343
DECLAIMING	E	698	DEMIE	F	1341
DECLAMADO	S	699	DEMI-TON m	F	1580
DECLAMANDO	I	698	DEMI VOLUME	F	1342
DECLAMANDO	S	698	DEMONIACAL	E	709
DECLAMAR	S	1814	DEMONIACO	I	709
DECLAMARE	I	1814	DEMONIACO	S	709
DECLAMATO	I	699	DEMONIAQUE	F	709
DECLAME	F	699	DEMONTRER	F	1823
			DEMOSTRAR	S	1823
DECLAMER	F	1814	DEMUETIG	D	1204
DECOUSU	F	2797	DENKEN	D	1937
DECREASING	E	511	DENKEND	D	1007
DECRECIENDO	S	511	DEN MUT VERLIEREN	D	2020
DECRESCENDO	I	511	DENT DE SCIE f	F	274
DECRIRE	F	1816	DENTE DI SEGA m	I	274
DEDAIGNEUX	F	1094	DENTI m pl	I	2950
DEDANS	F	2280	DENTRO	I	2280
DEDEO m	S	2310	DENTRO	S	2280
DEDICA f	I	2279	DENTS f pl	F	2950
DEDICACE f	F	2279	DEPART m	F	2644
DEDICAR	S	1815	DEPARTURE	E	2644
DEDICARE	I	1815	DEPLAISANT	F	2844
DEDICATION	E	2279	DEPLORAR	S	1988
DEDICATORIA f	S	2279	DEPLORER	F	1988
DEDIER	F	1815	DEPLOYE	F	1140
DEDO m	S	2952	DER	D	2113
DEFAUT m	F	2288	DERECHA f	S	2282
DEFECTO m	S	2288	DERECHO / RECTO	S	2300
DEGNO	I	700	DERECHOS DE AUTOR m pl	S	2298
DEGRE m	F	1512	DERECHOS DE EJECUCION m pl	S	2299
DEGREE	E	1512	DERNIER	F	1422
DEGUISEMENT m	F	2897	DERNIERE FOIS	F	2901
DEHNEND	D	439	DERRIERE	F	2287
DEHORS	F	2381	DERRIERE m	F	2989
DEHORS!	F	2925	DERSELBE / DASSELBE	D	1338
DEI / DELLE	I	2119	DES	F	2119
DEIN	D	2127	DESACCORD m	F	2301
DEIN / DEINE	D	2121	DESACCORDE	F	2793
DEJA	F	2394	DESAFINADO	S	2793
DEJAR	S	1901	DESAFINAR	S	2055
DEKLAMIEREN	D	1814	DESAGRADABLE	S	2844
DEKLAMIEREND	D	698	DESAROLLO m	S	1599
DEKLAMIERT	D	699	DESASOSIEGADO	S	1127
DELAYING	E	418	DESATADO	S	67
DELGADO	S	764	DESATAR / SOLTAR	S	2053
DELIBERADAMENTE	S	701	DESCANSAR	S	1995
DELIBERATAMENTE	I	701	DESCANSO m	S	2765
DELIBERATELY	E	701	DESCENDANT	F	1489
DELIBEREMENT	F	701	DESCENDENTE	S	1489

DESCENDER	S	1774	DESTINY	E	2281
DESCENDING	E	1489	DESTO	I	713
DESCENDRE	F	2016	DESTRA	I	2282
DESCONSOLADO	S	1089	DESTREZZA (CON)	I	714
DESCONTENTO	S	2462	DESVANECTIENDO	S	441
DESCORAZONARSE	S	2020	DESVIAR	S	1820
DESCRIBIR	S	1816	DETACHE / NET	F	67
DESCRIPTIF	F	710	DETACHE / PIQUE	F	487
DESCRIPTIVE	E	710	DETACHED	E	487
DESCRIPTIVE MUS.	E	2572	DETACHER	F	2053
DESCRIPTIVO	S	710	DETAILLER	F	1819
DESCRITTIVO	I	710	DETAILLIEREN	D	1819
DESCRIVERE	I	1816	DETALLAR	S	1819
DESDE EL PRINCIPIO	S	1250	DETERMINADO	S	715
DESDE EL PRINCIPIO	S	1295	DETERMINAR	S	1818
DESDE EL SIGNO	S	1296	DETERMINARE	I	1818
DESDE EL SIGNO HASTA EL FIN	S	1297	DETERMINATO	I	715
DESDENOSO	S	1094	DETERMINAZIONE (CON)	I	716
DESDICHA *f*	S	2810	DETERMINE	F	715
DESDICHADAMENTE	S	2715	DETERMINED	E	715
DESEAR	S	1817	DETERMINER	F	1818
DESEAR / FELICITAR	S	1759	DETONIEREN	D	257
DESEMBARAZADO	S	1142	DETONIEREN	D	2055
DESENFRENADO	S	1120	DETONNER	F	257
DESENTONAR	S	257	DETONNER	F	2055
DESENVUELTO	S	721	DETRAS DE	S	2287
DESESPERADAMENTE	S	723	DETTAGLIARE	I	1819
DESESPERE	F	724	DETTATO *m*	I	1484
DESESPEREMENT	F	723	DEUIL *m*	F	2511
DESFLORAR	S	2030	DEUTLICH	D	729
DESGARRADO	S	1146	DEUTLICH AUSSPRECHEN	D	1756
DESGARRADOR	S	1154	DEUTUNG *f* / GESTALTUNG *f*	D	2474
DESGRACIA *f*	S	2305	DEUX CORDES	F	217
DESIDERARE	I	1817	DEVELOPMENT	E	1599
			DEVELOPPEMENT *m*	F	1599
DESIDERIO (CON)	I	711	DEVENIR	F	1829
DESINVOLTE	F	721	DEVIARE	I	1820
DESINVOLTE	F	1142	DEVIER	F	1820
DESIRER	F	1817	DEVIL	E	2285
DESLIADO	S	483	DEVINER	F	1882
DESMAYARSE	S	2069	DEVOIR	F	1835
DESOLADO	S	712	DEVOLVER	S	1974
DESOLATE	E	712	DEVOT	F	717
DESOLATO	I	712	DEVOTO	S	717
DESOLE	F	712	DEVOTO / DIVOTO	I	717
DESOLE	F	1089	DEVOUT	E	717
DESORDENADO	S	2306	DEZEMBER	D	2286
DESORDONNE	F	2306	DEZIBEL *n*	D	273
DESPACIO	S	316	DI COLPO	I	1299
DESPACIO	S	345	DI MOLTO	I	1300
DESPERADO	S	724	DI NUOVO	I	1301
DESPERATE	E	724	DI PIU	I	1302
DESPERATELY	E	723	DIABLE *m*	F	2285
DESPERTADO	S	1166	DIABLO *m*	S	2285
DESPERTANDO	S	498	DIAFRAGMA *m*	S	272
DESPERTANDO	S	500	DIAFRAGMA *m*	S	2951
DESPERTARSE	S	2068	DIAFRAMMA *m*	I	272
DESPIERTO	S	713	DIAFRAMMA *m*	I	2951
DESPLEGADO	S	1140	DIALOG *m*	D	2283
DESPLEGANDO	S	499	DIALOGO *m*	I	2283
DESPUES	S	1305	DIALOGO *m*	S	2283
DESPUES	S	1373	DIALOGUE	E	2283
DESPUES SIGUE	S	1374	DIALOGUE *m*	F	2283
DESSINER	F	1827	DIAPASON *m*	I	2284
DESSOUS	F	1401	DIAPASON *m*	F	2284
DESSUS	F	1399	DIAPASON *m*	S	2284
DESTACADO	S	487	DIAPHRAGM	E	2951
DESTIN *m*	F	2281	DIAPHRAGMA *n*	D	2951
DESTINO *m*	I	2281	DIAPHRAGME *m*	F	272
DESTINO *m*	S	2281	DIAPHRAGME *m*	F	2951

DIARIO	S	2397	DIMINUER	F	1822
DIARIO	S	2735	DIMINUIRE	I	1822
DIATONIC	E	1485	DIMINUITO	I	1487
DIATONICO	I	1485	DIMINUTION *f*	F	1488
DIATONICO	S	1485	DIMINUZIONE *f*	I	1488
DIATONIQUE	F	1485	DIMOSTRARE	I	1823
DIATONISCH	D	1485	DINAMICA *f*	I	2293
DIAVOLO *m*	I	2285	DINAMICA *f*	S	2293
DIBUJAR	S	1827	DING *f*	D	2271
DICEMBRE	I	2286	DIO	I	2294
DICHTERISCH	D	1022	DIOS	S	2294
DICIEMBRE	S	2286	DIRE	I	1824
DICK	D	2414	DIRE	F	1824
DICTADO *m*	S	1484	DIRECCION *f*	S	2296
DICTATION	E	1484	DIRECCION *f*	S	2297
DICTEE *f*	F	1484	DIRECCION *f*	S	2446
DIE	D	2115	DIRECCION ESCENICA	S	2744
DIE	D	2116	DIRECT	E	2295
DIE	D	2117	DIRECT	F	2295
DIE GANZE KRAFT	D	1417	DIRECT / STRAIGHT ON	E	2300
DIE GLEICHE GESCHWINDIGKEIT	D	349	DIRECTION *f*	F	2296
DIENSTAG	D	2523	DIRECTION *f*	F	2297
DIENTE DE SIERRA *m*	S	274	DIRECTION / WAY	E	2296
DIENTES *m pl*	S	2950	DIRECTO	S	2295
DIESE *m*	F	1486	DIREKT	D	2295
DIESER / DIESE / DIESES	D	2733	DIREKT / GERADEAUS	D	2300
DIESIS *m*	I	1486	DIREKTION *f* / LEITUNG *f*	D	2297
DIESMAL	D	2732	DIRETTO	I	2295
DIETRO	I	2287	DIREZIONE *f*	I	2296
DIEU	F	2294	DIREZIONE *f*	I	2297
DIFERENCIA *f*	S	2289	DIRIGER	F	1825
DIFERIDO	S	2764	DIRIGERE	I	1825
DIFERIENDO	S	418	DIRIGIEREN	D	1825
DIFERIR	S	1993	DIRIGIR	S	1825
DIFETTO *m*	I	2288	DIRITTI D'AUTORE *m pl*	I	2298
DIFFERENCE	E	2289	DIRITTI D'ESECUZIONE *m pl*	I	2299
DIFFERENCE *f*	F	2289	DIRITTO	I	2300
DIFFERENT	E	1303	DIRTY	E	2846
DIFFERENT	F	1303	DISACCORDO *m*	I	2301
DIFFERENZA *f*	I	2289	DISCENDENTE	I	1489
DIFFICILE	I	2290	DISCO *m*	I	2302
DIFFICILE	F	2290	DISCO *m*	S	2302
DIFFICOLTA *f*	I	2291	DISCONSOLATE	E	1089
DIFFICULT	E	2290	DISCORD	E	2301
DIFFICULTE *f*	F	2291	DISCOTECA *f*	I	2303
DIFFICULTY	E	2291	DISCOTECA *f*	S	2303
DIFICIL	S	2290	DISCOTHEQUE	E	2303
DIFICULDAD *f*	S	2291	DISCOTHEQUE *f*	F	2303
DIGNE	F	700	DISCRETO	I	2304
DIGNITA (CON)	I	718	DISCRETO / PASABLE	S	2304
DIGNO	S	700	DISCREZIONE (CON)	I	720
DIKTAT *n*	D	1484	DISCULPARSE	S	2022
DILETANTE *m* / AFICIONADO *m*	S	2292	DISCUTER	F	1826
DILETTANT *m* / LIEBHABER *m*	D	2292	DISCUTERE	I	1826
DILETTANTE *m*	I	2292	DISCUTIR	S	1826
DILIGENZA (CON)	I	719	DISDAINFUL	E	1094
DILUENDO	I	512	DISEGNARE	I	1827
DILUENDO	S	512	DISFRAZ *m*	S	2897
DILUNGANDO	I	513	DISGRAZIA *f*	I	2305
DILUTING	E	506	DISGUISE	E	2897
DILUTING	E	512	DISINVOLTO	I	721
DIMANCHE	F	2313	DISINVOLTURA (CON)	I	722
DIMENTICARE	I	1821	DISKOTHEK *f*	D	2303
DIMINISHED	E	1487	DISKUTIEREN	D	1826
DIMINISHING	E	514	DISMINUCION *f*	S	1488
DIMINISHING	E	522	DISMINUENDO	S	514
DIMINISHING	E	523	DISMINUIDO	S	1487
DIMINUATION	E	1488	DISMINUIR	S	1822
DIMINUE	F	1487	DISMINUYENDO	S	523
DIMINUENDO	I	514	DISONANCIA *f*	S	1490
			DISONANCIA *f*	S	2301

DISORDINATO	I	2306
DISPARI	I	2307
DISPERATAMENTE	I	723
DISPERATO	I	724
DISPERAZIONE (CON)	I	725
DISPLAYING	E	499
DISPREZZO (CON)	I	726
DISQUE m	F	2302
DISSATISFIED	E	2462
DISSONANCE	E	1490
DISSONANCE f	F	1490
DISSONANZ f	D	1490
DISSONANZA f	I	1490
DISTANCE	E	2308
DISTANCE f	F	2308
DISTANCIA f	S	2308
DISTANT	E	455
DISTANT	E	727
DISTANT	F	727
DISTANTE	I	455
DISTANTE	I	727
DISTANTE	S	727
DISTANZA f	I	2308
DISTENDERSI	I	1828
DISTESO	I	728
DISTINCT	E	729
DISTINCT	F	729
DISTINTO	I	729
DISTINTO	S	729
DISTORSION f	F	275
DISTORSION f	S	275
DISTORSIONE f	I	275
DISTORTION	E	275
DISTRAIDO	S	2309
DISTRAIT	F	2309
DISTRATTO	I	2309
DISTRESSED	E	609
DITEGGIATURA f	I	2310
DITO m	I	2952
DIVAGANDO	I	730
DIVAGANDO	S	730
DIVENTARE	I	1829
DIVERSO	I	1303
DIVERSO	S	1303
DIVERTENTE	I	2311
DIVERTIDO	S	2311
DIVERTIMENTO m	I	1642
DIVERTIMENTO n / UNTERHALTUNG f	D	1642
DIVERTIMIENTO m	S	1642
DIVERTIRSE	S	1830
DIVERTIRSI	I	1830
DIVERTISSEMENT	E	1642
DIVERTISSEMENT m	F	1642
DIVIDED	E	1304
DIVIDERE	I	1831
DIVIDIDO	S	1304
DIVIDIR	S	1831
DIVISE	F	1304
DIVISER	F	1831
DIVISO	I	1304
DOBLE	S	1306
DOBLE BEMOL m	S	1493
DOBLE CUERDA f	S	58
DOBLE SOSTENIDO m	S	1494
DOCKE f / SPRINGER m	D	203
DOCTEUR m	F	2530
DOCTOR	E	2530
DODECAFONIA f	I	1491
DODECAFONISMO m	S	1491
DODECAPHONISME m	F	1491
DODECAPHONY	E	1491
DOGLIA (CON)	I	731
DOGLIOSO	I	732
DOIGT m	F	2952
DOIGTE m	F	2310
DOLCE	I	733
DOLCEMENTE	I	734
DOLCEZZA (CON)	I	735
DOLCISSIMO	I	736
DOLENDO	I	737
DOLENTE	I	738
DOLIENTE	S	738
DOLIENTE	S	2829
DOLORE (CON) / DUOLO (CON)	I	739
DOLORIDO	S	544
DOLOROSO	S	732
DOLOROSO	I	740
DOLOROSO	S	740
DOMANDARE	I	1832
DOMANI	I	2312
DOMENICA	I	2313
DOMINANT	E	1492
DOMINANT SEVENTH	E	1585
DOMINANTE f	D	1492
DOMINANTE f	F	1492
DOMINANTE f	S	1492
DOMINANTE f	D	1492
DOMINANTSEPTIME f	D	1585
DOMINGO	S	2313
DOMMAGE	F	2653
DONDE / EN - / A - / DE - ?	S	2315
DONNA f	I	2314
DONNER	F	1812
DONNER m	D	2899
DONNERND / DROEHNEND	D	1186
DONNERSTAG	D	2400
DON'T MENTION IT / YOU ARE WELCOME	E	2688
DOOR	E	2680
DOPO	I	1305
DOPPELGRIFF	D	1277
DOPPELGRIFF m	D	58
DOPPELKREUZ n	D	1494
DOPPELSCHLAG m	D	1513
DOPPELT	D	1306
DOPPEL-B n	D	1493
DOPPIA CORDA f	I	58
DOPPIO	I	1306
DOPPIO BEMOLLE m	I	1493
DOPPIO DIESIS m	I	1494
DORIAN	E	1495
DORICO	I	1495
DORICO	S	1495
DORIEN	F	1495
DORISCH	D	1495
DORMIR	F	1833
DORMIR	S	1833
DORMIRE	I	1833
DORSO m	S	2881
DORSO DE LA MANO m	S	2953
DORSO DELLA MANO m	I	2953
DORT	D	2492
DOS m	F	2988
DOS CUERDAS	S	217
DOS DE LA MAIN m	F	2953
DOSARE	I	1834
DOSER	F	1834
DOSIEREN	D	1834
DOSIFICAR	S	1834
DOSILLO m	S	1496

DOT	E	1562
DOTTED / DETACHED	E	478
DOUBLE	E	1306
DOUBLE	F	1306
DOUBLE m	F	1513
DOUBLE BASS	E	9
DOUBLE BASSOON / CONTRABASSOON	E	76
DOUBLE BEMOL m	F	1493
DOUBLE CORDE f	F	58
DOUBLE DIESE m	F	1494
DOUBLE FLAT	E	1493
DOUBLE SHARP	E	1494
DOUBLE STOP	E	58
DOUCEMENT	F	472
DOUCEMENT	F	734
DOULOUREUSEMENT	F	738
DOULOUREUSEMENT	F	938
DOULOUREUX	F	544
DOULOUREUX	F	732
DOULOUREUX	F	740
DOUTER	F	1836
DOUX	F	733
DOUX / TENDRE	F	589
DOUX / VELOUTE	F	966
DOVERE	I	1835
DOVE?	I	2315
DOWNBOW	E	51
DRAENGEND	D	342
DRAENGEND	D	398
DRAENGEND	D	399
DRAENGEND	D	405
DRAFT	E	2134
DRAGGED	E	446
DRAGGING	E	378
DRAGGING	E	440
DRAGGING	E	444
DRAGGING	E	445
DRAMA	E	2316
DRAMA m	S	2316
DRAMA n	D	2316
DRAMATIC	E	741
DRAMATIC / HIGH DRAMATIC SOPRANO	E	231
DRAMATIC MUS.	E	2577
DRAMATICO	S	741
DRAMATIQUE	F	741
DRAMATISCH	D	741
DRAMATISCHE MUSIK	D	2577
DRAMATISCHER / HOCHDRAMATISCHER SOPRAN m	D	231
DRAME m	F	2316
DRAMMA m	I	2316
DRAMMATICO	I	741
DRAUSSEN / HINAUS	D	2381
DRAWING	E	443
DRAW-STOP	E	187
DREAMING	E	1130
DREAMING	E	1215
DREAMY	E	1195
DREHLEIER f / LEIER f	D	11
DREHORGEL f	D	175
DREHVENTIL n / ZYLINDERVENTIL n	D	110
DREI SAITEN	D	221
DREIECK n	D	310
DREIFACH	D	1415
DREIKLANG m	D	1445
DREIKLANG m	D	1611
DREITEILIG	D	1602
DRINGEND	D	412
DRINNEN	D	2280
DROEHNEN	D	1987
DROEHNEND	D	1065
DROEHNEND	D	1067
DROEHNEND	D	1187
DROHEN	D	1918
DROHEND	D	955
DROHEND	D	956
DROITE	F	2282
DROITS D'AUTEUR m pl	F	2298
DROITS D'EXECUTION m pl	F	2299
DRUM	E	140
DRUM HEAD / VELLUM	E	158
DRUM ROLL	E	167
DRUMBEAT	E	165
DRUMSTICK	E	146
DRY	E	1095
DU	D	2104
DU BOUT DES LEVRES	F	1255
DU DEBUT	F	1250
DU DEBUT	F	1295
DU SIGNE	F	1296
DU SIGNE A LA FIN	F	1297
DUBITARE	I	1836
DUDAR	S	1836
DUDELSACK m / SACKPFEIFE f	D	96
DUE CORDE	I	217
DUESTER	D	690
DUESTER	D	810
DUESTER	D	934
DUESTER	D	1179
DUET	E	1643
DUET	E	1644
DUETO m	S	1643
DUETT n	D	1643
DUETTO m	I	1643
DUFT m / GERUCH m	D	2622
DUINA f	I	1496
DULCE	S	733
DULCEMENTE	S	734
DUMB / MUTE	E	2599
DUMM	D	2863
DUNKEL	D	2799
DUNKEL / TRUEB	D	987
DUNSTIG	D	1216
DUO m	F	1643
DUO m	F	1644
DUO m	I	1644
DUO m	S	1644
DUO n	D	1644
DUOLE f	D	1496
DUOLET m	F	1496
DUPLET	E	1496
DUR	F	743
DUR	D	1522
DURACION f	S	2318
DURANT / PENDANT	F	2317
DURANTE	I	2317
DURANTE	S	2317
DURAR	S	1837
DURARE	I	1837
DURATA f	I	2318
DURATION	E	2318
DURCHDRINGEND	D	1005
DURCHGANGSNOTE f / -TON m	D	1541
DUREE f	F	2318
DURER	F	1837
DUREZZA (CON)	I	742
DURING	E	2317
DURO	I	743
DURO	S	743

DURST m	D	2806	EFFICACIOUS	E	2327	
DYING	E	422	EFFLEURER	F	2030	
DYNAMICS	E	2293	EFFORT m	F	2811	
DYNAMIK f	D	2293	EFFORT / STRAIN	E	2811	
DYNAMIQUE f	F	2293	EFFRENE	F	1120	
			EFICAZ	S	2327	
			EGAL	F	1308	
E			EGAL	F	1421	
			EGALISATEUR m	F	277	
E / ED	I	2319	EGALITE f	F	2328	
EAR	E	2975	EGLI	I	2105	
EARTH	E	2882	EGLISE f	F	2231	
EASY	E	561	EGLOGA f	I	1645	
EASY	E	1142	EGLOGA f	S	1645	
EASY	E	2345	EGLOGUE f	F	1645	
EBAUCHE m	F	2134	EGUAGLIANZA f	I	2328	
EBBREZZA (CON)	I	744	EGUALE	I	1308	
EBNEN	D	2049	EGUALIZZATORE m	I	277	
EBRO DE JUBILO	S	744	EHER	D	1366	
ECCEDENTE	I	1497	EIFERSUECHTIG	D	2386	
ECCELLENTE	I	2320	EIFRIG	D	1245	
ECCETERA	I	2321	EILEND	D	386	
ECCETTO	I	1307	EILEND	D	392	
ECCEZIONE f	I	2322	EILEND	D	407	
ECCITARE	I	1838	EILIG	D	319	
ECCITATO	I	745	EILIG	D	341	
ECCO	I	2323	EIN ANDERES MAL	D	2904	
ECHADO	S	60	EIN BISSCHEN	D	1409	
ECHANGE m	F	2785	EIN WENIG	D	1426	
ECHANGER	F	2014	EIN WENIG	D	1427	
ECHAPPEMENT m	F	204	EIN WENIG MEHR	D	1428	
ECHAR	S	1772	EIN / EINE	D	2118	
ECHEC m / FOUR m	F	2357	EINATMEN	D	1892	
ECHO	E	276	EINDRUCKSVOLL	D	879	
ECHO	E	2324	EINE SAITE	D	222	
ECHO m	F	276	EINFACH	D	1098	
ECHO m	F	2324	EINFACH	D	1099	
ECHO n	D	2324	EINFACH / SCHLICHT	D	1087	
ECLAIRAGE f	F	2423	EINFUEHREN / EINLEITEN	D	1894	
ECLATANT	F	1090	EINGANG m / EINTRITT m	D	2329	
ECLISSE f	F	35	EINGEBUNG f	D	2481	
ECLOGUE	E	1645	EINHEITLICH / ZUSAMMEN	D	1425	
ECO m	I	276	EINIGE	D	2719	
ECO m	S	276	EINKLANG m /			
ECO m	I	2324	UEBEREINSTRIMMUNG f	D	2477	
ECO m	S	2324	EINLADEN	D	1898	
ECOLE f	F	2798	EINLAGE f / ADER f	D	36	
ECOSSAISE f	F	1706	EINLEITUNG f	D	2480	
ECOUTER	F	1757	EINMAL	D	1423	
ECRIRE	F	2021	EINRICHTEN / BEARBEITEN	D	1754	
EDAD f	S	2342	EINSCHLAEFERN	D	1730	
EDAD MEDIA f	S	2531	EINSCHMEICHELND	D	898	
EDEL	D	978	EINSCHNEIDEND	D	882	
EDICION f	S	2325	EINSCHRAENKEN / VERMINDERN	D	1981	
EDITEUR m	F	2224	EINSTIMMEN / STIMMEN	D	1728	
EDITION f / TIRAGE m	F	2325	EINTOENIG	D	964	
EDITION / ISSUE	E	2325	EINTRACHT f	D	2905	
EDITOR	E	2224	EINTRETEN / AUFTRETEN	D	1842	
EDIZIONE f	I	2325	EINTRITT m / BILLETT n	D	2457	
EDUCAR	S	1839	EINTRITTSKARTE f	D	2195	
EDUCARE	I	1839	EINVERSTANDEN SEIN	D	1849	
EFE f / VIDO m	S	34	EINZIG	D	1424	
EFECTO m	S	2326	EISIG	D	843	
EFFACER	F	1778	EJECUCION f	S	2333	
EFFE f	I	34	EJECUTAR	S	1843	
EFFECT / RESULT	E	2326	EJEMPLO m	S	2334	
EFFET m	F	2326	EJERCICIO m	S	2335	
EFFETTO m	I	2326	EJERCITAR	S	1844	
EFFICACE	I	2327	EL	S	2105	
EFFICACE	F	2327	EL	S	2113	

EL MIO	S	2126	EMPTY	E	1437
EL MISMO TIEMPO	S	349	EMPUJANDO	S	409
EL NUESTRO	S	2129	EMPUJAR	S	2051
EL SUYO	S	2128	EMU	F	678
EL SUYO	S	2131	EN / DENTRO / ENTRE	S	2373
EL TUYO	S	2127	EN ABAISSANT	F	501
EL VUESTRO	S	2130	EN ACCELERANT	F	384
ELABORAR	S	1840	EN ACCROISSANT	F	490
ELABORARE	I	1840	EN ADOUCISSANT	F	503
ELABORER	F	1840	EN ADOUCISSANT	F	521
ELARGIR	F	1734	EN ADOUCISSANT	F	543
ELBOW	E	2961	EN AFFAIBLISSANT	F	504
ELECTRODYNAMIC MICR.	E	291	EN AFFAIBLISSANT	F	518
ELECTROMAGNETIC MICR.	E	292	EN AGRANDISSANT	F	492
ELECTRONIC MUS.	E	2578	EN ALLANT	F	323
ELEGAMMENT	F	746	EN ALTERNANT	F	1264
ELEGANTEMENTE	I	746	EN AMENUISANT	F	506
ELEGANTEMENTE	S	746	EN AMOINDRISSANT	F	522
ELEGANTLY	E	746	EN ANIMANT	F	387
ELEGANZA (CON)	I	747	EN APPUYANT	F	448
ELEGIA f	I	1646	EN ARRIERE	F	2752
ELEGIA f	S	1646	EN ARTICULANT	F	450
ELEGIAC	E	748	EN ATTENDANT	F	2467
ELEGIACO	I	748	EN ATTENUANT	F	507
ELEGIACO	S	748	EN ATTENUANT	F	524
ELEGIAQUE	F	748	EN AUGMENTANT	F	493
ELEGIE f	D	1646	EN AUGMENTANT	F	495
ELEGIE f	F	1646	EN AVANT	F	389
ELEGISCH / KLAGEND	D	748	EN BADINANT	F	969
ELEGY	E	1646	EN BADINANT	F	1085
ELEKTRODYNAMISCHES MIKR. n	D	291	EN BALBUTIANT	F	626
ELEKTROMAGNETISCHES MIKR. n	D	292	EN BAS	F	1316
ELEKTRONISCHE MUSIK	D	2578	EN BAS	F	1325
ELEVADO	S	1117	EN BERCANT	F	688
ELEVAMENTO (CON) /			EN CALMANT	F	415
ELEVATEZZA (CON)	I	749	EN CALMANT	F	520
ELEVATED / EASILY	E	1117	EN CARESSANT	F	1223
ELEVE $m+f$	F	2150	EN CEDANT	F	510
ELEVER	F	1839	EN CHANCELANT	F	630
ELLA	I	2106	EN CHANGEANT	F	1279
ELLA	S	2106	EN CHANTANT	F	659
ELLAS	S	2111	EN CINGLANT	F	481
ELLBOGEN m	D	2961	EN COLERE	F	546
ELLE	F	2106	EN COMMENCANT	F	1287
ELLES	F	2111	EN COMPRIMANT	F	494
ELLOS	S	2110	EN COQUETTANT	F	673
ELOGIARE	I	1841	EN DECLAMANT	F	698
EMBELLECER	S	1721	EN DECROISSANT	F	511
EMBELLIR	F	1721	EN DEFAILLANT	F	421
EMBELLISHMENT	E	1438	EN DEHORS	F	1324
EMBITTERED	E	585	EN DELIRANT	F	704
EMBOCADURA f / BOQUILLA f	S	112	EN DEPLOYANT	F	499
EMBOUCHURE f	F	107	EN DESCENDANT	F	509
EMBOUCHURE f	F	112	EN DILUANT	F	512
EMBOUCHURE / LIP	E	112	EN DIMINUANT	F	514
EMBRIAGADOR	S	886	EN DIMINUANT	F	523
EMISION f	S	2895	EN DIVAGUANT	F	730
EMISSION f	F	2895	EN ELARGISSANT	F	413
EMOUVANT	F	679	EN ELARGISSANT	F	419
EMOUVOIR	F	1789	EN ELARGISSANT	F	434
EMOZIONE (CON)	I	750	EN ELEVANT	F	491
EMPECHEMENT m	F	2424	EN EL / EN LA	S	2606
EMPEZAR	S	1877	EN ETEIGNANT	F	416
EMPFINDLICH	D	1102	EN ETEIGNANT	F	516
EMPFINDSAM	D	1104	EN ETEIGNANT	F	525
EMPFUNDEN	D	1070	EN EXPIRANT	F	515
EMPFUNDEN	D	1106	EN EXULTANT	F	771
EMPHASIZED	E	479	EN FAISANT DESCENDRE	F	508
EMPHATIC	E	754	EN FILANT	F	799
EMPHATIQUE	F	754	EN FLEURISSANT	F	800
EMPRESSE	F	368			

EN FOLATRANT	F	807	EN REVENANT	F	1385
EN FORCANT	F	460	EN REVENANT / AU MOUVEMENT	F	375
EN FREINANT	F	417	EN SANGLOTANT	F	255
EN FREINANT	F	424	EN SE PERDANT	F	519
EN FROLANT	F	69	EN SERRANT	F	405
EN FROUFROUTANT	F	822	EN SERRANT	F	411
EN GENERAL	S	2387	EN SOMME / ENFIN	F	2464
EN GLISSANT	F	462	EN SOUFFRANT	F	737
EN HAUT	F	1329	EN SOUPIRANT	F	1137
EN HESITANT	F	340	EN SU LUGAR	S	1332
EN HURLANT	F	1208	EN SUMA	S	2464
EN IMITANT	F	1321	EN SUPPLIANT	F	1163
EN IMPROVISANT	F	880	EN SURVOLANT	F	1136
EN LUGAR DE	S	1326	EN SUSURRANT	F	1165
EN LUGAR DE	S	2484	EN S'ABANDONNANT	F	530
EN MARCHANT	F	391	EN S'APAISANT	F	502
EN MARQUANT	F	465	EN S'ATTARDANT	F	418
EN MEDITANT	F	948	EN S'ELOIGNANT	F	505
EN MEME TEMPS	F	2906	EN S'ELOIGNANT	F	513
EN MESURE	F	1248	EN S'ETENDANT	F	439
EN MESURE / AU MOUVEMENT	F	313	EN S'EVAPORANT	F	517
EN MODERANT	F	527	EN TALONNANT	F	393
EN MOURANT	F	422	EN TANTO	S	2467
EN MOURANT	F	436	EN TENANT	F	1411
EN MURMURANT	F	968	EN TINTINNABULANT	F	1185
EN NARRANT	F	970	EN TIRAILLANT	F	438
EN ONDOYANT	F	982	EN TIRANT	F	443
EN ORNANT	F	548	EN TONNANT	F	1186
EN ORNANT	F	801	EN TRAINANT	F	378
EN OTANT	F	528	EN TRAINANT	F	440
EN OUTRE	F	2459	EN TRAINANT	F	444
EN PARLANT	F	994	EN TRAINANT	F	445
EN PEINANT	F	437	EN TREMBLOTTANT	F	258
EN PLAISANTANT	F	1086	EN VACILLANT	F	1209
EN PLEURS	F	1015	EN VOLTIGEANT	F	1241
EN PORTANT	F	476	EN VOZ BAJA	S	1247
EN POUSSANT	F	409	ENAMORARSE	S	1885
EN PRECIPITANT	F	397	ENARMONICO	·I	1498
EN PRESSANT	F	386	ENARMONICO	S	1498
EN PRESSANT	F	392	ENCANTADOR	S	881
EN PRESSANT	F	398	ENCANTADOR	S	924
EN PRESSANT	F	407	ENCARGAR	S	1876
EN PRIANT	F	1032	ENCENDER	S	1725
EN PROLONGEANT	F	423	ENCENDIDO	S	536
EN PSALMODIANT	F	1081	ENCHANTEUR	F	881
EN RACONTANT	F	1046	ENCIMA	S	1399
EN RALENTISSANT	F	420	ENCOLERIZADO	S	546
EN RALENTISSANT	F	425	ENCORE	F	1268
EN RANIMANT	F	390	ENCORE	E	2196
EN RANIMANT	F	402	ENCORE UNE FOIS	F	2160
EN RAVIVANT	F	400	ENCORE!	F	2196
EN REBONDISSANT	F	64	ENCOURAGER	F	1878
EN RECHAUFFANT	F	403	ENCUENTRO *m*	S	2441
EN RECITANT	F	1053	END	E	1312
EN REFLECHISSANT	F	1007	ENDEN	D	1856
EN RELACHANT	F	414	ENDORMIR	F	1730
EN RELACHANT	F	428	ENDROIT *m*	F	1334
EN RELACHANT	F	429	ENDULZANDO	S	503
EN RELACHANT	F	435	ENDULZANDO	S	521
EN REMETTANT	F	362	ENDULZANDO	S	543
EN RENFORCANT	F	496	ENDULZANDO	S	1047
EN REPRENANT	F	363	ENERGETIC	E	752
EN RESSERRANT	F	404	ENERGIA (CON)	I	751
EN RETARDANT	F	430	ENERGICO	I	752
EN RETARDANT	F	442	ENERGICO	S	752
EN RETENANT	F	427	ENERGIQUE	F	752
EN RETENANT	F	432	ENERGISCH	D	752
EN REVANT	F	1215	ENERO	S	2391
EN REVEILLANT	F	498	ENFADARSE	S	1753
EN REVEILLANT	F	500	ENFADOSO	S	1152

ENFANT m + f	F	2185	ENTRARE	I	1842
ENFASI (CON)	I	753	ENTRATA f	I	2329
ENFATICO	I	754	ENTRE	F	2890
ENFATICO	S	754	ENTRE	S	2890
ENFEEBLING	E	518	ENTRE / DANS	F	2373
ENFERMAR	S	1742	ENTREACTO m / PAUSA f	S	2476
ENFERMO	S	2518	ENTREE f	F	1660
ENFLAMME	F	889	ENTREE f	F	2329
ENFLAMME	F	890	ENTREE f	F	2457
ENFURECIDO	S	891	ENTRER	F	1842
ENG / GEDRAENGT	D	410	ENTRUESTET	D	884
ENGAGED / OCCUPIED	E	2621	ENTSCHEIDEN	D	1813
ENGAGEMENT	E	2795	ENTSCHLOSSEN	D	697
ENGAGEMENT m	F	2795	ENTSCHLOSSEN	D	701
ENGAGEMENT n	D	2795	ENTSCHLOSSEN	D	715
ENGELHAFT	D	594	ENTSCHLOSSEN	D	784
ENGELHAFT	D	1107	ENTSCHLOSSEN	D	786
ENGER WERDEND	D	404	ENTSCHLOSSEN	D	1072
ENGFUEHRUNG f	D	1594	ENTSCHWINDEND	D	421
ENGLISCHHORN n	D	83	ENTSCHWINDEND	D	441
ENHARMONIC	E	1498	ENTSPANNEN	D	1828
ENHARMONIQUE	F	1498	ENTURBIADO	S	1203
ENHARMONISCH	D	1498	ENTUSIASMO (CON)	I	755
ENIVRANT	F	886	ENTWEDER LANGSAMER ODER		
ENLEVER	F	2077	SCHNELLER ALS ANDANTE	D	324
ENLEVER LA SOURDINE	F	1331	ENTWICKLUNG f /		
ENLEVER LA SOURDINE	F	1414	DURCHFUEHRUNG f	D	1599
ENLIVENING	E	390	ENTWURF m	D	2134
ENNUYEUX	F	2610	ENTWURF m / SKIZZE f	D	2792
ENORMEMENT	F	1347	ENTZERRER m	D	277
ENORMEMENTE	S	1347	ENTZUENDET	D	889
ENOUGH	E	1249	ENVIAR	S	1897
ENOUGH / RATHER / VERY	E	1271	ENVIDIA f	S	2486
ENRAGE	F	619	ENVIE f	F	2486
ENRAGE	F	1043	ENVIE f	F	2935
ENRAGED	E	891	ENVOYER	F	1897
ENRAGED	E	1043	ENVY	E	2486
ENREGISTREMENT m	F	301	EOLIEN	F	1499
ENREGISTREMENT m	F	2746	EOLIO	I	1499
ENREGISTRER	F	1972	EOLIO	S	1499
ENROUE	F	2364	EPAULE f	F	2990
ENSANCHANDO	S	434	EPIC	E	756
ENSAYO m / PRUEBA f	S	2706	EPICO	I	756
ENSAYO GENERAL m	S	2707	EPICO	S	756
ENSEIGNER	F	1886	EPILOG m / NACHSPIEL n	D	2330
ENSEMBLE	F	1272	EPILOGO m	I	2330
ENSEMBLE	F	1328	EPILOGO m	S	2330
ENSEMBLE	E	2245	EPILOGUE	E	2330
ENSEMBLE m	F	2245	EPILOGUE m	F	2330
ENSEMBLE n	D	2245	EPINETTE f	F	182
ENTENDRE	F	2086	EPIQUE	F	756
ENTENTE f	F	2477	EPISCH	D	756
ENTERO	S	2473	EPISODE	E	1500
ENTFALTEND	D	499	EPISODE m	F	1500
ENTFERNEND	D	513	EPISODIO m	I	1500
ENTFERNT	D	455	EPISODIO m	S	1500
ENTFERNT	D	727	EPOCA f	I	2331
ENTFERNT	D	2505	EPOCA f	S	2331
ENTIER	F	2473	EPOQUE f	F	2331
ENTONACION f	S	2478	EPUISE	F	2332
ENTONAR	S	1893	EQUABILMENTE	I	1309
ENTONCES	S	2151	EQUAL	E	1308
ENTONNER	F	1893	EQUAL	E	1421
ENTRACTE m / PAUSE f	F	2476	EQUAL / EVEN	E	2643
ENTRADA	S	1660	EQUALITY	E	2328
ENTRADA f	S	2329	EQUALIZER	E	277
ENTRADA f	S	2457	EQUITABLEMENT	F	1309
ENTRANCE	E	1660	EQUITABLY	E	1309
ENTRANCE	E	2329	EQUITATIVAMENTE	S	1309
ENTRAR	S	1842	EQUIVOCARSE	S	2013

ER / ES n	D	2105	ESCRUPULOSO	S	2796
ERDE f	D	2882	ESCUCHAR	S	1757
ERFINDEN	D	1895	ESCUELA f	S	2798
ERFINDERISCH	D	892	ESCURRIDIZO	S	1091
ERFOLG m / SCHLAGER m	D	2864	ESCURRIDIZO	S	1092
ERFREUT	D	1050	ESECUZIONE f	I	2333
ERGAENZUNG f	D	2869	ESEGUIRE	I	1843
ERGEBNIS n	D	2767	ESEMPIO m	I	2334
ERHABEN	D	1160	ESERCITARE	I	1844
ERHABEN / LUFTIG	D	1117	ESERCIZIO m	I	2335
ERHALTEN	D	1912	ESFORZADO	S	461
ERHALTEN	D	1932	ESFORZANDO	S	460
ERHEBEND	D	491	ESFUERZO m	S	2811
ERHOEHEN	D	1740	ESILE	I	764
ERINNERUNG f	D	2758	ESITANDO	I	340
ERKLAEREN	D	2050	ESMERADAMENTE	S	539
ERKRANKEN	D	1742	ESMERADO	S	541
ERLAUBEN	D	1940	ESORDIENTE m + f /		
ERLAUBNIS f	D	2667	PRINCIPIANTE m + f	I	2336
ERLEICHTERN	D	1735	ESORDIRE	I	1845
ERLOESCHT	D	456	ESPACIOSO	S	1138
ERMUTIGEN	D	1878	ESPALDA f	S	2988
ERNEUERN	D	1992	ESPANSIONE (CON)	I	765
ERNST	D	1111	ESPANTOSO	S	1002
EROICO	I	757	ESPECIAL	S	2840
EROTIC	E	758	ESPECTACULO m	S	2843
EROTICO	I	758	ESPERANZA f	S	2841
EROTICO	S	758	ESPERAR	S	1758
EROTIQUE	F	758	ESPERAR	S	2047
EROTISCH	D	758	ESPERER	F	2047
ERSCHAFFEN	D	1805	ESPINETA f	S	182
ERSETZEN	D	2044	ESPIRANDO	I	515
ERSTAUFFUEHRUNG f /			ESPIRANDO	S	515
URAUFFUEHRUNG f	D	2691	ESPIRARE	I	1846
ERSTES MAL	D	2694	ESPIRITUOSO	S	1144
ERSTICKEN	D	2036	ESPLENDIDO	S	2845
ERWAERMEND	D	403	ESPOIR m	F	2841
ERWEITERN	D	1734	ESPONTANEO	S	1145
ERWEITERN	D	1743	ESPOSIZIONE f	I	1501
ERWEITERND	D	492	ESPOSIZIONE f	I	2337
ERWUERGEN	D	2060	ESPRESSIONE (CON)	I	766
ERZAEHLEN	D	1963	ESPRESSIVO	I	767
ERZAEHLEND	D	970	ESPRIMERE	I	1847
ERZAEHLEND	D	1046	ESQUISSE f	F	2792
ERZIEHEN	D	1839	ESSAI m / AUDITION f	F	2778
ERZLAUTE f	D	1	ESSAY / SCHOOL CONCERT /		
ERZUERNT	D	546	AUDITION	E	2778
ERZWINGEN	D	2031	ESSAYER	F	1960
ERZWINGEND	D	460	ESSE	I	2111
ERZWUNGEN	D	461	ESSEN	D	1911
ES FOLGT	D	1388	ESSERE	I	1848
ES GIBT	D	2227	ESSERE D'ACCORDO	I	1849
ESALTANTE	I	759	ESSI	I	2110
ESALTATO	I	760	ESSOUFLE	F	552
ESALTAZIONE (CON)	I	761	ESSOUFLE	F	555
ESATTEZZA (CON)	I	762	ESTA VEZ	S	2732
ESATTO	I	763	ESTABLE	S	1148
ESAURITO	I	2332	ESTALLANTE	S	1090
ESBOZO m	S	2134	ESTAR CONFORME	S	1849
ESBOZO m	S	2792	ESTASI (CON)	I	768
ESCAPAMENT LEVER / HOPPER	E	204	ESTATE f	I	2338
ESCAPE m	S	204	ESTENSIONE f	I	2339
ESCENA f	S	2641	ESTETICA f	I	2340
ESCENA f	S	2789	ESTETICA f	S	2340
ESCENARIO m	S	2790	ESTE / ESE	S	2733
ESCOBILLAS f pl	S	161	ESTHETIQUE f	F	2340
ESCOGER	S	2015	ESTILO m	S	2854
ESCONDIDO	S	1352	ESTIMAR	S	2054
ESCOSESA f	S	1706	ESTIMER	F	2054
ESCRIBIR	S	2021	ESTINGUENDO	I	416

ESTINGUENDOSI	I	516	EUER	D	2130
ESTINTO	I	456	EUER / EURE	D	2124
ESTIRANDO	S	438	EUFONIA f	I	2344
ESTIRANDO	S	439	EUFONIA f	S	2344
ESTOMAC m	F	2991	EUPHONIE f	D	2344
ESTOMAGO m	S	2991	EUPHONIE f	F	2344
ESTOMPE	F	1121	EUPHONY	E	2344
ESTRAMBOTICO	S	777	EVAPORANDOSE	S	517
ESTRANGULAR	S	2060	EVAPORANDOSI	I	517
ESTRATTO m	I	2341	EVAPORATING	E	517
ESTRECHADO	S	406	EVEILLE	F	713
ESTRECHANDO	S	405	EVEILLE	F	1166
ESTRECHO m	S	1594	EVEN	E	2663
ESTREGANDO	S	69	EVENING	E	2803
ESTRELLA f	S	2853	EVENING	E	2804
ESTREMAMENTE	I	1310	EVERY / EACH	E	1357
ESTRENO m	S	2691	EVERY TIME	E	1358
ESTREPITOSO	S	1156	EVERYWHERE	E	1298
ESTRIBILLO m / COPLA f	S	2769	EVITAR	S	1851
ESTRIDENTE	S	1157	EVITARE	I	1851
ESTRIDENTE	S	1158	EVITER	F	1851
ESTRO (CON)	I	769	EWIG	D	2343
ESTROSO	I	770	EXACT	E	763
ESTUCHE m	S	23	EXACT	F	763
ESTUDIAR	S	2062	EXACTO	S	763
ESTUDIO m	S	1712	EXALTADO	S	760
ESTUPIDO	S	2863	EXALTANDO	S	759
ESULTANTE	I	771	EXALTANT	F	759
ESULTANZA (CON) /			EXALTE	F	760
ESULTAZIONE (CON)	I	772	EXALTED	E	760
ESULTARE	I	1850	EXALTING	E	759
ET	F	2319	EXAMPLE	E	2334
ET CAETERA	F	2321	EXCELENTE	S	2320
ETA f	I	2342	EXCELLENT	E	2320
ETCETERA	S	2321	EXCELLENT	F	2320
ETE m	F	2338	EXCEPCION f	S	2322
ETEINDRE	F	2046	EXCEPT	E	1307
ETEINT	F	456	EXCEPTE	F	1307
ETEINT	F	486	EXCEPTION	E	2322
ETEINT	F	526	EXCEPTION f	F	2322
ETENDU	F	728	EXCEPTO	S	1307
ETENDU	F	1150	EXCERPT	E	2341
ETENDUE f	F	2339	EXCHANGE	E	2785
ETENDUE f	F	2883	EXCITADO	S	682
ETEREO	I	773	EXCITADO	S	745
ETEREO	S	773	EXCITAR	S	1838
ETERNAL	E	2343	EXCITE	F	745
ETERNEL	F	2343	EXCITED	E	682
ETERNO	I	2343	EXCITED	E	745
ETERNO	S	2343	EXCITER	F	1838
ETHERE	F	773	EXECUTER	F	1843
ETHEREAL	E	773	EXECUTION f	F	2333
ETINCELANT	F	1116	EXEMPLE m	F	2334
ETINCELANT	F	1119	EXERCER	F	1844
ETOILE f	F	2853	EXERCICE m	F	2335
ETOUFFER	F	2036	EXERCISE / DRILL	E	2335
ETOUFFOIR m / SOURDINE f	F	206	EXERCISE-BOOK	E	2717
ETRANGE	F	2858	EXHIBITION	E	2337
ETRANGLER	F	2060	EXIT	E	2908
ETRE	F	1848	EXPEDIDO	S	370
ETRE D'ACCORD	F	1849	EXPEDIER	F	2045
ETUDE f	F	1712	EXPEDIR	S	2045
ETUDIER	F	2062	EXPENSIVE	E	2219
ETUEDE f	D	1712	EXPERIMENTAL MUS.	E	2595
ETUI m	F	23	EXPERIMENTALMUSIK	D	2595
ETWAS	D	2720	EXPIRANDO	S	436
ETWAS / ZIEMLICH	D	1262	EXPIRAR	S	1846
ETWAS MEHR	D	1372	EXPIRER	F	1846
ETWAS WENIGER	D	1371	EXPIRING	E	515
			EXPLICAR / DESPLEGAR	S	2050

EXPLIQUER	F	2050	FACULTATIF	F	1311
EXPOSICION f	S	1501	FACULTATIVE	E	1311
EXPOSICION f	S	2337	FACULTATIVO	S	1311
EXPOSITION	E	1501	FADEN m / GARN n / DRAHT m	D	2360
EXPOSITION f	D	1501	FADING AWAY	E	436
EXPOSITION f	F	1501	FAEHNCHEN n	D	1473
EXPOSITION f	F	2337	FAGOTE m / BAJON m	S	85
EXPOSITION f	F	2554	FAGOTT n	D	85
EXPRESIVO	S	767	FAGOTTO m	I	85
EXPRESSIF	F	767	FAHREN / FUEHREN	D	1871
EXPRESSIVE	E	767	FAIBLE	F	454
EXPRIMER	F	1847	FAIBLE	F	693
EXPRIMIR	S	1847	FAIBLEMENT	F	695
EXQUISITE	E	1057	FAIM f	F	2348
EXTENDIDO	S	728	FAIRE	F	1852
EXTENDIDO	S	1150	FAIRE DESCENDRE	F	1774
EXTENSION	E	2883	FAIRLY GOOD / DISCREET	E	2304
EXTENSION f	S	2339	FAIRY TALE / FABLE	E	2352
EXTINGUIDO	S	456	FAITHFUL	E	2354
EXTINGUIENDO	S	416	FALANGE f	I	2955
EXTINGUIENDOSE	S	516	FALANGE f	S	2955
EXTINGUISHED	E	456	FALLEN	D	1773
EXTINGUISHED	E	486	FALSA RELACION f	S	1502
EXTINGUISHED	E	526	FALSA RELAZIONE f	I	1502
EXTINGUISHING	E	416	FALSCH	D	2347
EXTINGUISHING	E	516	FALSCH	D	2363
EXTINGUISHING	E	525	FALSCHE NOTE f / MISSTON m	D	2613
EXTINTO	S	526	FALSE / FEIGNED	E	2363
EXTRACTO m	S	2341	FALSE NOTE	E	2852
EXTRAIT m	F	2341	FALSETE m	S	244
EXTRANO	S	636	FALSETT n	D	244
EXTRANO	S	2858	FALSETTO	E	244
EXTRAORDINAIRE	F	2859	FALSETTO m	I	244
EXTRAORDINARIO	S	2859	FALSO	I	2347
EXTRAORDINARY	E	2859	FALSO	S	2347
EXTRAVAGANT	E	1153	FALSO BORDONE m	I	1503
EXTRAVAGANT	D	1153	FALTA f / EQUIVOCACION f	S	2784
EXTRAVAGANT	F	1153	FALTANDO	S	421
EXTRAVAGANTE	S	1153	FALTAR	S	1910
EXTREMADAMENTE	S	1310	FAME f	I	2348
EXTREMEMENT	F	1310	FAMOSO	I	2349
EXTREMELY	E	1310	FAMOSO	S	2349
EXTREMELY FAST	E	356	FAMOUS	E	2349
EXUBERANT	F	1062	FANATIC	E	775
EXULTANT	E	771	FANATICO	I	775
EXULTANTE	S	771	FANATICO	S	775
EXULTAR	S	1850	FANATIQUE	F	775
EXULTER	F	1850	FANATISCH	D	775
EYE	E	2974	FANCIFUL	E	777
			FANFARE f	F	2186
	F		FANTAISIE f	F	1647
			FANTASIA (CON)	I	776
F - LOCH n	D	34	FANTASIA f	I	1647
FABLE f	F	2352	FANTASIA f	S	1647
FABORDON m	S	1503	FANTASIA / FANCY	E	1647
FABULA	S	2352	FANTASIE f / PHANTASIE f	D	1647
FABURDEN	E	1503	FANTASIOSO	I	777
FACCIA f	I	2954	FANTASQUE	F	770
FACE	E	2954	FANTASQUE	F	777
FACEZIA (CON)	I	774	FANTASTIC	E	778
FACIL	S	561	FANTASTICO	I	778
FACIL	S	2345	FANTASTICO	S	778
FACILE	I	2345	FANTASTIQUE	F	778
FACILE	F	2345	FAR AWAY	E	464
FACILIDAD f	S	2346	FAR OFF	E	2505
FACILITA f	I	2346	FARBE f	D	2239
FACILITE f	F	2346	FARCE	E	1648
FACILITY	E	2346	FARCE f	F	1648
FACOLTATIVO	I	1311	FARCE f / POSSE f	D	1648
FACON f	F	2520	FARCEUR	F	779

FARCICAL	E	779	FELTRO m	I	194
FARE	I	1852	FEMME	F	2314
FAREWELL!	E	2142	FENETRE f	F	2362
FARFALLA f	I	2350	FENSTER n	D	2362
FARINGE f	I	2956	FEO	S	2204
FARINGE f	S	2956	FERMAMENTE	I	784
FARSA f	I	1648	FERMARE	I	1854
FARSANTE	S	779	FERMATE f	D	1482
FARSESCO	I	779	FERME	F	786
FARZA f	S	1648	FERME	F	2232
FAR-SIGHTED	E	2689	FERMEMENT	F	784
FASCIA f	I	35	FERMER	F	1787
FASCIA f	I	157	FERMEZZA (CON)	I	785
FASCINO (CON)	I	780	FERMO	I	786
FASELND	D	730	FERN / WEIT	D	464
FAST	E	355	FERNBEDIENUNG f	D	307
FAST / BEINAHE	D	1382	FEROCE	I	787
FAST / QUICK	E	357	FEROCE	F	787
FAST UNVERNEHMLICH	D	1255	FEROCIA (CON)	I	788
FASTOSO	I	781	FEROCIOUS	E	787
FASTUEUX	F	781	FEROZ	S	787
FASTUEUX	F	1115	FERSE f	D	2992
FASTUOSO	S	781	FERVID	E	789
FAT	E	2407	FERVIDO	I	789
FATICA (CON)	I	782	FERVIDO	S	789
FATICOSO	I	2351	FERVORE (CON)	I	790
FATIGOSO	S	2351	FEST n	D	2356
FATIGUANT	F	2351	FESTA f	I	2356
FATIGUE	F	2851	FESTEGGIANTE	I	791
FAULT	E	2288	FESTEGGIARE	I	1855
FAUSSE NOTE f	F	2613	FESTEJANTE	S	791
FAUSSE NOTE f / CANARD m	F	2852	FESTIVE	E	792
FAUSSE RELATION f	F	1502	FESTIVO	I	792
FAUSSET m	F	244	FESTIVO	S	792
FAUTE f / ERREUR f	F	2784	FESTLICH	D	792
FAUTEUILS D'ORCHESTRE m pl	F	2676	FESTOSO	I	793
FAUX	F	2347	FETE f	F	2356
FAUX	F	2363	FETER	F	1855
FAUXBOURDON m	D	1503	FETT	D	2407
FAUX-BOURDON m	F	1503	FEU m	F	2379
FAVOLA f	I	2352	FEU D'ARTIFICE m	F	2380
FEAR / DREAD	E	2652	FEUCHT	D	2903
FEARFUL	E	1001	FEUER n	D	2379
FEBBRAIO	I	2353	FEUERWERK n	D	2380
FEBBRILE	I	783	FEUILLE f	F	2366
FEBRERO	S	2353	FEUILLE D' ALBUM f	F	1649
FEBRIL	S	783	FEURIG	D	805
FEBRILE	F	783	FEUTRE m	F	194
FEBRUAR	D	2353	FEVERISH	E	783
FEBRUARY	E	2353	FEVRIER	F	2353
FED	E	980	FIACCO	I	794
FEDELE	I	2354	FIASCO m	I	2357
FEDER f	D	2656	FIATO m	I	2358
FEE / SALARY	E	2625	FICKLE	E	1242
FEED BACK	E	300	FIDELE	F	2354
FEHLEN	D	1910	FIDUCIA (CON)	I	795
FEHLER m	D	2288	FIDULA f / VIOLIN RUSTICO m	S	17
FEHLER m / IRRTUM m	D	2784	FIEBERHAFT	D	783
FEIERLICH	D	1024	FIEDEL f	D	17
FEIERLICH	D	1131	FIEL	S	2354
FEIERN	D	1855	FIELTRO m	S	194
FEIERND	D	791	FIER	F	798
FELICE	I	2355	FIERAMENTE	I	796
FELICITAR	S	1853	FIERCE	E	796
FELICITARE	I	1853	FIERCE	E	798
FELICITER	F	1853	FIEREMENT	F	796
FELIZ	S	2355	FIEREZZA (CON)	I	797
FELL n	D	160	FIERO	I	798
FELT	E	194	FIERY	E	536
FELT	E	1070	FIERY	E	805
FELT STICK	E	147	FIERY	E	1077

FIESTA f	S	2356	FIRE	E	2379
FIFE	E	95	FIREWORK	E	2380
FIFRE m	F	95	FIRM / STEADY	E	786
FIGURADO	S	1504	FIRME	S	786
FIGURANTE m	S	2243	FIRMEMENTE	S	784
FIGURANT m/ - E f	F	2243	FIRMLY	E	784
FIGURATO	I	1504	FIRST APPEARANCE / DEBUT	E	2278
FIGURE	F	1504	FIRST PHRASE	E	1560
FIGURED	E	1504	FIRST SPEED	E	374
FIGURED BASS	E	1460	FIRST TIME	E	2694
FIGURIERT	D	1504	FIRST-NIGHT	E	2691
FIL m	F	2360	FISARMONICA f	I	174
FILANDO	I	799	FISCHIARE	I	1857
FILARMONICA	I	2359	FISCHIETTO m	I	86
FILARMONICA	S	2359	FLABBY	E	457
FILET m	F	36	FLAG / TAIL	E	1473
FILETE m	S	36	FLAGEOLET m	F	59
FILETTO m	I	36	FLAGOLETT n	D	59
FILM MUSIC	E	2588	FLASHING	E	1119
FILMMUSIK	D	2588	FLASQUE	F	457
FILO m	I	2360	FLAT	E	1464
FILTER	E	278	FLATTER	F	1909
FILTER n	D	278	FLATTERHAFT	D	1242
FILTRADOR m	S	278	FLATTERND	D	1241
FILTRE m	F	278	FLATTERZUNGE f	D	121
FILTRE PASSE-BANDE m	F	279	FLATTEUR	F	936
FILTRO m	I	278	FLAUTA f	S	87
FILTRO PASABANDE m	S	279	FLAUTA DE PAN f / SIRINGA f	S	88
FILTRO PASSABANDA m	I	279	FLAUTA DULCE / - DE PICO /		
FILZ m	D	194	- RECTA f	S	89
FILZSCHLEGEL m	D	147	FLAUTA TRAVESERA f	S	90
FIN f	F	1312	FLAUTANDO	I	1315
FIN m	S	1312	FLAUTATO	I	59
FINAL	E	2361	FLAUTIN m	S	94
FINAL m	F	2361	FLAUTO m	I	87
FINAL m	S	2361	FLAUTO DI PAN m / SIRINGA f	I	88
FINAL PART / TAIL	E	1281	FLAUTO DOLCE / - A BECCO /		
FINAL REHEARSAL /			- DIRITTO m	I	89
DRESS REHEARSAL	E	2707	FLAUTO TRAVERSO m	I	90
FINALE m	I	2361	FLEBIL	S	802
FINDEN	D	2085	FLEBILE	I	802
FINE f	I	1312	FLEETING	E	823
FINESTRA f	I	2362	FLEHEND	D	1163
FINGER	E	2952	FLEHEND	D	1164
FINGER m	D	2952	FLEUR f	F	2365
FINGER - HOLE / TONE HOLE	E	111	FLICORNE m / BUGLE A PISTONS m	F	91
FINGER END	E	2984	FLICORNO`m	I	91
FINGERBOARD / FRETBOARD	E	46	FLICORNO m / FISCORNO m	S	91
FINGERCYMBELN f pl	D	130	FLIEGEN	D	2100
FINGERING	E	2310	FLIEGEND	D	1239
FINGERKNOCHEN m	D	2955	FLIEGEND	D	1240
FINGERKUPPE f	D	2984	FLIESSEND	D	803
FINGERSATZ m	D	2310	FLIESSEND	D	804
FINGER-CYMBALS pl	E	130	FLIESSEND	D	1091
FINGIDO	S	2363	FLIESSEND	D	1092
FINIR	F	1856	FLOETE f	D	87
FINIRE	I	1856	FLOJO	S	457
FINISHED	E	1313	FLOJO	S	794
FINITO	I	1313	FLOP / FAILURE	E	2357
FINO	S	2382	FLOR f	S	2365
FINO AL	I	1314	FLOREANDO	S	800
FINSTER	D	1171	FLOREOS m pl	S	245
FINTO	I	2363	FLOSCIO	I	457
FIOCO	I	2364	FLOWER	E	2365
FIORE m	I	2365	FLOWING	E	1091
FIOREGGIANDO	I	800	FLOWING	E	1092
FIORETTANDO	I	801	FLUECHTIG	D	823
FIORITURA f / GORGIA f	I	245	FLUEGEL m	D	178
FIORITURES pl	E	245	FLUENT	E	804
FIORITURES f pl	F	245	FLUESTERN	D	1768

FLUESTERND	D	56	
FLUGELHORN / SAXHORN	E	91	
FLUIDE	F	804	
FLUIDE	F	1091	
FLUIDEZZA (CON)	I	803	
FLUIDO	I	804	
FLUIDO	S	804	
FLUTE	E	87	
FLUTE *f*	F	87	
FLUTE DE PAN *f* / SYRINX *m*	F	88	
FLUTE DOUCE / - A BEC / - DROITE *f*	F	89	
FLUTE TRAVERSIERE *f*	F	90	
FLUTTER - TONGUING	E	121	
FLUTTERING	E	1241	
FLYING	E	1239	
FLYING	E	1240	
FLYING OVER	E	1136	
FOCOSO / FUOCOSO	I	805	
FOGA (CON)	I	806	
FOGGY	E	972	
FOGLIO *m*	I	2366	
FOGLIO D'ALBUM *m*	I	1649	
FOGOSO	S	805	
FOLCLORE *m*	I	2367	
FOLGE *f*	D	1596	
FOLGEN	D	2026	
FOLIA	E	1650	
FOLIA *f*	D	1650	
FOLIA *f*	F	1650	
FOLIA *f*	S	1650	
FOLKLORE	E	2367	
FOLKLORE *f*	D	2367	
FOLKLORE *m*	F	2367	
FOLKLORE *m*	S	2367	
FOLK-MUS. / POPULAR-MUS.	E	2589	
FOLLEGGIANDO	I	807	
FOLLEMENT	F	808	
FOLLEMENT	F	1003	
FOLLEMENT	F	1004	
FOLLEMENTE	I	808	
FOLLIA *f*	I	1650	
FOLLOWS IT	E	1388	
FONCE	F	2799	
FONCTION *f*	F	1509	
FOND *m*	F	37	
FONDAMENTAL	F	1505	
FONDAMENTALE	I	1505	
FONDO *m*	S	37	
FONDO *m*	I	37	
FONETICA *f*	I	2368	
FONETICA *f*	S	2368	
FONTAINE *f*	F	2369	
FONTANA *f*	I	2369	
FOOT	E	2981	
FOOTLIGHTS *pl*	E	2755	
FOR	E	2657	
FOR FOUR HANDS	E	2730	
FOR SINGING	E	239	
FOR THE LACK OF	E	1327	
FOR THE TIME BEING	E	2665	
FOR THE WHOLE LENGTH	E	1364	
FORBIDDEN	E	2929	
FORCE	F	482	
FORCED	E	461	
FORCED	E	482	
FORCER	F	1858	
FORCER	F	2031	
FORCIEREN	D	1858	
FORCING	E	460	
FOREARM	E	2944	

FOREFINGER	E	2963	
FOREHEAD	E	2957	
FORI *m*	I	195	
FORLANA	E	1652	
FORLANA *f*	D	1652	
FORLANE *f*	F	1652	
FORM	E	1506	
FORMA *f*	I	1506	
FORMA *f*	S	1506	
FORME *f*	F	1506	
FORMIDABILE	I	2370	
FORMIDABLE	E	2370	
FORMIDABLE	F	2370	
FORMIDABLE	S	2370	
FORO *m*	I	111	
FORSE	I	2371	
FORT	F	458	
FORTE	I	458	
FORTISSIMO	I	459	
FORTSCHREITEN	D	1956	
FORTSCHREITUNG *f*	D	1561	
FORTSCHRITT *m*	D	2702	
FORTSETZEN	D	1797	
FORTSETZUNG *f*	D	2800	
FORTUNA *f*	I	2372	
FORTWAEHREND	D	2666	
FORWARD	E	389	
FORZA (CON)	I	809	
FORZADO	S	482	
FORZANDO	I	460	
FORZAR	S	1858	
FORZAR	S	2031	
FORZARE	I	1858	
FORZATO	I	461	
FOSCO	I	810	
FOSCO	S	810	
FOU	F	2528	
FOUDRE *f*	F	2378	
FOUET *m*	F	132	
FOUETTE	F	53	
FOUGEUX	F	805	
FOUNTAIN	E	2369	
FRA	I	2373	
FRACASO *m* / MAL EXITO *m*	S	2357	
FRAEULEIN *n*	D	2817	
FRAGEN	D	1832	
FRAGEN	D	1890	
FRAGMENT	E	2374	
FRAGMENT *m*	F	2374	
FRAGMENT *n* / BRUCHSTUECK *n*	D	2374	
FRAGMENTO *m*	S	2374	
FRAGOROSO	I	811	
FRAGOROSO	S	811	
FRAIS	F	820	
FRAME	E	212	
FRAME DRUM	E	139	
FRAMMENTO *m*	I	2374	
FRANCAMENTE	I	812	
FRANCAMENTE	S	812	
FRANCHEMENT	F	812	
FRANCHEZZA (CON)	I	813	
FRANKLY	E	812	
FRANTIC	E	818	
FRAPPER	F	1771	
FRASE *f*	I	2375	
FRASE *f*	S	2375	
FRASEAR	S	1859	
FRASEGGIARE	I	1859	
FRASEGGIO *m*	I	2376	
FRASEO *m*	S	2376	

FRAU f / WEIB n	D	2314	FRUEHER	D	1378
FRAU f / DAME f	D	2815	FRUEHLING m	D	2692
FRECUENCIA f	S	280	FRULLATO	I	121
FREDDAMENTE	I	814	FRUSCIANDO	I	822
FREDDEZZA (CON)	I	815	FRUSTA f	I	132
FREDDO	I	2377	FUEGO m	S	2379
FREE	E	348	FUEGOS ARTIFICIALES m pl	S	2380
FREE / GRATUITOUS	E	2408	FUEHRER m	D	2415
FREELY	E	928	FUELLE m	S	196
FREI	D	348	FUENTE f	S	2369
FREI	D	928	FUER	D	2657
FREINER	F	1860	FUER DIE GANZE DAUER	D	1364
FRELE	F	858	FUERA	S	1324
FREMEBONDO / FREMENTE	I	816	FUERA	S	2381
FREMISSANT	F	816	FUERA!	S	2925
FREMITO (CON)	I	817	FUERCHTERLICH	D	986
FRENANDO	I	417	FUERTE	S	458
FRENANDO	S	417	FUGA f	I	1651
FRENANDO	S	424	FUGA f	S	1651
FRENARE	I	1860	FUGACE	I	823
FRENCH HORN / HORN	E	80	FUGACE	F	823
FRENETICO	I	818	FUGADO	S	1508
FRENETICO	S	818	FUGATO	I	1508
FRENETIQUE	F	818	FUGAZ	S	823
FRENTE f	S	2957	FUGE f	D	1651
FRENZIED	E	705	FUGIERT	D	1508
FREQUENCE f	F	280	FUGUE	F	1508
FREQUENCY	E	280	FUGUE	E	1651
FREQUENCY BAND	E	268	FUGUE f	F	1651
FREQUENZ f	D	280	FUGUED	E	1508
FREQUENZA f	I	280	FULGIDO	I	824
FREQUENZBAND n	D	268	FULGIDO	S	824
FRESCHEZZA (CON)	I	819	FULGURANTE	S	1119
FRESCO	I	820	FULL	E	2672
FRESCO	S	820	FULL OF LIFE	E	640
FRESH	E	820	FULMINANT	F	825
FRETTANDO	I	392	FULMINANTE	I	825
FRETTOLOSO	I	341	FULMINANTE	S	825
FREUNDSCHAFT f	D	2157	FULMINATING	E	825
FREUND m / -IN f	D	2158	FULMINE m	I	2378
FRIAMENTE	S	814	FUMAR	S	1861
FRIEDLICH / SANFT	D	1021	FUMARE	I	1861
FRIEND / GIRLFRIEND	E	2158	FUMER	F	1861
FRIENDSHIP	E	2157	FUNCION f	S	1509
FRIGIO	I	1507	FUNCTION	E	1509
FRIGIO	S	1507	FUNCTIONAL MUS.	E	2568
FRIO	S	2377	FUNDAMENTAL	E	1505
FRISCH	D	820	FUNDAMENTAL	S	1505
FRIVOLE	F	821	FUNEBRE	I	826
FRIVOLO	I	821	FUNEBRE	F	826
FRIVOLO	S	821	FUNEBRE	S	826
FRIVOLOUS	E	821	FUNEBRE	F	827
FROEHLICH	D	793	FUNERAL	E	827
FROEHLICH	D	850	FUNERAL MARCH	E	1667
FROEHLICH	D	852	FUNERAL MUS.	E	2579
FROEHLICH	D	856	FUNEREO	I	827
FROEHLICH	D	1068	FUNEREO	S	827
FROG	E	45	FUNKELND	D	1116
FROHLOCKEND	D	771	FUNKELND	D	1119
FROID	F	2377	FUNKTION f	D	1509
FROIDEMENT	F	814	FUNNY / AMUSING	E	2311
FROLICSOME	E	807	FUNZIONE f	I	1509
FROM THE BEGINNING	E	1250	FUOCO (CON)	I	828
FROM THE BEGINNING	E	1295	FUOCO m	I	2379
FROM THE SIGN	E	1296	FUOCO D'ARTIFICIO m	I	2380
FROM THE SIGN TO THE END	E	1297	FUORI	I	2381
FROMM / ERGEBEN	D	1019	FURBESCAMENTE	I	829
FRONT m	F	2957	FURBO	I	2382
FRONTE f	I	2957	FURCHTLOS	D	904
FROSCH m	D	45	FURCHTSAM	D	1184

FURENTE	I	830	GARANTIA f	S	2385	
FURENTE	S	830	GARANTIE f	D	2385	
FURIA (CON)	I	831	GARANTIE f	F	2385	
FURIBOND	F	832	GARANZIA f	I	2385	
FURIBONDO	I	832	GARBO (CON)	I	841	
FURIBUNDO	S	832	GARCON m	F	2739	
FURIEUX	F	830	GARDER	F	1811	
FURIEUX	F	833	GARGANTA f	S	2960	
FURIEUX	F	891	GASPING	E	593	
FURIOSO	I	833	GAST m	D	2634	
FURIOSO	S	833	GAUCHE	F	857	
FURIOUS	E	830	GAUCHE f	F	2825	
FURIOUS	E	832	GAUDIO (CON)	I	842	
FURIOUS	E	833	GAUMEN m	D	2977	
FURLANA f	I	1652	GAVOTA f	S	1655	
FURLANA f	S	1652	GAVOTTA f	I	1655	
FURORE (CON)	I	834	GAVOTTE	E	1655	
FUSS m	D	2981	GAVOTTE f	D	1655	
FUSTIGADO	S	53	GAVOTTE f	F	1655	
FUT m	F	156	GAY	E	838	
FUT m	F	157	GAY	E	850	
G			GAYO	S	838	
			GEBEBT	D	488	
GAEHNEN	D	2012	GEBEN	D	1812	
GAGE f	D	2625	GEBET n	D	2687	
GAGLIARDA f	I	1653	GEBIETERISCH	D	874	
GAGLIARDE f	D	1653	GEBILDET	D	2241	
GAGLIARDO	I	835	GEBRAUCHSMUSIK	D	2568	
GAGNER	F	1868	GEBROCHEN / ZERBROCHEN	D	2775	
GAGNER	F	2097	GEBUNDEN	D	463	
GAI	F	838	GEBURTSTAG m	D	2244	
GAI	F	850	GEDAECHTNIS n	D	2535	
GAI / JOYEUX	F	793	GEDAEMPFT	D	484	
GAI / RIEUR	F	1068	GEDANKENVOLL	D	1008	
GAIAMENTE	I	836	GEDRAENGT	D	406	
GAIEZZA (CON)	I	837	GEEBNET	D	1139	
GAILLARDE f	F	1653	GEFAEHRLICH	D	2664	
GAIMENT	F	836	GEFAELLIG	D	681	
GAIO	I	838	GEFALLEN	D	1942	
GALA	E	2383	GEFLUESTERT	D	635	
GALA f	I	2383	GEFUEHLLOS	D	897	
GALA f	D	2383	GEGEN	D	1293	
GALA f	F	2383	GEGEN / NACH	D	2922	
GALA f	S	2383	GEGENBEWEGUNG f	D	1536	
GALANT	D	839	GEGENSTIMME f	D	1481	
GALANT	F	839	GEGENTEIL n	D	2259	
GALANTE	I	839	GEGENZEIT f	D	1480	
GALANTE	S	839	GEHAEMMERT	D	218	
GALANTERIA (CON)	I	840	GEHALTEN	D	1413	
GALERIE f	D	2384	GEHEIMNIS n	D	2545	
GALERIE f / POULAILLIER m	F	2384	GEHEIMNISVOLL	D	957	
GALLANT	E	839	GEHEIMNISVOLL	D	958	
GALLARDA f	S	1653	GEHEN	D	1744	
GALLARDO	S	835	GEHEN	D	1777	
GALLERIA f / LOGGIONE m	I	2384	GEHEND	D	323	
GALLIARD	E	1653	GEHEND	D	391	
GALLIPAVO m	S	2852	GEHOEREN	D	1747	
GALOP	E	1654	GEHOER n (SINN)	D	2900	
GALOP m	F	1654	GEHOPST	D	65	
GALOP m	S	1654	GEHUEPFT	D	55	
GALOPP m	D	1654	GEIGE f	D	19	
GALOPPO m	I	1654	GEISSELND	D	481	
GAMA f / ESCALA f	S	1578	GEISTLICHE MUSIK	D	2592	
GAMBA f	I	2958	GEISTREICH	D	1144	
GAMBO m	I	1510	GEKUENSTELT / KUENSTLICH	D	2173	
GAMME f	F	1578	GELB	D	2395	
GANA f	S	2935	GELENK n	D	2943	
GANAR	S	1868	GELIDO	I	843	
GANZ	D	2473	GELIDO	S	843	
GANZE	D	1416	GELOSO	I	2386	

GEMAESSIGT	D	350	GESAESS n	D	2989	
GEMAESSIGT	D	351	GESANG m	D	2213	
GEMEBONDO	I	844	GESANGLICH	D	239	
GEMEINSAM	D	2249	GESCHICKT	D	2135	
GEMERE	I	1862	GESCHLAGEN	D	470	
GEMESSEN	D	1346	GESCHLEPPT	D	446	
GEMIR	F	1862	GESCHLOSSEN	D	2232	
GEMIR	S	1862	GESCHWIND	D	371	
GEMISCHT	D	1345	GESCHWINDIGKEIT f	D	2914	
GEMISSANT	F	844	GESETZT	D	1027	
GEMUETLICH	D	564	GESETZT	D	1028	
GENAU	D	763	GESICHT n	D	2954	
GENAU	D	1031	GESPRUNGEN	D	54	
GENERADOR m	S	281	GESPRUNGEN	D	66	
GENERALBASS m	D	1461	GESTALT f / FORM f	D	1506	
GENERALEMENT	F	2387	GESTERN	D	2421	
GENERALLY	E	2387	GESTOCHEN	D	62	
GENERALMENTE	I	2387	GESTOPFT / GEDECKT	D	119	
GENERALPROBE f	D	2707	GESTUETZT	D	369	
GENERATEUR m	F	281	GESTUETZT	D	449	
GENERATOR	E	281	GESTUETZT	D	475	
GENERATOR m	D	281	GESUND	D	2782	
GENERATORE m	I	281	GETEILT	D	1304	
GENERE m	I	2388	GETRAGEN	D	477	
GENEREUX	F	845	GETRENNT	D	1391	
GENERO m / ESPECIE f	S	2388	GETTATO	I	60	
GENEROSO	I	845	GEWALTIG	D	2370	
GENEROSO	S	845	GEWALTSAM	D	1229	
GENEROUS	E	845	GEWICHTIG	D	1025	
GENESEN	D	1870	GEWISSENHAFT	D	2269	
GENIAL	D	2389	GEWOEHNLICH	D	1360	
GENIAL	F	2389	GEWOGEN	D	1012	
GENIAL	S	2389	GEWOHNHEIT f	D	2136	
GENIALE	I	2389	GEWOHNT	D	1396	
GENICK n / NACKEN m	D	2973	GEWORFEN	D	60	
GENIE m	F	2390	GEZIERT	D	549	
GENIESSEN	D	1864	GEZIERT	D	556	
GENIO m	I	2390	GEZUPFT / GEZWICKT	D	63	
GENIO m	S	2390	GEZWUNGEN	D	482	
GENIUS	E	2390	GHIRIBIZZOSO	I	848	
GENIUS m / GENIE n	D	2390	GHIRONDA f	I	11	
GENNAIO	I	2391	GIA	I	2394	
GENOU m	F	2959	GIALLO	I	2395	
GENRE m	F	2388	GIAMMAI	I	2396	
GENS m pl	F	2392	GIGA f	I	1656	
GENTE f	I	2392	GIGA f	S	1656	
GENTE f	S	2392	GIGANTESCO	I	849	
GENTIL	F	2393	GIGANTESCO	S	849	
GENTIL	S	2393	GIGANTESQUE	F	849	
GENTILE	I	2393	GIGANTIC	E	849	
GENTILEZZA (CON)	I	846	GIGUE f	D	1656	
GENTILMENTE	I	847	GIGUE f	F	1656	
GENTILMENTE	S	847	GINOCCHIO m	I	2959	
GENTIMENT	F	847	GIOCARE	I	1863	
GENTLY	E	734	GIOCONDO	I	850	
GENUEGEND	D	1275	GIOIA (CON)	I	851	
GENUEGEND	D	2865	GIOIOSO	I	852	
GENUG / GENUEGEND	D	1249	GIORNALIERO	I	2397	
GENUG!	D	2191	GIORNATA f / GIORNO m	I	2398	
GEPEITSCHT	D	53	GIOVANE	I	2399	
GEQUAELT	D	1188	GIOVEDI	I	2400	
GERAEUMIG	D	1138	GIOVIALE	I	853	
GERAUBT	D	364	GIPSY	E	2939	
GEREIZT	D	914	GIRADISCHI m	I	2401	
GEREIZT	D	1151	GIRL	E	2737	
GEREIZT	D	1152	GIROTONDO m	I	2402	
GERISSEN	D	68	GITANO m / -A f	S	2939	
GERMAN DANCE	E	1615	GITARRE f	D	7	
GERNE	D	2936	GIU	I	1316	
GERUEHRT	D	678	GIUBILANTE	I	854	

GIUBILO (CON)	I	855	GOZOSAMENTE	S	842
GIUGNO	I	2403	GRABACION *f*	S	2746
GIULIVO	I	856	GRABSTAETTE *f*	D	2802
GIUSTAMENTE	I	1317	GRACEFUL	E	865
GIUSTO	I	1511	GRACE-NOTE	E	1449
GIUSTO	I	2404	GRACIAS	S	2410
GLACIAL	F	843	GRACIAS IGUALMENTE	S	2411
GLAENZEND	D	638	GRACIEUX	F	865
GLAENZEND	D	824	GRACIEUX	F	1222
GLAENZEND	D	2845	GRACIL	S	858
GLATT	D	932	GRACILE	I	858
GLAUBEN	D	1806	GRACIOSO	S	865
GLEICH	D	1308	GRACIOSO	S	2217
GLEICH	D	1393	GRADATAMENTE /		
GLEICH	D	1403	GRADUALMENTE	I	1318
GLEICH	D	1421	GRADEVOLE / GRADITO	I	859
GLEICH / GERADE	D	2643	GRADO *m*	I	1512
GLEICHGUELTIG	D	2445	GRADO *m*	S	1512
GLEICHHEIT *f*	D	2328	GRADUACION *f*	S	2405
GLEICHMAESSIG	D	1207	GRADUALLY	E	1318
GLEICHZEITIG	D	2822	GRADUARE	I	1865
GLEITEND	D	462	GRADUATION	E	2405
GLISSANDO	I	462	GRADUATION *f*	F	2405
GLISSER	F	2019	GRADUAZIONE *f*	I	2405
GLISSER	F	2023	GRADUELLEMENT	F	1318
GLOCKE *f*	D	124	GRAMMOFONO *m*	I	2406
GLOCKENSCHLAG *m*	D	164	GRAMMOPHON *m*	D	2406
GLOCKENSPIEL *n*	D	126	GRAMOFONO *m*	S	2406
GLOCKENSPIEL *n* /			GRAMOPHONE	E	2406
TURMGLOCKENSPIEL *n*	D	127	GRAMOPHONE *m*	F	2406
GLOOMY	E	690	GRAN CASSA *f*	I	134
GLOOMY	E	810	GRAN / GRANDE	I	1319
GLOOMY	E	934	GRAND	E	861
GLOOMY	E	1179	GRAND / BEAUCOUP	F	1319
GLUECK *n*	D	2372	GRAND PIANO	E	178
GLUECKLICH	D	2355	GRANDE	S	1319
GLUECKSELIG	D	632	GRANDEZZA (CON)	I	860
GLUEHEND	D	610	GRANDIOSE	F	861
GLUEHEND	D	890	GRANDIOSO	I	861
GLUEHEND	D	1077	GRANDIOSO	S	861
GO ON	E	1291	GRAS	F	2407
GOD	E	2294	GRASO / GORDO	S	2407
GODERE	I	1864	GRASSO	I	2407
GOFFO	I	857	GRATEFUL	E	2409
GOING	E	323	GRATIS / GRATUITO	I	2408
GOING AWAY	E	505	GRATO	I	2409
GOING AWAY	E	513	GRATTARE	I	1866
GOLA *f*	I	2960	GRATTER	F	1866
GOLPE *m*	S	1282	GRATUIT	F	2408
GOLPE *m* / BATIDO *m*	S	163	GRATUITO	S	2408
GOLPE DE ARCO *m*	S	50	GRAU	D	2413
GOLPE DE LENGUA	S	120	GRAUSAM	D	2276
GOLPEAR	S	1771	GRAVE	I	862
GOMITO *m*	I	2961	GRAVE	S	862
GONG	E	133	GRAVEMENT	F	1009
GONG *m*	I	133	GRAVITA (CON)	I	863
GONG *m*	D	133	GRAZIA (CON)	I	864
GONG *m*	F	133	GRAZIE	I	2410
GONG *m* / BATINTIN *m*	S	133	GRAZIE ALTRETTANTO	I	2411
GOOD	E	2202	GRAZIOSO	I	865
GOOD BYE	E	2171	GREAT / MUCH / BIG	E	1319
GOOD EVENING	E	2201	GREATEST	E	1337
GOOD LUCK / BREAK A LEG	E	2434	GREEN	E	2917
GOOD MORNING	E	2206	GREGORIAN	E	2412
GOOD NIGHT	E	2200	GREGORIANISCH	D	2412
GORGE *f*	F	2960	GREGORIANO	I	2412
GORGHEGGIO *m*	I	246	GREGORIANO	S	2412
GORJEO *m*	S	246	GREGORIEN	F	2412
GOTT	D	2294	GREIFE AN / BEGINNE	D	1274
GOZAR	S	1864	GRELE	F	764

GRELOTS *m pl*	F	138	GUT		D	1276
GREY	E	2413	GUT		D	2202
GRIDARE	I	1867	GUTE NACHT		D	2200
GRIEVED	E	544	GUTEN ABEND		D	2201
GRIEVED	E	686	GUTEN TAG		D	2206
GRIFFBRETT *n*	D	46	GUTTURAL		E	2416
GRIFFLOCH *n* / FINGERLOCH *n*	D	111	GUTTURAL		F	2416
GRIGIO	I	2413	GUTTURALE		I	2416
GRILLENHAFT	D	770	GUTURAL		S	2416
GRIM / SURLY	E	1190				
GRIMMIG	D	1190	**H**			
GRIS	F	2413				
GRIS	S	2413	HAARE *n pl*		D	2947
GRITAR	S	1867	HABANERA		E	1657
GROB	D	866	HABANERA *f*		I	1657
GROB	D	1080	HABANERA *f*		D	1657
GROESSTE	D	1337	HABANERA *f*		F	1657
GROGNER	F	1770	HABANERA *f*		S	1657
GROGNON	F	641	HABEN		D	1761
GROMMELER	F	1769	HABIL		S	2135
GROS	F	2414	HABILE		F	2135
GROSERO	S	866	HABIT		E	2136
GROSS / VIEL	D	1319	HABITUDE *f*		F	2136
GROSSARTIG	D	861	HABITUEL		F	1396
GROSSE CAISSE *f*	F	134	HABLANDO		S	994
GROSSE TROMMEL *f*	D	134	HABLAR		S	1934
GROSSIER	F	866	HACER		S	1852
GROSSMUETIG	D	845	HACIA		S	2922
GROSSO	I	2414	HAELFTE *f*		D	1340
GROSSOLANO	I	866	HAEMMERN		D	1914
GROTESCO	S	867	HAENDE KREUZEND		D	224
GROTESK	D	867	HAESSLICH		D	2204
GROTESQUE	E	867	HAIR		E	2947
GROTESQUE	F	867	HAIR OF THE BOW *pl*		E	33
GROTTESCO	I	867	HALB		D	1341
GROUND BASS	E	1462	HALB		D	1343
GROUPER	F	1966	HALB LAUT		D	468
GROWING	E	495	HALB LEISE		D	469
GRUEN	D	2917	HALBE LAUTSTAERKE		D	1342
GRUESO	S	2414	HALBTON *m*		D	1580
GRUESSEN	D	2010	HALETANT		F	593
GRUMBLING	E	641	HALETANT		F	601
GRUNDSTELLUNG *f*	D	1558	HALF		E	1340
GRUNIR	S	1770	HALF		E	1341
GRUPETO *m*	S	1513	HALF		E	1343
GRUPPETTO *m*	I	1513	HALF LOUD		E	468
GUADAGNARE	I	1868	HALF SOFT		E	469
GUANCIA *f*	I	2962	HALF VOICE		E	467
GUARANTEE	E	2385	HALF VOLUME		E	1342
GUARDAR	S	1811	HALITO *m*		S	2358
GUARDARE	I	1869	HALLAR / ENCONTRAR		S	2085
GUARIRE	I	1870	HALS *m*		D	38
GUEJOSO	S	844	HALS *m*		D	2948
GUERIR	F	1870	HALS-UND BEINBRUCH /			
GUERRESCO / GUERRIERO	I	868	TOI, TOI, TOI		D	2434
GUERRIER	F	868	HALTEBOGEN *m*		D	1520
GUEST	E	2634	HALTEN		D	2073
GUIA *f*	S	2415	HALTEN SIE		D	1412
GUIAR / CONDUCIR	S	1871	HALTEND		D	1411
GUIDA *f*	I	2415	HAMBRE		S	2348
GUIDARE	I	1871	HAMMER		E	198
GUIDE	E	2415	HAMMER *m*		D	198
GUIDE *m*	F	2415	HAMMERED		E	218
GUIMBARDE *f* / TROMPE *f*	F	180	HAMPE *f*		F	1510
GUITAR	E	7	HANCHE *f*		F	2942
GUITARE *f*	F	7	HAND		E	2967
GUITARRA *f*	S	7	HAND *f*		D	2967
GURGELTRILLER *m*	D	246	HANDBACK		E	2953
GUSTAR	S	1942	HANDFLAECHE *f*		D	2978
GUSTO (CON)	I	869	HANDGELENK *n*		D	2986

HANDHARMONIKA f	D	174	HEART-FELT	E	1106
HANDLUNG f	D	2180	HEATING	E	2766
HANDLUNG f	D	2893	HEAVY	E	862
HANDRUECKEN m	D	2953	HEAVY	E	1011
HANDSCHRIFT f	D	2522	HEEL	E	2992
HAPPY	E	2256	HEFT n	D	2717
HAPPY	E	2355	HEIGHT / PITCH	E	2153
HARD	E	743	HEILIG	D	2783
HARD	E	1149	HEIMWEH n	D	2612
HARDI	F	600	HEIRATEN	D	2052
HARDI	F	614	HEISER	D	2364
HARDI	F	628	HEISER	D	2742
HARDIMENT	F	612	HEITER	D	836
HARFE f	D	2	HEITER	D	853
HARMONIC	E	1452	HEITER	D	871
HARMONICA f	F	73	HEITER	D	929
HARMONICS	E	59	HEITER	D	1109
HARMONICS pl	E	1598	HEITER / LACHEND	D	1058
HARMONIE f	D	1451	HEIZUNG f	D	2766
HARMONIE f	F	1451	HELD BACK	E	433
HARMONIEUSEMENT	F	617	HELDENTENOR m	D	236
HARMONIEUX	F	618	HELFEN	D	1733
HARMONIOUS	E	618	HERABLASSEND	D	508
HARMONIOUSLY	E	617	HERABLASSEND	D	509
HARMONIQUE	F	1452	HERAUSFORDERN	D	1961
HARMONISCH	D	1452	HERAUSVORDERND	D	1035
HARMONISER	F	1751	HERB	D	542
HARMONISIEREN	D	1751	HERB / RAUH	D	622
HARMONIUM m	F	169	HERBST m	D	2179
HARMONIUM n	D	169	HERE	E	2716
HARMONIUM / REED ORGAN	E	169	HERE / THERE / THIS	E	2323
HARMONY	E	1451	HERMOSO / - A	S	2193
HARP	E	2	HEROIC	E	757
HARPE f	F	2	HEROIC TENOR	E	236
HARPSICHORD	E	172	HEROICO	S	757
HART	D	743	HEROIQUE	F	757
HARTNAECKIG	D	990	HEROISCH	D	757
HARTNAECKIG / ZAEH	D	1170	HERR m	D	2816
HASTA	S	1394	HERUNTERLASSEND	D	501
HASTA EL	S	1314	HERVORGEHOBEN	D	479
HASTA EL	S	1395	HERVORHEBEN	D	1997
HASTA EL FIN	S	1256	HERZ n	D	2749
HASTA LA VISTA	S	2171	HERZLICH	D	559
HASTA / TAMBIEN	S	2663	HERZLICH	D	652
HASTENING	E	386	HERZLICH	D	653
HASTENING	E	392	HERZLICH / WARM	D	647
HASTY	E	319	HERZZERREISSEND	D	1154
HATER	F	1731	HESITATING	E	340
HAUGHTY	E	581	HEULEN	D	2088
HAUGHTY	E	1162	HEURE f	F	2627
HAUNCH / HIP	E	2942	HEUREUX	F	2355
HAUPTSAECHLICH	D	2696	HEURTER	F	2089
HAUS n	D	2223	HEUTE	D	2623
HAUSSER	F	1740	HEXENTANZ m	D	1640
HAUT	F	2154	HIDDEN	E	1352
HAUTAIN	F	581	HIER	F	2421
HAUTBOIS m	F	92	HIER	D	2716
HAUTEUR f	F	2153	HIER / DA	D	2323
HAUTPARLEUR m	F	265	HIGH	E	2154
HAY	S	2227	HIGHEST	E	2833
HE AQUI / HE ALLI	S	2323	HILANDO	S	799
HE / IT n	E	2105	HILFSLINIE f	D	1569
HEAD	E	2993	HILO f	S	2360
HEAD VOICE	E	264	HIMMEL m	D	2235
HEALTHY	E	2782	HIMMELBLAU	D	2181
HEARING	E	2900	HIMMLISCH	D	669
HEART	E	2949	HIMNO m	S	1658
HEARTILY	E	652	HINABSTEIGEN	D	2016
HEARTILY	E	653	HINKEND	D	576
HEART-BREAKING	E	1154	HINKEND	D	2940

HINSTERBEND	D	436
HINTER	D	2287
HINTERBUEHNE *f*	D	2753
HINTERGRUNDMUSIK	D	2573
HINTERLASSEN / NACHGELASSEN	D	2683
HINZUFUEGEN	D	1732
HIRTENARTIG	D	996
HIRTENGEDICHT *n*	D	1645
HIRTENSTUECK *n*	D	1692
HIS / HER / ITS / YOUR	E	2122
HIS / HERS / ITS / YOURS	E	2128
HISTOIRE DE LA MUSIQUE *f*	F	2855
HISTORIA DE LA MUSICA *f*	S	2855
HISTORY OF MUSIC	E	2855
HIVER *m*	F	2485
HOARSE	E	2742
HOARSE	E	2772
HOCH	D	2154
HOCHZEITLICH	D	981
HOCHZEITSMARSCH *m*	D	1668
HOCH! / ES LEBE HOCH!	D	2933
HOECHST	D	2833
HOEHE *f*	D	2153
HOELLISCH	D	888
HOERBAR	D	1420
HOEREN	D	2086
HOEREN / FUEHLEN	D	2028
HOF *m*	D	2268
HOFFEN	D	2047
HOFFNUNG *f*	D	2841
HOJA *f*	S	2366
HOJA DE ALBUM *f*	S	1649
HOLDING BACK	E	432
HOLE	E	195
HOLIDAY / FEAST / PARTY	E	2356
HOLZ *n*	D	2497
HOLZBLAESER *m pl*	D	2496
HOLZSCHLEGEL *m*	D	148
HOMBRE *m*	S	2907
HOMBRO *m*	S	2990
HOMESICKNESS / NOSTALGIA	E	2612
HOMME *m*	F	2907
HOMOFONIA *f*	S	1544
HOMOPHONIE *f*	D	1544
HOMOPHONIE *f*	F	1544
HOMOPHONY	E	1544
HONORARIOS *m pl*	S	2625
HOPE	E	2841
HOPPED	E	55
HORA *f*	S	2627
HORN *n* / WALDHORN *n*	D	80
HORRENDO	S	986
HORRIBLE	F	986
HORRIBLE	F	1198
HORRIFYING	E	986
HOUR / TIME	E	2627
HOUSE	E	2223
HOW MUCH?	E	2727
HOY	S	2623
HUEFTE *f*	D	2942
HUELSE *f* / STIFT *m*	D	116
HUESO *m*	S	2976
HUMAIN	F	2902
HUMAN	E	2902
HUMANO	S	2902
HUMBLE	E	1204
HUMBLE	F	1204
HUMEDO	S	2903
HUMIDE	F	2903
HUMILDE	S	1204
HUMORESCA *f*	S	1716
HUMORESKE *f*	D	1716
HUMORESQUE	E	1716
HUMORESQUE *f*	F	1716
HUMORISTICO	S	1206
HUMORISTIQUE	F	1206
HUMORISTISCH	D	1206
HUMOROUS	E	1206
HUNGER	E	2348
HUNGER *m*	D	2348
HUNT	E	2208
HUNTING HORN / BUGLE	E	81
HUNTING MUS.	E	2565
HUROY-GURDY	E	11
HURLER	F	2088
HURRAH!	E	2933
HURTIG	D	376
HURTIG	D	377
HUSKY	E	2364
HUSTEN	D	2079
HYMN / ANTHEM	E	1658
HYMNE *f* / LOBGESANG *m*	D	1658
HYMNE *m*	F	1658

I

I	E	2102
I / GLI	I	2116
ICH	D	2103
ICI	F	2716
ICY	E	843
IDEA	E	2417
IDEA *f*	I	2417
IDEA *f*	S	2417
IDEAL	E	2418
IDEAL	F	2418
IDEAL	S	2418
IDEAL / VOLLKOMMEN	D	2418
IDEALE	I	2418
IDEALISM	E	2419
IDEALISME *m*	F	2419
IDEALISMO *m*	I	2419
IDEALISMO *m*	S	2419
IDEALISMUS *m*	D	2419
IDEE *f*	D	2417
IDEE *f*	F	2417
IDILICO	S	870
IDILLIACO	I	870
IDIOMATIC	E	2420
IDIOMATICO	I	2420
IDIOMATICO	S	2420
IDIOMATIQUE	F	2420
IDIOMATISCH / SPRACHEIGENTUEMLICH	D	2420
IDYLLIC	E	870
IDYLLIQUE	F	870
IDYLLISCH	D	870
IERI	I	2421
IF	E	1386
IF POSSIBLE	E	1376
IGLESIA *f*	S	2231
IGUAL	S	1308
IGUAL	S	1421
IGUALDAD *f*	S	2328
IHNEN / IHR	D	2125
IHR	D	2109
IHR / IHR	D	2131
IL	F	2105
IL LORO	I	2131
IL MIO	I	2126
IL NOSTRO	I	2129
IL PIU	I	1320
IL SUO	I	2128

IL TUO	I	2127	IMPLORING	E	1164
IL VOSTRO	I	2130	IMPLORING	E	1163
IL Y A	F	2227	IMPONENTE	I	878
IL / LO	I	2113	IMPONENTE	S	878
ILARE	I	871	IMPORTANT	E	2427
ILEGIBLE	S	2422	IMPORTANT	F	2427
ILLEGGIBILE	I	2422	IMPORTANTE	I	2427
ILLEGIBLE	E	2422	IMPORTANTE	S	2427
ILLISIBLE	F	2422	IMPOSANT	F	879
ILLUMINAZIONE *f*	I	2423	IMPOSIBLE	S	2428
ILS	F	2110	IMPOSSIBILE	I	2428
ILUMINACION *f*	S	2423	IMPOSSIBLE	E	2428
IM ALLGEMEINEN	D	2387	IMPOSSIBLE	F	2428
IM DELIRIUM	D	706	IMPRACTICABLE	E	2488
IM ERSTEN ZEITMASS	D	374	IMPRECIS	F	2429
IM SCHERZ	D	1084	IMPRECISO	I	2429
IM TAKT	D	1248	IMPRECISO	S	2429
IM TAKT / IM ZEITMASS	D	313	IMPREPARATO	I	2430
IMAGINAR	S	1873	IMPRESIONISMO *m*	S	2431
IMAGINER	F	1873	IMPRESSIONISM	E	2431
IMBOCCATURA *f*	I	112	IMPRESSIONISME *m*	F	2431
IMITACION *f*	S	1514	IMPRESSIONISMO *m*	I	2431
IMITANDO	I	1321	IMPRESSIONISMUS *m*	D	2431
IMITANDO	S	1321	IMPRESSIVE	E	879
IMITAR	S	1872	IMPROVISACION *f*	S	2432
IMITARE	I	1872	IMPROVISANDO	S	880
IMITATING	E	1321	IMPROVISAR	S	1875
IMITATION	E	1514	IMPROVISATION	E	2432
IMITATION *f*	F	1514	IMPROVISATION *f*	D	2432
IMITAZIONE *f*	I	1514	IMPROVISATION *f*	F	2432
IMITER	F	1872	IMPROVISE	F	1257
IMITIEREN	D	1872	IMPROVISED	E	1257
IMMAGINARE	I	1873	IMPROVISER	F	1875
IMMER	D	1389	IMPROVISIEREN	D	1875
IMMUTATO	I	1322	IMPROVISIEREND	D	880
IMPACIENTE	S	872	IMPROVISING	E	880
IMPACIENTE	S	2424	IMPROVISO	S	1257
IMPAIR	F	2307	IMPROVISO	S	1323
IMPAR	S	2307	IMPROVVISANDO	I	880
IMPARARE	I	1874	IMPROVVISARE	I	1875
IMPARFAIT	F	1515	IMPROVVISAZIONE *f*	I	2432
IMPATIENT	E	872	IMPROVVISO	I	1323
IMPATIENT	F	872	IMPULS *m*	D	282
IMPATIENT	E	2424	IMPULSE	E	282
IMPATIENT	F	2424	IMPULSION *f*	F	282
IMPAZIENTE	I	872	IMPULSO *m*	I	282
IMPAZIENZA (CON)	I	873	IMPULSO *m*	S	282
IMPEDIMENTO *m*	I	2424	IN	I	2433
IMPERCEPTIBLE	E	2425	IN / AT / TO / BY	E	2433
IMPERCEPTIBLE	F	2425	IN / AUF / AN / BEI	D	2433
IMPERCEPTIBLE	S	2425	IN A BALLAD STYLE	E	529
IMPERCEPTIBLE	F	2425	IN A HURRY / HASTY	E	341
IMPERCETTIBILE	I	2425	IN A LIVELY VOICE	E	1434
IMPERDONABILE	I	2426	IN BEQUEMER WEISE	D	680
IMPERDONABLE	S	2426	IN BITTERER WEISE	D	584
IMPERFECT	E	1515	IN BOCCA AL LUPO	I	2434
IMPERFECTO	S	1515	IN DEM / IN DER	D	2606
IMPERFETTO	I	1515	IN DER OKTAVE	D	1258
IMPERIEUX	F	874	IN ELEGANTER WEISE	D	746
IMPERIOSO	I	874	IN ENTZUECKENDER WEISE	D	708
IMPERIOSO	S	874	IN ERMANGELUNG	D	1327
IMPERIOUS	E	874	IN FUORI	I	1324
IMPETO (CON)	I	875	IN GIU	I	1325
IMPETUEUX	F	876	IN GLEICHFOERMIGER WEISE	D	1309
IMPETUOSO	I	876	IN HALBEN NOTEN	D	1259
IMPETUOSO	S	876	IN HERZLICHER WEISE	D	558
IMPETUOUS	E	876	IN HIS PLACE	E	1332
IMPLORANT	F	878	IN KLARER WEISE	D	670
IMPLORANTE	I	878	IN KUEHNER WEISE	D	624
IMPLORANTE	S	878	IN LIEBEVOLLER WEISE	D	590
IMPLORING	E	878	IN LUOGO DI	I	1326

IN MANCANZA DI	I	1327	INDICACION f	S	2444
IN ORDER TO FINISH	E	1363	INDICAR	S	1881
IN PAIN	E	738	INDICARE	I	1881
IN RASCHER WEISE	D	408	INDICATION	E	2444
IN SCHWACHER WEISE	D	695	INDICATION f	F	2444
IN SU	I	1329	INDICAZIONE f	I	2444
IN SUESSER / SANFTER WEISE	D	734	INDICE m	I	2963
IN THE	E	2606	INDICE m	S	2963
IN THE GERMAN STYLE	E	573	INDIFERENTE	S	2445
IN THE GIPSY STYLE	E	575	INDIFFERENT	E	2445
IN THE MANNER OF	E	571	INDIFFERENT	F	2445
IN THE MANNER OF	E	2148	INDIFFERENTE	I	2445
IN THE PLACE OF	E	1326	INDIFFERENZA (CON)	I	883
IN THE TURKISH STYLE	E	574	INDIGNADO	S	884
IN TIME	E	313	INDIGNATED	E	884
IN TIME	E	1248	INDIGNATO	I	884
IN TWO	E	1254	INDIGNE	F	884
IN VOLLSTAENDIGER WEISE	D	2246	INDIQUER	F	1881
IN ZARTER WEISE	D	702	INDIRIZZO m	I	2446
IN ZWEI / ZU ZWEIT	D	1254	INDOLENZA (CON)	I	885
INACCURATE	E	2429	INDOVINARE	I	1882
INAGUANTABLE	S	2465	INDUGIANDO	I	418
INALTERADO	S	2435	INDUGIARE	I	1883
INALTERATO	I	2435	INEBRIANTE	I	886
INATTENDU	F	2436	INEBRIATING	E	886
INATTESO	I	2436	INEJECUTABLE	S	2448
INBRUENSTIG	D	789	INESATTO	I	2447
INCALZANDO	I	393	INESEGUIBILE	I	2448
INCALZANTE	I	342	INESPERADO	S	2436
INCANTEVOLE	I	881	INESPERTO	I	2449
INCAPABLE	E	2437	INEXACT	E	2447
INCAPABLE	F	2437	INEXACT	F	2447
INCAPACE	I	2437	INEXACTO	S	2447
INCAPAZ	S	2437	INEXECUTABLE	E	2448
INCARICARE	I	1876	INEXECUTABLE	F	2448
INCERTAIN	F	2438	INEXPERIENCED	E	2449
INCERTO	I	2438	INEXPERIMENTE	F	2449
INCHANGE	F	1322	INEXPERTO	S	2449
INCHANGE	F	2435	INFANTIL	S	887
INCHINO m	I	2439	INFANTILE	I	887
INCIDENTAL MUS.	E	2576	INFANTILE	F	887
INCIERTO	S	2438	INFATICABILE	I	2450
INCISIF	F	881	INFATIGABLE	F	2450
INCISIVE	E	881	INFATIGABLE	S	2450
INCISIVO	I	881	INFEDELE	I	2451
INCISIVO	S	881	INFELICE	I	2452
INCOHERENTE	S	2797	INFELIZ	S	2452
INCOMINCIARE	I	1877	INFERIEUR	F	2453
INCOMPLET	F	2440	INFERIOR	E	2453
INCOMPLETE	E	2440	INFERIOR	S	2453
INCOMPLETO	I	2440	INFERIORE	I	2453
INCOMPLETO	S	2440	INFERNAL	E	888
INCONTRO m	I	2441	INFERNAL	F	888
INCORAGGIARE	I	1878	INFERNAL	S	888
INCORRECT	E	2794	INFERNALE	I	888
INCORRECT	F	2794	INFIAMMATO	I	889
INCORRECTO	S	2794	INFIDELE	F	2451
INCREASING	E	493	INFIEL	S	2451
INCREDIBILE	I	2442	INFINI	F	2454
INCREDIBLE	E	2442	INFINITE	E	2454
INCREIBLE	S	2442	INFINITO	I	2454
INCROCIARE	I	1879	INFINITO	S	2454
INCROYABLE	F	2442	INFLAMADO	S	889
INDEBOLENDO	I	518	INFLAMED	E	889
INDEBOLIRE	I	1880	INFLECTION	E	247
INDECIS	F	2443	INFLESSIONE f	I	247
INDECISO	I	2443	INFLEXION f	F	247
INDECISO	S	2443	INFLEXION f	S	247
INDEFATIGABLE	E	2450	INFOCATO	I	890
INDEX m	F	2963	INFORMACION f	S	2455

109

INFORMAR	S	1884	INSPIRATION f	F	2460
INFORMARE	I	1884	INSPIRATION f / EINFALL m	D	2460
INFORMATION	E	2455	INSPIRER	F	1892
INFORMATION f	F	2455	INSTEAD	E	2484
INFORMAZIONE f	I	2455	INSTINCT	E	2491
INFORMER	F	1884	INSTINCT m	F	2491
INFURIATO	I	891	INSTINKT m	D	2491
INGEGNOSO	I	892	INSTINTO m	S	2491
INGENIEUX	F	892	INSTRUIDO	S	2241
INGENIOSO	S	892	INSTRUIR	S	1886
INGENIOUS	E	892	INSTRUMENT	E	2862
INGENIOUS	E	2389	INSTRUMENT m	F	2862
INGENU	F	893	INSTRUMENT n	D	2862
INGENUO	I	893	INSTRUMENT A CLAVIER m	F	2861
INGENUO	S	893	INSTRUMENTACION f	S	1595
INGENUOUS	E	893	INSTRUMENTAL	E	2860
INGIUSTO	I	2456	INSTRUMENTAL	D	2860
INGRESSO m	I	2457	INSTRUMENTAL	F	2860
INHALT m	D	2257	INSTRUMENTAL	S	2860
INHALTERADO	S	1322	INSTRUMENTAL MUS.	E	2580
INIZIO m	I	2458	INSTRUMENTALMUSIK	D	2580
INJUSTE	F	2456	INSTRUMENTAR	S	2061
INJUSTO	S	2456	INSTRUMENTATION	E	1595
INMOST	E	903	INSTRUMENTATION f	F	1595
INNAMORARSI	I	1885	INSTRUMENTER	F	2061
INNERST / INNIG	D	903	INSTRUMENTIEREN	D	2061
INNIG / LEIDENSCHAFTLICH	D	1167	INSTRUMENTIERUNG f	D	1595
INNO m	I	1658	INSTRUMENTO m	S	2862
INNOCENZA (CON)	I	894	INSTRUMENTO DE TECLADO m	S	2861
INOLTRE	I	2459	INSUFFICIENT	E	2466
INPARDONNABLE	F	2426	INSUFFICIENTE	I	2466
INQUIET	F	896	INSUFFISANT	F	2466
INQUIET	F	911	INSUFICIENTE	S	2466
INQUIETANT	F	895	INSUPPORTABLE	F	2465
INQUIETANTE	I	895	INSZENIERUNG f	D	2539
INQUIETANTE	S	895	INTANTO	I	2467
INQUIETO	I	896	INTAVOLATURA f	I	1516
INQUIETO	S	896	INTEGRAL	F	2468
INQUIETO	S	911	INTEGRAL	S	2468
INSATISFAIT	F	2462	INTEGRAL / COMPLETE	E	2468
INSEGNARE	I	1886	INTEGRALE	I	2468
INSENSIBILE	I	2460	INTELECTUAL	S	2469
INSENSIBILMENTE	I	897	INTELIGENTE	S	2470
INSENSIBLE	E	897	INTELLECTUAL	E	2469
INSENSIBLE	E	2460	INTELLECTUEL	F	2469
INSENSIBLE	F	2460	INTELLEKTUEL	D	2469
INSENSIBLE	S	2460	INTELLETTUALE	I	2469
INSENSIBLEMENT	F	897	INTELLIGENT	E	2470
INSENSIBLEMENTE	S	897	INTELLIGENT	D	2470
INSERZIONE f	I	2461	INTELLIGENT	F	2470
INSIEME	I	1328	INTELLIGENTE	I	2470
INSINUANT	F	898	INTENCION f	S	2471
INSINUANTE	I	898	INTENSE	E	902
INSINUANTE	S	898	INTENSE	F	902
INSINUATING	E	898	INTENSIF	F	901
INSISTENZA (CON)	I	899	INTENSIV	D	901
INSISTER	F	1887	INTENSIV	D	902
INSISTERE	I	1887	INTENSIVE	E	901
INSISTIR	S	1887	INTENSIVO	I	901
INSODDISFATTO	I	2462	INTENSIVO	S	901
INSOLENZA (CON)	I	900	INTENSO	I	902
INSOLITE	F	2463	INTENSO	S	902
INSOLITO	I	2463	INTENTION	E	2471
INSOLITO	S	2463	INTENTION f	F	2471
INSOMMA	I	2464	INTENZIONE f	I	2471
INSOPPORTABILE	I	2465	INTERDIT / DEFENDU	F	2929
INSPIRACION f	S	2490	INTERESANTE	S	2472
INSPIRAR	S	1892	INTERESAR	S	1888
INSPIRARE	I	1892	INTERESSANT	D	2472
INSPIRATION	E	2460	INTERESSANT	F	2472

INTERESSANTE	I	2472
INTERESSARE	I	1888
INTERESSER	F	1888
INTERESSIEREN	D	1888
INTERESTING	E	2472
INTERLIGNE m	F	1592
INTERLINEA f	S	1592
INTERLUDE	E	1659
INTERMEDE m	F	1659
INTERMEDIO m	S	1659
INTERMEZZO m	I	1659
INTERO	I	2473
INTERPRETACION f	S	2474
INTERPRETAR	S	1889
INTERPRETARE	I	1889
INTERPRETATION	E	2474
INTERPRETATION f	D	2474
INTERPRETATION f	F	2474
INTERPRETAZIONE f	I	2474
INTERPRETER	F	1889
INTERPRETIEREN	D	1889
INTERROGAR	S	1890
INTERROGARE	I	1890
INTERROGER	F	1890
INTERROMPERE	I	1891
INTERROMPRE	F	1891
INTERRUMPIR	S	1891
INTERRUPCION f	S	2475
INTERRUPTED - / DECEPTIVE CAD.	E	1468
INTERRUPTION	E	2475
INTERRUPTION f	F	2475
INTERRUZIONE f	I	2475
INTERVAL	E	1517
INTERVAL / INTERMISSION	E	2476
INTERVALL n / ABSTAND m	D	1517
INTERVALLE m	F	1517
INTERVALLO m	I	1517
INTERVALLO m / PAUSA f	I	2476
INTERVALO m	S	1517
INTESA f	I	2477
INTIME	F	903
INTIMO	I	903
INTIMO	S	903
INTONARE	I	1893
INTONATION f	F	2478
INTONATION f / STIMMUNG f / TONGEBUNG f	D	2478
INTONATION / PITCH	E	2478
INTONAZIONE f	I	2478
INTORNO	I	2479
INTRADA f	I	1660
INTRADE f	D	1660
INTREPID	E	904
INTREPIDE	F	904
INTREPIDO	I	904
INTREPIDO	S	904
INTRODUCCION f	S	2480
INTRODUCIR	S	1894
INTRODUCTION	E	2480
INTRODUCTION f	F	2480
INTRODUIRE	F	1894
INTRODURRE	I	1894
INTRODUZIONE f	I	2480
INTUICION f	S	2481
INTUITION	E	2481
INTUITION f	F	2481
INTUIZIONE f	I	2481
INUTIL	S	2482
INUTILE	I	2482
INUTILE	F	2482
INVARIABILE	I	2483
INVARIABLE	E	2483
INVARIABLE	F	2483
INVARIABLE	S	2483
INVECE	I	2484
INVECTIVANDO	S	905
INVECTIVANT	F	905
INVECTIVING	E	905
INVENCION f	S	1661
INVENTAR	S	1895
INVENTARE	I	1895
INVENTER	F	1895
INVENTION	E	1661
INVENTION f	D	1661
INVENTION f	F	1661
INVENZIONE f	I	1661
INVERNO m	I	2485
INVERSION	E	1576
INVERSION f	F	1576
INVERSION f	S	1576
INVERTIR	F	1896
INVERTIR	S	1896
INVERTIR	S	2006
INVERTIRE	I	1896
INVETTIVANDO	I	905
INVIARE	I	1897
INVIDIA f	I	2486
INVIERNO m	S	2485
INVITADO m	S	2634
INVITAR	S	1898
INVITARE	I	1898
INVITE m	F	2634
INVITER	F	1898
INVOLONTAIRE	F	2487
INVOLONTARIO	I	2487
INVOLUNTARIO	S	2487
INVOLUNTARY	E	2487
IN / WITHIN / INSIDE	E	2280
IO	I	2103
IONIAN	E	1518
IONICO	I	1518
IONIEN	F	1518
IONISCH	D	1518
IR	S	1744
IRA (CON)	I	906
IRACONDO	I	907
IRACUNDO	S	907
IRASCIBLE	E	907
IRATO / IROSO	I	908
IRGENDEIN	D	2724
IRONIA (CON)	I	909
IRONICAL	E	910
IRONICO	I	910
IRONICO	S	910
IRONIQUE	F	910
IRONISCH	D	910
IRREALISABLE	F	2488
IRREALIZABLE	S	2488
IRREALIZZABILE	I	2488
IRREGOLARE	I	2489
IRREGULAR	E	2489
IRREGULAR	S	2489
IRREGULIER	F	2489
IRREQUIETO	I	911
IRREREDEND	D	704
IRREREDEND	D	705
IRRESOLU	F	912
IRRESOLUTE	E	912
IRRESOLUTO	I	912
IRRESOLUTO	S	912
IRRITADO	S	914
IRRITADO	S	1151

IRRITANT		F	913	JOUER		F	1863
IRRITANTE		I	913	JOUER		F	2066
IRRITANTE		S	913	JOUIR		F	1864
IRRITAR		S	1899	JOURNALIER		F	2397
IRRITARE		I	1899	JOURNEE f / JOUR m		F	2398
IRRITATED		E	914	JOVEN		S	2399
IRRITATED		E	1152	JOVIAL		E	853
IRRITATING		E	913	JOVIAL		F	853
IRRITATO		I	914	JOVIAL		S	853
IRRITE		F	908	JOYEUSEMENT		F	791
IRRITE		F	914	JOYEUX		F	852
IRRITE		F	1151	JOYEUX		F	856
IRRITER		F	1899	JOYEUX		F	871
ISPIRAZIONE f		I	2490	JOYEUX		F	929
ISTESSO		I	1330	JOYFUL		E	852
ISTINTO f		I	2491	JOYFUL		E	793
IZQUIERDA f		S	2825	JOYOUS		E	856
				JUBELN		D	1850
				JUBELND		D	854
J				JUBILANT		F	854
				JUBILATING		E	854
JA		D	2813	JUBILOSO		S	854
JACK		E	203	JUEGO DE TIMBRES m		S	126
JADEANTE		S	593	JUEVES		S	2400
JADEANTE		S	601	JUGAR		S	1863
JAEHZORNIG		D	907	JUGENDLICH-DRAMATISCHER			
JAGD f		D	2208	SOPRAN m		D	234
JAGDHORN n / SIGNALHORN n		D	81	JUGUETANDO		S	807
JAGDMUSIK		D	2565	JUGUETEANDO		S	969
JAHR n		D	2162	JUGUETEANDO		S	1085
JAHRESZEIT f / SAISON f		D	2848	JUGUETEANDO		S	1086
JALOUX		F	2386	JUILLET		F	2507
JAMAIS		F	2396	JUIN		F	2403
JAMAIS		F	2517	JULI		D	2507
JAMAS		S	2396	JULIO		S	2507
JAMAS		S	2517	JULY		E	2507
JAMBE f		F	2958	JUMP / LEAP / SKIP		E	2780
JANUAR		D	2391	JUMPED		E	66
JANUARY		E	2391	JUNE		E	2403
JANVIER		F	2391	JUNG		D	2399
JAUNE		F	2395	JUNGE m / KNABE m		D	2739
JAW		E	2968	JUNI		D	2403
JE		F	2103	JUNIO		S	2403
JE VOUS EN PRIE		F	2688	JUNTOS		S	1272
JEALOUS		E	2386	JUNTOS		S	1328
JEDE / -R / -S		D	1357	JUSQUE		F	1394
JEDESMAL		D	1358	JUSQU'AU		F	1314
JEMAND		D	2721	JUSQU'AU		F	1395
JENER / JENE / JENES		D	2731	JUSTAMENTE		S	1317
JESTING		E	1085	JUSTE		F	1511
JESTING		E	1086	JUSTE		F	2404
JETE		F	60	JUSTE / DROIT		F	1384
JETER		F	1772	JUSTEMENT		F	1317
JETZT		D	2143	JUSTO		S	1511
JEU DE TIMBRES m		F	126	JUSTO		S	2404
JEU PERLE		F	219				
JEUDI		F	2400	**K**			
JEUNE		F	2399				
JEUNE FILLE f		F	2737	KADENZ f		D	1467
JEW'S HARP / TRUMP		E	180	KAEMPFEN		D	1908
JIG		E	1656	KAKOPHONIE f		D	2209
JINGLE BELL		E	138	KALT		D	2377
JOCOSO		S	850	KAMMERMUSIK		D	2566
JOINT		E	2943	KAMMERORCHESTER n		D	2629
JOKE		E	2791	KAMPFGIERIG		D	634
JOKING		E	644	KANAL m		D	270
JOKING		E	969	KANON m		D	1626
JONICO		S	1518	KANTATE f		D	1627
JORNADA f / DIA m		S	2398	KANTILENE f		D	1629
JOUE f		F	2962	KAPELLE f		D	2215

KAPODASTER m / SAITENFESSEL f	D	26	KLEINE ARIE f	D	1618
KARNEVAL m / FASCHING m	D	2218	KLEINE TROMMEL f	D	141
KASTAGNETTEN f pl	D	129	KLEINSTE	D	1344
KASTEN m	D	23	KLIMPERN	D	2058
KATZENMUSIK	D	2574	KLINGELND	D	1185
KAUFEN	D	1791	KLOEPPEL m	D	153
KAUM	D	1270	KLOPFEN	D	1771
KAVATINE f	D	1633	KNEE	E	2959
KECK	D	614	KNIE n	D	2959
KEEP	E	1412	KNOCHEN m	D	2976
KEEPING	E	1411	KODA f / ANHANG m	D	1281
KEHLE f / RACHEN m	D	2960	KOENNEN	D	1948
KEHLIG	D	2416	KOKETTIEREND	D	673
KEHLKOPF m	D	2965	KOLOPHONIUM n	D	30
KEIN	D	2607	KOLORATUR f	D	241
KENNEN	D	1793	KOLORATURSOPRAN m	D	232
KEPT	E	1413	KOMISCH	D	676
KERN m	D	185	KOMISCH	D	2205
KESSEL m	D	156	KOMMA n	D	1474
KETTLEDRUMS pl / TIMPANI pl	E	142	KOMMEN	D	2094
KEUCHEND	D	593	KOMOEDIE f	D	2242
KEUCHEND	D	601	KOMPONIEREN	D	1790
KEUSCH	D	667	KOMPOSITION f	D	2248
KEY	E	109	KOMPRESSOR m	D	271
KEY	E	210	KONDENSATORMIKR. n	D	289
KEY SIGNATURE	E	1450	KONKRETE MUSIK	D	2560
KEYBOARD	E	209	KONSERVATORIUM n	D	2253
KEYBOARD INSTRUMENT	E	2861	KONSONANT m	D	2254
KIEFER m	D	2968	KONSONANZ f	D	1477
KIND	E	2393	KONTAKT m	D	2255
KIND n	D	2185	KONTAKTMIKR. n	D	290
KIND / SPECIES / GENRE	E	2388	KONTERTANZ m	D	1637
KINDERLIED n	D	1631	KONTINUITAET f	D	2258
KINDLICH	D	887	KONTRABASS m	D	9
KINDLY	E	847	KONTRAFAGOTT n	D	76
KINN n	D	2969	KONTRAPUNKT m	D	1478
KINNHALTER m	D	39	KONTRAST m	D	2260
KIRCHE f	D	2231	KONTRASUBJEKT n	D	1479
KIRCHENMUSIK	D	2567	KONZERT n	D	1635
KIRCHENTONART f	D	1531	KONZERT n	D	2250
KLAEGLICH	D	802	KONZERTAGENTUR f	D	2145
KLAGEND	D	918	KONZERTSAAL m	D	2779
KLAGE f	D	1662	KOPF m	D	2993
KLAGELIED n	D	1680	KOPF m / SPITZE f	D	2712
KLAGEND	D	844	KOPFSTIMME f	D	264
KLAGEND	D	917	KOPIEREN / ABSCHREIBEN	D	1799
KLAMMER f	D	1443	KOPPEL f	D	184
KLANG m / SCHALL m	D	1597	KORNETT n	D	77
KLANGBODEN m	D	211	KORREKT	D	2267
KLANGFARBE f / TONFARBE f	D	2240	KOSTEN	D	1803
KLANGFUELLE f	D	2834	KOSTUEM n	D	2274
KLANGSTAEBE m pl /			KRAEFTIG	D	1074
SCHLAGHOELZER n pl	D	131	KRAEFTIG	D	1227
KLANGVOLL	D	1134	KRAEFTIG	D	1237
KLAPPE f	D	109	KRAEFTIG / STARK / LAUT	D	458
KLAR	D	931	KRANK	D	2518
KLAR	D	933	KRATZEN	D	1866
KLAR	D	975	KREBSGAENGIG	D	1568
KLAR	D	976	KREUZ n	D	1486
KLAR	D	977	KREUZEN	D	1879
KLAR / DEUTLICH / HELL	D	672	KREUZSAITIG	D	193
KLAR / HELL	D	935	KRIEGERISCH	D	868
KLARHEIT (MIT)	D	671	KRIEGERISCH	D	946
KLARINETTE f	D	75	KRITIK f	D	2275
KLASSISCH	D	2236	KRUMM	D	2856
KLATSCHEN	D	1748	KRUMMHORN n	D	84
KLAVIATUR f	D	209	KUEHL	D	814
KLAVICHORD n	D	173	KUEHN	D	612
KLAVIER n	D	177	KUEHN	D	623
KLAVIER n	D	179	KUEHN	D	628
KLEIN	D	2671	KUERBISRASSEL f	D	135

KUERZER UND SCHNELLER ALS ADAGIO		D	314	LANGUIDAMENTE	I	919
				LANGUIDAMENTE	S	919
KUERZER UND SCHNELLER ALS LARGO		D	343	LANGUIDO	I	920
				LANGUIDO	S	920
KUMMERVOLL		D	554	LANGUISHING	E	919
KUNDGEBUNG *f*		D	2521	LANGUISSAMMENT	F	919
KUNST *f*		D	2172	LANGUISSANT	F	920
KURZ		D	1278	LANGWEILIG	D	2610
KURZ		D	1294	LAPIZ *m*	S	2526
KURZER VORSCHLAG *m* / QUETSCHUNG *f*		D	1441	LARGAMENTE	I	921
				LARGANDO	I	419
KURZSICHTIG		D	2544	LARGE	F	344
				LARGE / BIG	E	2414
				LARGEMENT	F	921
L				LARGEUR *f*	F	2493
				LARGEUR DE BANDE *f*	F	283
LA		I	2115	LARGHETTO	I	343
LA		F	2115	LARGHEZZA *f*	I	2493
LA		S	2115	LARGHEZZA DI BANDA *f*	I	283
LA		F	2492	LARGO	I	344
LA / LI		I	2492	LARGO	S	1333
LA MEME CHOSE		F	1338	LARGURA *f*	S	2510
LA PUESTA DEL SOL *f*		S	2894	LARINGE *f*	I	2965
LABBRO *m*		I	2964	LARINGE *f*	S	2965
LABIAL - / FLUE PIPE		E	190	LARMOYANT	F	915
LABIALPFEIFE *f*		D	190	LARMOYANT	F	916
LABIO *m*		S	2964	LARMOYANT	F	1016
LACHEN		D	1980	LARYNX	E	2965
LACKING		E	421	LARYNX *m*	F	2965
LACRIMANDO		I	915	LAS	S	2117
LACRIMOSO / LAGRIMOSO		I	916	LAS / MOU	F	794
LADY / MADAME		E	2815	LASCIARE	I	1901
LAECHELN		D	2040	LASSEN	D	1901
LAECHERLICH		D	1059	LAST	E	1422
LAECHERLICH		D	2759	LAST TIME	E	2901
LAENDLICH		D	570	LASTIMA	S	2653
LAENDLICH		D	654	LATE	E	2872
LAENDLICH		D	1079	LAU	D	1176
LAENGE *f*		D	2510	LAU	D	1180
LAERMEND		D	811	LAUD *m*	S	13
LAERMIG / GERAEUSCHVOLL		D	2776	LAUFEND	D	339
LAGE *f* / AUSDEHNUNG *f*		D	2883	LAUFEN	D	1802
LAGE *f* / STELLUNG *f*		D	2681	LAUNENHAFT	D	533
LAGNOSO		I	917	LAUNENHAFT	D	661
LAGRIMOSO		S	916	LAUNENHAFT	D	848
LAID		F	2204	LAUTE *f*	D	13
LAISSER		F	1901	LAUTSPRECHER *m*	D	265
LAME		E	2940	LAUTSTAERKE *f* / BAND *m*	D	2938
LAMENT		E	1662	LAVAR	S	1902
LAMENTABLE		E	918	LAVARE	I	1902
LAMENTARSE		S	1900	LAVER	F	1902
LAMENTARSI		I	1900	LAVORARE	I	1903
LAMENTATION *f*		F	1662	LAVORO *m*	I	2494
LAMENTO *m*		I	1662	LAYE *f*	F	205
LAMENTO *m*		S	1662	LE	F	2113
LAMENTOSO		S	917	LE	I	2117
LAMENTOSO		I	918	LE LEUR / LE VOTRE	F	2131
LAMENTOSO		S	918	LE MEME MOUVEMENT	F	349
LAND *n*		D	2212	LE MIEN	F	2126
LANG		D	1333	LE NOTRE	F	2129
LANGSAM		D	316	LE PLUS	F	1320
LANGSAM		D	345	LE PLUS DOUCEMENT POSSIBLE	F	474
LANGSAM		D	347	LE PLUS FORT POSSIBLE	F	473
LANGSAM		D	372	LE SIEN / LE VOTRE	F	2128
LANGSAMER WERDEN		D	425	LE TIEN	F	2127
LANGSPIELPLATTE *f*		D	2542	LE VOTRE	F	2130
LANGUE *f*		F	2966	LEADING TONE	E	1581
LANGUETTE *f*		F	186	LEANED	E	449
LANGUID		E	185	LEANING	E	448
LANGUID		E	920	LEBE WOHL!	D	2142

LEBEN	D	2099	LENT	F	316	
LEBEN n	D	2931	LENT	F	347	
LEBENDIG	D	383	LENT	F	372	
LEBENDIG	D	1236	LENTAMENTE	I	345	
LEBENDIG	D	1238	LENTAMENTE	S	347	
LEBHAFT	D	381	LENTANDO	I	420	
LEBHAFT / MUNTER	D	321	LENTEMENT	F	345	
LEBHAFT / MUNTER	D	1233	LENTISSIMO	I	346	
LECCION f	S	2500	LENTO	I	347	
LECON m	F	2500	LENTO	S	372	
LEDGER-LINE	E	1569	LERNEN	D	1874	
LEER	D	1437	LES	F	2116	
LEER	S	1905	LES	F	2117	
LEFT	E	2825	LESEN	D	1905	
LEG	E	2958	LESS / MINUS	E	1339	
LEGARE	I	1904	LESSON	E	2500	
LEGATO / LIGADO	I	463	LESTE	F	925	
LEGATURA f	I	1519	LESTO	I	925	
LEGATURA DI VALORE f	I	1520	LETANIA f	S	1664	
LEGEND	E	1663	LETIZIA (CON)	I	926	
LEGENDE f	D	1663	LETTER	E	2498	
LEGENDE f	F	1663	LETTERA f	I	2498	
LEGER	F	923	LETTO m	I	2499	
LEGER	F	930	LETTRE f	F	2498	
LEGGENDA f	I	1663	LETZTER / - E / - ES	D	1422	
LEGGERE	I	1905	LETZTES MAL n	D	2901	
LEGGEREZZA (CON)	I	922	LEUR / VOTRE	F	2125	
LEGGERO / LEGGIERO	I	923	LEUTE f pl	D	2392	
LEGGIADRO	I	924	LEUTSELIG	D	551	
LEGGIO m	I	2495	LEVANTAR	S	1906	
LEGNI m pl	I	2496	LEVANTEN LA SORDINA	S	1331	
LEGNO m	I	2497	LEVARE	I	1906	
LEHNEN	D	1749	LEVATE I SORDINI	I	1331	
LEHREN	D	1886	LEVE	S	930	
LEHRER m / - IN f /			LEVEL	E	286	
PROFESSOR m / - IN f	D	2700	LEVELLED	E	1139	
LEHRER m / - IN f /			LEVER	F	1906	
MEISTER m / - IN f	D	2513	LEVRE f	F	2964	
LEI	I	2107	LEYENDA f	S	1663	
LEICHENAEHNLICH	D	827	LEZIONE f	I	2500	
LEICHT	D	561	LEZIOSAMENTE	I	927	
LEICHT	D	923	LIAISON f	F	1519	
LEICHT	D	930	LIBERAMENTE / LIBERO	I	928	
LEICHT	D	2345	LIBERO	I	348	
LEICHTE MUSIK /			LIBRE	F	312	
UNTERHALTUNGSMUSIK	D	2581	LIBRE	F	318	
LEICHTFERTIG	D	821	LIBRE	F	348	
LEICHTIGKEIT f	D	2346	LIBRE	S	348	
LEID TUN	D	1989	LIBRE	F	928	
LEIDEN	D	2037	LIBREMENTE	S	928	
LEIDEND	D	737	LIBRETO m	S	248	
LEIDEND	D	1006	LIBRETTO	E	248	
LEIDEND	D	2829	LIBRETTO m	I	248	
LEIDENSCHAFTLICH	D	607	LIBRO m	I	2501	
LEIDENSCHAFTLICH	D	608	LIBRO m	S	2501	
LEIDER	D	2715	LICENCE	E	2502	
LEIHEN	D	1955	LICENCE f	F	2502	
LEISE	D	472	LICENCIA f	S	2502	
LEITMOTIV	E	2555	LICENZA f	I	2502	
LEITMOTIV n	D	2555	LICHT n	D	2506	
LEITTON m	D	1581	LID / ROLLER / FALL	E	192	
LEJANO	S	455	LIDIO	I	1521	
LEJANO	S	464	LIDIO	S	1521	
LEJANO	S	2505	LIE	F	463	
LEKTION f / UNTERRICHT m	D	2500	LIEBEN	D	1741	
LENGTH	E	2510	LIEBENSWUERDIG	D	583	
LENGUA f	S	2966	LIEBENSWUERDIG	D	847	
LENGUETA f	S	113	LIEBEVOLL	D	589	
LENGUETA f / CANA f	S	103	LIEBHABER m / - IN f	D	2155	
			LIEBKOSEND	D	534	

LIEBKOSEND	D	535	LISTO	S	371
LIEBKOSEND	D	663	LISTO	S	925
LIEBKOSEND	D	1223	LIT m	F	2499
LIEBLICH	D	1128	LITANEI f	D	1664
LIEBLICH	D	1224	LITANIA f	I	1664
LIEBLICH	D	2217	LITANIE f	F	1664
LIEB / - ER / - E / - ES	D	2220	LITANY	E	1664
LIED n	D	1630	LITTLE / FEW	E	1367
LIED OHNE WORTE n	D	1702	LITTLE ARIA	E	1618
LIER	F	1904	LITTLE BY LITTLE	E	1368
LIETO	I	929	LITTLE BY LITTLE LESS	E	1369
LIEVE	I	930	LITTLE BY LITTLE MORE	E	1370
LIFE	E	2931	LITTLE / SMALL	E	2671
LIGADO	S	463	LITURGIA f	I	2504
LIGADURA f	S	1519	LITURGIA f	S	2504
LIGADURA DE VALOR f	S	1520	LITURGIE f	D	2504
LIGERO	S	923	LITURGIE f	F	2504
LIGHT	E	923	LITURGISCHE MUSIK	D	2583
LIGHT	E	930	LITURGY	E	2504
LIGHT	E	2506	LIUTO m	I	13
LIGHTING	E	2423	LIVELLO m	I	286
LIGHTNING / THUNDERBOLT	E	2378	LIVELY	E	383
LIGHT - / POPULAR MUS.	E	2581	LIVELY / CHEERFUL	E	321
LIGNE f	F	1570	LIVRE m	F	2501
LIGNE f	F	2503	LIVRET D'OPERA m	F	248
LIGNE SUPPLEMENTAIRE f	F	1569	LIZENZ f / URLAUB m	D	2502
LIKE A FLUTE	E	1315	LLAMAMIENTO m	S	2757
LIKE ADAGIETTO	E	315	LLAVE f	S	109
LIKE THIS	E	2272	LLEGAR	S	1755
LIMITADOR m	S	284	LLENO	S	2672
LIMITATORE m	I	284	LLEVADO	S	477
LIMITEUR m	F	284	LLEVANDO	S	476
LIMPIAR	S	1962	LLEVAR	S	1946
LIMPIDE	F	931	LLEVAR LA VOZ	S	252
LIMPIDO	I	931	LLORANDO	S	915
LIMPIDO	S	931	LLORANDO	S	1015
LIMPING	E	576	LLORAR	S	1943
LIMPIO	S	976	LLOROSO	S	1016
LIMPIO	S	2711	LLUVIA f	S	2674
LINE	E	1570	LO MAS	S	1320
LINE	E	2503	LO MAS FUERTE POSIBLE	S	473
LINEA f	S	1570	LO MAS SUAVE POSIBLE	S	474
LINEA f	I	2503	LOBEN	D	1841
LINEA f	S	2503	LOBEN	D	1907
LINEA ADICIONAL	S	1569	LOBGESANG m	D	1628
LINEAIRE	F	285	LOCAMENTE	S	808
LINEAL	S	285	LOCAMENTE	S	1003
LINEAR	E	285	LOCAMENTE	S	1004
LINEAR	D	285	LOCKERN / ENTSPANNEN	D	1984
LINEARE	I	285	LOCO	I	1332
LINGUA f	I	2966	LOCO	S	2528
LINGUETTA f	I	113	LODARE	I	1907
LINIE f	D	1570	LOGE f	D	2640
LINIE f	D	2503	LOGE f	F	2640
LINIENSYSTEM n	D	1550	LOINTAIN	F	455
LINKISCH	D	857	LOINTAIN	F	464
LINKS	D	2825	LOINTAIN	F	2505
LIP	E	2964	LONG	E	1333
LIPPE f	D	2964	LONG	F	1333
LIRA f	I	12	LONGUEUR f	F	2510
LIRA f	S	12	LONG-PLAYING RECORD	E	2542
LIRE	F	1905	LONTANO	I	464
LIRICA f	I	249	LONTANO	I	2505
LIRICA f	S	249	LOOK	E	2812
LISCIO	I	932	LOOSE / UNBOUND	E	1088
LISO	S	932	LOOSENING	E	414
LISONJEAR	S	1909	LOOSENING	E	435
LISONJERO	S	936	LORO	I	2112
LISSE PLAT	F	932	LORO	I	2125
LISTIG	D	2174	LOS	S	2116

LOSGETRENNT	D	67	LYRE f	F	12	
LOSING ONESELF	E	519	LYRIC	E	249	
LOSLASSEND	D	428	LYRIC SOPRANO	E	233	
LOST	E	2661	LYRIK f	D	249	
LOST	E	2669	LYRIQUE f	F	249	
LOTTARE	I	1908	LYRISCHER SOPRAN m	D	233	
LOUDSPEAKER	E	265	L'ISTESSO TEMPO	I	349	
LOUER	F	1841				
LOUER	F	1907	**M**			
LOVELY	E	1224				
LOVER	E	2155	MA	I	1335	
LOVINGLY	E	559	MA NON TANTO / MA NON TROPPO	I	1336	
LOW	E	2190	MACCHINA f	I	2512	
LOWERING	E	501	MACHEN	D	1852	
LOWERING	E	509	MACHINE	E	2512	
LOZANO	S	1062	MACHINE f	F	2512	
LUCE f	I	2506	MACHOIRE f	F	2968	
LUCHAR	S	1908	MACILLO m	S	203	
LUCID	E	933	MAD / CRAZY	E	2528	
LUCIDE	F	933	MADAME f	F	2815	
LUCIDO	I	933	MADEMOISELLE f	F	2817	
LUCIDO	S	933	MADERA f	S	2497	
LUCK FORTUNE	E	2372	MADERAS f pl	S	2496	
LUFT f	D	2170	MADLY	E	808	
LUFTIG	D	550	MADLY	E	1003	
LUFTIG	D	616	MADRIGAL	E	1665	
LUFTPAUSE f	D	254	MADRIGAL m	F	1665	
LUFTROEHRE f	D	2995	MADRIGAL m	S	1665	
LUGLIO	I	2507	MADRIGAL n	D	1665	
LUGUBRE	I	934	MADRIGALE m	I	1665	
LUGUBRE	F	934	MAECHTIG	D	1029	
LUGUBRE	S	934	MAEDCHEN n	D	2737	
LUKEWARM	E	1176	MAENNLICH	D	947	
LUKEWARMLY	E	1180	MAERCHEN n / FABEL f	D	2352	
LUMIERE f	F	2506	MAERZ	D	2525	
LUMINEUX	F	935	MAESSIGEN	D	1920	
LUMINOSO	I	935	MAESSIGEND	D	527	
LUMINOSO	S	935	MAESTOSO	I	939	
LUNA f	I	2508	MAESTRIA (CON)	I	940	
LUNA f	S	2508	MAESTRO m / -A f	I	2513	
LUNDI	F	2509	MAESTRO m / -A f	S	2513	
LUNE f	F	2508	MAGAZINE / SHOW	E	2771	
LUNEDI	I	2509	MAGEN m	D	2991	
LUNES	S	2509	MAGER	D	2516	
LUNETTES f pl	F	2620	MAGGIO	I	2514	
LUNGEN f pl	D	2983	MAGGIORE	I	1522	
LUNGHEZZA f	I	2510	MAGIC	E	941	
LUNGO	I	1333	MAGICO	I	941	
LUNGS pl	E	2983	MAGICO	S	941	
LUOGO m	I	1334	MAGIQUE	F	941	
LUSINGANDO	I	936	MAGISCH	D	941	
LUSINGARE	I	1909	MAGNETIC HEAD	E	308	
LUST f	D	2935	MAGNETIC TAPE	E	294	
LUSTIG	D	838	MAGNETKOPF m / TONKOPF m	D	308	
LUSTRO (CON)	I	937	MAGNETOFON m	S	2745	
LUTE	E	13	MAGNETOPHONE m	F	2745	
LUTH m	F	13	MAGNIFICENT	E	781	
LUTO m	S	2511	MAGNIFICENT	E	2515	
LUTRIN m / PUPITRE m	F	2495	MAGNIFICO	I	2515	
LUTTER	F	1908	MAGNIFICO	S	2515	
LUTTO m	I	2511	MAGNIFIQUE	F	2515	
LUTTUOSAMENTE	I	938	MAGRO	I	2516	
LUXURIANT	E	1062	MAGRO	S	2516	
LUZ f	S	104	MAI	D	2514	
LUZ f	S	2506	MAI	F	2514	
LYDIAN	E	1521	MAI	I	2517	
LYDIEN	F	1521	MAIGRE	F	2516	
LYDISCH	D	1521	MAIN f	F	2967	
LYRA f	D	12	MAINS CROISEES	F	224	
LYRE	E	12	MAINTENANT	F	2143	

MAINTENIR	F	1912	MANUSCRIPT	E	2522
MAIS	F	1335	MANUSCRIT *m*	F	2522
MAIS PAS TROP	F	1336	MANUSCRITO *m*	S	2522
MAISON *f*	F	2223	MAQUINA *f*	S	2512
MAITRE *m* / -SSE *f*	F	2513	MARACA	E	135
MAJESTAETISCH	D	939	MARACA *f*	I	135
MAJESTIC	E	939	MARACA *m*	F	135
MAJESTUEUX	F	939	MARACA *m*	S	135
MAJESTUOSO	S	939	MARCADO	S	466
MAJEUR	F	1522	MARCANDO	I	465
MAJOR	E	1522	MARCANDO	S	465
MAJOR	S	1522	MARCAR	S	1913
MAKING FUN	E	660	MARCARE	I	1913
MAL	F	2519	MARCATO	I	466
MAL	S	2519	MARCH	E	1666
MALADE	F	2518	MARCH	E	2525
MALATO	I	2518	MARCHA *f*	S	1666
MALCHANCE *f*	F	2810	MARCHA FUNEBRE *f*	S	1667
MALE	E	947	MARCHA NUPCIAL *f*	S	1668
MALE	I	2519	MARCHA TRIUNFAL *f*	S	1669
MALERISCH	D	1020	MARCHE *f*	F	1666
MALHEUR *m*	F	2305	MARCHE FUNEBRE *f*	F	1667
MALHEUREUSEMENT	F	2715	MARCHE NUPTIALE *f*	F	1668
MALHEUREUX	F	2452	MARCHE TRIOMPHALE *f*	F	1669
MALICIEUX	F	944	MARCHER	F	1777
MALICIOUS	E	944	MARCIA *f*	I	1666
MALIN	F	2382	MARCIA FUNEBRE *f*	I	1667
MALINCONIA (CON)	I	942	MARCIA NUZIALE *f*	I	1668
MALINCONICO / MELANCONICO	I	943	MARCIA TRIONFALE *f*	I	1669
MALIZIOSO	I	944	MARCIAL	S	946
MALO	S	2226	MARDI	F	2523
MAN	E	2907	MARIPOSA *f*	S	2350
MAN NEHME WEG	D	1392	MARKED	E	466
MANAGEMENT	E	2297	MARKIEREN	D	1913
MANANA	S	2312	MARKIEREND	D	465
MANANA *f*	S	2527	MARKIERT	D	466
MANCANDO	I	421	MARKING	E	465
MANCARE	I	1910	MARQUE	F	466
MANCHE *m*	F	38	MARQUER	F	1913
MANDOLIN	E	14	MARRON	F	2524
MANDOLINA *f*	S	14	MARRON	S	2524
MANDOLINE *f*	D	14	MARRONE	I	2524
MANDOLINE *f*	F	14	MARS	F	2525
MANDOLINO *m*	I	14	MARSCH *m*	D	1666
MANERA *f*	S	2520	MARTEAU *m*	F	198
MANGER	F	1911	MARTEDI	I	2523
MANGIARE	I	1911	MARTELE	F	218
MANGO *m* / CUELLO *m*	S	38	MARTELER	F	1914
MANICO *m*	I	38	MARTELLARE	I	1914
MANIERA *f*	I	2520	MARTELLATO	I	218
MANIFESTACION *f*	S	2521	MARTELLO *m* / MARTELLETTO *m*	I	198
MANIFESTATION	E	2521	MARTES	S	2523
MANIFESTATION *f*	F	2521	MARTIAL	E	946
MANIFESTAZIONE *f*	I	2521	MARTIAL	F	946
MANN *m*	D	2907	MARTILLADO	S	218
MANNER	E	2520	MARTILLAR	S	1914
MANO *f*	I	2967	MARTILLO *m*	S	198
MANO *f*	S	2967	MARZIALE	I	946
MANOSCRITTO *m*	I	2522	MARZO	I	2525
MANQUER	F	1910	MARZO	S	2525
MANSO	S	945	MAS	S	1302
MANSUETO	I	945	MAS	S	1365
MANTENER	S	1912	MAS BIEN	S	1366
MANTENERE	I	1912	MAS CORTO Y MAS RAPIDO		
MANTICE *m*	I	196	QUE LARGO	S	343
MANUAL	E	197	MAS O MENOS ANIMADO		
MANUAL *m*	S	197	QUE ANDANTE	S	324
MANUAL *n*	D	197	MAS PRONTO	S	395
MANUALE *m*	I	197	MAS RAPIDO Y MAS CORTO		
MANUEL *m*	F	197	QUE ADAGIO	S	314

MAS VELOZ	S	396	MEJOR	S	2532
MASCELLA f	I	2968	MEJOR	S	2543
MASCHINE f	D	2512	MEJORAR	S	1917
MASCHIO	I	947	MELANCHOLIC	E	943
MASS	E	1673	MELANCOLICO	S	943
MASS FOR THE DEAD	E	1674	MELANCOLIQUE	F	943
MASSIMO	I	1337	MELANGE	F	1345
MASTER	E	2513	MELANGEUR DE SON m	F	287
MASTERPIECE	E	2214	MELINDROSO	S	927
MATIN m	F	2527	MELLOW	E	997
MATITA f / LAPIS m	I	2526	MELODIA f	I	2533
MATIZADO	S	1121	MELODIA f	S	2533
MATIZAR	S	1865	MELODIC	E	949
MATTINA f	I	2527	MELODIC	E	1524
MATTINATA f	I	1670	MELODICO	I	949
MATTO / PAZZO	I	2528	MELODICO	S	949
MAULTROMMEL f	D	180	MELODICO	I	1524
MAUVAIS	F	2226	MELODICO	S	1524
MAXIMO	S	1337	MELODIE f	D	2533
MAXIMUM	F	1337	MELODIE f	F	2533
MAY	E	2514	MELODIEUX	F	949
MAYO	S	2514	MELODIEUX	F	950
MAZURCA f	I	1671	MELODIOES	D	950
MAZURCA f	S	1671	MELODIOSO	I	950
MAZURKA	E	1671	MELODIOSO	S	950
MAZURKA f	D	1671	MELODIOUS	E	950
MAZURKA f	F	1671	MELODIQUE	F	1524
MEANWHILE	E	2467	MELODISCH	D	949
MEASURED	E	1346	MELODISCH	D	1524
MECANIQUE f	F	199	MELODRAMA	E	1672
MECANIQUE f	F	2529	MELODRAMA m	S	1672
MECANISMO m	S	2529	MELODRAMA n	D	1672
MECANISMO m / ACCION f	S	199	MELODRAME m	F	1672
MECCANICA f	I	199	MELODRAMMA m	I	1672
MECCANICA f	I	2529	MELODY TUNE	E	2533
MECER	S	1809	MELOMANE m	I	2534
MECHANIK f	D	199	MELOMANE m	F	2534
MECHANIK f	D	2529	MELOMANO m	S	2534
MECHANISM	E	2529	MEMBRANA f	I	158
MECIENDO	S	688	MEME	F	1403
MEDESIMO	I	1338	MEME	F	2663
MEDIA	S	1341	MEME (LE)	F	1330
MEDIA VOZ	S	467	MEMOIRE f	F	2535
MEDIA FUERZA	S	1342	MEMORIA f	I	2535
MEDIANT	E	1523	MEMORIA f	S	2535
MEDIANTE f	I	1523	MEMORY	E	2535
MEDIANTE f	D	1523	MEMORY	E	2758
MEDIANTE f	F	1523	MENACANT	F	955
MEDIANTE f	S	1523	MENACANT	F	956
MEDICO m	I	2530	MENACER	F	1918
MEDICO m	S	2530	MENACING	E	956
MEDIO	S	1343	MENGUANDO	S	522
MEDIO EVO m	I	2531	MENO	I	1339
MEDIR	S	1919	MENOR	S	1526
MEDITANDO	I	948	MENOS	S	1339
MEDITANDO	S	948	MENOS RAPIDO QUE ALLEGRO	S	320
MEDITAR	S	1915	MENSCHLICH	D	2902
MEDITARE	I	1915	MENTO m	I	2969
MEDITATING	E	948	MENTON m	F	2969
MEDITER	F	1915	MENTONERA f / BARBADA f	S	39
MEETING	E	2441	MENTONIERA f	I	39
MEGLIO	I	2532	MENTONNIERE f	F	39
MEHR	D	1302	MENTRE	I	2536
MEHR	D	1365	MENUET m	F	1675
MEILLEUR	F	2543	MENUETT n	D	1675
MEILLEUR / MIEUX	F	2532	MERCI	F	2410
MEIN	D	2126	MERCI DE MEME	F	2411
MEIN / MEINE	D	2120	MERCIFUL	E	1018
MEISTERWERK n	D	2214	MERCOLEDI	I	2537
MEJILLA f	S	2962	MERCREDI	F	2537

MERRY	E	836	MICR. ELECTRODYNAMIQUE *m*	F	291
MES *m*	S	2538	MICR. ELECTROMAGNETICO *m*	S	292
MESA *f*	S	2873	MICR. ELECTROMAGNETIQUE *m*	F	292
MESCOLATORE DI SUONO *m*	I	287	MICR. ELETTRODINAMICO *m*	I	291
MESE *m*	I	2538	MICR. ELETTROMAGNETICO *m*	I	292
MESSA *f*	I	1673	MICR. DE CONTACTO *m*	S	290
MESSA DEI DEFUNTI / REQUIEM	I	1674	MIDDLE AGE	E	2531
MESSA DI (IN) VOCE	I	250	MIEDO *m*	S	2652
MESSA IN SCENA *f*	I	2539	MIENTRAS	S	2536
MESSE *f*	D	1673	MIERCOLES	S	2537
MESSE *f*	F	1673	MIGLIORARE	I	1917
MESSE FUNEBRE *f*	F	1674	MIGLIORE	I	2543
MESSEN	D	1919	MIGNON / - NE	F	2217
MESTAMENTE	I	951	MIKROPHON *n*	D	288
MESTIZIA (CON)	I	952	MILD / GENTLE	E	945
MESTO	I	953	MILDERND	D	507
MESURADO	S	1346	MILDERND	D	543
MESURE	F	1346	MILITAERISCH	D	572
MESURE *f*	F	1463	MILITAERISCH	D	954
MESURE *f* / MENSURATION *f*	F	1528	MILITAERMUSIK	D	2584
MESURER	F	1919	MILITAIREMENT	F	572
META *f*	I	1340	MILITAIREMENT	F	954
METALES *m pl*	S	2638	MILITAR	S	954
METER	S	1916	MILITARILY	E	572
METHOD	E	2540	MILITARILY	E	954
METHODE *f*	D	2540	MILITARMENTE	I	954
METHODE *f*	F	2540	MILITARY MUS.	E	2584
METODO *m*	I	2540	MINACCIARE	I	1918
METODO *m*	S	2540	MINACCIOSAMENTE	I	955
METRE / METER / TIME / MENSURATION	E	1528	MINACCIOSO	I	956
			MINE	E	2126
METRIC	E	1525	MINEUR	F	1526
METRICO	I	1525	MINIMO	I	1344
METRICO	S	1525	MINIMO	S	1344
METRIQUE	F	1525	MINIMUM	E	1344
METRISCH	D	1525	MINIMUM	F	1344
METRONOM *n*	D	2541	MINOR	E	1526
METRONOME	E	2541	MINORE	I	1526
METRONOME *m*	F	2541	MINUE *m*	S	1675
METRONOMO *m*	I	2541	MINUET	E	1675
METRONOMO *m*	S	2541	MINUETTO *m*	I	1675
METTERE	I	1916	MIO / MIA / MIEI / MIE	I	2120
METTRE	F	1916	MIOPE	I	2544
MEZCLADO	S	1345	MIOPE	S	2544
MEZCLADOR DE SONIDO *m*	S	287	MIRADA *f*	S	2812
MEZZA	I	1341	MIRAR	S	1869
MEZZA VOCE	I	467	MIS EN RELIEF	F	479
MEZZA FORZA	I	1342	MISA *f*	S	1673
MEZZO	I	1343	MISA DE DIFUNTOS *f*	S	1674
MEZZO FORTE	I	468	MISE EN SCENE *f*	F	2539
MEZZO PIANO	I	469	MISFORTUNE	E	2305
MEZZOSOPRAN *m*	D	229	MISMO	S	1330
MEZZOSOPRANO	E	229	MISMO	S	1338
MEZZOSOPRANO *m*	I	229	MISMO	S	1403
MEZZO-SOPRANO *m*	F	229	MISOLIDIO	I	1527
MEZZO-SOPRANO *m*	S	229	MISS	E	2817
MI / MIS	S	2120	MISSERFOLG *m*	D	2357
MICROFONO *m*	I	288	MISSKLANG *m*	D	2301
MICROFONO *m*	S	288	MISSTON *m*	D	2852
MICROPHONE	E	288	MISTAKE / ERROR	E	2784
MICROPHONE *m*	F	288	MISTER	E	2816
MICROSILLON *m*	F	2542	MISTERIO *m*	S	2545
MICROSOLCO *m*	I	2542	MISTERIOSAMENTE	I	957
MICROSURCO *m*	S	2542	MISTERIOSAMENTE	S	957
MICR. A CONDENSATEUR *m*	F	289	MISTERIOSO	I	958
MICR. A CONDENSATORE *m*	I	289	MISTERIOSO	S	958
MICR. A CONTACT *m*	F	290	MISTERO *m*	I	2545
MICR. A CONTATTO *m*	I	290	MISTICO	I	959
MICR. DE CONDENSADOR *m*	S	289	MISTICO	S	959
MICR. ELECTRODINAMICO *m*	S	291	MISTO	I	1345

MISTURA *f*	I	293	MIT GESCHMACK	D	869	
MISURA *f*	I	1528	MIT GESCHWINDIGKEIT	D	338	
MISURARE	I	1919	MIT GEZIERTHEIT	D	1056	
MISURATO	I	1346	MIT GLANZ	D	937	
MIT / MIT DEM / - DER / - DEN	D	1288	MIT GLEICHGUELTIGKEIT	D	883	
MIT ABSCHEU	D	1055	MIT GLUECKSELIGKEIT	D	926	
MIT ADEL	D	979	MIT GROESSE	D	860	
MIT ANBETUNG	D	547	MIT GROLL	D	1069	
MIT ANDACHT	D	1045	MIT HAERTE	D	742	
MIT ANGST	D	603	MIT HALBER STIMME	D	467	
MIT ANGST	D	1000	MIT HARTNAECKIGKEIT	D	989	
MIT ANMASSUNG	D	620	MIT HAST	D	332	
MIT ANMUT	D	841	MIT HEFTIGKEIT	D	1218	
MIT ANMUT	D	846	MIT HEFTIGKEIT	D	1230	
MIT ANMUT	D	864	MIT HEITERKEIT	D	837	
MIT AUFGEWECKTHEIT	D	769	MIT HEITERKEIT	D	1108	
MIT AUFREGUNG	D	569	MIT HERBHEIT	D	621	
MIT AUFREGUNG	D	683	MIT HERZ	D	689	
MIT AUSDEHNUNG	D	591	MIT HERZENSANGST	D	595	
MIT AUSDEHNUNG	D	765	MIT HINGABE	D	531	
MIT AUSDRUCK	,D	766	MIT HINGABE	D	532	
MIT BANGEN	D	602	MIT HITZE / EIFER	D	806	
MIT BEBEN	D	817	MIT HOCHACHTUNG	D	988	
MIT BEDAUERN	D	1066	MIT HOCHMUT	D	1161	
MIT BEGEISTERUNG	D	755	MIT HUMOR	D	1205	
MIT BEHARRLICHKEIT	D	899	MIT HURTIGKEIT	D	337	
MIT BEHENDIGKEIT	D	566	MIT INBRUNST	D	790	
MIT BEQUEMLICHKEIT	D	562	MIT IRONIE	D	909	
MIT BETRUEBNIS	D	537	MIT JUBEL	D	855	
MIT BEWEGUNG	D	331	MIT KAELTE	D	815	
MIT BITTERKEIT	D	586	MIT KECKHEIT	D	613	
MIT BRAVOUR	D	637	MIT KOKETTERIE	D	674	
MIT CHARAKTER	D	662	MIT KRAFT	D	809	
MIT DAEMPFER	D	216	MIT KRAFT	D	1226	
MIT DER BOGENSTANGE *f*	D	57	MIT KUEHNHEIT	D	625	
MIT DISKRETION	D	720	MIT KUEHNHEIT	D	627	
MIT EIFER	D	615	MIT KUMMER	D	553	
MIT EIFER	D	1246	MIT LAERM	D	1155	
MIT EILE	D	329	MIT LANGSAMKEIT	D	330	
MIT EINFACHHEIT	D	1100	MIT LEBENDIGER STIMME	D	1434	
MIT EINIGER FREIHEIT	D	334	MIT LEBHAFTIGKEIT	D	1235	
MIT ELEGANZ	D	747	MIT LEICHTIGKEIT	D	922	
MIT EMPFINDLICHKEIT	D	1101	MIT LEIDENSCHAFT	D	995	
MIT EMPHASE	D	753	MIT LEIDENSCHAFTSLOSIGKEIT	D	1175	
MIT ENERGIE	D	751	MIT LEISER STIMME	D	1247	
MIT ENTSCHLOSSENHEIT	D	696	MIT LIEBE	D	588	
MIT ENTSCHLOSSENHEIT	D	716	MIT LIEBENSWUERDIGKEIT	D	582	
MIT ENTSCHLOSSENHEIT	D	785	MIT LIEBLICHKEIT	D	1212	
MIT ENTSCHLOSSENHEIT	D	1071	MIT MAESSIGKEIT	D	1129	
MIT ERGEBUNG	D	1052	MIT MAESSIGUNG	D	961	
MIT ERHABENHEIT	D	749	MIT MEISTERSCHAFT	D	940	
MIT ERNST	D	1110	MIT MUEHE	D	782	
MIT FEIERLICHKEIT	D	1023	MIT MUNTERKEIT	D	579	
MIT FEIERLICHKEIT	D	1132	MIT MUNTERKEIT	D	580	
MIT FEUER	D	828	MIT MUT	D	599	
MIT FLATTERHAFTIGKEIT	D	1243	MIT NATUERLICHKEIT	D	971	
MIT FRECHHEIT	D	900	MIT OFFENHEIT	D	813	
MIT FREUDE	D	851	MIT PHANTASIE	D	776	
MIT FRISCHE	D	819	MIT PRUNK	D	1114	
MIT FROHLOCKEN	D	772	MIT RAFFINESSE	D	1049	
MIT FURCHT	D	1183	MIT RASEREI	D	834	
MIT GALANTERIE	D	840	MIT RASTLOSIGKEIT	D	1126	
MIT GANZER KRAFT	D	453	MIT RAUSCH	D	744	
MIT GEFAELLIGKEIT	D	1014	MIT REINHEIT	D	665	
MIT GEFUEHL	D	1105	MIT REINHEIT	D	1038	
MIT GEIST	D	1143	MIT RUHE	D	649	
MIT GEMUETSERREGUNG	D	750	MIT RUHE	D	1192	
MIT GENAUIGKEIT	D	762	MIT SANFTHEIT	D	735	
MIT GENAUIGKEIT	D	1030	MIT SCHAUDERN	D	1044	
MIT GESCHICKLICHKEIT	D	714	MIT SCHLAFFHEIT	D	963	

MIT SCHMERZ	D	731	MIXTURA DE TONOS *f*	S	293
MIT SCHMERZ	D	739	MI-DOUX	F	469
MIT SCHMERZ	D	999	MI-FORT	F	468
MIT SCHMISS	D	639	MOANING	E	844
MIT SCHNELLIGKEIT	D	328	MOBILE	I	960
MIT SCHNELLIGKEIT	D	333	MOBILE	E	960
MIT SCHNELLIGKEIT	D	335	MOBILE	F	960
MIT SCHUECHTERNHEIT	D	1182	MOBILITA *f*	I	2546
MIT SCHWAECHE	D	694	MOBILITE *f*	F	2546
MIT SCHWERMUT	D	942	MOBILITY	E	2546
MIT SCHWUNG	D	1125	MOCK MUS. / CATERWAULING MUS.	E	2574
MIT SCHWUNG	D	1196	MOCKING	E	633
MIT SEELE	D	598	MODAL	E	1529
MIT SORGFALT	D	540	MODAL	D	1529
MIT SORGFALT	D	691	MODAL	F	1529
MIT SORGFALT	D	719	MODAL	S	1529
MIT SPASS	D	774	MODALE	I	1529
MIT STAUNEN	D	1159	MODE *m*	F	1530
MIT STEIFHEIT / STRENGE	D	1060	MODE / MODUS	E	1530
MIT STOLZ	D	797	MODE ECCLESIASTIQUE *m*	F	1531
MIT STRENGE	D	336	MODEL / PATTERN	E	2547
MIT STRENGE	D	1063	MODELE *m*	F	2547
MIT STRENGE	D	1112	MODELLO *m*	I	2547
MIT TAPFERKEIT	D	1213	MODELO *m*	S	2547
MIT TRAEGHEIT	D	885	MODERADA LA MARCHA	S	426
MIT TRAURIGKEIT	D	952	MODERADAMENTE	S	350
MIT TRAURIGKEIT	D	1201	MODERADO	S	351
MIT UEBERSPANNTHEIT	D	761	MODERANDO LA MARCHA	S	425
MIT UNBEFANGENHEIT	D	722	MODERAR	S	1920
MIT UNBEFANGENHEIT	D	1141	MODERAR LA MARCHA	S	420
MIT UNGEDULD	D	873	MODERARE	I	1920
MIT UNGESTUEM	D	875	MODERATAMENTE	I	350
MIT UNSCHULD	D	657	MODERATE	E	351
MIT UNSCHULD	D	894	MODERATELY	E	350
MIT VERACHTUNG	D	726	MODERATO	I	351
MIT VERACHTUNG	D	1093	MODERAZIONE (CON)	I	961
MIT VEREHRUNG	D	1221	MODERE	F	351
MIT VERLANGEN	D	711	MODEREMENT	F	350
MIT VERTRAUEN	D	795	MODERER	F	1920
MIT VERZUECKUNG	D	768	MODERN	E	2548
MIT VERZWEIFLUNG	D	725	MODERN	D	2548
MIT VIRTUOSITAET	D	1231	MODERNE	F	2548
MIT VORSICHT	D	1037	MODERNO	I	2548
MIT WAERME	D	651	MODERNO	S	2548
MIT WEICHHEIT	D	965	MODEST	E	2549
MIT WILDHEIT	D	788	MODESTE	F	2549
MIT WONNE	D	707	MODESTO	I	2549
MIT WONNE	D	842	MODESTO	S	2549
MIT WUERDE	D	718	MODIFICAR	S	1921
MIT WUERDE	D	863	MODIFICARE	I	1921
MIT WUERDE	D	1026	MODIFIER	F	1921
MIT WUT	D	831	MODO *m*	I	1530
MIT WUT	D	1042	MODO *m*	S	1530
MIT ZAERTLICHKEIT	D	1173	MODO ECCLESIASTICO *m*	I	1531
MIT ZARTHEIT	D	703	MODO ECLESIASTICO *m*	S	1531
MIT ZAUBER	D	780	MODULACION *f*	S	1532
MIT ZORN	D	675	MODULAR	S	1922
MIT ZORN	D	906	MODULARE	I	1922
MIT ZUNEIGUNG	D	557	MODULATION	E	1532
MITAD *f*	S	1340	MODULATION *f*	D	1532
MITLEID *n* / BARMHERZIGKEIT *f*	D	2673	MODULATION *f*	F	1532
MITLEIDIG	D	1018	MODULAZIONE *f*	I	1532
MITTELALTER *n*	D	2531	MODULER	F	1922
MITTLERWEILE / UNTERDESSEN	D	2467	MODULIEREN	D	1922
MITTWOCH	D	2537	MOEGLICH	D	1375
MITWIRKUNG *f*	D	2237	MOEGLICHST	D	1376
MIXAGE *m*	F	293	MOFANDOSE	S	660
MIXED	E	1345	MOIELLEUX	F	997
MIXOLIDIO	S	1527	MOINS	F	1339
MIXOLYDIAN	E	1527	MOINS RAPIDE QUE ALLEGRO	F	320
MIXOLYDISCH	D	1527	MOIS *m*	F	2538
MIXO-LYDIEN	F	1527			

MOITIE f	F	1340	MOST VIVACIOUS	E	382
MOLL	D	1526	MOSTRA f	I	2554
MOLLE	I	962	MOSTRAR	S	1924
MOLLEZZA (CON)	I	963	MOSTRARE	I	1924
MOLTISSIMO	I	1347	MOTET	E	1679
MOLTO	I	1348	MOTET m	F	1679
MOMENT	E	2550	MOTETE m	S	1679
MOMENT m	F	2550	MOTETTE f	D	1679
MOMENT MUSICAL m	F	1676	MOTIF m	F	1535
MOMENTO m	I	2550	MOTIF CONDUCTEUR m	F	2555
MOMENTO m	S	2550	MOTION	E	1349
MOMENTO MUSICAL m	S	1676	MOTIV n	D	1535
MOMENTO MUSICALE m	I	1676	MOTIVE	E	1535
MON / MA / MES	F	2120	MOTIVO m	I	1535
MONAT m	D	2538	MOTIVO m	S	1535
MOND m	D	2508	MOTIVO CONDUCTOR m	S	2555
MONDAY	E	2509	MOTIVO CONDUTTORE m	I	2555
MONDE m	F	2551	MOTO m	I	1349
MONDO m	I	2551	MOTO CONTRARIO m	I	1536
MONODIA f	I	1533	MOTO PERPETUO m	I	1678
MONODIA f	S	1533	MOTO RETTO m	I	1537
MONODIE f	D	1533	MOTTEGGIANDO	I	969
MONODIE f	F	1533	MOTTETTO m	I	1679
MONODRAMA	E	1677	MOU	F	962
MONODRAMA m	S	1677	MOUNTAIN	E	2552
MONODRAMA n	D	1677	MOURIR	F	1923
MONODRAME m	F	1677	MOURNFUL	E	826
MONODRAMMA m	I	1677	MOURNFUL	E	938
MONODY	E	1533	MOURNING	E	2511
MONOTONE	F	964	MOUTH	E	2945
MONOTONO	I	964	MOUTH ORGAN	E	73
MONOTONO	S	964	MOUTHPIECE	E	107
MONOTONOUS	E	964	MOUVANT	F	394
MONSIEUR m	F	2816	MOUVEMENT m	F	1349
MONTAG	D	2509	MOUVEMENT m	F	2556
MONTAGNA f	I	2552	MOUVEMENT CONTRAIRE m	F	1536
MONTAGNE f	F	2552	MOUVEMENT PARALLELE m	F	1537
MONTANA f	S	2552	MOUVEMENT PERPETUEL m	F	1678
MONTER	F	2008	MOVED	E	352
MONTH	E	2538	MOVED	E	678
MONTRER	F	1924	MOVEMENT	E	2556
MOOD MUS.	E	2563	MOVENDO / MUOVENDO	I	394
MOON	E	2508	MOVER	S	1925
MOQUEUR	F	644	MOVIDO	S	352
MOQUEUSEMENT	F	660	MOVIENDO	S	394
MORBIDEZZA (CON)	I	965	MOVIL	S	960
MORBIDO	I	966	MOVILIDAD f	S	2546
MORCEAU m	F	2198	MOVIMENTO m	I	2556
MORCEAU m	F	2670	MOVIMIENTO m	S	1349
MORDACE	I	967	MOVIMIENTO m	S	2556
MORDANT	F	967	MOVIMIENTO ANTERIOR	S	374
MORDANT m / BATTEMENT m	F	1534	MOVIMIENTO CONTRARIO m	S	1536
MORDAZ	S	967	MOVIMIENTO JUSTO	S	373
MORDENT / SHAKE	E	1534	MOVIMIENTO PARALELO m	S	1537
MORDENTE m	I	1534	MOVIMIENTO PERPETUO m	S	1678
MORDENTE m	S	1534	MOVING	E	394
MORE	E	1302	MOVING	E	679
MORE	E	1365	MOYEN AGE m	F	2531
MORENDO	I	422	MU	F	352
MORGEN	D	2312	MUCH / VERY	E	1300
MORGEN m	D	2527	MUCH / VERY	E	1348
MORGENSTAENDCHEN n	D	1670	MUCHACHA f / CHICA f	S	2737
MORIR	S	1923	MUCHACHO m	S	2739
MORIRE	I	1923	MUCHO	S	1348
MORMORANDO	I	968	MUCHO / BASTANTE / MUY	S	1271
MORNING	E	2527	MUDA	S	1351
MORNING-MUSIC	E	1670	MUDA f	S	251
MORT f	F	2553	MUDAR	S	1926
MORTE f	I	2553	MUDO	S	2599
MOSSO	I	352	MUE f	F	251

MUEDE	D	2851	MUS. ABSOLUTA	S	2559
MUEHEVOLL	D	1149	MUS. ASSOLUTA	I	2559
MUEHSAM	D	437	MUS. BAILABLE	S	2564
MUEHSAM	D	2351	MUS. CHORALE	F	2562
MUERTE *f*	S	2553	MUS. CONCRETA	I	2560
MUESSEN	D	1835	MUS. CONCRETA	S	2560
MUESTRA *f* / EXPOSICION *f*	S	2554	MUS. CONCRETE	F	2560
MUET	F	2599	MUS. CONTEMPORAINE	F	2561
MUFFLED	E	166	MUS. CONTEMPORANEA	I	2561
MUJER	S	2314	MUS. CONTEMPORANEA	S	2561
MULTIPLE	E	1350	MUS. CORAL	S	2562
MULTIPLE	F	1350	MUS. CORALE	I	2562
MULTIPLE	S	1350	MUS. DA BALLO	I	2564
MULTIPLO	I	1350	MUS. DA CACCIA	I	2565
MUND *m*	D	2945	MUS. DA CAMERA	I	2566
MUNDHARMONIKA *f*	D	73	MUS. DA CHIESA	I	2567
MUNDLOCH *n* / ANSATZ *m*	D	112	MUS. DA CONSUMO / - D'USO	I	2568
MUNDO *m*	S	2551	MUS. DA SALOTTO	I	2569
MUNDSPALT *m* / AUFSCHNITT *m*	D	104	MUS. DA TAVOLA	I	2570
MUNDSTUECK *n*	D	107	MUS. DE AMBIENTE	S	2563
MUNECA *f*	S	2986	MUS. DE BALLET	F	2586
MUNTER	D	578	MUS. DE BALLET	S	2586
MUOVERE	I	1925	MUS. DE CAMARA	S	2566
MURIENDO	S	422	MUS. DE CAZA	S	2565
MURMELN	D	1769	MUS. DE CHAMBRE	F	2566
MURMELND	D	968	MUS. DE CHASSE	F	2565
MURMELND	D	1165	MUS. DE CONSUMO	S	2568
MURMURANDO	S	56	MUS. DE DANSE	F	2564
MURMURANDO	S	968	MUS. DE ESCENA	S	2576
MURMURING	E	968	MUS. DE FILM	F	2588
MUS. LIGERA	S	2581	MUS. DE FOND	F	2573
MUSCLE	E	2970	MUS. DE FONDO	S	2573
MUSCLE *m*	F	2970	MUS. DE IGLESIA	S	2567
MUSCOLO *m*	I	2970	MUS. DE LA PASION	S	2575
MUSCULO *m*	S	2970	MUS. DE LA PASSION	F	2575
MUSIC	E	2557	MUS. DE MESA	S	2570
MUSICA *f*	I	2557	MUS. DE PELICULA	S	2588
MUSICA *f*	S	2557	MUS. DE PROGRAMA	S	2558
MUSICA VOCAL / A CAPILLA	S	1251	MUS. DE SALON	F	2569
MUSICAL	E	2596	MUS. DE SALON	S	2569
MUSICAL	F	2596	MUS. DE SCENE	F	2576
MUSICAL	S	2596	MUS. DE TABLE	F	2570
MUSICAL MOMENT	E	1676	MUS. DEL PORVENIR	S	2571
MUSICAL SAW	E	181	MUS. DELLA PASSIONE	I	2575
MUSICALE	I	2596	MUS. DELL'AVVENIRE	I	2571
MUSICALIDAD *f*	S	2597	MUS. DESCRIPTIVA	S	2572
MUSICALITA *f*	I	2597	MUS. DESCRIPTIVE	F	2572
MUSICALITE *f*	F	2597	MUS. DESCRITTIVA	I	2572
MUSICALITY	E	2597	MUS. DI FONDO	I	2573
MUSICOLOGIA *f*	I	2598	MUS. DI GATTI	I	2574
MUSICOLOGIA *f*	S	2598	MUS. DI SCENA / SCENICA	I	2576
MUSICOLOGIE *f*	F	2598	MUS. DRAMATICA	S	2577
MUSICOLOGY	E	2598	MUS. DRAMATIQUE	F	2577
MUSIC-BOX	E	2787	MUS. DRAMMATICA	I	2577
MUSIC-LOVER	E	2534	MUS. D'AMBIANCE	F	2563
MUSIC-PAPER	E	2221	MUS. D'AMBIENTE	I	2563
MUSIC-STAND / DESK	E	2495	MUS. D'AVENIR	F	2571
MUSIK *f*	D	2557	MUS. D'EGLISE	F	2567
MUSIKALISCH	D	2596	MUS. D'ORCHESTRE	F	2585
MUSIKALISCHER AUGENBLICK *m*	D	1676	MUS. D'USAGE	F	2568
MUSIKALITAET *f*	D	2597	MUS. ELECTRONICA	S	2578
MUSIKGESCHICHTE *f*	D	2855	MUS. ELECTRONIQUE	F	2578
MUSIKLIEBHABER *m*	D	2534	MUS. ELETTRONICA	I	2578
MUSIKWISSENSCHAFT *f* / MUSIKOLOGIE *f*	D	2598	MUS. EXPERIMENTAL	S	2595
			MUS. EXPERIMENTALE	F	2595
MUSIQUE *f*	F	2557	MUS. FOLKLORIQUE / MUS. POPULAIRE	F	2589
MUSKEL *m*	D	2970			
MUSTER *n* / VORBILD *n*	D	2547	MUS. FUNEBRE	I	2579
MUS. A PROGRAMMA	I	2558	MUS. FUNEBRE	F	2579
MUS. A PROGRAMME	F	2558	MUS. FUNEBRE	S	2579

MUS. INSTRUMENTAL	S	2580		**N**		
MUS. INSTRUMENTALE	I	2580				
MUS. INSTRUMENTALE	F	2580	NACH DER ART DER / - DES	D	571
MUS. LEGERE	F	2581	NACH DER ART DER / - DES	D	2148
MUS. LEGGERA	I	2581	NACH ART DER ZIGEUNER	D	575
MUS. LIRICA	I	2582	NACH BELIEBEN	D	311
MUS. LIRICA	S	2582	NACH BELIEBEN	D	312
MUS. LITURGICA	I	2583	NACH BELIEBEN	D	318
MUS. LITURGICA	S	2583	NACH DEUTSCHER ART	D	573
MUS. LITURGIQUE	F	2583	NACH TUERKISCHER ART	D	574
MUS. LYRIQUE	F	2582	NACHAHMEND	D	1321
MUS. MILITAIRE	F	2584	NACHAHMUNG f	D	1514
MUS. MILITAR	S	2584	NACHBAR m	D	2927
MUS. MILITARE	I	2584	NACHDENKEN	D	1915
MUS. OF THE FUTURE	E	2571	NACHDENKEN	D	1983
MUS. ORCHESTRALE	I	2585	NACHDENKEND	D	1009
MUS. ORQUESTAL	S	2585	NACHDENKLICH	D	1010
MUS. PARA BANDA	S	2587	NACHDRUECKLICH	D	754
MUS. PER BALLETTO	I	2586	NACHGEBEN	D	1782
MUS. PER BANDA	I	2587	NACHGEBEND	D	510
MUS. PER FILM	I	2588	NACHHALL m	D	276
MUS. POPOLARE	I	2589	NACHLAESSIG / SORGLOS	D	974
MUS. POPULAR	S	2589	NACHLASSEND	D	414
MUS. POUR HARMONIE	F	2587	NACHLASSEND	D	420
MUS. PROFANA	I	2590	NACHLASSEND	D	429
MUS. PROFANA	S	2590	NACHLASSEND	D	435
MUS. PROFANE	F	2590	NACHMACHEN	D	1872
MUS. PURA	I	2591	NACHMITTAG m	D	2678
MUS. PURA	S	2591	NACHT f	D	2614
MUS. PURE	F	2559	NACHTIGALL f	D	2909
MUS. PURE	F	2591	NADA	S	2608
MUS. RELIGIEUSE / SACREE	F	2592	NADAR	S	1927
MUS. RELIGIOSA / SACRA	I	2592	NADEL f (GRAMMOPHON)	D	2713
MUS. RELIGIOSA / SAGRADA	S	2592	NAECHSTES MAL n	D	2705
MUS. SERIAL	S	2593	NAERRISCH	D	808
MUS. SERIALE	I	2593	NAGEL m	D	2996
MUS. SERIELLE	F	2593	NAGER	F	1927
MUS. SINFONICA	I	2594	NAHE	D	2928
MUS. SINFONICA	S	2594	NAHE / IN DER NAEHE	D	2690
MUS. SPERIMENTALE	I	2595	NAIL	E	2996
MUS. SYMPHONIQUE	F	2594	NAIV	D	893
MUTA	I	1351	NAPE OF THE NECK	E	2973
MUTARE	I	1926	NARIZ f	S	2971
MUTATION	E	251	NARRADOR m	S	2600
MUTAZIONE f	I	251	NARRANTE	I	970
MUTE	E	1400	NARRATIVE	E	970
MUTO	I	2599	NARRATIVO	S	970
MUY / MUCHO	S	1300	NARRATOR	E	2600
MUY ALEGRE	S	322	NARRATORE m	I	2600
MUY BIEN!	S	2199	NARROW	E	410
MUY DESPACIO	S	317	NARROWING	E	404
MUY DESPACIO / LENTO	S	346	NASAL	E	2601
MUY DULCE	S	736	NASAL	D	2601
MUY FUERTE	S	459	NASAL	F	2601
MUY SUAVE	S	471	NASAL	S	2601
MUY VIVAZ	S	382	NASALE	I	2601
MUY VIVO	S	356	NASCOSTO	I	1352
MY	E	2120	NASE f	D	2971
MYOPE	F	2544	NASO m	I	2971
MYSTERE m	F	2545	NASTRO MAGNETICO m ·	I	294
MYSTERIEUSEMENT	F	957	NATUERLICH	D	122
MYSTERIEUX	F	958	NATUERLICH	D	2602
MYSTERIOUS	E	957	NATUERLICH / SPONTAN	D	1145
MYSTERIOUS	E	958	NATURAL	E	1465
MYSTERY	E	2545	NATURAL	E	2602
MYSTIC	E	959	NATURAL	S	2602
MYSTIQUE	F	959	NATURALE	I	2602
MYSTISCH	D	959	NATURALEZZA (CON)	I	971
M...	S	2434	NATUREL	F	2602
			NATURELLEMENT	F	971

NEAR / CLOSE	E	2928	NICHTS	D	2608
NEARBY / NEAR	E	2690	NIE	D	2517
NEAT / TIDY	E	977	NIEDERLEGEN	D	1947
NEBBIOSO	I	972	NIEDRIG / TIEF	D	2190
NEBLIG	D	972	NIEDRIGER / SCHWAECHER	D	2453
NEBLIG	D	973	NIEMAND	D	2607
NEBULEUX	F	973	NIENTE	I	2608
NEBULOSO	S	972	NIGHT	E	2614
NEBULOSO	I	973	NIGHTINGALE	E	2909
NEBULOSO	S	973	NIMMERMEHR	D	2396
NEBULOUS	E	973	NINGUNO	S	2607
NECESARIO	S	2603	NINNA NANNA f	I	1681
NECESITAR	S	1762	NINO m / - A f	S	2185
NECESSAIRE	F	2603	NITIDO	I	977
NECESSARIO	I	2603	NITIDO	S	977
NECESSARY	E	2603	NIVEAU m	F	286
NECK	E	38	NIVEL m	S	286
NECK	E	2948	NO	I	2609
NEEDLE	E	2713	NO	E	2609
NEGLIGEMMENT	F	974	NO	S	2609
NEGLIGENTEMENTE	I	974	NO DEMASIADO	S	1356
NEGLIGENTEMENTE	S	974	NO MUCHO	S	1354
NEGLIGENTLY	E	974	NO TANTO	S	1355
NEGRO	S	2604	NO TENER RAZON	S	2889
NEHMEN	D	1952	NOBILMENTE	I	978
NEID m	D	2486	NOBILTA (CON)	I	979
NEIGHBOUR	E	2927	NOBLEMENT	F	978
NEIN	D	2609	NOBLEMENTE	S	978
NEL / NELLO / NELLA	I	2606	NOBLY	E	978
NENIA	E	1680	NOBODY	E	2607
NENIA f	I	1680	NOCH / WIEDER	D	1268
NENIA f	S	1680	NOCH EINMAL	D	2160
NENIE f	F	1680	NOCH EINMAL!	D	2196
NERF m	F	2972	NOCHE f	S	2614
NERO	I	2604	NOCHMALS	D	1301
NERV m	D	2972	NOCION f	S	2617
NERVE	E	2972	NOCTURNE	E	1682
NERVEUX	F	2605	NOCTURNE m	F	1682
NERVIO m	S	2972	NOCTURNO m	S	1682
NERVIOSO	S	2605	NOI	I	2108
NERVO m	I	2972	NOIOSO	I	2610
NERVOES	D	2605	NOIR	F	2604
NERVOSO	I	2605	NOISE	E	306
NERVOUS	E	2605	NOISY	E	2776
NESSUNO	I	2607	NON	I	1353
NETT	D	2393	NON	F	2609
NETTAMENTE	I	975	NON LIE	F	483
NETTO	I	976	NON MOLTO	I	1354
NETTOYER	F	1962	NON PREPARE	F	2430
NEU	D	2619	NON TANTO	I	1355
NEUF	F	2619	NON TROPPO	I	1356
NEUGIERIG	D	2277	NORMAL	E	2611
NEUHEIT f	D	2616	NORMAL	D	2611
NEUM	E	1538	NORMAL	F	2611
NEUMA m	I	1538	NORMALE	I	2611
NEUMA m	S	1538	NORMALE	S	2611
NEUME m	F	1538	NORMALMENTE	S	122
NEUMEN pl	D	1538	NOSE	E	2971
NEVER	E	2396	NOSOSTROS	S	2108
NEVER	E	2517	NOSTALGIA f	I	2612
NEW	E	2619	NOSTALGIA f	S	2612
NEXT TIME	E	2705	NOSTALGIE f	F	2612
NEZ m	F	2971	NOSTRO / NOSTRA / NOSTRI / NOSTRE	I	2123
NE...PAS	F	1353	NOT	E	1353
NICE	E	2821	NOT AS FAST AS ALLEGRO	E	320
NICE / LOVELY	E	2217	NOT MUCH / VERY	E	1354
NICHT	D	1353	NOT TOO MUCH	E	1356
NICHT SEHR	D	1355	NOT VERY	E	1355
NICHT VIEL / - SEHR	D	1354			
NICHT ZUVIEL	D	1356			

125

NOTA f	I	1539
NOTA f	S	1539
NOTA CAMBIADA f	S	1540
NOTA CAMBIATA f	I	1540
NOTA DE PASO f	S	1541
NOTA DI PASSAGGIO f	I	1541
NOTA FALSA	I	2613
NOTA FALSA	S	2613
NOTA PEDAL f	S	1549
NOTACION f	S	1542
NOTATION	E	1542
NOTATION f	F	1542
NOTAZIONE f	I	1542
NOTE	E	1539
NOTE f	D	1539
NOTE f	F	1539
NOTE DE PASSAGE f	F	1541
NOTENBALKEN m	D	1593
NOTENHALS m	D	1510
NOTENPAPIER n	D	2221
NOTENPULT n / NOTENHALTER m	D	2495
NOTENSCHRIFT f	D	1542
NOTHING	E	2608
NOTION	E	2617
NOTION f	F	2617
NOTRE / NOS	F	2123
NOTTE f	I	2614
NOTTURNO m	I	1682
NOTTURNO n / NACHTSTUECK n	D	1682
NOTWENDIG	D	2603
NOUS	F	2108
NOUVEAUTE f	F	2616
NOVEDAD f	S	2616
NOVEL	E	2773
NOVELA f	S	2773
NOVELTY	E	2616
NOVEMBER	E	2615
NOVEMBER	D	2615
NOVEMBRE	I	2615
NOVEMBRE	F	2615
NOVIEMBRE	S	2615
NOVITA f	I	2616
NOW	E	2143
NOZIONE f	I	2617
NUANCER	F	1865
NUCA f	I	2973
NUCA f	S	2973
NUESTRO / NUESTRA / NUESTROS / NUESTRAS	S	2123
NUETZLICH	D	2910
NUEVO	S	2619
NUIT f	F	2614
NUMBER	E	2618
NUMERO	I	2618
NUMERO m	F	2618
NUMERO m	S	2618
NUMMER f / ZAHL f	D	2618
NUOTARE	I	1927
NUOVO	I	2619
NUPCIAL	S	981
NUPTIAL	E	981
NUPTIAL	F	981
NUQUE f	F	2973
NUR	D	1398
NUTRIDO	S	980
NUTRITO	I	980
NUZIALE	I	981
N'IMPORTE LEQUEL	F	2724

O

O BIEN	S	1362
O BIEN	S	2626
O SEA	S	1361
OBBLIGATO	I	1543
OBERTOENE m pl	D	1598
OBERTURA f	S	1688
OBLIGADO	S	1543
OBLIGAT	D	1543
OBLIGATO	E	1543
OBLIGE	F	1543
OBOE	E	92
OBOE f	D	92
OBOE m	I	92
OBOE m	S	92
OBRA f	S	2198
OBRA f	S	2624
OBRA MAESTRA f	S	2214
OBSCUR	F	987
OBSCUR / SOMBRE	F	810
OBSCURO	S	2799
OBSERVAR	S	1931
OBSERVER	F	1931
OBSTINADO	S	990
OBSTINATE	E	990
OBSTINE	F	990
OBTENER	S	1932
OBTENIR	F	1932
OCARINA	E	93
OCARINA f	I	93
OCARINA f	S	93
OCARINA m	F	93
OCCHIALI m pl	I	2620
OCCHIO m	I	2974
OCCUPARSI	I	1928
OCCUPATO	I	2621
OCCUPE	F	2621
OCCUPER	F	1928
OCTET	E	2636
OCTETO m	S	2636
OCTOBER	E	2637
OCTOBRE	F	2637
OCTUBRE	S	2637
OCTUOR m	F	2636
OCUPADO	S	2621
OCUPAR	S	1928
ODA f	S	1683
ODD	E	2307
ODE	E	1683
ODE f	I	1683
ODE f	D	1683
ODE f	F	1683
ODER	D	1361
ODER	D	2626
ODER / ODER AUCH	D	1362
ODEUR f	F	2622
ODORE m	I	2622
OEFFNEN	D	1750
OEIL m	F	2974
OEUVRE f	F	2624
OFERTORIO m	S	1684
OFFEN	D	1269
OFFENHERZIG	D	812
OFFERTOIRE m	F	1684
OFFERTORIO m	I	1684
OFFERTORIUM n	D	1684
OFFERTORY	E	1684
OFFRIR	F	1929
OFFRIRE	I	1929
OFRECER	S	1929
OFT	D	1402
OFT	D	2842

OFTEN	E	1402	OPRIMIDO	S	984
OFTEN	E	2842	OR	E	1362
OGGI	I	2623	OR ELSE	E	1361
OGNI	I	1357	OR / OTHERWISE	E	2626
OGNI VOLTA	I	1358	ORA *f*	I	2627
OHNE	D	1390	ORACION *f*	S	2687
OHNE EILE	D	365	ORAGEUSEMENT	F	1168
OHNE INSTRUMENTE / IM			ORAGEUX	F	646
KAPELLSTIL	D	1251	ORATORIO	E	1687
OHNE ZU SCHLEPPEN	D	366	ORATORIO *m*	I	1687
OHNE ZU SCHLEPPEN	D	367	ORATORIO *m*	F	1687
OHNMAECHTIG WERDEN	D	2069	ORATORIO *m*	S	1687
OHR *n*	D	2975	ORATORIUM *n*	D	1687
OIDO *m*	S	2900	ORCHESTER *n*	D	2628
OIDO ABSOLUTO *m*	S	2633	ORCHESTERMUSIK	D	2585
OIR	S	2086	ORCHESTERMUSIK	D	2594
OJO *m*	S	2974	ORCHESTRA	E	2628
OKARINA *f*	D	93	ORCHESTRA *f*	I	2628
OKTETT *n*	D	2636	ORCHESTRA DA CAMERA *f*	I	2629
OKTOBER	D	2637	ORCHESTRA D'ARCHI	I	2630
OLD	E	2913	ORCHESTRA SINFONICA	I	2631
OLOR *m*	S	2622	ORCHESTRAL MUS.	E	2585
OLVIDAR	S	1821	ORCHESTRARE	I	1930
OMESSO	I	1359	ORCHESTRATION	E	1545
OMIS	F	1359	ORCHESTRATION *f*	D	1545
OMITIDO	S	1359	ORCHESTRATION *f*	F	1545
OMITTED	E	1359	ORCHESTRAZIONE *f*	I	1545
OMOFONIA *f*	I	1544	ORCHESTRE *m*	F	2628
ON / ON THE	E	1404	ORCHESTRE A CORDES *m*	F	2630
ON / UPON	E	1399	ORCHESTRE DE CHAMBRE *m*	F	2629
ON ENLEVE	F	1392	ORCHESTRE SYMPHONIQUE	F	2631
ON THE FINGERBOARD	E	70	ORCHESTRER	F	1930
ONCE	E	1423	ORCHESTRIEREN	D	1930
ONCE MORE	E	2160	ORDEN *m*	S	2632
ONCE MORE / AGAIN	E	1301	ORDER	E	2632
ONDA *f*	I	295	ORDINAIRE	F	1360
ONDA *f*	S	295	ORDINARIO	I	1360
ONDE *f*	F	295	ORDINARIO	S	1360
ONDEANTE	S	982	ORDINARY	E	1360
ONDEGGIANDO	I	61	ORDINE *m*	I	2632
ONDEGGIANTE	I	982	ORDNUNG *f* / REIHENFOLGE *f*	D	2632
ONDOYANT	F	61	ORDRE *m*	F	2632
ONDULANDO	S	61	ORECCHIO *m*	I	2975
ONE STRING	E	222	ORECCHIO ASSOLUTO *m*	I	2633
ONGLE *f*	F	2996	OREJA *f*	S	2975
ONLY	E	1398	ORGAN	E	176
ONLY / UNIQUE	E	1424	ORGANETTO *m*	I	175
ONORARIO *m*	I	2625	ORGANILLO *m*	S	175
OPACO	I	983	ORGANO *m*	I	176
OPACO	S	983	ORGANO *m*	S	176
OPAQUE	F	983	ORGEL *f*	D	176
OPEN	E	1269	ORGELPUNKT *m*	D	1549
OPER *f*	D	1685	ORGOGLIOSO	I	985
OPERA	E	1685	ORGUE *m*	F	176
OPERA *f*	I	1685	ORGUE DE BARBARIE *m*	F	175
OPERA *f*	S	1685	ORGUEILLEUX	F	985
OPERA *f*	I	2624	ORGULLOSO	S	985
OPERA *m*	F	1685	ORIGINAL	E	2635
OPERATIC MUS.	E	2582	ORIGINAL	D	2635
OPERETA *f*	S	1686	ORIGINAL	F	2635
OPERETTA	E	1686	ORIGINAL	S	2635
OPERETTA *f*	I	1686	ORIGINAL VERSION	E	2921
OPERETTE *f*	D	1686	ORIGINALE	I	2635
OPERETTE *f*	F	1686	ORLO *m*	I	159
OPERNMUSIK	D	2582	ORLO *m* / CROMORNO *m*	S	84
OPERNTEXTBUCH *n*	D	248	ORNAMENT	E	1546
OPPRESSED	E	984	ORNAMENTO *m* / ADORNAMENTO *m*	I	1546
OPPRESSO	I	984	ORNE	F	549
OPPRIME	F	984	ORNEMENT *m*	F	1438
OPPURE	I	2626	ORNEMENT *m*	F	1546

ORQUESTA f	S	2628	PACATAMENTE	I	991
ORQUESTA DE CAMARA	S	2629	PACATO	I	992
ORQUESTA DE CUERDAS	S	2630	PADDED STICK	E	150
ORQUESTA SINFONICA	S	2631	PADIGLIONE m	I	114
ORQUESTACION f	S	1545	PAEDAGOGIK f	D	2654
ORQUESTRAR	S	1930	PAGAR	S	1933
ORRENDO	I	986	PAGARE	I	1933
OS m	F	2976	PAGE	E	2639
OSADAMENTE	S	612	PAGE f	F	2639
OSCILACION f	S	297	PAGINA f	I	2639
OSCILADOR m	S	296	PAGINA f	S	2639
OSCILLATEUR m	F	296	PAINFUL	E	736
OSCILLATION	E	297	PAINFUL	E	740
OSCILLATION f	F	297	PAINFUL	E	1006
OSCILLATOR	E	296	PAINSTAKING	E	437
OSCILLATORE m	I	296	PAIR	F	2643
OSCILLAZIONE f	I	297	PAISIBLE	F	992
OSCURO	I	987	PAISIBLE	F	1021
OSCURO	S	987	PAISIBLE / DOUX	F	945
OSPITE m	I	2634	PAISIBLEMENT	F	991
OSSERVANZA (CON)	I	988	PALABRA f	S	2646
OSSERVARE	I	1931	PALAIS m	F	2977
OSSIA	I	1361	PALATE	E	2977
OSSO m	I	2976	PALATO m	I	2977
OSTENTATIVO	S	1118	PALCO m	I	2640
OSTENTATOIRE	F	1118	PALCO m	S	2640
OSTINATEZZA (CON)			PALCOSCENICO m	I	2641
OSTINAZIONE (CON)	I	989	PALILLO m / BAQUETA DE		
OSTINATO	I	990	MADERA f	S	148
OSTINATO	D	1462	PALLET / VALVE	E	215
OSZILLATOR m /			PALM OF THE HAND	E	2978
SCHWINGUNGSERREGER m	D	296	PALMA DE LA MANO f	S	2978
OTHER	E	1266	PALMO DELLA MANO m	I	2978
OTONO m	S	2179	PAN FLUTE / PANPIPE /		
OTRA VEZ	S	2160	PANDEAU PIPE	E	88
OTRA VEZ	S	2904	PANCIA f	I	2979
OTRA VEZ / DE NUEVO	S	1301	PANFLOETE f	D	88
OTRA VEZ!	S	2196	PANTING	E	601
OTRO	S	1266	PANTOMIMA f	I	2642
OTTAVINO m / FLAUTO PICCOLO m	I	94	PANTOMIMA f	S	2642
OTTENERE	I	1932	PANTOMIME	E	2642
OTTETTO m	I	2636	PANTOMIME f	D	2642
OTTOBRE	I	2637	PANTOMIME f	F	2642
OTTONI m pl	I	2638	PAPEL DE MUSICA m	S	2221
OU BIEN	F	1361	PAPIER A MUSIQUE m	F	2221
OU BIEN	F	1362	PAPIERBLATT n / BOGEN m	D	2366
OU BIEN	F	2626	PAPILLON m	F	2350
OUBLIER	F	1821	PAR	S	2643
OUI	F	2813	PAR COEUR	F	2156
OUIE f	F	34	PARA ACABAR	S	1363
OUIE f	F	2900	PARADIESISCH	D	993
OUR	E	2123	PARADING	E	1118
OURS	E	2129	PARADISIAC	E	993
OUT OF TUNE	E	2793	PARADISIACO	I	993
OUTSIDE	E	1324	PARADISIACO	S	993
OUTSIDE	E	2381	PARADISIAQUE	F	993
OUVERT	F	1269	PARAFRASI f	I	1689
OUVERTUERE f	D	1688	PARAFRASIS f	S	1689
OUVERTURE f	I	1688	PARAISO m / GALERIA f	S	2384
OUVERTURE f	F	1688	PARALELO	S	1547
OUVERTURE f / LUMIERE f /			PARALLEL	E	1547
BISEAU m		104	PARALLEL	D	1547
OUVRIR	F	1750	PARALLELBEWEGUNG f	D	1537
OU?	F	2315	PARALLELE	F	1537
OVERTURE	E	1688	PARALLELO	I	1547
OVVERO	I	1362	PARAPHRASE	E	1689
			PARAPHRASE f	F	1689
P			PARAPHRASE f / UMSPIELUNG f	D	1689
PABELLON m	S	114	PARAR	S	1854
PABELLON AL AIRE	S	118	PARCE QUE	F	2660

PARFAIT	F	2662	PASTORALE f	I	1692
PARI	I	2643	PASTORALE f	F	1692
PARKETT n	D	2676	PASTOSO	I	997
PARLANDO	I	994	PASTOSO	S	997
PARLARE	I	1934	PATETICO	I	998
PARLER	F	1934	PATETICO	S	998
PARODIA f	I	2645	PATETISCH	D	998
PARODIA f	S	2645	PATHETIC	E	998
PARODIE f	D	2645	PATHETIQUE	F	998
PARODIE f	F	2645	PATIMENTO (CON)	I	999
PARODY	E	2645	PATIO DE BUTACAS m	S	2676
PAROLA f	I	2646	PAUKE f	D	142
PAROLE f	F	2646	PAUKENSCHLEGEL m	D	152
PARTE f / PAPEL m	S	2647	PAUME DE LA MAIN f	F	2978
PARTE f / RUOLO m	I	2647	PAURA (CON)	I	1000
PARTENZA f	I	2644	PAURA f	I	2652
PARTERRE m	F	2676	PAUROSO	I	1001
PARTIE FINALE f	F	1281	PAUSA f	I	1548
PARTIR	F	1935	PAUSA f	S	1548
PARTIRE	I	1935	PAUSA DE RESPIRACION f	S	254
PARTITA	E	1690	PAUSADAMENTE	S	1027
PARTITA f	I	1690	PAUSADO	S	1028
PARTITA f	D	1690	PAUSE f	D	1548
PARTITA f	F	1690	PAUSE f	F	1548
PARTITA f	S	1690	PAUSE f	D	1586
PARTITION f	F	2648	PAUSE f / INTERVALL n	D	2476
PARTITION f	F	2839	PAUSE / HOLD / FERMATA	E	1482
PARTITION DE POCHE f	F	2649	PAUVRE	F	2684
PARTITUR f	D	2648	PAVAN	E	1693
PARTITUR f	D	2839	PAVANA f	I	1693
PARTITURA f	I	2648	PAVANA f	S	1693
PARTITURA f	S	2648	PAVANE f	D	1693
PARTITURA f	S	2839	PAVANE f	F	1693
PARTITURA DE BOLSILLO f	S	2649	PAVENTATO	I	1002
PARTITURA TASCABILE f	I	2649	PAVILLON m	F	114
PARTOUT	F	1298	PAVILLON m / BONNET m	F	108
PAS m	F	2651	PAVILLON EN L'AIR	F	118
PAS BEAUCOUP	F	1354	PAYER	F	1933
PAS TROP	F	1355	PAZZAMENTE	I	1003
PAS TROP	F	1356	PAZZESCAMENTE	I	1004
PASACALLE f	S	1691	PEACEABLE	E	992
PASEARSE	S	1936	PEACEABLY	E	991
PASO m	S	2651	PEARLY	E	219
PASO m / PASAJE m	S	2650	PEAU f	F	158
PASSABLE / DISCRET	F	2304	PEAU f	F	160
PASSACAGLIA	E	1691	PEAU SUPERIEURE f /		
PASSACAGLIA f	I	1691	PEAU DE BATTERIE f	F	154
PASSACAGLIA f	D	1691	PECCATO	I	2653
PASSACAILLE f	F	1691	PECHO m	S	2980
PASSAGE	E	2650	PECULIAR	E	636
PASSAGE f / STELLE f	D	2650	PEDAGOGIA f	I	2654
PASSAGE m	F	2650	PEDAGOGIA f	S	2654
PASSAGGIO m / PASSO m	I	2650	PEDAGOGIE f	F	2654
PASSEGGIARE	I	1936	PEDAGOGY	E	2654
PASSING TONE	E	1541	PEDAL	E	200
PASSION MUS.	E	2575	PEDAL m	S	200
PASSIONATE	E	608	PEDAL n / PEDALWERK n	D	200
PASSIONATELY	E	607	PEDAL POINT	E	1549
PASSIONE	F	608	PEDALE f	F	200
PASSIONE (CON)	I	995	PEDALE f	F	1549
PASSIONED	E	1167	PEDALE m	I	200
PASSIONEMENT	F	607	PEDALE m	I	1549
PASSIONSMUSIK	D	2575	PEDAZO m / PIEZA f	S	2670
PASSO m	I	2651	PEG BOX	E	29
PASTORAL	E	996	PEGAR	S	1766
PASTORAL	F	996	PEGEL m	D	286
PASTORAL	S	996	PEGGIO	I	2655
PASTORAL	E	1692	PEINE	F	609
PASTORAL f	S	1692	PEINLICH GENAU	D	2796
PASTORALE	I	996	PEITSCHE f	D	132

12

PELIGROSO	S	2664	PERFECCIONARSE	S	1939
PELLE *f*	I	160	PERFECT	E	1511
PELLIZCAR	S	1944	PERFECT	E	2662
PEN / FEATHER	E	2656	PERFECT - / AUTHENTIC CAD.	E	1469
PENANDO	S	437	PERFECTO	S	2662
PENCIL	E	2526	PERFEKT	D	2662
PENDANT QUE	F	2536	PERFETTO	I	2662
PENDANT TOUTE LA DUREE	F	1364	PERFEZIONARSI	I	1939
PENETRANT	F	1005	PERFINO	I	2663
PENETRANTE	I	1005	PERFORACION *f*	S	195
PENETRANTE	S	1005	PERFORMANCE	E	2741
PENETRATING	E	1005	PERFORMANCE	E	2843
PENIBLE	F	1006	PERFORMANCE / EXECUTION	E	2333
PENIBLE	F	1149	PERFORMING RIGHT	E	2299
PENNA *f*	I	2656	PERHAPS / MAYBE	E	2371
PENOSO	S	609	PERICOLOSO	I	2664
PENOSO	I	1006	PERIOD	E	1552
PENOSO	S	1006	PERIODE *f*	D	1552
PENOSO	S	1149	PERIODE *f*	F	1552
PENSANDO	I	1007	PERIODO *m*	I	1552
PENSANDO	S	1007	PERIODO *m*	S	1552
PENSAR	S	1937	PERLADO	S	219
PENSARE	I	1937	PERLATO	I	219
PENSATIVAMENTE	S	1009	PERMESSO *m*	I	2667
PENSATIVO	S	1008	PERMETTERE	I	1940
PENSATIVO	S	1010	PERMETTRE	F	1940
PENSER	F	1937	PERMISO *m*	S	2667
PENSIEROSO	I	1008	PERMISSION	E	2667
PENSIF	F	1008	PERMISSION *f*	F	2667
PENSIF	F	1010	PERMITIR	S	1940
PENSIVE	E	1008	PERO	S	1335
PENSIVE	E	1010	PERO NO MUCHO / PERO NO		
PENSOSAMENTE	I	1009	DEMASIADO	S	1336
PENSOSO	I	1010	PERPETUAL	E	2666
PENTAGRAMA *m*	S	1550	PERPETUAL MOTION	E	1678
PENTAGRAMMA *m*	I	1550	PERPETUEL	F	2666
PENTATONIC	E	1551	PERPETUO	I	2666
PENTATONICO	I	1551	PERPETUO	S	2666
PENTATONICO	S	1551	PERSO	I	2669
PENTATONIQUE	F	1551	PERSONNE	F	2607
PENTATONISCH	D	1551	PERTENECER	S	1747
PEOPLE	E	2392	PESADO	S	1011
PEOR	S	2655	PESADO	S	1012
PEQUENO	S	2671	PESANT	F	862
PER	I	2657	PESANT	F	1011
PER FINIRE	I	1363	PESANTE	I	1011
PER IL MOMENTO	I	2665	PESAR	S	1941
PER PIACERE	I	2668	PESARE	I	1941
PER TUTTA LA DURATA	I	1364	PESATO	I	1012
PERCANT	F	1158	PESE	F	1012
PERCE *f*	F	195	PESER	F	1941
PERCEPTIBLE	E	2658	PETIT	F	2671
PERCEPTIBLE	F	2658	PETITE FLUTE *f* / PICCOLO *f*	F	94
PERCEPTIBLE	S	2658	PETTO *m*	I	2980
PERCETTIBILE	I	2658	PEU	F	1367
PERCHE	I	2660	PEU A PEU	F	1368
PERCHE?	I	2659	PEU A PEU MOINS	F	1369
PERCOSSO	I	470	PEU A PEU PLUS	F	1370
PERCUDIDO	S	470	PEUR *f*	F	2652
PERCUTE	F	470	PEUREUX	F	1001
PERDENDOSI	I	519	PEUT-ETRE	F	2371
PERDER	S	1938	PEZZO *m*	I	2670
PERDERE	I	1938	PFEIFE *f*	D	86
PERDIDO	S	2661	PFEIFE *f*	D	188
PERDIDO	S	2669	PFEIFEN	D	1857
PERDIENDOSE	S	519	PFLEGEN	D	1810
PERDRE	F	1938	PHALANGE *f*	F	2955
PERDU	F	2661	PHALANX	E	2955
PERDU	F	2669	PHANTASTISCH	D	778
PERDUTO	I	2661	PHARYNX	E	2956

131

PHARYNX m	F	2956
PHILARMONIQUE	F	2359
PHILHARMONIC	E	2359
PHILHARMONISCH	D	2359
PHONETICS	E	2368
PHONETIK f	D	2368
PHONETIQUE f	F	2368
PHRASE f	F	2375
PHRASE f / SATZ m	D	2375
PHRASE m	F	2376
PHRASE / SENTENCE	E	2375
PHRASER	F	1859
PHRASIEREN	D	1859
PHRASIERUNG f	D	2376
PHRASING	E	2376
PHRYGIAN	E	1507
PHRYGIEN	F	1507
PHRYGISCH	D	1507
PIACERE	I	1942
PIACEVOLE	I	1013
PIACEVOLEZZA (CON)	I	1014
PIANGENDO	I	1015
PIANGERE	I	1943
PIANGEVOLE	I	1016
PIANISSIMO	I	471
PIANO	E	177
PIANO	I	472
PIANO m	F	177
PIANO A QUEUE m	F	178
PIANO DE COLA m	S	178
PIANO DROIT m	F	179
PIANO VERTICAL m	S	179
PIANOFORTE m	I	177
PIANOFORTE m	S	177
PIANOFORTE A CODA m	I	178
PIANOFORTE VERTICALE m	I	179
PIATTI m pl	I	136
PICANTE	S	1017
PICARO	S	944
PICCANTE	I	1017
PICCATO / PICCHIETTATO	I	62
PICCOLO	E	94
PICCOLO	I	2671
PICCOLO n / PIKKOLOFLOETE f	D	94
PICKED	E	67
PICK-UP	E	305
PICK-UP m	F	305
PICK-UP m	S	305
PICO m / ESCOTADURA f	S	106
PICTURE / PAINTING	E	2718
PICTURESQUE	E	1020
PIE m	S	2981
PIECE	E	2198
PIECE	E	2670
PIED m	F	42
PIED m	F	2981
PIEDAD f	S	2673
PIEDE m	I	2981
PIEL f / PARQUE m	S	160
PIENO	I	2672
PIERNA f	S	2958
PIETA f	I	2673
PIETOSO	I	1018
PIEUX	F	1019
PIFANO m	S	95
PIFFERO m	I	95
PINCE	F	63
PINCER	F	1944
PINTORESCO	S	1020
PIO	I	1019
PIO	S	1019
PIOGGIA f	I	2674
PIOUS	E	1019
PIPE	E	188
PIQUANT	F	1017
PIQUE	F	62
PIRE	F	2655
PISTON m	D	78
PISTON m / CYLINDRE m	F	115
PISTON m / VALVULA DE PISTON f	S	115
PISTON / PUMPVALVE	E	115
PISTONE m	I	115
PITIE f	F	2673
PITTORESCO	I	1020
PITTORESQUE	F	1020
PITY	E	2653
PITY / MERCY	E	2673
PIU	I	1365
PIU FORTE POSSIBILE	I	473
PIU PIANO POSSIBILE	I	474
PIU TOSTO	I	395
PIU VELOCE	I	396
PIUTTOSTO	I	1366
PIVA f / CORNAMUSA f	I	96
PIZZICARE	I	1944
PIZZICATO	I	63
PLACANDO	I	520
PLACE	E	1334
PLACE	E	2682
PLACE f / L'ENDROIT m	F	2682
PLACID	E	1021
PLACIDO	I	1021
PLACIDO	S	1021
PLACING ON THE VOICE	E	250
PLAGAL	E	1553
PLAGAL	D	1553
PLAGAL	F	1553
PLAGAL	S	1553
PLAGALE	I	1553
PLAGIAR	S	1945
PLAGIARE	I	1945
PLAGIARISM	E	2675
PLAGIAT m	F	2675
PLAGIAT n	D	2675
PLAGIER	F	1945
PLAGIO m	I	2675
PLAGIO m	S	2675
PLAINTIF	F	917
PLAINTIF	F	918
PLAINTIF / TRISTE	F	802
PLAINTIVE	E	917
PLAINTIVE / FAINT	E	802
PLAIRE	F	1942
PLAISANTER	F	2017
PLAISANTERIE f	F	2791
PLAKAT n / SPIELPLAN m	D	2222
PLATEA f	I	2676
PLATILLOS m pl / CIMBALOS m pl	S	136
PLATTENSPIELER m	D	2401
PLAUDERN	D	1785
PLAYFUL	E	645
PLEASANT	E	1013
PLEASE	E	2668
PLEASED / DELIGHTED	E	1050
PLECTRE m / BEC m	F	201
PLECTRO m / PUA f	S	201
PLECTRUM / QUILL / JACK	E	201
PLEIN	F	2672
PLEIN / NOURRI	F	980
PLEIN D'ALLANT	F	640

PLEKTRUM n / KIEL m	D	201	POLKA	E	1696
PLETTRO m	I	201	POLKA f	D	1696
PLEURER	F	1943	POLKA f	F	1696
PLICA f	S	1510	POLLICE m	I	2982
PLOETZLICH	D	1299	POLMONI m pl	I	2983
PLOETZLICH	D	1323	POLONAISE	E	1695
PLOETZLICH	D	1383	POLONAISE f	D	1695
PLUCKED / PINCHED	E	63	POLONAISE f	F	1695
PLUIE f	F	2674	POLONESA f	S	1695
PLUMA f	S	2656	POLPASTRELLO m	I	2984
PLUME f	F	2656	POLSO m	I	2985
PLUS	F	1302	POLSO m	I	2986
PLUS	F	1365	POLYPHONIE f	D	1554
PLUS COURT ET PLUS RAPIDE			POLYPHONIE f	F	1554
QUE ADAGIO	F	314	POLYPHONY	E	1554
PLUS COURT ET PLUS RAPIDE			POLYRHYTHM	E	1555
QUE LARGO	F	343	POLYRHYTHMIK f	D	1555
PLUS LENT OU PLUS RAPIDE			POLYRYTHMIE f	F	1555
QUE ANDANTE	F	324	POLYTONALITAET f	D	1556
PLUS VITE	F	395	POLYTONALITE f	F	1556
PLUS VITE	F	396	POLYTONALITY	E	1556
PLUTOT	F	1366	POMERIGGIO m	I	2678
POBRE	S	2684	POMPA (CON)	I	1023
POCKET-SCORE	E	2649	POMPEUX	F	1024
POCO	I	1367	POMPOSO	I	1024
POCO	S	1367	POMPOSO	S	1024
POCO A POCO	I	1368	POMPOSO	S	1115
POCO A POCO	S	1368	POMPOUS	E	1024
POCO A POCO MAS	S	1370	PONDERE	F	1025
POCO A POCO MENO	I	1369	PONDERED	E	1025
POCO A POCO MENOS	S	1369	PONDEROSO	I	1025
POCO A POCO PIU	I	1370	PONDEROSO	S	1025
POCO MAS	S	1372	PONER	S	1947
POCO MENO	I	1371	PONER LA VOZ	S	250
POCO MENOS	S	1371	PONTE m	I	1557
POCO PIU	I	1372	PONTET m	F	162
PODER	S	1948	PONTICELLO m	I	40
PODEROSO	S	1029	POOR	E	2684
PODIO m	I	2677	POPOLARE	I	2679
PODIUM m	F	2677	POPULAIRE	F	2679
PODIUM n	D	2677	POPULAR	S	2679
POEMA SINFONICO m	I	1694	POPULAR / FOLK	E	2679
POEMA SINFONICO m	S	1694	POR EL MOMENTO	S	2665
POEME SYMPHONIQUE m	F	1694	POR FALTA DE	S	1327
POETIC	E	1022	POR FAVOR	S	2668
POETICO	I	1022	POR FAVOR	S	2688
POETICO	S	1022	POR LO MENOS	S	2152
POETIQUE	F	1022	POR QUE?	S	2659
POGGIATO	I	475	POR TODA LA DURACION	S	1364
POI	I	1373	POR TODAS PARTES	S	1298
POI SEGUE	I	1374	POR / PARA	S	2657
POIGNET m	F	2986	PORQUE	S	2660
POINT	E	2712	PORTA f	I	2680
POINT	E	2714	PORTAMENTO	I	252
POINT m	F	1562	PORTAMENTO (CON)	I	1026
POINT m	F	2714	PORTANDO	I	476
POINT D'ORGUE m	F	1482	PORTARE	I	1946
POINTE / DETACHE	F	478	PORTATO	I	477
POINTE f	F	41	PORTE	F	477
POINTE f	F	2712	PORTE f	F	2680
POITRINE f	F	2980	PORTEE f	F	1550
POLACCA f	I	1695	PORTER	F	1946
POLCA f	I	1696	PORTER LA VOIX	F	252
POLCA f	S	1696	POSARE	I	1947
POLIFONIA f	I	1554	POSATAMENTE	I	1027
POLIFONIA f	S	1554	POSATO	I	1028
POLIRITMIA f	S	1555	POSAUNE f	D	100
POLIRITMICA f	I	1555	POSE	F	1028
POLITONALIDAD f	S	1556	POSE DE LA VOIX	F	250
POLITONALITA f	I	1556	POSEMENT	F	1027

POSER	F	1947	PRECIPITATED	E	353
POSIBLE	S	1375	PRECIPITATING	E	397
POSIBLEMENTE	S	1376	PRECIPITATO	I	353
POSICION *f*	S	2681	PRECIPITE	F	353
POSICION FUNDAMENTAL *f*	S	1558	PRECIPITE	F	354
POSITION	E	2681	PRECIPITER	F	1949
POSITION *f*	F	2681	PRECIPITOSO	I	354
POSITION FONDAMENTALE *f*	F	1558	PRECIPITOSO	S	354
POSITION NATURELLE	F	122	PRECIS	F	1031
POSIZIONE *f*	I	2681	PRECISE	E	1031
POSIZIONE FONDAMENTALE *f*	I	1558	PRECISIONE (CON)	I	1030
POSIZIONE NORMALE	I	122	PRECISO	I	1031
POSSENHAFT	D	779	PRECISO	S	1031
POSSENTE	I	1029	PREFACE	E	2686
POSSIBILE	I	1375	PREFACE *f*	F	2686
POSSIBILMENTE	I	1376	PREFACIO *m*	S	2686
POSSIBLE	E	1375	PREFAZIONE *f*	I	2686
POSSIBLE	F	1375	PREGANDO	I	1032
POSSIBLE	F	1376	PREGARE	I	1950
POSTER / BILL	E	2222	PREGHIERA *f*	I	2687
POSTHUME	F	2683	PREGO	I	2688
POSTHUMOUS	E	2683	PREGUNTAR	S	1786
POSTO *m*	I	2682	PREGUNTAR	S	1832
POSTPONED	E	2764	PRELUDE	E	1697
POSTUMO	I	2683	PRELUDE *m*	F	1697
POSTUMO	S	2683	PRELUDER	F	1951
POTENCIOMETRO *m*	S	298	PRELUDIAR	S	1951
POTENTIOMETER	E	298	PRELUDIARE	I	1951
POTENTIOMETER *n*	D	298	PRELUDIO *m*	I	1697
POTENTIOMETRE *m*	F	298	PRELUDIO *m*	S	1697
POTENZIOMETRO *m*	I	298	PREMIERE *f*	F	2691
POTERE	I	1948	PREMIERE FOIS	F	2694
POUCE *m*	F	2982	PRENDERE	I	1952
POULS *m*	F	2985	PRENDRE	F	1952
POUMONS *m pl*	F	2983	PRENSA *f*	S	2850
POUR	F	2657	PREPARACION *f*	S	1559
POUR FINIR	F	1363	PREPARAR	S	1953
POUR LE CHANT	F	239	PREPARARE	I	1953
POUR L'INSTANT	F	2665	PREPARATION	E	1559
POURQUOI?	F	2659	PREPARATION *f*	F	1559
POUSSE	F	52	PREPARAZIONE *f*	I	1559
POUSSER	F	2051	PREPARER	S	1953
POUVOIR	F	1948	PRES	F	2690
POVERO	I	2684	PRES	F	2928
POWERFUL	E	1029	PRES DU CHEVALET *m*	F	71
PRACTICAL	E	2685	PRESBITE	I	2689
PRACTICO	S	2685	PRESBITE	S	2689
PRAECHTIG	D	781	PRESBYTE	F	2689
PRAECHTIG	D	1135	PRESENTAR	S	1954
PRAECHTIG	D	2515	PRESENTARE	I	1954
PRAELUDIEREN	D	1951	PRESENTER	F	1954
PRAELUDIUM *n* / VORSPIEL *n*	D	1697	PRESQUE	F	1382
PRAHLERISCH	D	1118	PRESS	E	2850
PRAKTISCH	D	2685	PRESSANDO	I	398
PRALLTRILLER *m* / PRALLER *m*	D	1534	PRESSANT	F	399
PRATICO	I	2685	PRESSANTE	I	399
PRATIQUE	F	2685	PRESSE	F	319
PRAYER	E	2687	PRESSE	F	341
PRAYING	E	1032	PRESSE *f*	D	2850
PRECEDENT	F	1377	PRESSE *f*	F	2850
PRECEDENTE	I	1377	PRESSEND	D	494
PRECEDENTE	S	1377	PRESSING	E	342
PRECEDING	E	1377	PRESSING	E	393
PRECIPITADO	S	353	PRESSING	E	399
PRECIPITAMMENT	F	332	PRESSING	E	405
PRECIPITANDO	I	397	PRESSO	I	2690
PRECIPITANDO	S	397	PRESTAMENTE	I	355
PRECIPITAR	S	1949	PRESTAR	S	1955
PRECIPITARE	I	1949	PRESTARE	I	1955
PRECIPITATE	E	354	PRESTISSIMO	I	356

PRESTO	I	357
PRESTO	S	357
PRETER	F	1955
PRETTY	E	924
PREVENTION	E	2424
PRIER	F	1950
PRIERE *f*	F	2687
PRIMA	I	1378
PRIMA *f*	I	2691
PRIMA *f* / TIPLE *m*	S	25
PRIMA CHE	I	1379
PRIMA DI	I	1380
PRIMA FRASE *f*	I	1560
PRIMA VISTA	I	2693
PRIMA VOLTA	I	2694
PRIMAVERA *f*	I	2692
PRIMAVERA *f*	S	2692
PRIMERA VEZ	S	2694
PRIMITIF	F	2695
PRIMITIVE	E	2695
PRIMITIVO	I	2695
PRIMITIVO	S	2695
PRINCIPAL	F	2696
PRINCIPAL	S	2696
PRINCIPAL / MAIN	E	2696
PRINCIPALE	I	2696
PRICIPIO *m*	S	2458
PRINCIPIO *m*	I	2697
PRINCIPIO *m*	S	2697
PRINTEMPS *m*	F	2692
PROBABILE	I	2698
PROBABLE	E	2698
PROBABLE	F	2698
PROBABLE	S	2698
PROBAR	S	1960
PROBE *f* / BEWEIS *m*	D	2706
PROBIEREN	D	1960
PROCHAINE FOIS *f*	F	2705
PROFAN / WELTLICH	D	2699
PROFANE	E	2699
PROFANE	F	2699
PROFANO	I	2699
PROFANO	S	2699
PROFESOR *m* / - A *f*	S	2700
PROFESSEUR *m* / INSTITUTEUR *m* / INSTITUTRICE *f*	F	2700
PROFESSORE *m* / - SSA *f*	I	2700
PROFOND	F	1033
PROFOND / PASSIONE	F	1167
PROFONDO	I	1033
PROFOUND	E	1033
PROFUNDO	S	1033
PROGRAMA *m*	S	2701
PROGRAMM *n*	D	2701
PROGRAMMA *m*	I	2701
PROGRAMME	E	2701
PROGRAMME *m*	F	2701
PROGRAMME MUS.	E	2558
PROGRAMM-MUSIK	D	2558
PROGRAMM-MUSIK	D	2572
PROGREDIRE	I	1956
PROGRES *m*	F	2702
PROGRESAR	S	1956
PROGRESION *f*	S	1561
PROGRESO *m*	S	2702
PROGRESS	E	2702
PROGRESSER	F	1956
PROGRESSION	E	1561
PROGRESSION *f*	F	1561
PROGRESSIONE *f*	I	1561
PROGRESSO *m*	I	2702
PROHIBIDO	S	2929
PROJECTEUR *m*	F	2761
PROLOG *m*	D	1698
PROLOGO *m*	I	1698
PROLOGO *m*	S	1698
PROLOGUE	E	1698
PROLOGUE *m*	F	1698
PROLONGACION *f*	S	2703
PROLONGANDO	S	423
PROLONGAR	S	1957
PROLONGATION *f*	F	2703
PROLONGER	F	1957
PROLONGING	E	423
PROLUNGANDO	I	423
PROLUNGARE	I	1957
PROLUNGATION	E	2703
PROLUNGAZIONE *f*	I	2703
PROMPT	E	359
PROMPT	E	368
PROMPT	F	359
PROMPT	F	370
PROMPTEMENT	F	358
PROMPTEMENT	F	408
PROMPTLY	E	408
PRONOCER	F	1958
PRONONCE	F	1034
PRONOUNCED	E	1034
PRONTAMENTE	I	358
PRONTAMENTE	S	358
PRONTAMENTE	S	355
PRONTAMENTE	S	376
PRONTO	S	326
PRONTO	S	368
PRONTO	S	377
PRONTO	I	359
PRONTO	S	359
PRONUNCIADO	S	1034
PRONUNCIAR	S	1958
PRONUNCIARE	I	1958
PRONUNCIATO / PRONUNZIATO	I	1034
PROPONER	S	1959
PROPORCION *m*	S	2704
PROPORRE	I	1959
PROPORTION	E	2704
PROPORTION *f*	F	2704
PROPORZIONE *f*	I	2704
PROPOSER	F	1959
PROPOSICION *f*	S	1560
PROPOSITION *f*	F	1560
PROPRE	F	2711
PROSCENIO *m*	S	2755
PROSIT	D	2781
PROSSIMA VOLTA *f*	I	2705
PROUD	E	985
PROVA *f*	I	2706
PROVA GENERALE *f*	I	2707
PROVARE	I	1960
PROVISIONAL	S	2708
PROVISIONAL / TEMPORARY	E	2708
PROVISOIRE	F	2708
PROVISORISCH	D	2708
PROVOCADOR	S	1035
PROVOCANT	F	1035
PROVOCANTE	I	1035
PROVOCAR	S	1961
PROVOCARE	I	1961
PROVOCATIVE	E	1035
PROVOQUER	F	1961
PROVVISORIO	I	2708
PROXIMA VEZ *f*	S	2705

PRUDENCE	E	2709	PURITANO	S	1039
PRUDENCE f	F	2709	PURO	S	666
PRUDENCIA f	S	2709	PURO	I	1040
PRUDENT	E	1036	PURO	S	1040
PRUDENT	F	1036	PURTROPPO	I	2715
PRUDENTE	I	1036	PUSHING	E	398
PRUDENTE	S	1036	PUSHING	E	409
PRUDENZA (CON)	I	1037	PUTZEN	D	1962
PRUDENZA f	I	2709			
PRUNKVOLL	D	1115			
PSALM	E	1704	**Q**		
PSALM m	D	1704			
PSALMODIC	E	1081	QUA / QUI	I	2716
PSALMODIE f	D	1577	QUADERNO m	I	2717
PSALMODIE f	F	1577	QUADRO m	I	2718
PSALMODIEREND	D	1081	QUADRO DI DISTRIBUZIONE m	I	299
PSALMODY	E	1577	QUADRUPLET	E	1563
PSALTERION m	F	15	QUALCHE	I	2719
PSALTERIUM n	D	15	QUALCOSA	I	2720
PSALTERY	E	15	QUALCUNO	I	2721
PSAUME m	F	1704	QUALE	I	2722
PUA f	S	186	QUALITA f	I	2723
PUBBLICO m	I	2710	QUALITAET f	D	2723
PUBLIC m	F	2710	QUALITE f	F	2723
PUBLIC / AUDIENCE	E	2710	QUALITY	E	2723
PUBLICO m	S	2710	QUALSIASI	I	2724
PUBLIKUM n / OEFFENTLICH	D	2710	QUALVOLL	D	1189
PUENTE m	S	40	QUAND / LORSQUE	F	2725
PUENTE m	S	1557	QUANDO	I	2725
PUERTA f	S	2680	QUANTITA f	I	2726
PUESTA EN ESCENA f	S	2539	QUANTITAET f	D	2726
PUESTO m / LUGAR m	S	1334	QUANTITE f	F	2726
PUESTO m / SITIO m	S	2682	QUANTITY	E	2726
PUIS SUIT	F	1374	QUANTO	I	1381
PUISSANT	F	1029	QUANTO?	I	2727
PULGAR m	S	2982	QUARTET	E	2728
PULIRE	I	1962	QUARTETT n	D	272
PULITO	I	2711	QUARTETTO m	I	2728
PULMONES m pl	S	2983	QUARTETTO D'ARCHI m	I	2729
PULS	E	2985	QUARTINA f	I	1563
PULS m	D	2985	QUARTOLE f	D	1563
PULSO m	S	2985	QUARTOLET m	F	1563
PUNKT m	D	1562	QUASI	I	1382
PUNKT m	D	2714	QUATRE MAINS (A)	F	2730
PUNKTIERT / GESTOSSEN	D	478	QUATTRO MANI (A)	I	2730
PUNTA f	I	41	QUATUOR m	F	2728
PUNTA f	S	41	QUATUOR A CORDES m	F	2729
PUNTA f	I	2712	QUE	F	1280
PUNTA f	S	2712	QUE	S	1280
PUNTADO	S	478	QUE / CUAL	S	2722
PUNTAL m	S	42	QUEDAR	S	1985
PUNTALE m	I	42	QUEL / LEQUEL	F	2722
PUNTATO	I	478	QUELLO / QUELLA	I	2731
PUNTEADO	S	63	QUELQUE PEU	F	1262
PUNTEATO	S	62	QUELQUE CHOSE	F	2720
PUNTILLO m	S	1562	QUELQUES	F	2719
PUNTINA f	I	2713	QUELQU'UN	F	2721
PUNTO m	I	1562	QUERER	S	2101
PUNTO m	I	2714	QUERFLOETE f	D	90
PUNTO m	S	2714	QUERPFEIFE f	D	95
PUPIL	E	2150	QUERSTAND m	D	1502
PUR	F	666	QUESTA VOLTA	I	2732
PUR	F	1040	QUESTO / QUESTA	I	2733
PURE	E	1040	QUE?	S	2270
PUREZZA (CON) / PURITA (CON)	I	1038	QUE? / QUOI?	F	2270
PURFLING	E	36	QUICK	E	370
PURITAIN	F	1039	QUICK	E	379
PURITAN	E	1039	QUICK	E	1166
PURITANISCH	D	1039	QUICKER	E	396
PURITANO	I	1039	QUICKER AND SHORTER THAN ADAGIO	E	314

QUICKLY	E	358	RALLEGRATO		I	1050
QUICKLY	E	380	RALLENTANDO		I	425
QUIET	E	1041	RALLENTARE		I	1968
QUIET	E	1193	RALLENTATO		I	426
QUIETO	I	1041	RAMPE f		F	2755
QUIETO	S	1041	RAMPENLICHT n		D	2755
QUIETSCHEND / GRELL	D	1158	RAND m		D	159
QUIJADA f	S	2968	RANGE / EXTENSION		E	2339
QUINTENZIRKEL m	D	1471	RAPID		E	361
QUINTET	E	2734	RAPIDAMENTE		I	360
QUINTETO m	S	2734	RAPIDAMENTE		S	360
QUINTETT n	D	2734	RAPIDE		F	327
QUINTETTE m	F	2734	RAPIDE		F	361
QUINTETTO m	I	2734	RAPIDE		F	379
QUINTILLA f	S	1564	RAPIDEMENT		F	326
QUINTINA f	I	1564	RAPIDEMENT		F	355
QUINTOLE f	D	1564	RAPIDEMENT		F	360
QUINTOLET m	F	1564	RAPIDEMENT		F	380
QUINTUPLET	E	1564	RAPIDLY		E	360
QUITANDO	S	528	RAPIDO		I	361
QUIVERING	E	816	RAPIDO		S	361
QUIZAS	S	2371	RAPPEL m		F	2757
QUOTIDIANO	I	2735	RAPPELER		F	1977
QUOTIDIEN	F	2735	RAPPRESENTAZIONE f / RECITA f		I	2741
			RAPSODIA f		I	1699
R			RAPSODIA f		S	1699
RABBIA (CON)	I	1042	RAPSODIE f		F	1699
RABBIOSO	I	1043	RASCAR		S	1866
RABILLO m	S	1473	RASCH		D	326
RABIOSO	S	619	RASCH		D	327
RABIOSO	S	1043	RASCH		D	358
RACCAPRICCIO (CON)	I	1044	RASCH		D	359
RACCOGLIMENTO (CON)	I	1045	RASCH		D	370
RACCOLTA f	I	2736	RASCH		D	379
RACCONTANDO	I	1046	RASCH		D	380
RACCONTARE	I	1963	RASCH		D	925
RACCORCIARE	I	1964	RASCHELND		D	822
RACCOURCIR	F	1964	RASCHIARE		I	1969
RACHENHOEHLE f	D	2956	RASEND		D	818
RACLER	F	1969	RASEND		D	830
RACONTER	F	1963	RASEND		D	832
RADDOLCENDO	I	521	RASEND		D	833
RADDOLCENDO	I	1047	RASEND		D	891
RADDOPPIARE	I	1965	RASPAR		S	1969
RADIANT	E	1048	RASSEGNATO		I	1051
RADIANTE	S	1048	RASSEGNAZIONE (CON)		I	1052
RADIEUX	F	1048	RASSOMIGLIARE		I	1970
RADIODIFFUSION f	F	2738	RASTLOS		D	1127
RADIODIFFUSIONE f	I	2738	RATEN		D	1882
RADIODIFUSION f	S	2738	RATHER		E	1366
RADIOSO / RAGGIANTE	I	1048	RATSCHE f / KNARRE f		D	137
RAFFINATEZZA (CON)	I	1049	RATTENENDO		I	427
RAFFORZANDO / RINFORZANDO	I	496	RATTLE		E	137
RAFFRENANDO	I	424	RAUCHEN		D	1861
RAGANELLA f	I	137	RAUCO		I	2742
RAGAZZA f	I	2737	RAUH		D	1078
RAGAZZO m	I	2739	RAUH		D	2772
RAGGRUPPARE	I	1966	RAUQUE		F	2742
RAGIONE f	I	2740	RAUQUE		F	2772
RAHMEN m	D	212	RAUSCHEN n / LAERM m		D	306
RAHMENTROMMEL f	D	139	RAVING		E	704
RAIDE / RIGIDE	F	1061	RAVIVE		F	401
RAILLEUR	F	633	RAVVIVANDO		I	400
RAIN	E	2674	RAVVIVATO		I	401
RAISED / AUGMENTED	E	1456	RAYO m		S	2378
RAISING	E	491	RAZON f		S	2740
RAISON f	F	2740	REACCION f		S	300
RALENTI	F	426	REACTION f		F	300
RALENTIR	F	1968	REALIDAD f		S	2743
RALLEGRARSI	I	1967	REALISATION f		F	1565

REALITAET f	D	2743
REALITE f	F	2743
REALITY	E	2743
REALIZACION f	S	1565
REALIZATION	E	1565
REALIZZAZIONE f	I	1565
REALLY	E	2916
REALTA f	I	2743
REANIMANDO	S	402
REANIMATING	E	402
REANUDAR	S	1996
REAPARICION f / RETORNO m	S	1572
REASON	E	2740
REAZIONE f	I	300
REBONDIR	F	1986
REBOTANDO	S	64
REBOTAR	S	1986
RECALL	E	2757
RECAPITULAR	S	1982
RECAPITULER	F	1982
RECEVOIR	F	1976
RECHERCHE	F	1057
RECHT n / VERNUNFT f	D	2740
RECHTECK n	D	302
RECHTS	D	2282
RECIBIR	S	1976
RECIPIENTE m / CALDERO m	S	156
RECITADO	S	1700
RECITANDO	I	1053
RECITANDO	S	1053
RECITANT m	F	2600
RECITAR	S	1971
RECITARE	I	1971
RECITATIF	F	1700
RECITATIVE	E	1700
RECITATIVO m	I	1700
RECITER	F	1971
RECITING	E	1053
RECOBRANDO	S	363
RECOGIDAMENTE	S	1045
RECOMMENCER	F	1978
RECONNAISSANT	F	2409
RECORD	E	2302
RECORD PLAYER / PHONOGRAPH	E	2401
RECORDER	E	89
RECORDING	E	301
RECORDING	E	2746
RECTANGLE	E	302
RECTANGLE m	F	302
RECTANGULO	S	302
RECTO	S	1384
RECUEIL m	F	2736
RECUERDO m	S	2758
RED	E	2774
REDOBLANTE m	S	128
REDOBLAR	S	1965
REDOBLE m	S	167
REDONDO	S	1076
REDONDO	S	2888
REDOUBLER	F	1965
REDUCCION f	S	2760
REDUCIR	S	1981
REDUCTION	E	2760
REDUCTION f	F	2760
REDUIRE	F	1981
REDUKTION f / VEREINFACHUNG f	D	2760
REED PIPE	E	189
REED TONGUE	E	103
REFLECHIR	F	1983
REFLECTOR m	S	2761
REFLEXIONAR	S	1983
REFORZADO	S	497
REFORZANDO	S	496
REFORZAR	S	1990
REFRAIN	E	2769
REFRAIN m	F	2769
REFRAIN m / WIEDERKEHR f	D	2769
REFRENAR	S	1860
REFUNFUNANDO	S	641
REFUNFUNAR	S	1769
REGARD m	F	2812
REGARDER	F	1869
REGEL f	D	2748
REGELMAESSIG	D	2749
REGELN	D	1973
REGEN m	D	2674
REGIA f	I	2744
REGIE f	D	2744
REGIE f	F	2744
REGISTER	E	253
REGISTER	E	2747
REGISTER n	D	202
REGISTERZUEGE / ZUEGE m pl	D	187
REGISTRACION f	S	220
REGISTRAR	S	1972
REGISTRARE	I	1972
REGISTRATION	E	220
REGISTRATION f	F	220
REGISTRATORE m	I	2745
REGISTRAZIONE f	I	220
REGISTRAZIONE f	I	301
REGISTRAZIONE f	I	2746
REGISTRE m	F	202
REGISTRE m	F	253
REGISTRE m	F	2747
REGISTRIERUNG f	D	220
REGISTRO m	I	202
REGISTRO m	S	202
REGISTRO m	I	253
REGISTRO m	S	253
REGISTRO m	S	301
REGISTRO m	I	2747
REGISTRO m	S	2747
REGLA f	S	2748
REGLAR	S	1973
REGLE f	F	2748
REGLER	F	1973
REGOCIJADO	S	1050
REGOLA f	I	2748
REGOLARE	I	1973
REGOLARE	I	2749
REGRESANDO	S	1385
REGRESAR	S	2004
REGRESAR	S	2078
REGRETTER	F	1989
REGULAR	E	2749
REGULAR	S	2749
REGULIER	F	2749
REHEARSAL / PROOF	E	2706
REICH	D	2756
REICHLICH	D	2133
REIGEN m	D	2402
REIHE f / TONREIHE f	D	1583
REIHENFOLGE f	D	2632
REIM m	D	2762
REIN	D	666
REIN	D	1040
REIN	D	1511
REIN SINGEN	D	240
REINFORCED	E	497
REINFORCING	E	496

137

REIR	S	1980	REPRESENTATION f	F	2741
REISEN	D	2094	REPRISE f / REEXPOSITION f	F	1572
REISSEN	D	2056	REPRISE f / WIEDERKEHR f	D	1572
REIZEN	D	1899	REPRISE f / REPLIQUE f	F	2751
REJOICING	E	791	REPRODUCCION f	S	303
REJOUER	F	2000	REPRODUCTION	E	303
REJOUI	F	1050	REPRODUCTION f	F	303
RELACION f	S	1567	REQUISITEN n pl	D	2137
RELAJANDO	S	429	RESALTADO	S	479
RELAJARSE	S	1828	RESALTAR	S	1997
RELATIF	F	1566	RESBALANDO	S	462
RELATION f	F	1567	RESBALAR	S	2019
RELATIONSHIP	E	1567	RESBALAR	S	2023
RELATIVE	E	1566	RESIGNADO	S	1051
RELATIVO	I	1566	RESIGNE	F	1051
RELATIVO	S	1566	RESIGNED	E	1051
RELAXER	F	1984	RESIGNIERT	D	1051
RELAZIONE f	I	1567	RESINA f / COLOFONIA f	S	30
RELEASING	E	428	RESOLU	F	1072
RELEASING	E	429	RESOLUCION f	S	1573
RELIGIEUX	F	1054	RESOLUTE	E	1072
RELIGIOES	D	1054	RESOLUTION	E	1573
RELIGIOSO	I	1054	RESOLUTION f	F	1573
RELIGIOSO	S	1054	RESOLVER	S	1998
RELIGIOUS	E	1054	RESONANCE	E	304
RELIGIOUS - / SACRED MUS.	E	2592	RESONANCE f	F	304
REMERCIER	F	1991	RESONANCIA f	S	304
REMOTE CONTROL	E	307	RESONANT	E	1073
REMOVE THE MUTES	E	1331	RESONANT BODY	E	27
REMUER / MOUVOIR	F	1925	RESONANTE	S	1067
RENACIMIENTO m	S	2763	RESONANTE	S	1073
RENAISSANCE	E	2763	RESONANZ f / NACHKLANG m	D	304
RENAISSANCE f	F	2763	RESONANZKOERPER m /		
RENCONTRE f	F	2441	RESONANZBODEN m	D	27
RENDERE	I	1974	RESONNANT	F	1067
RENDRE	F	1974	RESONNANT	F	1073
RENFORCE	F	497	RESOUDRE	F	1998
RENFORCER	F	1990	RESPIRAR	S	1975
RENNAISSANCE f	D	2763	RESPIRARE	I	1975
RENOUVELER	F	1992	RESPIRATION f	F	254
RENOVAR	S	1992	RESPIRER	F	1975
RENVERSER	F	2006	RESPIRO m	I	254
RENVOYE	F	2764	RESPLENDISSANT	F	824
RENVOYER	F	1993	RESPUESTA f	S	1574
REPEAT PERFORMANCE	E	2751	RESSEMBLER	F	1970
REPEAT SIGN	E	1579	RESSENTI	F	1070
REPENTE	I	1383	RESSORTIR	F	1997
REPERTOIRE m	F	2750	REST	E	1548
REPERTOIRE n / SPIELPLAN m	D	2750	REST	E	1586
REPERTORIO m	I	2750	REST	E	2765
REPERTORIO m	S	2750	RESTER	F	1985
REPERTORY	E	2750	RESTLESS	E	896
REPETER	F	1994	RESTLESS	E	911
REPETICION f	S	1571	RESTLESS	E	1127
REPETICION f	S	2751	RESUELTO	S	1072
REPETIR	S	1994	RESULT	E	2767
REPETITION f / REPRISE f	F	1571	RESULTADO m	S	2767
REPETITION f / PREUVE f	F	2706	RESULTAT m	F	2767
REPETITION / REPEAT	E	1571	RETAINING	E	427
REPETITION GENERALE f	F	2707	RETAKING	E	363
REPLACING	E	362	RETARD m	F	1575
REPLICA f	I	2751	RETARDADO	S	431
REPONDRE	F	1999	RETARDANDO	S	430
REPONIENDO	S	362	RETARDANDO	S	442
REPONSE f	F	1574	RETARDAR	S	2001
REPOS m	F	2765	RETARDE	F	431
REPRENDRE	F	1996	RETARDED	E	431
REPRESENTACION f / FUNCION f	S	2741	RETARDER	F	2001

RETARDING	E	417	RICH	E	2756
RETARDING	E	424	RICHE	F	2756
RETARDING	E	430	RICHIAMARE	I	1977
RETARDING	E	442	RICHIAMO m	I	2757
RETARDO m	S	1575	RICHTIG	D	2404
RETENER	S	2002	RICHTIG / GERADE	D	1384
RETENIDO	S	433	RICHTUNG f	D	2296
RETENIENDO	S	427	RICO	S	2756
RETENIENDO	S	432	RICOMINCIARE	I	1978
RETENIR	F	2002	RICORDARSI	I	1979
RETENTIR	F	1987	RICORDO m	I	2758
RETENTISSANT	F	811	RIDEAU m	F	2826
RETENTISSANT	F	1065	RIDENTE	I	1058
RETENTISSANT	F	1147	RIDERE	I	1980
RETENTISSANT	F	1156	RIDICOLO	I	2759
RETENU	F	433	RIDICOLOSAMENTE	I	1059
RETIRAR LA SORDINA	S	1414	RIDICULE	F	1059
RETRO	I	2752	RIDICULE	F	2759
RETROGRADE	E	1568	RIDICULO	S	1059
RETROGRADE	F	1568	RIDICULO	S	2759
RETROGRADO	I	1568	RIDICULOUS	E	1059
RETROGRADO	S	1568	RIDICULOUS	E	2759
RETROSCENA m	I	2753	RIDURRE	I	1981
RETTANGOLO m	I	302	RIDUZIONE f	I	2760
RETTO	I	1384	RIEN	F	2608
RETUMBANTE	S	1147	RIEPILOGARE	I	1982
RETUMBAR	S	1987	RIESIG	D	849
RETURN / RESTATEMENT /			RIFLETTERE	I	1983
RECAPITULATION	E	1572	RIFLETTORE m	I	2761
RETURNING	E	1385	RIGHETTA f	I	1569
RETURNING TO THE FIRST SPEED	E	375	RIGHT	E	2282
REVENIR	F	2004	RIGHT	E	2404
REVENIR	F	2078	RIGHT / CORRECT	E	1384
REVER	F	2038	RIGHT SPEED	E	373
REVERENCE f	F	2439	RIGID	E	1061
REVERENCIA f	S	2439	RIGIDEZZA (CON)	I	1060
REVEUR	F	1195	RIGIDO	I	1061
REVEUR	F	1130	RIGIDO	S	1061
REVISION	E	2754	RIGO m	I	1570
REVISION f	D	2754	RIGOGLIOSO	I	1062
REVISION f	F	2754	RIGORE (CON)	I	1063
REVISION f	S	2754	RIGOROSO	I	1064
REVISIONE f	I	2754	RIGOROUS	E	1064
REVISTA f	S	2771	RIGOUREUX	F	1064
REVIVED	E	401	RIGUROSO	S	1064
REVIVING	E	400	RILASCIANDO	I	428
REVOLOTEANDO	S	1241	RILASSANDO	I	429
REVUE f	F	2771	RILASSARE	I	1984
REVUE f / ZEITSCHRIFT f	D	2771	RIM / EDGE	E	159
REWAKENING	E	498	RIMA f	I	2762
REZANDO	S	1032	RIMA f	S	2762
REZITATIV n	D	1700	RIMANERE	I	1985
REZITIEREND	D	1053	RIMBALZANDO	I	64
RHAPSODIE f	D	1699	RIMBALZARE	I	1986
RHAPSODY	E	1699	RIMBOMBANTE	I	1065
RHYME	E	2762	RIMBOMBANTE	S	1065
RHYTHM	E	2768	RIMBOMBARE	I	1987
RHYTHMICAL	E	480	RIMETTENDO	I	362
RHYTHMISCH	D	480	RIMPIANGERE	I	1988
RHYTHMISIEREN	D	2003	RIMPIANTO (CON)	I	1066
RHYTHMUS m	D	2768	RINASCIMENTO m	I	2763
RIANIMANDO	I	402	RINCRESCERE	I	1989
RIANT	F	1058	RINFORZARE	I	1990
RIBALTA f	I	2755	RINFORZATO	I	497
RIBREZZO (CON)	I	1055	RING	E	2847
RICCIO m / CHIOCCIOLA f	I	43	RINGRAZIARE	I	1991
RICCO	I	2756	RINNOVARE	I	1992
RICERCATEZZA (CON)	I	1056	RINTRONANTE	I	1067
RICERCATO	I	1057	RINVIARE	I	1993
RICEVERE	I	1976	RINVIATO	I	2764

RIOSO	I	1068	ROLLING WAVERING	E	982
RIPETERE	I	1994	ROMANCE	E	1701
RIPETIZIONE / RIPRESA ƒ	I	1571	ROMANCE ƒ	F	1701
RIPOSARSI	I	1995	ROMANCE SANS PAROLES	F	1702
RIPOSO m	I	2765	ROMAN m	D	2773
RIPRENDENDO	I	363	ROMAN m	F	2773
RIPRENDERE	I	1996	ROMANTIC	E	1075
RIPRESA ƒ / RIESPOSIZIONE ƒ	I	1572	ROMANTICO	I	1075
RIPRODUZIONE ƒ	I	303	ROMANTICO	S	1075
RIRE	F	1980	ROMANTIQUE	F	1075
RISALTARE	I	1997	ROMANTISCH	D	1075
RISALTATO	I	479	ROMANZA ƒ	I	1701
RISCALDAMENTO m	I	2766	ROMANZA ƒ	S	1701
RISCALDANDO	I	403	ROMANZA SENZA PAROLE ƒ	I	1702
RISENTIMENTO (CON)	I	1069	ROMANZAS SIN PALABRAS	S	1702
RISENTITO	I	1070	ROMANZE ƒ	D	1701
RISOLUTEZZA (CON) /			ROMANZO m	I	2773
RISOLUZIONE (CON)	I	1071	ROMPER	S	2048
RISOLUTO	I	1072	ROMPER	S	2005
RISOLUZIONE ƒ	I	1573	ROMPERE	I	2005
RISOLVERE	I	1998	RONCO	S	2364
RISONANTE	I	1073	RONCO	S	2742
RISONANZA ƒ	I	304	RONCO	S	2772
RISPONDERE	I	1999	ROND	F	1076
RISPOSTA ƒ	I	1574	ROND	F	2888
RISTRINGENDO	I	404	RONDA ƒ	S	2402
RISUENO	S	1058	RONDE ƒ	F	2402
RISUENO	S	1068	RONDO	E	1703
RISULTATO m	I	2767	RONDO m	I	1703
RISUONARE	I	2000	RONDO m	S	1703
RISVEGLIANDO	I	498	RONDO n	D	1703
RITARDANDO	I	430	RONDO / RONDEAU m	F	1703
RITARDARE	I	2001	ROOM	E	2211
RITARDATO	I	431	ROOT POSITION	E	1558
RITARDO m	I	1575	ROSIN / RESIN	E	30
RITENENDO	I	432	ROSSIGNOL m	F	2909
RITENERE	I	2002	ROSSO	I	2774
RITENUTO	I	433	ROSTRUM / STAND	E	2677
RITMARE	I	2003	ROT	D	2774
RITMICO	I	480	ROTA ƒ	S	10
RITMICO	S	480	ROTARY VALVE	E	110
RITMO m	I	2768	ROTO	S	2775
RITMO m	S	2768	ROTONDO	I	1076
RITORNANDO	I	1385	ROTTO	I	2775
RITORNARE	I	2004	ROUGE	F	2774
RITORNELLO m	I	2769	ROUGH	E	622
RITTERLICH	D	668	ROUGH	E	1080
RITUAL	E	2770	ROULADE ƒ	F	246
RITUAL	S	2770	ROULEMENT m	F	167
RITUALE	I	2770	ROUND	E	1076
RITUEL	F	2770	ROUND	E	2888
RITUELL	D	2770	ROUND DANCE	E	2402
RIVELATORE m	I	305	ROVENTE	I	1077
RIVISTA ƒ	I	2771	ROVESCIARE	I	2006
RIVOLTO m / ROVESCIO m	I	1576	RUBARE	I	2007
ROARING	E	811	RUBATO	I	364
ROBADO	S	364	RUDE	I	1078
ROBAR	S	2007	RUDE	E	1078
ROBUSTO	I	1074	RUDE	F	1078
ROBUSTO	S	1074	RUDO	S	1078
ROCKING	E	688	RUDO / TOSCO	S	1080
ROCO	I	2772	RUE ƒ / VOIE ƒ	F	2857
RODILLA ƒ	S	2959	RUECKEN m	D	2988
ROEHRENGLOCKEN ƒ pl	D	125	RUECKFEDERND	D	64
ROGAR / PEDIR	S	1950	RUECKKOPPELUNG ƒ	D	300
ROHRBLATT n / ZUNGE ƒ	D	103	RUECKSEITE ƒ	D	2881
ROJO	S	2774	RUECKWAERTS	D	2752
ROLE m / PARTIE ƒ	F	2647	RUEHR - / ROLL - / WIRBEL - / TENORTROMMEL ƒ	D	128
ROLE / PART	E	2647	RUEHREN	D	1789
ROLLE ƒ / TEIL m	D	2647	RUEHREND	D	679

RUESTIG	D	835	SALMODIA *f*	I	1577
RUGUEUX / RUDE	F	1080	SALMODIA *f*	S	1577
RUHE *f*	D	2765	SALON DE CONCIERTOS *m*	S	2779
RUHIG	D	650	SALON MUS.	E	2569
RUHIG	D	991	SALONMUSIK	D	2569
RUHIG	D	992	SALTADO	S	55
RUHIG	D	1041	SALTADO	S	65
RUHIG	D	1193	SALTADO	S	66
RUIDO *m*	S	306	SALTANDO	S	1083
RUISENOR *m*	S	2909	SALTAR	S	2009
RULE	E	2748	SALTARE	I	2009
RULLO *m*	I	167	SALTATO	I	66
RUMORE *m*	I	306	SALTELLATO	I	65
RUMOROSO	I	2776	SALTERELLO *m*	I	203
RUMOROSO	S	2776	SALTERIO *m*	I	15
RUND	D	2888	SALTERIO *m*	S	15
RUND / VOLL	D	1076	SALTO *m*	I	2780
RUNDFUNK *m*	D	2738	SALTO *m*	S	2780
RUNDUM	D	2479	SALUD	S	2781
RUNNING	E	339	SALUDAR	S	2010
RURAL / RUSTICO	S	1079	SALUER	F	2010
RUSTIC	E	570	SALUTARE	I	2010
RUSTIC	E	1079	SALUTE / CIN CIN	I	2781
RUSTIC	E	1228	SALVAJE	S	1097
RUSTICANO / RUSTICO	I	1079	SAME	E	1403
RUSTIQUE	F	1079	SAME / THE SAME	E	1338
RUSTIQUE	F	1228	SAMEDI	F	2779
RUSTLING	E	822	SAMMELWERK *n*	D	2166
RUTSCHEN	D	2019	SAMMLUNG *f*	D	2238
RUVIDO	I	1080	SAMMLUNG *f*	D	2736
RYTHME *m*	F	2768	SAMSTAG	D	2777
RYTHMER	F	2003	SAMTARTIG	D	1220
RYTHMIQUE	F	480	SANFT / LIEBLICH	D	945
			SANFT WERDEND	D	503
			SANFTER WERDEND	D	521
			SANG *m*	F	2987
S			SANGLOTER	F	2032
			SANGRE *f*	S	2987
SABADO	S	2777	SANGSAITE *f*	D	25
SABATO	I	2777	SANGUE *m*	I	2987
SABER	S	2011	SANO	I	2782
SACAR	S	2077	SANO	S	2782
SAD	E	953	SANS	F	1390
SAD	E	1200	SANS INSTRUMENTS /		
SADDLE	E	44	STYLE DE CHAPELLE	F	1251
SADLY	E	951	SANS SE PRESSER	F	365
SAEGEZAHN *m*	D	274	SANS TRAINER	F	366
SAGEN	D	1824	SANS TRAINER	F	367
SAGGIO *m* / AUDIZIONE *m*	I	2778	SANTE	F	2781
SAIN	F	2782	SANTO *m*	I	2783
SAINT	E	2783	SANTO *m*	S	2783
SAINT *m*	F	2783	SAPERE	I	2011
SAISON *f*	F	2848	SARABAND	E	1705
SAISON THEATRALE *f*	F	2849	SARABANDA *f*	I	1705
SAITE *f*	D	31	SARABANDE *f*	D	1705
SAITE *f* / SEIL *n*	D	2263	SARABANDE *f*	F	1705
SAITENHALTER *m*	D	32	SARCASTIC	E	1082
SAITENSCHRAUBE *f*	D	162	SARCASTICO	I	1082
SALA DA CONCERTO *f*	I	2779	SARCASTICO	S	1082
SALE	F	2846	SARCASTIQUE	F	1082
SALIDA *f*	S	2644	SARKASTISCH	D	1082
SALIDA *f*	S	2908	SARRUSOFON *m* / SARRUSOFONO *m*	S	97
SALIR	S	1935	SARRUSOFONO *m*	I	97
SALIR	S	2090	SARRUSOPHON *n*	D	97
SALIRE	I	2008	SARRUSOPHONE	E	97
SALLE DE CONCERT *f*	F	2779	SARRUSOPHONE *m*	F	97
SALMEANDO	S	1081	SASSOFONO *m*	I	98
SALMEGGIANDO	I	1081	SATISFAIT	F	2828
SALMO *m*	I	1704	SATISFECHO	S	2828
SALMO *m*	S	1704	SATISFIED	E	2828

SATTEL m	D	44	SCHERZOSO	I	1086
SATURDAY	E	2777	SCHIARIRSI LA GOLA	I	2018
SAUBER / REIN	D	2711	SCHICKSAL n	D	2281
SAUT m	F	2780	SCHIENA f	I	2988
SAUTE	F	66	SCHIETTO	I	1087
SAUTER	F	2009	SCHIZZO m	I	2792
SAUTEREAU m	F	203	SCHLAFEN	D	1833
SAUTILLE	F	55	SCHLAFF	D	457
SAUTILLE	F	65	SCHLAFF / WEICH	D	962
SAUVAGE	F	1097	SCHLAG m	D	163
SAVOIR	F	2011	SCHLAG m	D	1282
SAW TOOTH	E	274	SCHLAG m / TAKT m	D	1463
SAXOFON m / SAXOFONO m	S	98	SCHLAGEN	D	1766
SAXOPHON n	D	98	SCHLAGFELL n	D	154
SAXOPHONE	E	98	SCHLAU	D	2382
SAXOPHONE m	F	98	SCHLAUERWEISE	D	829
SBADIGLIARE	I	2012	SCHLECHT	D	2226
SBAGLIARSI	I	2013	SCHLECHT	D	2519
SBAGLIO m / ERRORE m	I	2784	SCHLECHTER / SCHLIMMER	D	2655
SCACCIAPENSIERI m	I	180	SCHLEGEL m	D	145
SCALA f	I	1578	SCHLEPPEN	D	2057
SCALE	E	1578	SCHLEPPEN	D	2081
SCAMBIARE	I	2014	SCHLEPPEND	D	378
SCAMBIO m	I	2785	SCHLEPPEND	D	440
SCAPPAMENTO m	I	204	SCHLEPPEND	D	444
SCARCELY	E	1270	SCHLEPPEND	D	445
SCATOLA f	I	2786	SCHLEUNIG	D	368
SCATOLA MUSICALE f	I	2787	SCHLIESSEN	D	1787
SCATTANTE	I	1083	SCHLUCHZEN	D	2032
SCEGLIERE	I	2015	SCHLUCHZEND	D	255
SCELTA f	I	2788	SCHLUESSEL m	D	1472
SCEMANDO	I	522	SCHLUSS m	D	1312
SCENA f	I	2789	SCHLUSSSTUECK n /		
SCENARIO m	I	2790	SCHLUSSSATZ m	D	2361
SCENARIO m	F	2790	SCHLUSS-SATZ m	D	1475
SCENDERE	I	2016	SCHMACHTEND	D	919
SCENE f	F	2641	SCHMACHTEND	D	920
SCENE f	F	2789	SCHMAECHTIG	D	764
SCENE / STAGE	E	2789	SCHMAECHTIG / ZART	D	858
SCENERY	E	2790	SCHMAEHEND	D	905
SCHACHTEL f	D	2786	SCHMEICHELN	D	1909
SCHADE	D	2653	SCHMEICHELND	D	936
SCHALKHAFT	D	944	SCHMERZHAFT	D	732
SCHALL m	D	2847	SCHMERZHAFT	D	738
SCHALLBECHER m / STUERZE f	D	108	SCHMERZLICH	D	544
SCHALLDOSE f	D	272	SCHMERZVOLL	D	740
SCHALLEND	D	1073	SCHMETTERLING m	D	2350
SCHALLEND	D	1147	SCHMUTZIG	D	2846
SCHALLPLATTE f	D	2302	SCHNABEL m	D	106
SCHALMEI f	D	102	SCHNARRSAITE f /		
SCHALTTAFEL f	D	299	TROMMELSAITE f	D	155
			SCHNECKE f	D	43
SCHARF	D	1017	SCHNEIDEN	D	2071
SCHARF / HOCH	D	1253	SCHNELL	D	355
SCHAUEN	D	1869	SCHNELL	D	357
SCHEIDE f	D	117	SCHNELL	D	360
SCHEINWERFER m	D	2761	SCHNELL	D	361
SCHELLE f	D	138	SCHNELLEND	D	1083
SCHERNO (CON)	I	1084	SCHNELLER	D	395
SCHERZ m	D	2791	SCHNELLER	D	396
SCHERZANDO	I	1085	SCHNITT m	D	2870
SCHERZARE	I	2017	SCHOEN	D	2193
SCHERZEN	D	2017	SCHOENER GESANG	D	237
SCHERZEND	D	644	SCHOENHEIT f	D	2192
SCHERZEND	D	969	SCHON	D	2394
SCHERZEND	D	1085	SCHOOL	E	2798
SCHERZEND	D	1086	SCHOTTISCH m	D	1706
SCHERZHAFT	D	645	SCHRAUBE f	D	2932
SCHERZHAFT	D	807	SCHRECKLICH	D	1177
SCHERZO m	I	2791	SCHRECKLICH	D	1198
			SCHREIBEN	D	2021

SCHREIEN	D	1867
SCHREIEND	D	1208
SCHRILL	D	1157
SCHRITT *m*	D	2651
SCHRITTWEISE / STUFENWEISE	D	1476
SCHUECHTERN	D	1181
SCHUELER *m* / - IN *f*	D	2150
SCHULE *f*	D	2798
SCHULTER *f* / ACHSEL *f*	D	2990
SCHWACH	D	454
SCHWACH	D	693
SCHWACH / TRAEGE	D	794
SCHWAECHEN	D	1880
SCHWAECHER WERDEND	D	518
SCHWAERMERISCH	D	777
SCHWAMMSCHLEGEL *m*	D	148
SCHWANKEND	D	630
SCHWANKEND	D	1209
SCHWANKEND	D	1210
SCHWARZ	D	2604
SCHWEBUNG *f*	D	269
SCHWEIGE	D	1405
SCHWEIGE	D	1407
SCHWEIGEN	D	1406
SCHWEIGEN	D	2070
SCHWEIGEN *n*	D	2818
SCHWELLKASTEN *m*	D	191
SCHWER	D	862
SCHWERFAELLIG	D	1011
SCHWERMUETIG	D	943
SCHWIERIG	D	2290
SCHWIERIGKEIT *f*	D	2291
SCHWIMMEN	D	1927
SCHWINGUNG *f*	D	297
SCHWINGUNG *f*	D	2926
SCHWITZEN	D	2063
SCIE MUSICALE *f*	F	181
SCIOLTO	I	1088
SCIVOLARE	I	2019
SCONSOLATO	I	1089
SCOPPIANTE	I	1090
SCORAGGIARSI	I	2020
SCORDATO	I	2793
SCORE	E	2648
SCORE	E	2839
SCORRENDO	I	1091
SCORRETTO	I	2794
SCORREVOLE	I	1092
SCOTCH	E	1706
SCOZZESE *f*	I	1706
SCREW	E	2932
SCRITTURA *f*	I	2795
SCRIVERE	I	2021
SCROLL	E	43
SCRUPOLOSO	I	2796
SCRUPULEUX	F	2796
SCRUPULOUS	E	2796
SCUCITO	I	2797
SCUOLA *f*	I	2798
SCURO	I	2799
SCUSARSI	I	2022
SDEGNO (CON)	I	1093
SDEGNOSO	I	1094
SDRUCCIOLARE	I	2023
SE	I	1386
SE CONCENTRER	F	1792
SE DECOURAGER	F	2020
SE DETENDRE	F	1828
SE LAMENTER	F	1900
SE MARIER	F	2052
SE PERFECTIONNER	F	1939
SE PROMENER	F	1936
SE QUITA	S	1392
SE REJOUIR	F	1967
SE REPOSER	F	1995
SE REVEILLER	F	2068
SE SOUVENIR	F	1979
SE TAIRE	F	1406
SE TAIRE	F	2070
SE TROMPER	F	2013
SEASON	E	2848
SEASON	E	2849
SEC	F	1095
SECCO	I	1095
SECO	S	1095
SECRETO *m*	S	207
SECUENCIA *f*	S	1582
SECULAR MUS.	E	2590
SED *f*	S	2806
SEDATE	E	1028
SEDERE	I	2024
SEDERE *m*	I	2989
SEDUCENTE	I	1096
SEDUCIR	S	2025
SEDUCTIVE	E	1096
SEDUCTOR	S	1096
SEDUIRE	F	2025
SEDUISANT	F	1096
SEDURRE	I	2025
SEE	E	1433
SEGA *f*	I	181
SEGNO *m*	I	1387
SEGNO DI RIPETIZIONE *m*	I	1579
SEGRETA *f*	I	205
SEGUE	I	1388
SEGUIR	S	2026
SEGUIRE	I	2026
SEGUITO *m*	I	2800
SEGURO	S	2814
SEHEN	D	2092
SEHR / ZIEMLICH	D	1271
SEHR GUT!	D	2199
SEHR LANGSAM	D	317
SEHR LANGSAM	D	346
SEHR LAUT	D	459
SEHR LEBHAFT	D	322
SEHR LEBHAFT	D	382
SEHR LEISE	D	471
SEHR RHYTHMISCH	D	452
SEHR SANFT	D	736
SEHR SCHNELL	D	356
SEHR VIEL	D	1347
SEIN	D	1848
SEIN / IHR / IHR	D	2128
SEIN / SEINE / IHR / IHRE	D	2122
SEITE *f* / BLATT *n*	D	2639
SELECCION *f* / ELECCION *f*	S	2788
SELLA *f*	I	44
SELTSAM	D	2858
SELVAGGIO	I	1097
SEMAINE *f*	F	2808
SEMANA *f*	S	2808
SEMBLABLE	F	1393
SEMEJAR	S	1970
SEMIFUERTE	S	468
SEMISUAVE	S	469
SEMITONE	E	1580
SEMITONO *m*	I	1580
SEMITONO *m*	S	1580
SEMPLICE	I	1098
SEMPLICEMENTE	I	1099

143

SEMPLICITA (CON)	I	1100	SERAFICO	I	1107
SEMPLIFICARE	I	2027	SERAFICO	S	1107
SEMPRE	I	1389	SERAPHIC	E	1107
SENCILLO	S	1098	SERAPHIQUE	F	1107
SENDEN	D	1897	SERATA *f*	I	2804
SENDUNG *f*	D	2895	SEREIN	F	1109
SENKEN / ERNIEDRIGEN	D	1720	SERENADA *f*	S	1707
SENOR *m*	S	2816	SERENADE	E	1707
SENORA *f*	S	2815	SERENADE *f*	F	1707
SENORITA *f*	S	2817	SERENATA *f*	I	1707
SENS *m*	F	2801	SERENE	E	1109
SENSE	E	2801	SERENITA (CON)	I	1108
SENSIBILE *f*	I	1581	SERENO	I	1109
SENSIBILITA (CON)	I	1101	SERENO	S	1109
SENSIBILMENTE	I	1102	SERIAL MUS.	E	2593
SENSIBLE *f*	F	1581	SERIE *f*	I	1583
SENSIBLE *f*	S	1581	SERIE *f*	F	1583
SENSIBLEMENT	F	1102	SERIE *f*	S	1583
SENSIBLEMENTE	S	1102	SERIELLE MUSIK	D	2593
SENSIBLY	E	1102	SERIES / ROW	E	1583
SENSO *m*	I	2801	SERIETA (CON)	I	1110
SENSUAL	E	1103	SERIEUX	F	1111
SENSUAL	S	1103	SERIO	I	1111
SENSUALE	I	1103	SERIO	S	1111
SENSUEL	F	1103	SERIOUS	E	1111
SENTARSE	S	2024	SERRANDO	I	405
SENTI	F	1106	SERRATO	I	406
SENTIDO	S	1070	SERRE	F	406
SENTIDO	S	1106	SERRE	F	410
SENTIDO *m*	S	2801	SERRER	F	2059
SENTIMENTAL	E	1104	SERRIED	E	406
SENTIMENTAL	F	1104	SERRUCHO *m*	S	181
SENTIMENTAL	S	1104	SESILLO *m*	S	1584
SENTIMENTALE	I	1104	SESTETTO *m*	I	2805
SENTIMENTO (CON)	I	1105	SESTINA *f*	I	1584
SENTIR	F	2028	SETE *f*	I	2806
SENTIR	S	2028	SETTEMBRE	I	2807
SENTIR	S	1989	SETTIMA DI DOMINANTE *f*	I	1585
SENTIRE	I	2028	SETTIMANA *f*	I	2808
SENTITO	I	1106	SETTIMINO *m*	I	2809
SENZA	I	1390	SETZEN / LEGEN / STELLEN	D	1916
SENZA FRETTA	I	365	SETZEN SIE FORT	D	1291
SENZA STRASCINARE	I	367	SEUFZEN	D	2042
SENZA TRASCICARE	I	366	SEUFZEND	D	1137
SEPARADO	S	1391	SEUFZER *m*	D	2838
SEPARAR	S	2029	SEUL	F	1397
SEPARARE	I	2029	SEULEMENT	F	1398
SEPARATED	E	1391	SEVERE	F	1113
SEPARATO	I	1391	SEVERE	E	1113
SEPARE	F	1391	SEVERITA (CON)	I	1112
SEPARER	F	2029	SEVERO	I	1113
SEPOLCRO *m*	I	2802	SEVERO	S	1113
SEPOLCRO *m*	S	2802	SEXTET	E	2805
SEPTEMBER	E	2807	SEXTETO *m*	S	2805
SEPTEMBER	D	2807	SEXTETT *n*	D	2805
SEPTEMBRE	F	2807	SEXTOLE *f*	D	1584
SEPTET	E	2809	SEXTOLET	E	1584
SEPTETO *m*	S	2809	SEXTOLET *m*	F	1584
SEPTETT *n*	D	2809	SEXTUOR *m*	F	2805
SEPTIEMBRE	S	2807	SFARZO (CON)	I	1114
SEPTIEME DE DOMINANTE *f*	F	1585	SFARZOSO	I	1115
SEPTIMA DE DOMINANTE *f*	S	1585	SFAVILLANTE	I	1116
SEPTUOR *m*	F	2809	SFERZANDO	I	481
SEPULCHRE	E	2802	SFIORARE	I	2030
SEQUENCE	E	1582	SFOGATO	I	1117
SEQUENCE *f*	F	1582	SFOGGIANDO	I	1118
SEQUENZ *f*	D	1582	SFOLGORANTE	I	1119
SEQUENZA *f*	I	1582	SFORTUNA *f*	I	2810
SER / ESTAR	S	1848	SFORZARE	I	2031
SERA *f*	I	2803	SFORZATO	I	482

SFORZO m	I	2811	SIGH	E	2838
SFRENATO	I	1120	SIGHTING	E	1137
SFUMATO	I	1121	SIGHT	E	2930
SGOMENTO (CON)	I	1122	SIGNE m	F	1387
SGUARDO m	I	2812	SIGNE / MARK	E	1387
SHADED	E	1121	SIGNE DE REPETITION m	F	1579
SHARP	E	542	SIGNE DE TENUE m	F	1520
SHARP	E	1157	SIGNO m	S	1387
SHARP	E	1486	SIGNO DE REPETICION m	S	1579
SHARP / HOT	E	1017	SIGNORA f	I	2815
SHAWN	E	102	SIGNORE m	I	2816
SHE / IT n	E	2106	SIGNORINA f	I	2817
SHEET	E	2366	SIGUE	S	1388
SHELL	E	156	SILABA	S	2819
SHELL / BODY	E	157	SILBAR	S	1857
SHINING	E	638	SILBATO m	S	86
SHORT	E	1278	SILBE f	D	2819
SHORT	E	1294	SILENCE	E	2818
SHORTER AND QUICKER THAN			SILENCE m	F	1586
LARGO	E	343	SILENCE m	F	2818
SHORT-SIGHTED	E	2544	SILENCIEUX	F	1123
SHOULDER	E	2990	SILENCIO m	S	1586
SHOUTING	E	1208	SILENCIO m	S	2818
SHOW / EXHIBITION	E	2554	SILENCIOSO	S	1123
SHRILL	E	1147	SILENT	E	1123
SHRILL	E	1158	SILENZIO m	I	1586
SHRILL	E	1253	SILENZIO m	I	2818
SI	F	1386	SILENZIOSO	I	1123
SI	S	1386	SILLABA f	I	2819
SI	I	2813	SILLET m	F	44
SI	S	2813	SIMBOLO m	I	2820
SI LEVA	I	1392	SIMBOLO m	S	2820
SICH BEKLAGEN	D	1900	SIMIL	S	1393
SICH BELUSTIGEN	D	1830	SIMILAR	E	1393
SICH BESAENFTIGEND	D	502	SIMILAR / PARALLEL MOTION	E	1537
SICH ENTFERNEN	D	1736	SIMILE	I	1393
SICH ENTFERNEND	D	505	SIMPATICO	I	2821
SICH ENTSCHULDIGEN	D	2022	SIMPATICO	S	2821
SICH ERINNERN	D	1979	SIMPLE	S	1087
SICH FREUEN	D	1967	SIMPLE	E	1098
SICH GEWOEHNEN	D	1723	SIMPLE	F	1098
SICH HINGEBEND	D	530	SIMPLE / NATURAL	E	1087
SICH IRREN	D	2013	SIMPLE / NATUREL	F	1087
SICH KONZENTRIEREN	D	1792	SIMPLEMENT	F	1099
SICH RAEUSPERN	D	2018	SIMPLEMENTE	S	1099
SICH STUETZEND	D	448	SIMPLIFICAR	S	2027
SICH VERLIEBEN	D	1885	SIMPLIFIER	F	2027
SICH VERLIEREND	D	519	SIMPLY	E	1099
SICH VOLLENDEN	D	1939	SIMULTANE	F	2822
SICHER	D	2814	SIMULTANEO	I	2822
SICHT f	D	2930	SIMULTANEO	S	2822
SICILIAN	E	1708	SIMULTANEOUS	E	2822
SICILIANA f	I	1708	SIN	S	1390
SICILIANA f	S	1708	SIN / SINO	I	1394
SICILIENNE f	F	1708	SIN ARRASTRAR	S	366
SICK / ILL	E	2518	SIN ARRASTRAR	S	367
SICURO	I	2814	SIN INTERRUPCION	S	1292
SIDE / RIB	E	35	SIN PREPARAR	S	2430
SIE	D	2107	SIN PRISA	S	365
SIE	D	2110	SINCERE	E	2823
SIE	D	2111	SINCERE	F	2823
SIE	D	2112	SINCERO	I	2823
SIE / ES n	D	2106	SINCERO	S	2823
SIEGEN / GEWINNEN	D	2097	SINCOPA f	S	1587
SIEGREICH	D	1234	SINCOPE f	I	1587
SIEHE	D	1433	SINDACATO m	I	2824
SIEMPRE	S	1389	SINDICATO m	S	2824
SIFFLER	F	1857	SINFONIA f	I	1709
SIFFLET m	F	86	SINFONIA f	S	1709

145

SINGABLE	E	658
SINGBAR	D	658
SINGEN	D	1779
SINGEND	D	659
SINGENDE SAEGE f	D	181
SINGHIOZZANDO	I	255
SINGHIOZZARE	I	2032
SINGING	E	659
SINIESTRO	S	1124
SINISTER	E	1124
SINISTRA f	I	2825
SINISTRE	F	1124
SINISTRO	I	1124
SINKEN / HERABLASSEN	D	1774
SINN m	D	2801
SINNEND	D	948
SINNLICH	D	1103
SINO AL	I	1395
SIPARIO m / TELONE m	I	2826
SIREN	E	2827
SIRENA f	I	2827
SIRENA f	S	2827
SIRENE f	D	2827
SIRENE f	F	2827
SITZEN	D	2024
SIZILIANISCHER HIRTENTANZ m	D	1708
SKETCH	E	2792
SKIN	E	160
SKIPPED	E	65
SKY	E	2235
SKYBLUE	E	2181
SLANCIO (CON)	I	1125
SLARGANDO	I	434
SLEGATO	I	483
SLENDER	E	764
SLENTANDO	I	435
SLIDING	E	462
SLOW	E	316
SLOW	E	347
SLOW	E	372
SLOWED DOWN	E	426
SLOWER OR QUICKER THAN ANDANTE	E	324
SLOWING DOWN	E	420
SLOWING DOWN	E	425
SLOWLY	E	345
SLUR	E	1519
SMANIA (CON)	I	1126
SMANIOSO	I	1127
SMELL	E	2622
SMETTERE	I	2033
SMILING	E	1058
SMILING / GAY	E	1068
SMINUENDO	I	523
SMOOTH	E	932
SMORZANDO	I	524
SMORZARE	I	2034
SMORZATO	I	484
SMORZO m	I	206
SNARE	E	155
SNARE - / SIDE DRUM	E	141
SO	D	2272
SO / SO MUCH / MANY	E	1410
SO LAUT WIE MOEGLICH	D	473
SO LEISE WIE MOEGLICH	D	474
SO VIEL / SO SEHR	D	1410
SO VIEL WIE / - ALS	D	1381
SOAVE	I	1128
SOBBING	E	255
SOBERBIO	S	1162
SOBRE / SOBRE EL / - LA	S	1404
SOBRE EL BATIDOR m / SUL TASTO m	S	70
SOBRE EL BORDE m	S	168
SOBRE EL PUENTE m	S	71
SOBRE TODO	S	2835
SOBRIETA (CON)	I	1129
SOCKET / BARREL	E	105
SODANN FOLGT	D	1374
SODDISFATTO	I	2828
SOFFERENTE	I	2829
SOFFIARE	I	2035
SOFFIO m	I	2830
SOFFOCARE	I	2036
SOFFRIRE	I	2037
SOFOCAR	S	2036
SOFORT UMBLAETTERN	D	1435
SOFT	E	472
SOFT	E	966
SOFT / FLABBY	E	962
SOFTENING	E	503
SOFTENING	E	1047
SOGAR	D	2663
SOGGETTO m	I	1588
SOGNANTE	I	1130
SOGNARE	I	2038
SOIF f	F	2806
SOIGNER / AVOIR SOIN DE	F	1810
SOIGNEUSEMENT	F	539
SOIGNEUSEMENT	F	541
SOIGNEUSEMENT	F	1252
SOIR m	F	2803
SOIREE f	F	2804
SOL m	S	2831
SOLAMENTE	S	1398
SOLCH	D	1408
SOLD OUT	E	2332
SOLE m	I	2831
SOLEIL m	F	2831
SOLEMN	E	1131
SOLEMNE	S	1131
SOLENNE	I	1131
SOLENNEL	F	1131
SOLENNITA (CON)	I	1132
SOLFEGE m	F	1589
SOLFEGE / SOLFEGGIO	E	1589
SOLFEGGIO m	I	1589
SOLFEGGIO n	D	1589
SOLFEO m	S	1589
SOLIST m / - IN f	D	2832
SOLISTA m + f	I	2832
SOLISTA m + f	S	2832
SOLISTE m + f	F	2832
SOLITO	I	1396
SOLITO	S	1396
SOLLECITANDO	I	407
SOLLECITO	I	368
SOLLOZANDO	S	255
SOLLOZAR	S	2032
SOLMISACION f	S	1590
SOLMISATION f	D	1590
SOLMISATION f	F	1590
SOLMISAZIONE f	I	1590
SOLMIZATION	E	1590
SOLO	S	1397
SOLO / SOLI	I	1397
SOLOIST	E	2832
SOLTANTO	I	1398
SOMBRE	F	690
SOMBRE / LUGUBRE	F	1179
SOMBRIO	S	690

SOME	E	2719	SOPRATUTTO	I	2835
SOME / RATHER	E	1262	SORDINA *f*	I	1400
SOMEONE / SOMEBODY	E	2721	SORDINA *f*	S	1400
SOMETHING	E	2720	SORDO	I	2836
SOMIERE *m*	I	207	SORDO	S	2836
SOMMER *m*	D	2338	SORGFAELTIG	D	539
SOMMESSO	I	1133	SORGFAELTIG	D	541
SOMMIER *m*	F	207	SORGFAELTIG	D	1252
SOMMO	I	2833	SORPRESA *f*	I	2837
SOMPTUEUX	F	1135	SORPRESA *f*	S	2837
SON *m*	F	1597	SORRIDERE	I	2040
SON / SA / SES	F	2122	SORROWFUL	E	538
SONADOR	S	1130	SORTIE *f*	F	2908
SONADOR	S	1195	SORTIR	F	2090
SONAGLIO *m*	I	138	SORVOLANDO	I	1136
SONANDO	S	1215	SORVOLARE	I	2041
SONAR	S	2038	SOSEGAR	S	1984
SONATA	E	1710	SOSPIRANDO	I	1137
SONATA *f*	I	1710	SOSPIRARE	I	2042
SONATA *f*	S	1710	SOSPIRO *m*	I	2838
SONATE *f*	D	1710	SOSTENER	S	2043
SONATE *f*	F	1710	SOSTENERE	I	2043
SONATINA	E	1711	SOSTENGA	S	1412
SONATINA *f*	I	1711	SOSTENIDO	S	369
SONATINA *f*	S	1711	SOSTENIDO	S	1413
SONATINE *f*	D	1711	SOSTENIDO *m*	S	1486
SONATINE *f*	F	1711	SOSTENIENDO	S	1411
SONDERBAR	D	636	SOSTENUTO	I	369
SONG	E	1630	SOSTITUIRE	I	2044
SONG	E	2213	SOTTO	I	1401
SONG WITHOUT WORDS	E	1702	SOTTODOMINANTE *f*	I	1591
SONIDO *m*	S	1597	SOTTOVOCE	I	485
SONIDO *m*	S	2847	SOUBRETTE	E	256
SONIDOS ARMONICOS *m pl*	S	1598	SOUBRETTE *f*	I	256
SONNE *f*	D	2831	SOUBRETTE *f*	D	256
SONNENUNTERGANG *m*	D	2894	SOUBRETTE *f*	F	256
SONNERIE *f*	F	2847	SOUDAIN	F	1323
SONNTAG	D	2313	SOUDAIN	F	1383
SONORE	F	1134	SOUFFLE *m*	F	2358
SONORIDAD *f*	S	2834	SOUFFLE *m*	F	2830
SONORITA *f*	I	2834	SOUFFLER	F	2035
SONORITE *f*	F	2834	SOUFFLER	F	2065
SONORITY	E	2834	SOUFFLET *m*	F	196
SONORO	I	1134	SOUFFRANT	F	2829
SONORO	S	1134	SOUFFRIR	F	2037
SONOROUS	E	1134	SOUHAITER	F	1759
SONREIR	S	2040	SOUMIS	F	1133
SONS HARMONIQUES *m pl*	F	1598	SOUND	E	1597
SONTUOSO	I	1135	SOUND MIXER	E	287
SOPLAR	S	2035	SOUND POST	E	21
SOPLO *m*	S	2830	SOUNDING BOARD	E	211
SOPPRIMERE	I	2039	SOUND-HOLE	E	34
SOPRA	I	1399	SOUPAPE *f*	F	215
SORPAN *m* / SOPRANISTIN *f*	D	230	SOUPIR *m*	F	2838
SOPRANO	E	230	SOUPIRER	F	2042
SOPRANO *m*	I	230	SOURD	F	2836
SOPRANO *m*	F	230	SOURDINE *f*	F	1400
SOPRANO *m* / TIPLE *m*	S	230	SOURIR	F	2040
SOPRANO DRAMATICO *m*	S	231	SOUSDOMINANTE *f*	F	1591
SOPRANO DRAMATICO AGIL *m*	S	234	SOUTENIR	F	2043
SOPRANO DRAMATIQUE *m*	F	231	SOUTENU	F	369
SOPRANO DRAMATIQUE D'AGILITE *m*	F	234	SOUVENIR *m*	F	2758
SOPRANO DRAMMATICO *m*	I	231	SOUVENT	F	1402
SOPRANO LEGER *m*	F	232	SOUVENT	F	2842
SOPRANO LEGGERO *m*	I	232	SOVENTE	I	1402
SOPRANO LIRICO *m*	S	233	SPACE	E	1592
SOPRANO LIRICO *m*	I	233	SPACIEUX	F	1138
SOPRANO LIRICO / - SPINTO *m*	I	234	SPACIOUS	E	1138
SOPRANO LYRIQUE *m*	F	233	SPAET	D	2872
			SPALLA *f*	I	2990

SPANNEN	D	2072	SPRINGEN / UEBERSPRINGEN	D	2009
SPANNUNG f	D	2879	SPRUNG m	D	2780
SPARKLING	E	1116	SQUARCIATO	I	1146
SPARTITO m	I	2839	SQUILLANTE	I	1147
SPAZIERENGEHEN	D	1936	SQUILLO m	I	2847
SPAZIO m	I	1592	STABILE	I	1148
SPAZIOSO	I	1138	STABLE	F	1148
SPAZZOLE f pl	I	161	STACCARE	I	2053
SPEAKING	E	994	STACCATO	I	487
SPECIAL	E	2840	STACHEL m	D	42
SPECIAL	F	2840	STAENDCHEN n	D	1707
SPECIALE	I	2840	STAFF / STAVE	E	1550
SPECTACLE m	F	2843	STAGE	E	2641
SPECTACLES / GLASSES	E	2620	STAGE DIRECTION	E	2744
SPEDENDO	I	408	STAGGERING	E	630
SPEDIRE	I	2045	STAGGERING	E	1210
SPEDITO	I	370	STAGING	E	2539
SPEED / PACE / MOVEMENT	E	1601	STAGIONE f	I	2848
SPEGNENDO	I	525	STAGIONE TEATRALE f	I	2849
SPEGNERE	I	2046	STALLS pl / PARQUET	E	2676
SPENTO	I	486	STAMMELND	D	626
SPERANZA f	I	2841	STAMMERING	E	626
SPERARE	I	2047	STAMPA f	I	2850
SPESSO	I	2842	STANCO	I	2851
SPETTACOLO m	I	2843	STANGHETTA f	I	1593
SPEZIAL	D	2840	STAR	E	2853
SPEZZARE	I	2048	STATIST m / - IN f	D	2243
SPIACEVOLE	I	2844	STEADY	E	1148
SPIANARE	I	2049	STECCA f	I	2852
SPIANATO	I	1139	STEG m	D	40
SPICCATO	I	67	STEHLEN	D	2007
SPIEGANDO	I	499	STEIF / STRENG	D	1061
SPIEGARE	I	2050	STEIGEN	D	2008
SPIEGATO	I	1140	STELLA f	I	2853
SPIELDOSE f	D	2787	STELLE f	D	1334
SPIELEN	D	1863	STELLE f / ORT m	D	2682
SPIELEN	D	2066	STEM	E	1510
SPIELZEIT f	D	2849	STENTANDO	I	437
SPIGLIATEZZA (CON)	I	1141	STENTATO	I	1149
SPIGLIATO	I	1142	STEP	E	2651
SPINET	E	182	STEPTANZ m	D	2886
SPINETT n	D	182	STERBEN	D	1923
SPINETTA f	I	182	STERBEND	D	422
SPINGENDO	I	409	STERN m	D	2853
SPINGERE	I	2051	STESO	I	1150
SPINNEND	D	799	STESSO	I	1403
SPINNING	E	799	STICK	E	145
SPIRANDO	I	436	STICK / BATON	E	2182
SPIRITO (CON)	I	1143	STIL m	D	2854
SPIRITOSO / SPIRITUOSO	I	1144	STILE m	I	2854
SPIRITUEL	F	1144	STILL	D	1123
SPITZE f	D	41	STILL / MORE	E	1268
SPLENDID	E	2845	STIMARE	I	2054
SPLENDIDE	F	2845	STIMMBAENDER n pl	D	242
SPLENDIDO	I	2845	STIMMBRUCH m	D	251
SPOETTISCH	D	633	STIMMGABEL f	D	2284
SPONGE-HEAD-STICK	E	149	STIMMLAGE f	D	253
SPONTANE	F	1145	STIMMLAGE f	D	2747
SPONTANEO	I	1145	STIMMLOS	D	2144
SPONTANEOUS	E	1145	STIMMSTOCK m	D	21
SPORCO	I	2846	STIMMUNG f	D	2140
SPOSARSI	I	2052	STIMMUNGSMUSIK	D	2563
SPOTTED	E	62	STINTO	I	526
SPOT-LIGHT / REFLECTOR	E	2761	STIRACCHIANDO	I	438
SPREAD OUT	E	1140	STIRANDO	I	439
SPRECHEN	D	1934	STIRN f	D	2957
SPRECHEND / REDEND	D	994	STIZZITO	I	1151
SPRECHER m	D	2600	STIZZOSO	I	1152
SPRIGHTLY	E	1233	STOEHNEN	D	1862
SPRING	E	2692	STOLEN	E	364

STOLZ	D	581	STUDIEREN / LERNEN	D	2062
STOLZ	D	796	STUDIO m	I	1712
STOLZ	D	798	STUDY	E	1712
STOLZ	D	985	STUECK n	D	2198
STOLZ	D	1162	STUECK n	D	2670
STOMACH	E	2991	STUERMISCH	D	646
STOMACO m	I	2991	STUERMISCH	D	1168
STONARE	I	257	STUERMISCH	D	1169
STONARE	I	2055	STUERMISCH	D	1202
STOP / REGISTER	E	202	STUERZE - / SCHALLTRICHTER		
STOPPED	E	119	HOCH	D	118
STORIA DELLA MUSICA f	I	2855	STUETZEN	D	2043
STORMY	E	646	STUFE f / SCHRITT m	D	1512
STORMY	E	1168	STUFENWEISE	D	1318
STORMY	E	1169	STUMM	D	2599
STORTO	I	2856	STUNDE f / ZEIT f	D	2627
STOSSEN	D	2051	STUPID	E	2863
STOSSEND	D	409	STUPIDE	F	2863
STOTTERN	D	1764	STUPIDO	I	2863
STRADA f / VIA f	I	2857	STUPORE (CON)	I	1159
STRAFF / GESPANNT	D	1178	STYLE	E	2854
STRAHLEND	D	1048	STYLE m	F	2854
STRAINER	E	162	SU / SUL / SULLA	I	1404
STRANGE	E	2858	SU / SUS	S	2122
STRANO	I	2858	SU / SUS	S	2125
STRAORDINARIO	I	2859	SUAVE	S	472
STRAPPARE	I	2056	SUAVE	S	966
STRAPPATO	I	68	SUAVE	E	1128
STRASCICARE	I	2057	SUAVE	F	1128
STRASCINANDO	I	440	SUAVE	S	1128
STRASSE f / WEG m	D	2857	SUBDIVIDIR	S	2064
STRAVAGANTE	I	1153	SUBDIVISER	F	2064
STRAZIANTE	I	1154	SUBDOMINANT	E	1591
STREET / ROAD	E	2857	SUBDOMINANTE f	D	1591
STREICHORCHESTER n	D	2630	SUBDOMINANTE f	S	1591
STREICHQUARTETT n	D	2729	SUBDUED	E	484
STREIFEN	D	2030	SUBDUING	E	524
STREIFEND	D	69	SUBIR	S	243
STRENG	D	1064	SUBIR	S	2008
STRENG	D	1113	SUBJECT	E	1588
STREPITO (CON)	I	1155	SUBJEKT n	D	1588
STREPITOSO	I	1156	SUBLIME	I	1160
STRESS / ACCENT	E	1440	SUBLIME	E	1160
STRETCHED	E	728	SUBLIME	F	1160
STRETCHING	E	439	SUBLIME	S	1160
STRETTA f	I	1594	SUBMISSIVE	E	1133
STRETTE f	F	1594	SUBSCRIPTION	E	2132
STRETTO	I	410	SUBSTITUER	F	2044
STRETTO	E	1594	SUCCES m / TUBE m	F	2864
STRIDENT	F	1157	SUCCESS / TUBE / HIT	E	2864
STRIDENTE	I	1157	SUCCESSION	E	1596
STRIDULO	I	1158	SUCCESSION f	F	1596
STRIMPELLARE	I	2058	SUCCESSIONE f	I	1596
STRING	E	31	SUCCESSO m	I	2864
STRING / ROPE	E	2263	SUCESION f	S	1596
STRING ORCHESTRA	E	2630	SUCESO m / EXITO m	S	2864
STRING QUARTET	E	2729	SUCH	E	1408
STRINGENDO	I	411	SUCHEN	D	1783
STRINGERE	I	2059	SUCIO	S	2846
STRISCIANDO	I	69	SUDAR	S	2063
STROKE	E	1282	SUDARE	I	2063
STRONG	E	1074	SUDDEN	E	1383
STRONG / LOUD	E	458	SUDDENLY	E	1299
STROZZARE	I	2060	SUDDENLY	E	1323
STRUCK	E	470	SUDDIVIDERE	I	2064
STRUMENTALE	I	2860	SUELTO	S	1088
STRUMENTARE	I	2061	SUERTE f	S	2372
STRUMENTAZIONE f	I	1595	SUFFERING	E	737
STRUMENTO m	I	2862	SUFFERING	E	2829
STRUMENTO A TASTIERA m	I	2861	SUFFICIENT	E	2865
STUDIARE	I	2062	SUFFICIENT / ENOUGH	E	1275

SUFFICIENTE	I	2865	SURPRISE *f*	F	2837
SUFFICIENZA (CON)	I	1161	SURTOUT	F	2835
SUFFISANT	F	1275	SURVOLER	F	2041
SUFFISANT	F	2865	SUSPENSION	E	1575
SUFICIENTE	S	2865	SUSPIRANDO	S	1137
SUFRIENDO	S	737	SUSPIRAR	S	2042
SUFRIR	S	2037	SUSPIRO *m*	S	2838
SUGGERIRE	I	2065	SUSSURRANDO	I	1165
SUIT / SUIVEZ	F	1388	SUSTAINED	E	369
SUITABLY	E	1317	SUSTAINED	E	475
SUITE	E	1713	SUSTITUIR	S	2044
SUITE *f*	I	1713	SUSURRANTE	S	1165
SUITE *f*	D	1713	SVANENDO	I	441
SUITE *f*	F	1713	SVEGLIANDO	I	500
SUITE *f*	S	1713	SVEGLIARSI	I	2068
SUITE *f*	F	2800	SVEGLIO	I	1166
SUIVRE	F	2026	SVELTE	F	371
SUJET *m*	F	1588s	SVELTO	I	371
SUJETO *m*	S	1588	SVENIRE	I	2069
SUL BORDO *m*	I	168	SVILUPPO *m* / SVOLGIMENTO *m*	I	1599
SUL PONTICELLO *m*	I	71	SVISCERATO	I	1167
SULLA TASTIERA *f*	I	70	SWEET / SOFT	E	733
SUMISO	S	1133	SWEETENING	E	521
SUMMER	E	2338	SWEETENING	E	543
SUMPTUOS	E	1115	SWELL-BOX	E	191
SUMPTUOS	E	1135	SWIFT	E	327
SUN	E	2831	SWIFT	E	371
SUNDAY	E	2313	SWIFT	E	377
SUNSET	E	2894	SWIFT	E	925
SUNTUOSO	S	1135	SWIFTER	E	395
SUO / SUA / SUOI / SUE	I	2122	SWIFTLY	E	326
SUONARE	I	2066	SWIFTLY	E	376
SUONI ARMONICI *m pl*	I	1598	SWITCH BOARD	E	299
SUONO *m*	I	1597	SYLLABE *f*	F	2819
SUPERBE	F	1162	SYLLABLE	E	2819
SUPERBO	I	1162	SYMBOL	E	2820
SUPERFLU	F	2866	SYMBOL *n*	D	2820
SUPERFLUO	I	2866	SYMBOLE *m*	F	2820
SUPERFLUO	S	2866	SYMPATHIQUE	F	2821
SUPERFLUOUS	E	2866	SYMPATHISCH	D	2821
SUPERIEUR	F	2867	SYMPHONIC MUS.	E	2594
SUPERIOR	E	2867	SYMPHONIC POEM	E	1694
SUPERIOR	S	2867	SYMPHONIC - / SYMPHONY ORCHESTRA	E	2631
SUPERIORE	I	2867			
SUPERSTICIEUX	F	2868	SYMPHONIE *f* / SINFONIE *f*	D	1709
SUPERSTICIOSO	S	2868	SYMPHONIEORCHESTER *n*	D	2631
SUPERSTITIOUS	E	2868	SYMPHONISCHE DICHTUNG *f*	D	1694
SUPERSTIZIOSO	I	2868	SYMPHONY	E	1709
SUPLEMENTO *m*	S	2869	SYNCOPATION	E	1480
SUPLICANDO	S	1163	SYNCOPE	E	1587
SUPLICANTE	S	1164	SYNCOPE *f*	F	1587
SUPLICAR	S	2067	SYNDICAT *m*	F	2824
SUPPLEMENT	E	2869	SYNFONIE *f*	F	1709
SUPPLEMENT *m*	F	2869	SYNKOPE *f*	D	1587
SUPPLEMENTO *m*	I	2869	S'AMUSER	F	1830
SUPPLIANT	F	1164	S'ASSEOIR	F	2024
SUPPLICANDO	I	1163	S'ATTARDER	F	1883
SUPPLICARE	I	2067	S'ECLAIRCIR LA VOIX	F	2018
SUPPLICHEVOLE	I	1164	S'ELOIGNER	F	1736
SUPPLIER	F	2067	S'EMPORTER	F	1753
SUPPRIMER	F	2039	S'EPRENDRE	F	1885
SUPREME	F	2833	S'ESTOMPANT	F	441
SUPREMO	S	2833	S'EVANOUIR	F	2069
SUPRIMIR	S	2039	S'EXCUSER	F	2022
SUR	F	2814	S'HABITUER A	F	1723
SUR / SUR LE / SUR LA	F	1404	S'IL VOUS PLAIT	F	2668
SUR LA TOUCHE *f*	F	70			
SUR LE BORD *m*	F	168	**T**		
SURE	E	2814			
SURPRISE	E	2837	TABLA DE ARMONIA *f*	S	211

TABLADO m	S	2677	TANZ m / BALL m	D	2184
TABLATURA f	S	1516	TANZEN	D	1765
TABLATURE	E	1516	TANZEND	D	692
TABLATURE f	F	1516	TANZMUSIK	D	2564
TABLE	E	2873	TAP / STEPDANCE	E	2886
TABLE BELLY	E	47	TAPA f / TABLA DE ARMONIA f	S	47
TABLE f	F	2873	TAPA f / VARILLA f	S	192
TABLE D'HARMONIE f	F	47	TAPADO	S	119
TABLE D'HARMONIE f	F	211	TAPE-RECORDER	E	2745
TABLE MUS.	E	2570	TAPFER	D	1214
TABLEAU m	F	2718	TAPOTER	F	2058
TABLEAU DE DISTRIBUTION m	F	299	TARANTELA f	S	1714
TABULATUR f	D	1516	TARANTELLA	E	1714
TACE	I	1405	TARANTELLA f	I	1714
TACERE	I	2070	TARANTELLA f	D	1714
TACET (L)	I	1406	TARD	F	2872
TACI	I	1407	TARDANDO	I	442
TACTO m	S	2887	TARDE	S	2872
TADELN	D	1808	TARDE f	S	2678
TAEGLICH	D	2397	TARDE f	S	2803
TAEGLICH	D	2735	TARDE f	S	2804
TAENZERISCH / TANZMAESSIG	D	2183	TARDI	I	2872
TAFELMUSIK	D	2570	TARDO	I	372
TAG m	D	2398	TARENTELLE f	F	1714
TAGESANBRUCH m	D	2149	TASCHENPARTITUR f	D	2649
TAGLIARE	I	2071	TASTE f	D	210
TAGLIO m	I	2870	TASTENINSTRUMENT n	D	2861
TAIL - PIN / SPIKE	E	42	TASTIERA f	I	46
TAILPIECE	E	32	TASTIERA f	I	209
TAIS-TOI	F	1405	TASTO m	I	210
TAIS-TOI	F	1407	TAUB	D	2836
TAKE AWAY	E	1392	TAUSCH m	D	2785
TAKE CARE! / ATTENTION!	E	2175	TAVOLA f	I	2873
TAKING AWAY	E	528	TAVOLA ARMONICA f	I	47
TAKT m / MENSUR f	D	1528	TAVOLA ARMONICA f	I	211
TAKTSTOCK m	D	2182	TEACHER	E	2700
TAKTSTRICH m	D	1459	TEARFUL	E	916
TAL	S	1408	TEATRAL	S	2874
TALE	I	1408	TEATRALE	I	2874
TALENT	E	2871	TEATRO m	I	2875
TALENT m	F	2871	TEATRO m	S	2875
TALENTO m	I	2871	TECHNIK f	D	2876
TALENTO m	S	2871	TECHNIQUE	E	2876
TALLONE m	I	45	TECHNIQUE f	F	2876
TALLONE m	I	2992	TECLA f	S	210
TALON m	S	45	TECLADO m	S	209
TALON m	F	2992	TECNICA f	I	2876
TALON m	S	2992	TECNICA f	S	2876
TALON m / HAUSSE f	F	45	TEETH pl	E	2950
TALONNANT	F	342	TEILEN	D	1831
TAMBALEANTE	S	631	TEL	F	1408
TAMBIEN	S	1267	TEL QUEL	F	1286
TAMBOR m	S	140	TELAIO m	I	212
TAMBOR DE MARCO m	S	139	TELECOMANDO m	I	307
TAMBOUR m	F	140	TELECOMANDO m	S	307
TAMBOUR DE CADRE m	F	139	TELECOMMANDE f	F	307
TAMBURELLO m	I	139	TELLING	E	1046
TAMBURO m	I	140	TELON m	S	2826
TAMBURO MILITARE m	I	141	TEMA m	I	1600
TANGENT	E	208	TEMA m	S	1600
TANGENTE f	I	208	TEMBLANDO	S	1197
TANGENTE f	D	208	TEMBLAR	S	2083
TANGENTE f	F	208	TEMBLEQUEADO	S	488
TANGENTE f	S	208	TEMBLEQUEANDO	S	258
TANIDO m / CAMPANADA f	S	164	TEMBLOROSO	S	816
TANT / AUTANT	F	1410	TEMOROSAMENTE	S	1001
TANTINO	I	1409	TEMOROSAMENTE	S	1184
TANTO	I	1410	TEMPERAMENT	E	2877
TANTO / MUCHO	S	1410	TEMPERAMENT m	F	2877
TANTO COMO	S	1381	TEMPERAMENT n	D	2877

TEMPERAMENTO m	I	2877	TEPIDO / TIEPIDO	I	1176
TEMPERAMENTO m	S	2877	TERGO m	I	2881
TEMPERANDO	I	527	TERMINAR	S	2074
TEMPERANDO	S	527	TERMINARE	I	2074
TEMPERING	E	527	TERMINE	F	1313
TEMPESTOSAMENTE	I	1168	TERMINER	F	2074
TEMPESTOSO	I	1169	TERNAIRE	F	1602
TEMPESTUOSAMENTE	S	1168	TERNARIO	I	1602
TEMPESTUOSO	S	1169	TERNARIO	S	1602
TEMPETUEUX	F	1169	TERNARY	E	1602
TEMPO m	I	1601	TERRA f	I	2882
TEMPO m	I	2878	TERRE f	F	2882
TEMPO GIUSTO	I	373	TERRIBILE	I	1177
TEMPO PRIMO	I	374	TERRIBLE	F	1177
TEMPORADA f / ESTACION f	S	2848	TERRIBLE	S	1177
TEMPORADA TEATRAL f	S	2849	TERRIBLE / DREADFUL	E	1177
TEMPS m	F	2878	TERZINA f	I	1603
TEMPS m / MOUVEMENT m	F	1601	TESITURA f	S	2883
TEMPS JUSTE	F	373	TESO	I	1178
TEMPS PRIMAIRE	F	374	TESSITURA f	I	2883
TENACE	I	1170	TESTA f	I	2993
TENACE	F	1170	TESTINA MAGNETICA f	I	308
TENACIOUS	E	1170	TESTO m	I	2884
TENAZ	S	1170	TETE f	F	2993
TENDER	E	1174	TETE MAGNETIQUE f	F	308
TENDER	S	2072	TETRACHORD	E	1604
TENDERE	I	2072	TETRACHORD m	D	1604
TENDERLY	E	589	TETRACORDE m	F	1604
TENDERLY	E	590	TETRACORDO m	I	1604
TENDERLY	E	1172	TETRACORDO m	S	1604
TENDRE	F	1174	TETRALOGIA f	I	2885
TENDRE	F	2072	TETRALOGIA f	S	2885
TENDREMENT	F	590	TETRALOGIE f	D	2885
TENDREMENT	F	1172	TETRALOGIE f	F	2885
TENDREMENT	F	1224	TETRALOGY	E	2885
TENDU	F	1178	TETRICO	S	1179
TENEBREUX	F	1171	TETRO	I	1179
TENEBROSO	I	1171	TEUER	D	2219
TENEBROSO	S	1171	TEUFEL m	D	2285
TENENDO	I	1411	TEUFLISCH	D	709
TENER	S	1761	TEXT	E	2884
TENER	S	2073	TEXT m	D	2884
TENERAMENTE	I	1172	TEXTE m	F	2884
TENERE	I	2073	TEXTO m	S	2884
TENEREZZA (CON)	I	1173	THANK YOU	E	2410
TENERO	I	1174	THANK YOU / THE SAME TO YOU	E	2411
TENETE	I	1412	THAT	E	2731
TENEZ	F	1412	THAT / WHO / WHICH / WHAT	E	1280
TENIR	F	2073	THAT'S ENOUGH!	E	2191
TENOR	E	235	THE	E	2113
TENOR m	D	235	THE	E	2115
TENOR m	F	235	THE	E	2116
TENOR m	S	235	THE	E	2117
TENOR DRAMATICO m	S	236	THE MOST	E	1320
TENOR DRAMATIQUE m	F	236	THE SAME	E	1330
TENOR DRUM	E	128	THE SAME SPEED	E	349
TENORE m	I	235	THEATER n	D	2875
TENORE DRAMMATICO / - EROICO / - DI FORZA m	I	236	THEATRAL	F	2874
			THEATRALISCH	D	2874
TENSE	E	1178	THEATRE	E	2875
TENSION	E	2879	THEATRE m	F	2875
TENSION f	F	2879	THEATRICAL	E	2874
TENSION f	S	2879	THEIR / YOUR	E	2125
TENSIONE f	I	2879	THEIRS / YOURS	E	2131
TENSO	S	1178	THEMA n	D	1600
TENU	F	1413	THEME	E	1600
TENUTO	I	1413	THEME m	F	1600
TEORIA f	I	2880	THEN	E	1373
TEORIA f	S	2880	THEN	E	2151
TEPIDEZZA (CON)	I	1175	THEN FOLLOWS	E	1374

THEORBE *f*	D	16	TIRACORDA *f*		I	162
THEORBE *m*	F	16	TIRANDO		I	443
THEORBO	E	16	TIRANDO		S	443
THEORIE *f*	D	2880	TIRANTE *m*		I	214
THEORIE *f*	F	2880	TIRANTE *m* / AJUSTE *m*		S	162
THEORY	E	2880	TIRAR		S	2075
THERE	E	2492	TIRARE		I	2075
THERE IS / - ARE	E	2227	TIRE		F	51
THEY	E	2110	TIRED		E	2851
THEY	E	2111	TIRER		F	2075
THIN	E	2516	TIRING		E	2351
THING	E	2271	TIRO *m*		I	117
THINKING	E	1007	TISCH *m*		D	2873
THIRST	E	2806	TO ABANDON		E	1719
THIS	E	2733	TO ACCELERATE		E	1724
THIS TIME	E	2732	TO ACCOMPANY		E	1727
THORAX	E	2994	TO ADAPT		E	1729
THORAX *m*	F	2994	TO ADD		E	1732
THOROUGH-BASS	E	1461	TO ADJOURN / TO PUT OFF		E	1993
THOUGHTFUL	E	1009	TO ADVISE		E	1794
THREAD / YARN / WIRE	E	2360	TO AGREE		E	1849
THREATENING	E	955	TO ALTER		E	1738
THREE STRINGS	E	221	TO ALTER		E	1921
THROAT	E	2960	TO ALTERNATE		E	1739
THROWN	E	60	TO ANIMATE		E	1745
THUMB	E	2982	TO ANNOUNCE		E	1746
THUNDER	E	2899	TO ANSWER		E	1999
THUNDERING	E	1186	TO APOLOGIZE		E	2022
THUNDERING	E	1187	TO APPLAUD		E	1748
THURSDAY	E	2400	TO ARRANGE		E	1754
TIBIAMENTE	S	1180	TO ARRIVE / TO REACH		E	1755
TIBIO	S	1176	TO ARTICULATE		E	1756
TICKET	E	2195	TO ASK		E	1786
TICKET / ENTRY	E	2457	TO ASK		E	1832
TIE	E	1520	TO AUGMENT		E	1760
TIEDE	F	1176	TO AVOID		E	1851
TIEDEMENT	F	1180	TO BE		E	1848
TIEF	D	1033	TO BE MISTAKEN		E	2013
TIEMPO *m*	S	1601	TO BE OUT OF TUNE		E	2055
TIEMPO *m*	S	2878	TO BE SILENT		E	1406
TIEPIDAMENTE	I	1180	TO BE SILENT		E	2070
TIERNAMENTE	S	1172	TO BE SORRY		E	1989
TIERNO	S	1174	TO BEAT		E	1766
TIERRA *f*	S	2882	TO BECOME		E	1829
TIGHTENING	E	411	TO BEG / TO PRAY		E	1950
TILL THE	E	1395	TO BEGIN		E	1877
TIMBAL *m* / ATABAL *m*	S	142	TO BELIEVE		E	1806
TIMBALE *f*	F	142	TO BELONG		E	1747
TIMBRE *m*	F	155	TO BIND / TO TIE		E	1904
TIMBRE *m*	F	2240	TO BLOW		E	2035
TIMBRE *m*	S	2240	TO BOUNCE		E	1986
TIMIDAMENTE	I	1181	TO BREAK		E	2005
TIMIDAMENTE	S	1181	TO BREAK		E	2048
TIMIDEMENT	F	1181	TO BREATHE		E	1975
TIMIDEZZA (CON)	I	1182	TO BRING OUT / TO STAND OUT		E	1997
TIMIDLY	E	1181	TO BUILD		E	1804
TIMORE (CON)	I	1183	TO BUY		E	1791
TIMOROSAMENTE	I	1184	TO CALM		E	1775
TIMOROUSLY	E	1184	TO CAN / TO BE ABLE TO		E	1948
TIMPANI *m pl*	I	142	TO CARRY / TO FETCH		E	1946
TIMPANI STICKS	E	152	TO CEASE		E	1784
TINKLING	E	1185	TO CELEBRATE		E	1855
TINTINEANDO	S	1185	TO CHANGE		E	1776
TINTINNANDO	I	1185	TO CHANGE		E	1926
TIORBA *f*	I	16	TO CHARGE		E	1876
TIORBA *f*	S	16	TO CHAT		E	1785
TIP / PEAK / POINT	E	41	TO CHOOSE		E	2015
TIPLE COMICO *m*	S	256	TO CLASH / TO BUMP		E	2089
TIPLE LIGERO *m*	S	232	TO CLEAN		E	1962
TIP-TAP *m*	I	2886	TO CLEAR ONE'S THROAT		E	2018

153

TO CLIMB	E	2008	TO FEEL / TO HEAR	E	2028
TO COME	E	2094	TO FIGHT	E	1908
TO COMPLAIN	E	1900	TO FIGURE	E	1788
TO COMPOSE	E	1790	TO FIND	E	2085
TO CONCENTRATE	E	1792	TO FINISH	E	1856
TO CONDUCT	E	1825	TO FLATTER	E	1909
TO CONGRATULATE	E	1853	TO FLY	E	2100
TO CONNECT	E	2087	TO FLY OVER	E	2041
TO CONSOLE	E	1795	TO FOLLOW	E	2026
TO CONTINUE	E	1797	TO FORCE	E	1858
TO CONVINCE	E	1798	TO FORGET	E	1821
TO COPY	E	1799	TO GET ANGRY	E	1753
TO CORRECT	E	1801	TO GET DISCOURAGED	E	2020
TO COST	E	1803	TO GET USED	E	1723
TO COUGH	E	2079	TO GIVE	E	1812
TO COUNT	E	1796	TO GIVE BACK	E	1974
TO COVER	E	1800	TO GIVE IN	E	1782
TO CRADLE	E	1809	TO GO	E	1744
TO CREATE	E	1805	TO GO AWAY	E	1736
TO CRITICIZE	E	1808	TO GO OUT	E	2090
TO CROSS	E	1879	TO GREET	E	2010
TO CRY	E	1943	TO GROUP	E	1966
TO CUT	E	2071	TO GROW	E	1807
TO DANCE	E	1765	TO GRUMBLE	E	1770
TO DECIDE	E	1813	TO GUESS	E	1882
TO DECLAIM	E	1814	TO GUIDE	E	1871
TO DEDICATE	E	1815	TO HAMMER	E	1914
TO DELAY	E	1883	TO HARMONIZE	E	1751
TO DELAY	E	2001	TO HASTEN	E	1731
TO DESCEND	E	2016	TO HAVE	E	1761
TO DESCRIBE	E	1816	TO HAVE TO / TO MUST	E	1835
TO DETALE	E	1819	TO HEAR	E	2086
TO DETERMINE	E	1818	TO HELP	E	1733
TO DEVIATE	E	1820	TO HOLD BACK	E	1860
TO DIE	E	1923	TO HOLD BACK	E	2002
TO DIMINISH	E	1822	TO HOPE	E	2047
TO DISCUSS	E	1826	TO HUM	E	1780
TO DIVIDE	E	1831	TO IMAGINE	E	1873
TO DOSE	E	1834	TO IMITATE	E	1872
TO DOUBLE	E	1965	TO IMPLORE	E	2067
TO DOUBT	E	1836	TO IMPROVE	E	1917
TO DRAG	E	2057	TO IMPROVE	E	1939
TO DRAG	E	2081	TO IMPROVISE	E	1875
TO DRAW	E	1827	TO INDICATE	E	1881
TO DREAM	E	2038	TO INFORM	E	1884
TO DRINK	E	1767	TO INHALE	E	1892
TO EARN	E	1868	TO INSIST	E	1887
TO EAT	E	1911	TO INTEREST	E	1888
TO EDUCATE	E	1839	TO INTERPRET / TO PERFORM	E	1889
TO ELABORATE	E	1840	TO INTERRUPT	E	1891
TO EMBELLISH	E	1721	TO INTRODUCE	E	1894
TO ENCOURAGE	E	1878	TO INVENT	E	1895
TO END	E	2074	TO INVERT	E	1896
TO ENJOY	E	1864	TO INVITE	E	1898
TO ENJOY ONESELF	E	1830	TO IRRITATE	E	1899
TO ENLARGE	E	1743	TO JOKE / TO JEST	E	2017
TO ENTER / TO APPEAR	E	1842	TO JUMP	E	2009
TO ERASE	E	1778	TO KEEP	E	1811
TO ESTIMATE / TO VALUE	E	2054	TO KEEP	E	1912
TO EXCHANGE	E	2014	TO KEEP / TO HOLD	E	2073
TO EXCITE	E	1838	TO KNOCK	E	1771
TO EXHALE / TO BREATH OUT	E	1846	TO KNOW	E	1793
TO EXPLAIN	E	2050	TO KNOW	E	2011
TO EXPRESS	E	1847	TO LACK	E	1910
TO EXTINGUISH	E	2046	TO LAST	E	1837
TO EXULT	E	1850	TO LAUGH	E	1980
TO FAINT	E	2069	TO LAY	E	1947
TO FALL DOWN	E	1773	TO LEAN	E	1749
TO FALL ILL	E	1742	TO LEARN	E	1874
TO FALL IN LOVE	E	1885	TO LEAVE	E	1935

TO LEAVE / TO LET	E	1901	TO RECOMMENCE	E	1978
TO LEND	E	1955	TO RECORD	E	1972
TO LENGTHEN	E	1737	TO RECOVER	E	1870
TO LET DOWN	E	1774	TO REDUCE	E	1981
TO LEVEL	E	2049	TO REGRET	E	1988
TO LIGHT	E	1725	TO REGULATE	E	1973
TO LIKE	E	1942	TO REHEARSE / TO REPEAT	E	1994
TO LISTEN	E	1757	TO REINFORCE	E	1990
TO LIVE	E	2099	TO REJOICE / TO BE GLAD	E	1967
TO LOOK	E	1869	TO RELAX	E	1828
TO LOOK LIKE	E	1970	TO RELAX	E	1984
TO LOSE	E	1938	TO RELIEVE	E	1735
TO LOVE	E	1741	TO REMAIN / TO STAY	E	1985
TO LOWER	E	1720	TO REMEMBER	E	1979
TO MAKE	E	1852	TO RENEW	E	1992
TO MAKE ONE'S DEBUT	E	1845	TO REPLAY	E	2000
TO MARK	E	1913	TO RESOLVE	E	1998
TO MARRY	E	2052	TO RESOUND	E	1987
TO MEASURE	E	1919	TO REST	E	1995
TO MEDITATE	E	1915	TO RETAKE	E	1996
TO MOAN	E	1862	TO RETURN	E	2004
TO MODERATE	E	1920	TO RETURN	E	2078
TO MODULATE	E	1922	TO RHYTHMIZE	E	2003
TO MOVE	E	1789	TO RUN	E	1802
TO MOVE	E	1925	TO SAY / TO TELL	E	1824
TO MUMBLE	E	1769	TO SCORE	E	2061
TO NEED	E	1762	TO SCRAPE	E	1969
TO OBSERVE	E	1931	TO SCRATCH	E	1866
TO OBTAIN	E	1932	TO SEDUCE	E	2025
TO OCCUPY	E	1928	TO SEE	E	2092
TO OFFER	E	1929	TO SEEK / TO LOOK FOR	E	1783
TO OPEN	E	1750	TO SELL	E	2093
TO ORCHESTRATE	E	1930	TO SEND	E	1897
TO PAY	E	1933	TO SEND	E	2045
TO PERFORM	E	1843	TO SEPARATE	E	2029
TO PERMIT	E	1940	TO SHADE / TO GRADUATE	E	1865
TO PHRASE	E	1859	TO SHORTEN	E	1722
TO PLAGIARIZE	E	1945	TO SHORTEN	E	1964
TO PLAY	E	1863	TO SHOUT	E	1867
TO PLAY	E	2066	TO SHOW	E	1924
TO PLAY ARPEGGIOS	E	1752	TO SHUT / TO CLOSE	E	1787
TO PLUCK / TO PINCH	E	1944	TO SIGH	E	2042
TO PRACTISE	E	1844	TO SIMPLIFY	E	2027
TO PRAISE	E	1841	TO SING	E	1779
TO PRAISE	E	1907	TO SING FLAT	E	238
TO PRECIPITATE	E	1949	TO SING IN TUNE	E	240
TO PRELUDE	E	1951	TO SING OFF PITCH	E	257
TO PREPARE	E	1953	TO SING SHARP	E	243
TO PRESENT	E	1954	TO SIT	E	2024
TO PRESS	E	2059	TO SKIM	E	2030
TO PROGRESS	E	1956	TO SLEEP	E	1833
TO PROLONG	E	1957	TO SLIDE	E	2019
TO PROMPT	E	2065	TO SLIDE	E	2023
TO PRONOUNCE	E	1958	TO SLOW DOWN	E	1968
TO PROPOSE	E	1959	TO SMILE	E	2040
TO PROVE	E	1823	TO SMOKE	E	1861
TO PROVOKE	E	1961	TO SOB	E	2032
TO PULL	E	2075	TO SPEAK / TO TALK	E	1934
TO PUSH	E	2051	TO SPEAK IN A LOW VOICE	E	1247
TO PUT	E	1916	TO STAMMER	E	1764
TO PUT TO SLEEP /			TO STEAL	E	2007
TO SEND TO SLEEP	E	1730	TO STOP	E	1854
TO QUESTION	E	1890	TO STOP	E	2033
TO RAISE	E	1740	TO STRAIN	E	2031
TO RAISE	E	1906	TO STRANGLE	E	2060
TO READ	E	1905	TO STRESS	E	1726
TO RECALL	E	1977	TO STRIKE UP / TO INTONE	E	1893
TO RECAPITULATE	E	1982	TO STRUM	E	2058
TO RECEIVE	E	1976	TO STUDY	E	2062
TO RECITE	E	1971	TO SUBDIVISE	E	2064

TO SUBDUE	E	2034	TOD *m*	D	2553
TO SUBSTITUTE	E	2044	TODA	S	1416
TO SUFFER	E	2037	TODA LA FUERZA	S	1417
TO SUFFOCATE	E	2036	TODAS / TODOS	S	1418
TO SUPPORT	E	2043	TODAY	E	2623
TO SUPPRESS	E	2039	TODO	S	1419
TO SWEAT	E	2063	TOGETHER	E	1272
TO SWIM	E	1927	TOGETHER	E	1328
TO TAKE	E	1952	TOGETHER	E	1425
TO TAKE AWAY	E	2077	TOGLIENDO	I	528
TO TAKE CARE	E	1810	TOGLIERE	I	2077
TO TAKE OFF THE MUTE	E	1414	TOGLIERE LA SORDINA	I	1414
TO TEACH	E	1886	TOMAR	S	1952
TO TEAR	E	2056	TOMBEAU *m*	F	2802
TO TELL	E	1963	TOMBER	F	1773
TO THANK	E	1991	TOMBER MALADE	F	1742
TO THE END	E	1256	TOMORROW	E	2312
TO THE FINAL PART	E	1260	TON *m* / TONALITE *f*	F	1608
TO THE SIGN	E	1263	TON *m* / TONART *f* / GANZTON *m*	D	1608
TO THINK	E	1937	TON / TA / TES	F	2121
TO THINK OVER	E	1983	TONABNEHMER *m*	D	305
TO THREATEN	E	1918	TONAL	E	1605
TO THROW	E	1772	TONAL	D	1605
TO TIGHTEN	E	2072	TONAL	F	1605
TO TOUCH	E	2076	TONAL	S	1605
TO TRANSLATE	E	2080	TONALE	I	1605
TO TRAVEL	E	2095	TONALIDAD *f*	S	1606
TO TREAT	E	2082	TONALITA *f*	I	1606
TO TREMBLE	E	2083	TONALITAET *f*	D	1606
TO TRIUMPH	E	2084	TONALITE *f*	F	1606
TO TRY	E	1960	TONALITY	E	1606
TO TUNE	E	1728	TONANDO TUONANDO	I	1186
TO TURN	E	2102	TONANTE	I	1187
TO UNDERSTAND	E	1781	TONARTVORZEICHNUNG *f*	D	1450
TO UNDO	E	2053	TONBAND *n*	D	294
TO UPSET / TO OVERTURN	E	2006	TONBANDGERAET *n*	D	2745
TO VARY	E	2091	TONDO	I	2888
TO VIBRATE / TO SOUND	E	2096	TONE / KEY / WHOLE TONE	E	1608
TO VISIT	E	2098	TONE MIXTURE	E	293
			TONE-COLOUR / TIMBRE	E	2240
TO WAIT	E	1758	TONFALL *m* / STIMMFALL *m*	D	247
TO WAKE UP	E	2068	TONGEMISCH *n*	D	293
TO WALK	E	1777	TONGESCHLECHT *n* / MODUS *m*	D	1530
TO WALK	E	1936	TONGUE	E	113
TO WANT	E	2101	TONGUE	E	186
TO WASH	E	1902	TONGUE	E	2966
TO WEAKEN	E	1880	TONIC	E	1607
TO WEIGH	E	1941	TONICA *f*	I	1607
TO WHISPER	E	1768	TONICA *f*	S	1607
TO WHISTLE	E	1857	TONIKA *f*	D	1607
TO WIDEN	E	1734	TONIQUE *f*	F	1607
TO WIN	E	2097	TONLEITER *f*	D	1578
TO WISH	E	1759	TONMISCHPULT *n*	D	287
TO WISH	E	1817	TONNANT	F	1187
TO WORK	E	1903	TONNERRE *m*	F	2899
TO WRITE	E	2021	TONO *m*	I	1608
TO YAWN	E	2012	TONO *m*	S	1608
TO YELL	E	2088	TOO / ALSO	E	1267
TOAST	E	2203	TOQUE *m* / REDOBLE *m*	S	165
TOAST *m* / CHANSON A BOIRE *f*	F	2203	TORACE *m*	I	2994
TOCADA *f*	S	1715	TORAX *m*	S	2994
TOCADISCOS *m*	S	2401	TORCIDO	S	2856
TOCAR	S	2066	TORDU	F	2856
TOCAR	S	2076	TORMENTATO	I	1188
TOCCARE	I	2076	TORMENTED	E	1188
TOCCATA	E	1715	TORMENTING	E	1189
TOCCATA *f*	I	1715	TORMENTOSO	I	1189
TOCCATA *f*	D	1715	TORN	E	68
TOCCATE *f*	F	1715	TORN	E	1146
TOCCO *m*	I	2887	TORNANDO AL TEMPO	I	375

TORNARE	I	2078	TRAGIQUE	F	1191
TORNILLO m	S	2932	TRAGISCH	D	1191
TORPE	S	857	TRAGOEDIE f	D	2892
TORT	F	2889	TRAINANDO	I	378
TORTO	I	2889	TRAINE	F	446
TORTURADOR	S	1189	TRAINER	F	2057
TORTURANT	F	1189	TRAINER	F	2081
TORVE / FAROUCHE	F	1190	TRAITER	F	2082
TORVO	I	1190	TRAKTUR f	D	213
TORVO	S	1190	TRAMA f	I	2893
TOSEND	D	1156	TRAMONTO m	I	2894
TOSER	S	2079	TRANQUILAMENTE	S	1193
TOSSIRE	I	2079	TRANQUILLAMENTE	I	1193
TOSTAMENTE	I	376	TRANQUILLE	F	1041
TOSTO	I	377	TRANQUILLEMENT	F	1193
TOTENMESSE f	D	1674	TRANQUILLITA (CON)	I	1192
TOTENTANZ m	D	1641	TRANSDUCTOR	S	309
TOTTERING	E	631	TRANSFIGURE	F	1194
TOTTERING	E	1209	TRANSFIGURED	E	1194
TOUCH	E	2887	TRANSFORMATEUR m	F	309
TOUCHE f	F	46	TRANSFORMER	E	309
TOUCHE f	F	210	TRANSICION f	S	1609
TOUCHER	F	2076	TRANSITION	E	1609
TOUCHER m	F	2887	TRANSITION f	F	1557
TOUCHING SLIGHTLY	E	69	TRANSITION f	F	1609
TOUJOURS	F	1389	TRANSIZIONE f	I	1609
TOURMENTE	F	553	TRANSLATION	E	2891
TOURMENTE	F	1188	TRANSPIRER	F	2063
TOURNER	F	2102	TRANSPONIERUNG f	D	2896
TOURNEZ	F	1436	TRANSPORTO m	I	1610
TOURNEZ AUSSITOT	F	1435	TRANSPOSICION f	S	1610
TOURNE-DISQUES	F	2401	TRANSPOSICION f	S	2896
TOUSSER	F	2079	TRANSPOSITION	E	1610
TOUT	F	1419	TRANSPOSITION	E	2896
TOUT A COUP	F	1299	TRANSPOSITION f	D	1610
TOUT DROIT	F	2300	TRANSPOSITION f	F	1610
TOUTE	F	1416	TRANSPOSITION f	F	2896
TOUTES / TOUS	F	1418	TRAQUEA f	S	2995
TOWARDS	E	2922	TRASCICANDO	I	444
TRA	I	2890	TRASCINANDO	I	445
TRABAJAR	S	1903	TRASCINARE	I	2081
TRABAJO m	S	2494	TRASERA f	S	2989
TRACCION f	S	213	TRASFIGURADO	S	1194
TRACHEA f	I	2995	TRASFIGURATO	I	1194
TRACHEE f	F	2995	TRASFORMATORE m	I	309
TRACKER	E	214	TRASMISSIONE f	I	213
TRACTION f	F	213	TRASMISSIONE f	I	2895
TRADE UNION / LABOR UNION	E	2824	TRASOGNATO	I	1195
TRADUCCION f	S	2891	TRASPORTO (CON)	I	1196
TRADUCIR	S	2080	TRASPOSIZIONE f	I	2896
TRADUCTION f	F	2891	TRATAR	S	2082
TRADUIRE	F	2080	TRATTARE	I	2082
TRADURRE	I	2080	TRATTO	I	446
TRADUZIONE f	I	2891	TRAUER f	D	2511
TRAELLÆRN	D	1780	TRAUERMARSCH m	D	1667
TRAENENVOLL	D	916	TRAUERMUSIK	D	2579
TRAEUMEN	D	2038	TRAURIG	D	1200
TRAEUMEND	D	1130	TRAURIG / BETRUEBT	D	953
TRAEUMEND	D	1215	TRAURIG / TRAUER...	D	826
TRAEUMERISCH	D	1195	TRAVAIL m	F	2494
TRAGEDIA f	I	2892	TRAVAILLER	F	1903
TRAGEDIA f	S	2892	TRAVESTIMENTO	I	2897
TRAGEDIE f	F	2892	TRE CORDE	I	221
TRAGEDY	E	2892	TREBLE	E	25
TRAGEN / BRINGEN	D	1946	TREMANDO	I	1197
TRAGEND	D	252	TREMARE	I	2083
TRAGEND	D	476	TREMBLANT	F	1197
TRAGICAL	E	1191	TREMBLED	E	488
TRAGICO	I	1191	TREMBLER	F	2083
TRAGICO	S	1191	TREMBLING	E	258
			TREMBLING	E	1197

TREMBLOTE / TREMOLO	F	488	TRITON m	F	1613
TREMENDO	I	1198	TRITONE	E	1613
TREMENDO	S	1198	TRITONO m	I	1613
TREMENDOUS	E	1198	TRITONO m	S	1613
TREMOLANDO	I	258	TRITONUS m	D	1613
TREMOLATO	I	488	TRIUMPH	E	2898
TREMOLO	E	259	TRIUMPH m	D	2898
TREMOLO m	I	259	TRIUMPHAL MARCH	E	1669
TREMOLO m	F	259	TRIUMPHANT	E	1199
TREMOLO m	S	259	TRIUMPHIEREN	D	2084
TREMOLO n	D	259	TRIUMPHIEREND	D	1199
TRENNEN	D	2029	TRIUMPHMARSCH m	D	1669
TRES / BEAUCOUP	F	1348	TRIUNFADOR	S	1199
TRES BIEN	F	2199	TRIUNFAR	S	2084
TRES CUERDAS	S	221	TRIUNFO m	S	2898
TRES DOUCEMENT	F	471	TROCKEN	D	1095
TRES DOUX	F	736	TROESTEN	D	1795
TRES FORT	F	459	TROESTEND	D	684
TRES LENT	F	317	TROIS CORDES	F	221
TRES LENT	F	346	TROIS FOIS M...	F	2434
TRES RAPIDE	F	322	TROMBA f	I	99
TRES VIF	F	382	TROMBON m	S	100
TRES VITE	F	356	TROMBONE	E	100
TRESILLO m	S	1603	TROMBONE m	I	100
TREU	D	2354	TROMBONE m	F	100
TRIAD	E	1611	TROMMEL f	D	140
TRIADA f	S	1611	TROMMELFELL n	D	158
TRIADE f	I	1611	TROMMELSCHLAG m	D	165
TRIADE f	F	1611	TROMMELSCHLEGEL m	D	146
TRIANGEL n	D	143	TROMMELWIRBEL m	D	167
TRIANGLE	E	143	TROMPA DE CAZA f / BUGLE m	S	81
TRIANGLE	E	310	TROMPETA f	S	99
TRIANGLE m	F	143	TROMPETE f	D	99
TRIANGLE m	F	310	TROMPETTE f	F	99
TRIANGOLO m	I	143	TRONANDO	S	1186
TRIANGOLO m	I	310	TRONANTE	S	1187
TRIANGULO m	S	143	TROSTLOS	D	712
TRIANGULO m	S	310	TROSTLOS	D	1089
TRILL / SHAKE	E	1612	TROU m	F	111
TRILLE m	F	1612	TROUBLE	F	1203
TRILLER m	D	1612	TROUVER	F	2085
TRILLO m	I	1612	TROVARE	I	2085
TRINKEN	D	1767	TRUE	E	2919
TRINKLIED n / TRINKSPRUCH m	D	2203	TRUENO m	S	2899
TRINO m	S	1610	TRUGSCHLUSS m	D	1468
TRIOLE f	D	1603	TRUMPET	E	99
TRIOLET m	F	1603	TRUTH	E	2918
TRIOMPHAL	F	1199	TU	I	2104
TRIOMPHE m	F	2898	TU	F	2104
TRIOMPHER	F	2084	TU	S	2104
TRIONFANTE	I	1199	TU / TUS	S	2121
TRIONFARE	I	2084	TUBA	E	101
TRIONFO m	I	2898	TUBA f	I	101
TRIPLE	E	1415	TUBA f	D	101
TRIPLE	F	1415	TUBA f	S	101
TRIPLE	S	1415	TUBA m	F	101
TRIPLE ARTICULACION f	S	121	TUBE / STAPLE	E	116
TRIPLET	E	1603	TUBETTO m	I	116
TRIPLO	I	1415	TUBO m / CANO m	S	188
TRISTE	S	953	TUBO DE LENGUEETA m	S	189
TRISTE	I	1200	TUBO LABIAL m	S	190
TRISTE	F	1200	TUBULAR BELLS pl	E	125
TRISTE	S	1200	TUERE f	D	2680
TRISTEMENT	F	951	TUESDAY	E	2523
TRISTEMENTE	S	951	TUGGING	E	438
TRISTEMENTE	S	938	TUMMY	E	2979
TRISTEZZA (CON)	I	1201	TUMULTUEUX	F	1202
			TUMULTUOSO	I	1202

159

TUMULTUOSO	S	1202	UN PEU MOINS	F	1371
TUMULTUOUS	E	1202	UN PEU PLUS	F	1372
TUNING	E	2140	UN PEU PLUS	F	1428
TUNING FORK	E	2284	UN POCHETTINO	I	1426
TUNING PEG / - PIN	E	24	UN POCO	I	1427
TUO / TUA / TUOI / TUE	I	2121	UN POCO	S	1427
TUONO *m*	I	2899	UN POCO MAS	S	1428
TURBATO	I	1203	UN POCO PIU	I	1428
TURN	E	1436	UN POQUITO	S	1409
TURN	E	1513	UN POQUITO	S	1426
TURN IMMEDIATELY	E	1435	UN TANTINET	F	1409
TUTTA	I	1416	UN / UNA	S	2118
TUTTA LA FORZA	I	1417	UN / UNE	F	2118
TUTTE / TUTTI	I	1418	UN / UNO / UNA	I	2118
TUTTO	I	1419	UNA *f*	S	2996
TUYAU *m*	F	188	UNA CORDA	I	222
TUYAU A ANCHE *m*	F	189	UNA CUERDA	S	222
TUYAU A BOUCHE *m*	F	190	UNA VEZ	S	1423
TWO STRINGS	E	217	UNA VOLTA	I	1423
			UNACCOMPANIED VOCAL MUSIC	E	1251
U			UNANGENEHM	D	2844
			UNAUSFUEHRBAR	D	2448
UDIBILE	I	1420	UNBEARABLE	E	2465
UDIRE	I	2086	UNBEFANGEN	D	721
UDITO *m*	I	2900	UNBEFANGEN	D	1142
UEBEN	D	1844	UNBEFRIEDIGT	D	2462
UEBER	D	1399	UNBESTIMMT	D	1211
UEBER / HOEHER	D	2867	UNBESTIMMT	D	1429
UEBERALL	D	1298	UNBRIDLED	E	1120
UEBERFLIEGEN	D	2041	UNCANNILY	E	895
UEBERFLIEGEND	D	1136	UNCERTAIN	E	2438
UEBERFLUESSIG	D	2866	UNCHANGED	E	1322
UEBERGANG *m*	D	1609	UNCHANGED	E	2435
UEBERHAUPT / VOR ALLEM	D	2835	UNCONSTRAINED	E	721
UEBERLADEN	D	664	UND	D	2319
UEBERLEITUNG *f*	D	1557	UND SO WEITER	D	2321
UEBERMAESSIG	D	1497	UNDECIDED	E	2443
UEBERMAESSIG / HOCHALTERIERT	D	1456	UNDER	E	1401
UEBERRASCHUNG *f*	D	2837	'UNDER THE VOICE' / IN A		
UEBERSETZEN	D	2080	LOW VOICE	E	485
UEBERSETZUNG *f*	D	2891	UNDEUTLICH	D	983
UEBERSPANNEND	D	759	UNDONE / UNCOHERENT	E	2797
UEBERSPANNT	D	760	UNDURCHFUEHRBAR	D	2488
UEBERSTUERZEN	D	1949	UNE CORDE	F	222
UEBERSTUERZEND	D	397	UNE FOIS	F	1423
UEBERSTUERZT	D	353	UNENDLICH / ZAHLLOS	D	2454
UEBERSTUERZT	D	354	UNENTGELTLICH / GRATIS	D	2408
UEBERZEUGEN	D	1798	UNENTSCHIEDEN / UNBESTIMMT	D	2443
UEBUNG *f*	D	2335	UNENTSCHLOSSEN	D	912
UEPPIG	D	1062	UNERFAHREN	D	2449
UGLY	E	2204	UNERMUEDLICH	D	2450
UGUALE	I	1421	UNERTRAEGLICH	D	2465
ULTIMA VEZ *f*	S	2901	UNERWARTET	D	2436
ULTIMA VOLTA *f*	I	2901	UNEXPECTED	E	2436
ULTIMO	I	1422	UNFAEHIG	D	2437
ULTIMO	S	1422	UNFAITHFUL	E	2451
UMANO	I	2902	UNFORGIVABLE	E	2426
UMBLAETTERN / WENDEN	D	2102	UNFORTUNATELY	E	2715
UMFANG *m* / RAUM *m*	D	2339	UNFREIWILLIG / UNWILLKUERLICH	D	2487
UMIDO	I	2903	UNGEBUNDEN	D	483
UMILE	I	1204	UNGEBUNDEN	D	1088
UMKEHREN	D	1896	UNGEDULDIG	D	872
UMKEHREN	D	2006	UNGEDULDIG	D	2424
UMKEHRUNG *f*	D	1576	UNGENAU	D	2429
UMORE (CON)	I	1205	UNGENAU	D	2447
UMORESCA *f*	I	1716	UNGENUEGEND	D	2466
UMORISTICO	I	1206	UNGERADE	D	2307
UN ALTRA VOLTA	I	2904	UNGERECHT	D	2456
UN PETIT PEU	F	1426	UNGESTUEM	D	876
UN PEU	F	1427	UNGESTUEM	D	1217

UNGEWOEHNLICH	D	2463	UNVERZEIHLICH	D	2426
UNGHIA *f*	I	2996	UNVOLLKOMMEN	D	1515
UNGLAUBLICH	D	2442	UNVOLLSTAENDIG	D	2440
UNGLUECK *n*	D	2305	UNVORBEREITET	D	1257
UNGLUECK *n*	D	2810	UNVORBEREITET	D	2430
UNGLUECKLICH	D	2452	UNE AUTRE FOIS	F	2904
UNHAPPY	E	2452	UOMO *m*	I	2907
UNHEIMLICH	D	895	UP TO	E	1314
UNHEIMLICH	D	1124	UPBOW	E	52
UNI	F	1425	UPRIGHT PIANO	E	179
UNICO	I	1424	UPROARIOUS	E	1156
UNICO	S	1424	UPSET	E	1203
UNIDO	S	1425	URGENT	E	412
UNIFORM	E	1207	URGENT	F	412
UNIFORME	I	1207	URGENTE	I	412
UNIFORME	F	1207	URGENTE	S	412
UNIFORME	S	1207	URGING	E	407
UNION	E	2905	URHEBERRECHT *n* / TANTIEMEN *pl*	D	2298
UNION *f*	F	2905	URLANDO	I	1208
UNION *f*	S	2905	URLARE	I	2088
UNIONE *f*	I	2905	URTARE	I	2089
UNIQUE	F	1424	URTEXT *m*	D	2921
UNIR	F	2087	URTUEMLICH	D	2695
UNIR	S	2087	USCIRE	I	2090
UNIRE	I	2087	USCITA *f*	I	2908
UNITAMENTE	I	2906	USEFUL	E	2910
UNITO	I	1425	USELESS / UNNECESSARY	E	2482
UNJUST / UNFAIR	E	2456	USIGNOLO *m*	I	2909
UNKORREKT	D	2794	USTED	S	2107
UNLESERLICH	D	2422	USTEDES	S	2112
UNMERKLICH	D	2425	USUAL	E	1396
UNMOEGLICH	D	2428	UTIL	S	2910
UNNOETIG	D	2482	UTILE	I	2910
UNORDENTLICH	D	2306	UTILE	F	2910
UNPLEASANT	E	2165			
UNPLEASANT	E	2844	**V**		
UNPREPARED	E	2430			
UNRECHT	D	2889	VACILANDO	S	340
UNREGELMAESSIG	D	2489	VACILANDO	S	1209
UNRUHIG	D	896	VACILANTE	S	1210
UNRUHIG	D	911	VACILLANDO	I	1209
UNRUHIG / VERSTOERT	D	1203	VACILLANTE	I	1210
UNSCHULDIG	D	656	VACIO	S	1437
UNSENSIBEL / GEFUEHLLOS	D	2460	VAGAMENTE	I	1211
UNSER	D	2129	VAGAMENTE	S	1211
UNSER / UNSERE	D	2123	VAGHEZZA (CON)	I	1212
UNSICHER	D	2438	VAGO	I	1429
UNSYMPATHISCH	D	2165	VAGO	S	1429
UNTEN	D	1316	VAGUE	E	1211
UNTEN	D	1325	VAGUE	E	1429
UNTER	D	1401	VAGUE	F	1429
'UNTER DER STIMME' / MIT LEISER STIMME	D	485	VAGUEMENT	F	1211
			VAILLANT	F	1214
UNTERARM *m*	D	2944	VALEROSO	S	1214
UNTERBRECHEN	D	1891	VALEUR *f*	F	1614
UNTERBRECHUNG *f*	D	2475	VALOR *m*	S	1614
UNTERDRUECKT	D	984	VALORE (CON)	I	1213
UNTERHALTEND	D	2311	VALORE *m*	I	1614
UNTERSCHIED *m*	D	2289	VALOROSO	I	1214
UNTERTEILEN	D	2064	VALOROUS	E	1214
UNTERWUERFIG	D	1133	VALS *m*	S	1717
UNTIDY	E	2306	VALSE *f*	F	1717
UNTIED	E	483	VALUE	E	1614
UNTIL	E	1394	VALVOLA *f*	I	215
UNTREU	D	2451	VALVULA *f* / SOPAPA *f*	S	215
UNUNTERBROCHEN	D	1292	VALVULA GIRATORIA *f*	S	110
UNUSUAL	E	2463	VALZER *m*	I	1717
UNVERAENDERLICH	D	2483	VANEGGIANDO	I	1215
UNVERAENDERT	D	1322	VANISHING	E	441
UNVERAENDERT	D	2435	VAPOREUX	F	1216

VAPOROSO	I	1216	VENTANA f	S	2362
VAPOROSO	S	1216	VENTIL n	D	215
VAPOROUS	E	1216	VENTIL n / PUMPVENTIL n	D	115
VARA f	S	117	VENTO m	I	2915
VARIABILE	I	1430	VENTRE m	F	2979
VARIABLE	E	1430	VENUSTO	I	1222
VARIABLE	F	1430	VENUSTO	S	1222
VARIABLE	S	1430	VEPRES pl	F	2924
VARIABLE	F	2911	VER	S	2092
VARIABLE	S	2911	VERAECHTLICH	D	1094
VARIACION f	S	1718	VERAENDERE	D	1351
VARIADO	S	1431	VERAENDERLICH	D	1430
VARIANTE	I	2911	VERAENDERN	D	1738
VARIAR	S	2091	VERAENDERT	D	1431
VARIARE	I	2091	VERAMENTE	I	2916
VARIATION	E	1718	VERANO m	S	2338
VARIATION f	F	1718	VERBAND m	D	2824
VARIATION f / VERAENDERUNG f	D	1718	VERBESSERN	D	1917
VARIATO	I	1431	VERBESSERN / KORRIGIEREN	D	1801
VARIAZIONE f	I	1718	VERBINDEN	D	2087
VARIE	F	1431	VERBITTERT	D	585
VARIED	E	1431	VERBORGEN / VERSTECKT	D	1352
VARIEDAD	S	2912	VERBOTEN / UNTERSAGT	D	2929
VARIER	F	2091	VERDAD f	S	2918
VARIETA f	I	2912	VERDADERAMENTE	S	2916
VARIETE f	F	2912	VERDADERO	S	2919
VARIETY	E	2912	VERDE	I	2917
VARILLA f / TIRANTE m	S	214	VERDE	S	2917
VARONIL	S	947	VERDIENEN	D	1868
VARYING	E	2911	VERDOPPELN	D	1965
VASTE	F	592	VERDUENNEND	D	506
VE	S	1433	VERDUENNEND	D	512
VECCHIO	I	2913	VERDUNSTEND	D	517
VECINO m	S	2927	VEREINFACHEN	D	2027
VEDERE	I	2092	VERFUEHREN	D	2025
VEEMENTE	I	1217	VERFUEHRERISCH	D	1096
VEEMENZA (CON)	I	1218	VERGESSEN	D	1821
VEHEMENT	F	682	VERGETTE f / TIRANT m	F	214
VEHEMENT	E	1217	VERGROESSERN	D	1760
VEHEMENT	F	1217	VERGROESSERND	D	490
VEHEMENTE	S	1217	VERGROESSERND	D	493
VEILED	E	1219	VERGROESSERUNG f	D	1457
VEILED / HUSKY	E	260	VERHAELTNIS n	D	2704
VEIN	E	2997	VERHINDERUNG f	D	2424
VEINE f	F	2997	VERITA f	I	2918
VELADO	S	260	VERITE f	F	2918
VELADO	S	1219	VERKAUFEN	D	2093
VELATO	I	260	VERKLAERT	D	1194
VELATO	I	1219	VERKLEIDUNG f	D	2897
VELLUM / BATTER HEAD / SKIN	E	154	VERKLEINERUNG f	D	1488
VELLUTATO	I	1220	VERKUERZEN	D	1964
VELOCE	I	379	VERKUERZUNG f	D	1439
VELOCEMENTE	I	380	VERLAENGERN	D	1737
VELOCIDAD f	S	2914	VERLAENGERN	D	1957
VELOCITA f	I	2914	VERLAENGERND	D	423
VELOCITE f / VITESSE f	F	2914	VERLAENGERUNG f	D	2703
VELOCITY / SPEED	E	2914	VERLAG m	D	2224
VELOUTE	F	1220	VERLANGEN	D	1786
VELOZ	S	379	VERLANGSAMEN	D	1968
VELOZMENTE	S	380	VERLANGSAMT	D	426
VELVETY	E	1220	VERLASSEN	D	1719
VENA f	I	2997	VERLIEREN	D	1938
VENA f	S	2997	VERLOESCHEND	D	416
VENCER	S	2097	VERLOESCHEND	D	516
VENDER	S	2093	VERLOESCHEND	D	524
VENDERE	I	2093	VERLOESCHT	D	526
VENDRE	F	2093	VERLOREN	D	2661
VENERAZIONE (CON)	I	1221	VERLOREN	D	2669
VENIR	F	2094	VERMEIDEN	D	1851
VENIR	S	2094	VERMINDERN / ABNEHMEN	D	1822
VENIRE	I	2094	VERMINDERND	D	514
VENT m	F	2915			

VERMINDERT	D	1487	VIBRACION f	S	2926
VERNEIGUNG f	D	2439	VIBRADO	S	72
VERO	I	2919	VIBRADO	S	489
VERRUECKT	D	2528	VIBRANT	E	1225
VERS	F	2922	VIBRANT	F	1225
VERS m	D	2923	VIBRANTE	I	1225
VERS m	F	2923	VIBRANTE	S	1225
VERS m / RIME f	F	2762	VIBRAR	S	2096
VERSCHIEBEN	D	1993	VIBRARE	I	2096
VERSCHIEDEN	D	1303	VIBRATED	E	72
VERSCHLEIERT	D	260	VIBRATED	E	489
VERSCHLEIERT	D	1219	VIBRATION	E	2926
VERSCHOBEN	D	2764	VIBRATION f	F	2926
VERSCHOENERN	D	1721	VIBRATO	I	72
VERSE / LINE	E	2923	VIBRATO	E	223
VERSENDEN	D	2045	VIBRATO	S	223
VERSETZUNGSZEICHEN n /			VIBRATO	I	489
VORZEICHEN n	D	1442	VIBRATO m	I	223
VERSION	E	2920	VIBRAZIONE f	I	2926
VERSION f	F	2920	VIBRE	F	72
VERSION f	S	2920	VIBRE	F	223
VERSION f / FASSUNG f	D	2920	VIBRE	F	489
VERSION ORIGINALE f	F	2921	VIBRER	F	2096
VERSION PRIMITIVA f	S	2921	VIBRIEREN / SCHWINGEN /		
VERSIONE f	I	2920	ERKLINGEN	D	2096
VERSIONE ORIGINALE f	I	2921	VIBRIEREND	D	1225
VERSO	I	2922	VIBRIERT	D	72
VERSO m	I	2923	VIBRIERT	D	489
VERSO m	S	2923	VICENDEVOLE	I	1432
VERSPAETEND	D	442	VICINO	I	2928
VERSTAERKEN	D	1990	VICINO m	I	2927
VERSTAERKEND	D	496	VICTORIEUX	F	1234
VERSTAERKER m	D	267	VICTORIOSO	S	1234
VERSTAERKT	D	497	VICTORIOUS	E	1234
VERSTEHEN	D	1781	VIDA f	S	2931
VERSTIMMT	D	2793	VIDE	F	1437
VERT	F	2917	VIDI (L)	I	1433
VERTRAG m	D	2261	VIE f	F	2931
VERWANDTSCHAFT f	D	1567	VIEJO	S	2913
VERWANDT / BEZUEGLICH	D	1566	VIEL	D	1348
VERWIRRUNG f	D	2252	VIEL / SEHR	D	1300
VERY FAST	E	322	VIELA DE RUEDA f / CIFONIA f	S	11
VERY LOUD	E	459	VIELE f / VIELLE f / VIOLON		
VERY MUCH	E	1347	RUSTIQUE m	F	17
VERY SLOW	E	317	VIELFACH	D	1350
VERY SLOW	E	346	VIELFAELTIGKEIT f	D	2912
VERY SOFT	E	471	VIELLA f	I	17
VERY SOFT	E	736	VIELLE / FIDDLE	E	17
VERY WELL	E	2199	VIELLE A ROUE f / CHIFONIE f	F	11
VERZEICHNIS n	D	2225	VIELLEICHT	D	2371
VERZERRUNG f	D	275	VIENTO m	S	2915
VERZIEREND	D	800	VIENTRE m	S	2979
VERZIEREND	D	801	VIERHAENDIG	D	2730
VERZIERUNG f	D	1438	VIETATO	I	2929
VERZIERUNG f	D	1546	VIEUX	F	2913
VERZOEGERN	D	2001	VIF	F	381
VERZOEGERND	D	418	VIF	F	1233
VERZOEGERND	D	430	VIF	F	1238
VERZOEGERT	D	431	VIGORE (CON)	I	1226
VERZOEGERUNG f / VORBEHALT m	D	1575	VIGOROSO	I	1227
VERZWEIFELT	D	724	VIGOROSO	S	1227
VERZWEIFLUNGSVOLL	D	723	VIGOROUS	E	835
VESPERS	E	2924	VIGOROUS	E	1227
VESPRO m	I	2924	VIGOUREUX	F	835
VESTIDO m	S	2274	VIGOUREUX	F	1074
VEZZEGGIANDO	I	1223	VIGOUREUX	F	1227
VEZZOSO	I	1224	VIGOUREUX	F	1237
VIAGGIARE	I	2095	VILLANESCO	I	1228
VIAJAR	S	2095	VILLANESCO	S	1228
VIA!	I	2925	VINCERE	I	2097

VIOLA	E	18	VOCAL f / VOYELLE f	F	2934
VIOLA f	I	18	VOCAL CORDS pl	E	242
VIOLA f	S	18	VOCAL / VOWEL	E	2934
VIOLENT	E	1229	VOCALE	I	261
VIOLENT	F	1229	VOCALE f	I	2934
VIOLENTO	I	1229	VOCALISE	E	262
VIOLENTO	S	1229	VOCALISE f	F	262
VIOLENZA (CON)	I	1230	VOCALIZACION f	S	262
VIOLIN	E	19	VOCALIZZO m	I	262
VIOLIN m	S	19	VOCE DI PETTO f	I	263
VIOLINO m	I	19	VOCE DI TESTA f	I	264
VIOLON m	F	19	VOGLIA f	I	2935
VIOLONCELLE m	F	20	VOI	I	2109
VIOLONCELLO	E	20	VOICELESS	E	2144
VIOLONCELLO m	I	20	VOICI / VOILA	F	2323
VIOLONCELLO n	D	20	VOILE	F	260
VIOLONCELO m	S	20	VOILE	F	1219
VIRGINAL	E	183	VOIR	F	2092
VIRGINAL m	F	183	VOIS	F	1433
VIRGINAL m	S	183	VOISIN m	F	2927
VIRGINAL n	D	183	VOIX DE GORGE	F	263
VIRGINALE m	I	183	VOIX DE TETE f	F	264
VIRIL	F	947	VOKAL	D	261
VIRTUOS	D	1232	VOKAL m / SELBSTLAUT m	D	2934
VIRTUOSITA (CON)	I	1231	VOKALISE f	D	262
VIRTUOSO	I	1232	VOLAGE	F	1242
VIRTUOSO	S	1232	VOLANDO	I	1239
VIRTUOUS	E	1232	VOLANDO	S	1239
VIS f	F	2932	VOLANDO POR ENCIMA	S	1136
VISAGE m / FIGURE f	F	2954	VOLANT	F	1239
VISITAR	S	2098	VOLANT	F	1240
VISITARE	I	2098	VOLANTE	I	1240
VISITER	F	2098	VOLANTE	S	1240
VISPERAS pl	S	2924	VOLAR	S	2100
VISPO	I	1233	VOLAR POR ENCIMA	S	2041
VISTA f	I	2930	VOLARE	I	2100
VISTA f	S	2930	VOLE / DEROBE	F	364
VITA f	I	2931	VOLENTIERI	I	2936
VITE	F	357	VOLER	F	2007
VITE	F	376	VOLER	F	2100
VITE	F	377	VOLERE	I	2101
VITE f	I	2932	VOLKSMUSIK / VOLKSTUEMLICHE MUSIK	D	2589
VITTORIOSO	I	1234	VOLKSTUEMLICH / POPULAER	D	2679
VIVA VOCE	I	1434	VOLL	D	2672
VIVACE	I	381	VOLL / GENAEHRT	D	980
VIVACIOUS	E	381	VOLL / GESCHMEIDIG	D	997
VIVACISSIMO	I	382	VOLL LEBEN	D	640
VIVACITA (CON) / VIVEZZA (CON)	I	1235	VOLLER ANGST	D	596
VIVAMENTE	I	383	VOLLSTAENDIG	D	2247
VIVAMENTE	S	383	VOLLSTAENDIG	D	2468
VIVANT	F	1236	VOLONTA f	I	2937
VIVAZ	S	381	VOLONTE f	F	2937
VIVA!	I	2933	VOLONTIERS	F	2936
VIVA!	S	2933	VOLTA SUBITO	I	1435
VIVEMENT	F	383	VOLTARE	I	2102
VIVENTE	I	1236	VOLTEGGIANDO	I	224
VIVERE	I	2099	VOLTEGGIANDO	I	1241
VIVE!	F	2933	VOLTI	I	1436
VIVID	E	1237	VOLUBILE	I	1242
VIVIDO	I	1237	VOLUBILITA (CON)	I	1243
VIVIDO	S	1237	VOLUBLE	S	1242
VIVIR	S	2099	VOLUME	E	2938
VIVO	S	1236	VOLUME m	I	2938
VIVO	I	1238	VOLUME m	F	2938
VIVO	S	1238	VOLUMEN m	S	2938
VIVRE	F	2099	VOLUNTAD f	S	2937
VOCAL	E	261	VOLUPTUEUX	F	1244
VOCAL	F	261	VOLUPTUOSO	S	1244
VOCAL	S	261	VOLUPTUOUS	E	1244
VOCAL f	S	2934			

VOLUTE f / COQUILLE f	F	43	WAKENING	E	500
VOLUTTUOSO	I	1244	WALKING	E	391
VOLVER	S	2102	WALTZ	E	1717
VOLVER A EMPEZARR	S	1978	WALZER m	D	1717
VOLVER A LLAMAR	S	1977	WANDERING	E	730
VOLVER A TOCAR	S	2000	WANDLER m	D	309
VOLVERSE	S	1829	WANGE f	D	2962
VOLVIENDO AL MOVIMIENTO	S	375	WANKEND	D	631
VOM BLATT	D	2693	WANTONLY	E	1004
VOM ZEICHEN	D	1296	WARBLE	E	246
VOM ZEICHEN BIS ZUM SCHLUSS	D	1297	WARLIKE	E	868
VON ANFANG AN	D	1250	WARM	E	648
VON VORNE	D	1295	WARM	D	648
VORBEREITEN	D	1953	WARMING UP	E	403
VORBEREITUNG f	D	1559	WARMLY	E	647
VORDERSATZ m	D	1560	WARTEN	D	1758
VORGETRAGEN / AUSGESPROCHEN	D	1034	WARUM?	D	2659
VORHANG m / BUEHNENVORHANG m	D	2826	WASCHEN	D	1902
			WAS?	D	2270
VORHERGEHEND / FRUEHER	D	1377	WATTIERTER SCHLEGEL m	D	150
VORLAEUFIG	D	2665	WAVE	E	295
VORSAGEN	D	2065	WAVERING	E	61
VORSCHLAG m	D	1449	WE	E	2108
VORSCHLAGEN	D	1959	WEAK	E	454
VORSICHT f	D	2709	WEAK	E	693
VORSICHTIG	D	1036	WEAK / WEARY	E	794
VORSPIEL n	D	2778	WEAKENING	E	504
VORSTELLEN	D	1954	WEAKLY	E	695
VORSTELLEN / ERDENKEN	D	1873	WEATHER / TIME	E	2878
VORSTELLUNG f / SCHAUSPIEL n	D	2843	WECHSELN	D	1776
VORTRAGEN	D	1971	WECHSELND	D	1279
VORWAERTS	D	389	WECHSELNOTE f	D	1540
VORWORT n / EINLEITUNG f	D	2686	WEDDING MARCH	E	1668
VOSOSTROS	S	2109	WEDNESDAY	E	2537
VOSTRO / VOSTRA / VOSTRI / VOSTRE	I	2124	WEEK	E	2808
			WEEPING	E	915
VOTRE / VOS	F	2124	WEEPING	E	1016
VOULOIR	F	2101	WEGNEHMEN	D	2077
VOUS	F	2107	WEGNEHMEND	D	528
VOUS	F	2109	WEG! / FORT!	D	2925
VOUS	F	2112	WEHKLAGEND	D	938
VOYAGER	F	2095	WEICH	D	966
VOZ DE CABEZA f	S	264	WEICH / SANFT	D	733
VOZ DE PECHO f	S	263	WEIGHED	E	1012
VRAI	F	2919	WEIL / DARUM	D	2660
VRAIMENT	F	2916	WEINEN	D	1943
VUE f	F	2930	WEINEND	D	915
VUELVA	S	1436	WEINEND	D	1015
VUELVE A PRISA	S	1435	WEINEND / KLAGEND	D	1016
VUESTRO / VUESTRA / VUESTROS / VUESTRAS	S	2124	WEISS	D	2194
			WEITSICHTIG	D	2689
VUOTO	I	1437	WELCHE / - R / - S	D	1280
			WELCHE / - R / - S	D	2722
W			WELL	E	1276
			WELL / IN SHORT	E	2464
WACH / MUNTER	D	713	WELL / SOUND BOARD	E	207
WACHSEN	D	1807	WELL RHYTHMED	E	452
WACHSEND	D	495	WELLE f	D	295
WAEHLEN	D	2015	WELT f	D	2551
WAEHREND	D	2317	WELTLICHE MUSIK	D	2590
WAEHREND	D	2536	WENIG	D	1367
WAHL f / AUSWAHL f	D	2788	WENIGER	D	1339
WAHLFREI	D	1311	WENIGER BEWEGT ALS ALLEGRO	D	320
WAHNSINNIG	D	1003	WENIGSTENS	D	2152
WAHNSINNIG	D	1004	WENN	D	2725
WAHR	D	2919	WENN / FALLS	D	1386
WAHRHEIT f	D	2918	WERDEN	D	1829
WAHRNEHMBAR	D	2658	WERFEN	D	1772
WAHRSCHEINLICH	D	2698	WERK n	D	2624

WERT m	D	1614	WIR	D	2108
WESENTLICH	D	1505	WIRBEL m	D	24
WETTBEWERB m	D	2251	WIRBELKASTEN m	D	29
WHAT?	E	2270	WIRE - / STEEL BRUSHES pl	E	161
WHEN	E	2725	WIRKLICH	D	2916
WHERE?	E	2315	WIRKUNG f / EINDRUCK m	D	2326
WHICH / WHAT	E	2722	WIRKUNGSVOLL	D	2327
WHILE / AS	E	2536	WISH / DESIRE	E	2935
WHIMSICAL	E	770	WISSEN	D	2011
WHIMSY	E	848	WITH / WITH THE	E	1288
WHIP / SLAPSTICK	E	132	WITH ABANDONMENT	E	531
WHIPPED	E	53	WITH ABANDONMENT	E	532
WHIPPING	E	481	WITH ACERBITY	E	621
WHISPERED	E	635	WITH ADORATION	E	547
WHISPERING	E	56	WITH AFFECTION	E	557
WHISPERING	E	1165	WITH AGILITY	E	566
WHISPERING	E	1255	WITH AGITATION	E	569
WHISTLE / FIFE / PIPE	E	86	WITH ALL FORCE	E	453
WHITE	E	2194	WITH AMABILITY	E	582
WHOLE / ENTIRE / ALL	E	2473	WITH AMAZEMENT	E	1159
WHY?	E	2659	WITH AMPLENESS	E	591
WICHTIG	D	2427	WITH ANGER	E	675
WIDE	E	1150	WITH ANGUISH	E	595
WIDE / BROAD	E	344	WITH ANIMATION	E	1196
WIDELY	E	921	WITH ANXIETY	E	553
WIDENING	E	419	WITH ANXIETY	E	603
WIDMEN	D	1815	WITH ARDOUR	E	615
WIDMUNG f	D	2279	WITH ARDOUR	E	806
WIDTH / BREADTH	E	2493	WITH ARROGANCE	E	620
WIE	D	1283	WITH AUDACITY	E	625
WIE ADAGIETTO	D	315	WITH BITTERNESS	E	586
WIE EINE BALLADE	D	529	WITH BOLDNESS	E	613
WIE ES DASTEHT	D	1286	WITH BOLDNESS	E	627
WIE OBEN	D	1285	WITH BRAVERY	E	637
WIE PERLEN	D	219	WITH BRIGHTNESS	E	769
WIE VORHER	D	1284	WITH CALM	E	649
WIEDER ANFANGEN / AUFNEHMEN	D	1996	WITH CANDOUR	E	657
WIEDER AUFNEHMEND	D	363	WITH CARE	E	540
WIEDER AUFWECKEND	D	498	WITH CARE	E	691
WIEDER BEGINNEN	D	1978	WITH CELERITY	E	328
WIEDER BELEBEND	D	402	WITH CHARACTER	E	662
WIEDER SPIELEN	D	2000	WITH CHARM	E	780
WIEDERGABE f	D	303	WITH CHARM	E	1212
WIEDERHOLEN	D	1994	WITH CHASTITY	E	665
WIEDERHOLUNG f	D	1571	WITH CHEERFULNESS	E	580
WIEDERHOLUNG f	D	2751	WITH CLEARNESS	E	671
WIEDERHOLUNGSZEICHEN n	D	1579	WITH COLDNESS	E	815
WIEDERKEHREN	D	2004	WITH CONCEIT	E	1161
WIEGEN	D	1809	WITH CONFIDENCE	E	795
WIEGEN	D	1941	WITH COQUETRY	E	674
WIEGEND	D	688	WITH DAMPER	E	216
WIEGENLIED n	D	1681	WITH DECISION	E	696
WIEVIEL?	D	2727	WITH DELICACY	E	703
WILD	D	787	WITH DELIGHT	E	707
WILD	E	1097	WITH DESIRE	E	711
WILD	D	1097	WITH DESPAIR	E	725
WILL	E	2937	WITH DETERMINATION	E	716
WILLE m	D	2937	WITH DEXTERITY	E	714
WILLINGLY / WITH PLEASURE	E	2936	WITH DIGNITY	E	718
WIND	E	2915	WITH DIGNITY	E	1026
WIND m	D	2915	WITH DILIGENCE	E	719
WIND CHEST	E	205	WITH DIN	E	1155
WIND MUS.	E	2587	WITH DISCRETION	E	720
WINDKASTEN m	D	205	WITH DISDAIN	E	1093
WINDLADE f	D	207	WITH DISGUST	E	1055
WINDOW	E	2362	WITH DISMAY	E	1122
WINDPIPE	E	2995	WITH EASE	E	562
WINKEL m / ECKE f	D	2161	WITH EASE	E	1141
WINTER	E	2485	WITH ECSTASY	E	768
WINTER m	D	2485	WITH ELEGANCE	E	747

WITH ELEVATION	E	749	WITH OBSTINACY	E	989
WITH EMOTION	E	750	WITH PAIN	E	731
WITH EMPHASIS	E	753	WITH PAIN	E	739
WITH ENERGY	E	751	WITH PAIN	E	999
WITH ENTHUSIASM	E	755	WITH PASSION	E	995
WITH EXACTITUDE	E	762	WITH PLEASANTNESS	E	1014
WITH EXALTATION	E	761	WITH POMP	E	1023
WITH EXCITEMENT	E	683	WITH POMP	E	1114
WITH EXPANSION	E	765	WITH PRECIPITATION	E	332
WITH EXPRESSION	E	766	WITH PRECISION	E	1030
WITH EXULTATION	E	772	WITH PROMPTITUDE	E	337
WITH FANCY	E	776	WITH PRUDENCE	E	1037
WITH FASTNESS	E	333	WITH PURITY	E	1038
WITH FEAR	E	1000	WITH QUIETNESS	E	1192
WITH FEAR	E	1183	WITH RAGE	E	906
WITH FEELING	E	1105	WITH RAGE	E	1042
WITH FEROCITY	E	788	WITH RAPIDITY	E	335
WITH FERVOUR	E	790	WITH RECOLLECTION	E	1045
WITH FICKLENESS	E	1243	WITH REFINEMENT	E	1049
WITH FIERCENESS	E	797	WITH REFINEMENT	E	1056
WITH FIRE	E	828	WITH REGRET	E	1066
WITH FIRMNESS	E	785	WITH RESENTMENT	E	1069
WITH FLUENCY	E	803	WITH RESIGNATION	E	1052
WITH FORCE	E	809	WITH RESOLUTION	E	1071
WITH FRANKNESS	E	813	WITH RESTLESSNESS	E	602
WITH FRENZY	E	706	WITH RESTLESSNESS	E	1126
WITH FRESHNESS	E	819	WITH RIGIDITY	E	1060
WITH FURY	E	831	WITH RIGOUR	E	336
WITH FURY	E	834	WITH RIGOUR	E	1063
WITH GAIETY	E	837	WITH SADNESS	E	952
WITH GALLANTRY	E	840	WITH SADNESS	E	1201
WITH GRACE	E	841	WITH SCORN	E	726
WITH GRACE	E	864	WITH SENSITIVITY	E	1101
WITH GRAVITY	E	863	WITH SERENITY	E	1108
WITH GREATNESS	E	860	WITH SERIOUSNESS	E	1110
WITH GRIEF	E	537	WITH SEVERITY	E	1112
WITH HAPPINESS	E	842	WITH SIMPLICITY	E	1100
WITH HAPPINESS	E	926	WITH SKILL / MASTERY	E	940
WITH HARSHNESS	E	742	WITH SLOWNESS	E	330
WITH HASTE	E	329	WITH SOBRIETY	E	1129
WITH HEART	E	599	WITH SOFTNESS	E	735
WITH HEART	E	689	WITH SOLEMNITY	E	1132
WITH HORROR	E	1044	WITH SOME LICENCE	E	334
WITH HUMOUR	E	1205	WITH SOUL	E	598
WITH IMPATIENCE	E	873	WITH TASTE	E	869
WITH IMPETUS	E	875	WITH TENDERNESS	E	1173
WITH INDIFFERENCE	E	883	WITH TEPIDITY	E	1175
WITH INDOLENCE	E	885	WITH THE BREVE	E	1259
WITH INEBRIETY	E	744	WITH THE WOOD	E	57
WITH INNOCENCE	E	894	WITH THRILL	E	817
WITH INSISTENCE	E	899	WITH TIMIDITY	E	1182
WITH INSOLENCE	E	900	WITH TOIL	E	782
WITH IRONY	E	909	WITH UNCONSTRAINT	E	722
WITH JEST	E	774	WITH VALOUR	E	1213
WITH JOY	E	851	WITH VEHEMENCE	E	1218
WITH JUBILATION	E	855	WITH VELOCITY	E	338
WITH KINDNESS	E	846	WITH VENERATION	E	1221
WITH LIGHTNESS	E	922	WITH VERVE	E	1125
WITH LIMPNESS	E	965	WITH VIGOUR	E	1226
WITH LIVELINESS	E	639	WITH VIOLENCE	E	1230
WITH LIVELINESS	E	1235	WITH VIRTUOSITY	E	1231
WITH LOVE	E	588	WITH WARMTH	E	651
WITH LUSTRE	E	937	WITH WEAKNESS	E	694
WITH MELANCHOLY	E	942	WITH WEAKNESS	E	963
WITH MOCKERY	E	1084	WITH WIT	E	1143
WITH MODERATION	E	961	WITH ZEAL	E	1246
WITH MOTION	E	331	WITHOUT	E	1390
WITH NATURALNESS	E	971	WITHOUT DRAGGING	E	366
WITH NOBILITY	E	979	WITHOUT DRAGGING	E	367
WITH OBSERVANCE	E	988	WITHOUT HURRY	E	365

WITTY	E	1144	ZARABANDA *f*	S	1705
WOCHE *f*	D	2808	ZARGE *f*	D	35
WOGEND	D	61	ZARGE *f*	D	157
WOGEND	D	982	ZART	D	1174
WOHLKLINGEND	D	617	ZAUBERHAFT	D	881
WOHLKLINGEND	D	618	ZEALOUS	E	1245
WOLLEN	D	2101	ZEICHEN *n*	D	1387
WOLLUESTIG	D	1244	ZEICHNEN	D	1827
WOMAN	E	2314	ZEIGEFINGER *m*	D	2963
WOOD	E	2497	ZEIGEN	D	1881
WOODEN STICK	E	148	ZEIGEN	D	1924
WOODWINDS *pl*	E	2496	ZEIT *f* / WETTER *n*	D	2878
WORD	E	2646	ZEITABSCHNITT *m*	D	2331
WORK	E	2494	ZEITGENOESSISCHE MUSIK	D	2561
WORK	E	2624	ZEITMASS *n* / SATZ *m*	D	1601
WORLD	E	2551	ZELANTE	I	1245
WORRIED	E	555	ZELE	F	1245
WORSE	E	2655	ZELO (CON)	I	1246
WORT *n*	D	2646	ZENTRUM *n*	D	2229
WORTHY	E	700	ZERBRECHEN	D	2005
WO? WOHIN?	D	2315	ZERREND	D	438
WRATHFUL	E	545	ZERRISSEN	D	1146
WRIST	E	2986	ZERSTREUT	D	2309
WRONG	E	2347	ZIEHEN	D	2075
WRONG	E	2889	ZIEHEND	D	443
WRONG NOTE / MISTUNE	E	2613	ZIEMLICH GUT / DISKRET	D	2304
WUENSCHEN	D	1759	ZIEREND	D	548
WUENSCHEN	D	1817	ZIGEUNER *m* / - IN *f*	D	2939
WUERDIG	D	700	ZIMMER *n*	D	2211
WUETEND	D	619	ZINGARO *m* / - A *f*	I	2939
WUETEND / ERZUERNT	D	1043	ZINK *m*	D	79
			ZITHER	E	6
X			ZITHER *f*	D	6
			ZITTERN	D	2083
XILOFON *m* / XILORGANO *m*	S	144	ZITTERND	D	1197
XILOFONO *m*	I	144	ZOEGERN	D	1883
XYLOPHON *n*	D	144	ZOEGERND	D	340
XYLOPHONE	E	144	ZOPPO	I	2940
XYLOPHONE *m*	F	144	ZORNIG	D	545
			ZORNIG	D	908
Y			ZORNIG WERDEN	D	1753
			ZU HOCH SINGEN	D	243
Y	S	2319	ZU TIEF SINGEN	D	238
YA	S	2394	ZUCKEND	D	687
YEAR	E	2162	ZUEGELLOS	D	1120
YELLOW	E	2395	ZUFRIEDEN	D	2256
YEMA DEL DEDO *f*	S	2984	ZUGABE *f*	D	9196
YES	E	2813	ZUHOEREN / ANHOEREN	D	1757
YESTERDAY	E	2421	ZUKUNFTSMUSIK	D	2571
YIELDING	E	510	ZUM ANHANG	D	1260
YO	S	2103	ZUM SCHLUSS	D	1363
YOU	E	2104	ZUM ZEITMASS ZURUECKKEHREN	D	375
YOU	E	2107	ZUNGE *f*	D	113
YOU	E	2109	ZUNGE *f*	D	186
YOU	E	2112	ZUNGE *f*	D	2966
YOUNG	E	2399	ZUNGENPFEIFE *f*	D	189
YOUNG DRAMATIC SOPRANO	E	234	ZUNGENSTOSS *m*	D	120
YOUR	E	2121	ZUPFEN / KNEIFEN	D	1944
YOUR	E	2124	ZURRIAGA *f* / LATIGO *m* / TRALLA *f*	S	132
YOURS	E	2126	ZURRIAGANDO	S	481
YOURS	E	2130	ZURUECKGEBEN	D	1974
			ZURUECKGEHALTEN	D	433
Z			ZURUECKHALTEN	D	2002
			ZURUECKHALTEND	D	427
ZAEHLEN	D	1796	ZURUECKHALTEND	D	432
ZAEHLEN SIE	D	1290	ZURUECKKOMMEN	D	2078
ZAEHNE *m pl*	D	2950	ZURUECKKOMMEND	D	1385
ZAERTLICH	D	1172	ZURUECKPRALLEN	D	1986
ZAESUR *f*	D	1470	ZURUECKRUFEN	D	1977
ZAMPOGNA *f* / CENNAMELLA *f*	I	102	ZURUECKRUFUNG *f*	D	2757

ZURUECKSETZEND	D	362	ZWEITEILIG	D	1466
ZUSAMMEN	D	1272	ZWISCHEN	D	2890
ZUSAMMEN	D	1328	ZWISCHEN / UNTER / IN	D	2373
ZUSAMMEN	D	2906	ZWISCHENRAUM m	D	1592
ZUSAMMENDRAENGEND	D	411	ZWISCHENSPIEL n	D	1500
ZUSAMMENDRUECKEN	D	2059	ZWISCHENSPIEL n	D	1659
ZUSAMMENFASSEN	D	1982	ZWOELFTONMUSIK f	D	1491
ZUSAMMENSTELLEN	D	1966	ZYKLUS m	D	2233
ZUSAMMENSTOSSEN	D	2089	—	S	2119
ZWEI SAITEN	D	217	—	E	2119
ZWEIFELN	D	1836	—	D	2119